# DERRIÈRE LES GRILLES

MOTS CROISÉS
ET DIVAGATIONS
RÉFLÉCHIES

Ouvrage dirigé par Florence Pierron-Boursot
Conception graphique : Stéphanie Aguado
Photographie de couverture : © Benjamin Decoin / Bestimage


34-36, rue La Pérouse
75116 – Paris
www.hugoetcie.fr

ISBN : 9782755692488
Dépôt légal : octobre 2021
Imprimé en Slovénie par DZS

PATRICK SÉBASTIEN

# DERRIÈRE LES GRILLES

## MOTS CROISÉS ET DIVAGATIONS RÉFLÉCHIES

Hugo Image

# AVERTISSEMENT

Cet ouvrage n'est pas un recueil de mots croisés de plus. C'est un vrai livre. Bien sûr, il y aura des grilles à résoudre, mais chacune d'elles sera suivie de quelques pages de ce que j'ai appelé des « divagations réfléchies ». À partir de certains mots des grilles qui précèdent ces pages, j'ai laissé ma plume voguer au gré de mes humeurs du moment sur la société nouvelle. C'est en cela que cet ouvrage est très particulier. Pour ceux totalement étrangers au cruciverbisme, ils pourront se contenter des seules « divagations réfléchies ». Et inversement, pour ceux qui ne souhaiteraient que croiser les mots, ils pourront laisser de côté mes débordements d'humeur. Un livre à la carte, en quelque sorte. Mais le menu complet est quand même recommandé.

Pendant le confinement qui nous a emprisonnés, je me suis inventé d'autres grilles. Celles des mots croisés dans lesquels les mots sont en liberté. Ce fut une véritable jouissance de jouer avec eux ! De les malaxer, les envoler, les faire chanter, vibrer sans autre contrainte que le plaisir d'écrire. J'ai toujours été passionné de mots croisés. Après des années passées à remplir les grilles des autres, j'ai décidé de vous offrir les miennes pour cruciverbistes avertis. Michel Laclos, mon maître en la matière, m'avait dit que lorsqu'on finit une grille, c'est comme si on résolvait une énigme criminelle. À vous d'être de fins limiers...

Pour remplir ces grilles, plus que de la culture, il vous faudra de la malice et de la logique. Il y aura des pièges, bien entendu, des mots inversés, composés, tronqués parfois, des calembours et beaucoup d'astuces. Parce qu'un mot peut toujours en cacher un autre. Mais il y aura aussi des facilités, car le but n'est pas de vous mettre en échec, mais de vous détendre et que vous puissiez terminer chaque grille avec le sourire. C'est la marque de fabrique de ce loisir intime et jubilatoire : froncer les sourcils et, en trouvant la solution, se dire : « Mais oui, bien sûr, c'était ça ! »

Les mots à découvrir, dans leur grande majorité, sont ordinaires, courants, c'est leurs définitions qui le sont moins. Parfois « capillotractées », parfois toutes simples. J'ai passé de longs moments de réflexion pour trouver l'originalité, l'évidence qui n'en est pas une. Un véritable chemin littéraire parsemé de doubles sens et de priorités... adroites. Tout mon plaisir a été là. J'espère que ce sera le vôtre. Vous trouverez, bien entendu, toutes les solutions à la fin de l'ouvrage. Originalité supplémentaire, pour assister ceux qui caleraient trop vite, vous trouverez aussi, juste avant vos grilles, des lettres offertes. Les acharnés auront bien sûr à cœur de résoudre les grilles sans cette aide.

Des grilles truffées d'astuces et, en alternance, des écrits d'humeur sans filtre sur notre société, voilà de quoi vous entraîner dans un voyage inédit au pays des mots. Votre logique, vos capacités de déduction, votre sens de l'humour, le goût des idées non convenues seront vos compagnons de voyage. Je vous souhaite de prendre autant de plaisir à faire ce voyage que j'en ai pris à vous le préparer.

Patrick Sébastien. Professeur buissonnier ès lettres libres. Diplômé de la faculté de s'en foutre. Chevalier du désordre du mérite... et, surtout, amoureux inconditionnel de notre belle langue.

## NOTE POUR LES CRUCIVERBISTES NÉOPHYTES

Le verbicruciste (celui qui fabrique les mots croisés) a son monde à lui. Au fil des grilles, on apprend à entrer dans la tournure d'esprit qui lui est singulière. Voici quelques conseils pour entrer dans la mienne.

D'abord, dans une définition, il faut toujours prendre en compte les sens multiples d'un même mot. Par exemple, le mot « coupe » peut désigner à la fois une coupure et un trophée. De même pour un « champ » qui peut être agricole, médical ou un espace quelconque. L'évidence peut l'être parfois, mais rarement. Ces doubles sens sont fréquents dans mes grilles. J'ai fait aussi le choix de définitions parfois bien plus longues que dans les mots croisés traditionnels. Et ce, juste pour le plaisir des mots.

Ensuite, vous trouverez dans mes grilles des suites de mots qui correspondent à une définition. Des titres d'œuvres, des expressions familières, des métiers, des lieux, etc. À chaque fois, je préciserai le nombre de mots. Par exemple, 3 mots pour « Stade de France », 2 mots pour « visiteur médical », 6 mots pour « la poule aux œufs d'or » (les articles même avec apostrophe comptent pour un mot).

Il y aura également des astuces pour les suites de lettres qui ne sont pas au dictionnaire. Dans ce cas, la définition peut évoquer un désordre. Exemple : pour IEV, « vie en vrac ». Il pourra aussi y avoir des mots écrits à l'envers précisés par la définition. Exemple : pour NAIM, « revers de main ». Ou encore SECNACAV, pour « retour de vacances ». On trouvera aussi des extraits de mots que la définition qualifie souvent de tranche, de part, de quartier, de début ou de fin. Par exemple : AT, pour « part de gâteau ». ION, pour « fin de déviation ». On trouvera encore des mots dont la phonétique a une correspondance. Par exemple AC, pour « ça suffit ! » (assez) ou AI, pour « détesté à entendre » (haï). Et puis aussi des symboles. Par exemple AU, pour « l'or », SN pour « l'étain », etc.

Il y aura aussi parfois des chiffres romains utilisés comme tels, ou comme lettres. Par exemple, CI pourra être défini comme un adverbe ou par 101 en chiffres romains. Il y aura également quelques mots empruntés à une langue étrangère, avec l'indication de provenance dans la définition. Par exemple : DEAR, pour « cher à Londres » ou SI, pour « oui en Italie ». Et puis encore, pour des mots de 2 lettres, des abrégés de direction. Par exemple : SO, pour « direction Toulouse » (Sud-Ouest) ou NE, pour « vers la Belgique » (Nord-Est).

Et surtout, il y aura des jeux de mots, des astuces, des à-peu-près, des calembours, juste pour le plaisir de l'humour. Les références ne correspondent pas forcément à des connaissances aiguës, même s'il y en a. Elles touchent à des domaines très divers qui vont de l'histoire au quotidien, en passant par la musique, le sport, la télévision, le cinéma, la littérature, les expressions populaires, etc.

Pour terminer, mon but ici est de vous faire partager ma passion pour l'écriture et de vous faire passer le moment le plus agréable possible. Alors, bon voyage au pays des mots !

# LES
# GRILLES

## HORIZONTALEMENT

**I.** J'étais Charlie. Ancêtres de la capsule (3 mots).

**II.** Sacrée dans l'eau à Athènes en 2004 après J.-C. (2 mots). À moi.

**III.** Vitesse de croiseur. Donne de la force au repos. À écouter quand on veut.

**IV.** Compliments à Lyre. Il se fait toujours empiler. Donne des cours... court. Lettres de change.

**V.** Négatif, surtout au début. Sèches ou sèches dans un bateau. Pressée et tendue.

**VI.** Note de la rédaction. Vidés à la main. En Ré. Alla aux fraises avec un vieux gâteux.

**VII.** Bien mieux que dans les cases juste au-dessus. Vilard phonétique. France Info en initiales. Connu et reconnu.

**VIII.** Elle nous sort par les yeux, mais on ne veut pas la perdre. Les voilà sorties ! En boue.

**IX.** Première place des Vosges. Commissaire en ville, chef dans le maquis. Parti parti.

**X.** Carré de campagne. C'est raté. Il monte en voiture. Débit de poisson en œuf.

**XI.** Dernier à la mode. Trouble. Prévenu, mais pas forcément justiciable. Désavantagé.

**XII.** On l'a dans le cou. Entrée en scène. Appris pour jouer. Fait par le sang d'un coléreux.

**XIII.** Mon père, ce lérot ! Mousquetaires par exemple. Autre, c'est ailleurs.

**XIV.** Final en fin de montage. Arme d'attaque réelle ou verbale. En passant par la Lorraine. Au cinéma, on tourne après.

**XV.** Indien lointain. Égayai. Disparue italienne en 2002. Ville d'eaux.

**XVI.** Il s'est mis à l'eau. Paresseux de nature. Deux fois dans le ruisseau. Maternelle, juste avant.

**XVII.** Sheeran. Pépète de Cuba. Et mois, et mois ! Photographe à une lettre près du photographe de vitesse.

**XVIII.** Premier à Roland-Garros (3 mots). Chardon à XV.

**XIX.** Pronom familier. Mot de départ. Théâtre parisien avec le mot suivant. Pronom.

**XX.** Magique et légendaire présentée par Arthur. Elles de poulet !

## VERTICALEMENT

**1.** La reine Elizabeth...Taylor. On peut compter sur elle.

**2.** A eu son journal sur Canal+. Initiales pour Gainsbourg. Nomade's land. Chiffre qui débute ce millénaire.

**3.** Berbère montagneux. Réservées aux hommes exclusivement.

**4.** Restaurants bovins. Fruit plus agréable à boire qu'à prendre. AR... c'est cadeau ! Grecque qui fait des montres suisses.

**5.** Article. La crème des crèmes ? Préposition. De Bretagne près de Saint-Malo.

**6.** Fais tout comme. Lunaire de débarquement. Os muet ?

**7.** Fille de Zola. Coupé en douze tranches. Déguisées.

**8.** Marque de kawa. C'est là qu'est l'os ! En ardoise. Pour aller au charbon.

**9.** Del Plata en Argentine. Note après note. Sur la plus haute marche du podium.

**10.** Indispensables dans la surface de réparations. Coup de boule. La vache, encore elle !

**11.** Italienne du Frioul. Près à tout. Elle nous tient au courant.

**12.** Limon. Félin à voir, norvégien à entendre. Le palindrome le plus cours. Article de Valence.

**13.** De sans elles pour Dieu. Piège, illusion, mensonge... au choix. La plus haute conquête de l'homme.

**14.** Plante comestible, mais mort. Grecque. Poids du ring.

**15.** Coupe de film à la télé (2 mots). Sa devise : « Faut pacifier ! »

**16.** Sous pierre... précieuse. Lieu lié à l'hymen de Jeanne d'Arc.

**17.** Faciles à aimer, difficiles à payer. Merde polie. Unis désunis.

**18.** La reine Lear. Pour baguenauder c'est correct, mais si c'est une erreur, il y en a une. Sa sagesse peut nous mettre en rage.

**19.** Sur mer en 13. Plusieurs font une marche. Boudin d'enfant.

**20.** Accès. Scène de crime en littérature. (2 mots).

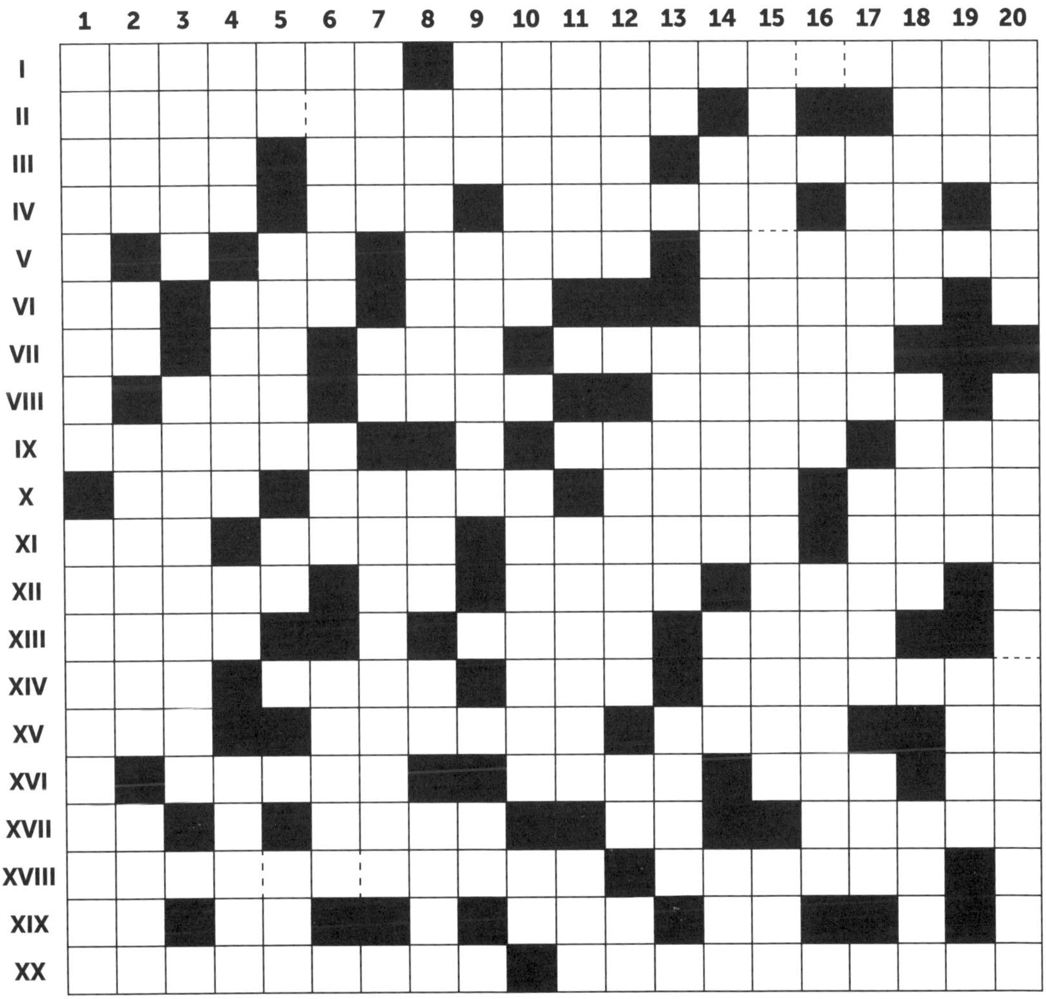


GRILLE

# N°1

L'AIDE PAGE 214
LA SOLUTION PAGE 240

# DIVAGATIONS RÉFLÉCHIES À PARTIR DE LA GRILLE 1

En I horizontal : « J'étais Charlie » : CHAPLIN. Pas si anachronique que cela paraît. Chaplin lui aussi avait été puni pour s'en être pris aux puissants, à l'ordre établi, à la religion. Oh, bien sûr, pas de kalachnikov, pas de massacre innommable, mais un bannissement définitif des États-Unis.

— Charlot, *go home* ! Casse-toi ! Dégage ! Nous t'interdisons le droit, en arrivant à New York, de contempler la statue… de la liberté.

Les temps changent, pas les contretemps. Les censures, les bâillons, les représailles. Molière, Chaplin, Cabu, même combat. En France, la liberté d'expression n'existe pas, c'est juste une impression de liberté. Une illusion. Une mascarade. Leurre de vérité. Avec, en magicien star, le pouvoir des pouvoirs : l'argent. Celui des détenteurs de grandes sociétés, des médias, presse, télévisions, plateformes, éditions. Ils séparent consciencieusement le bon grain de l'ivraie. Ils imposent la censure la moins détectable : celle de la faisabilité.

— Ah, bon, vous voulez faire un film qui dénonce les banques ? À qui allez-vous demander l'argent ? Vous voulez enregistrer des chansons révolutionnaires ? C'est nous qui contrôlons la major qui pourrait les mettre sur le marché ? Vous voulez exprimer vos critiques sur la réalité inhumaine de nos plus grosses entreprises ? N'oubliez pas que ce sont elles qui ont financé en partie l'accession de nos dirigeants au pouvoir suprême. Il leur faut bien un retour sur investissement. Êtes-vous bien sûr d'avoir bien acquitté vos impôts ? Nous allons faire vérifier.

La peur, donc, bien sûr. L'autocensure bien plus castratrice que la censure officielle. Étalonnée au degré de la dangerosité. Celle des représailles fiscales, des portes qui se referment ou qui n'ont aucune chance de s'ouvrir. Et pire, la peur d'y laisser bien plus qu'un train de vie. La vie, tout court. Quand avant de parler, il faut tourner 7777 fois sa langue dans sa bouche, pour éviter de prendre le risque de se la faire couper définitivement. Se foutre de la gueule du pape, qu'est-ce que tu risques ? Au mieux, d'être interdit de séjour à l'entrée de la grotte de Lourdes, au pire, un coup d'encensoir sur la gueule. Mais pour d'autres religions, hein ? Je ne développerai pas outre mesure, bien entendu, par prudence. Lâcheté ? Même pas. Lucidité seulement. Il vaut mieux essayer de voler la gamelle d'un caniche que celle d'un pitbull, non ?

Et, bien plus que les mots qu'on dit, cette fausse liberté dépend bien plus de ceux qui les prononcent. « Les forces de l'ordre », dans la bouche de Macron sont républicaines, dans celle de Marine, elles sont fascisantes. « Ça me casse les couilles ! » est d'une vulgarité sans nom dans « Les Grosses Têtes » de Ruquier. Sur France Inter, c'est une délicieuse expectoration de nos humeurs à bout dans un langage commun mais diablement démonstratif.

Le mot de trop, le mot de travers peut te vouer aux gémonies. Surtout depuis la déferlante des réseaux sociaux. Le tout-à-l'égout des certitudes. Le tribunal du café du commerce. Le tsunami des idées reçues. Celui qui peut t'engloutir en un clin d'œil en cette période de bien-pensance obligatoire à l'affût du moindre mot en « isme » pour t'accuser de tout et de n'importe quoi.

Tu m'imagines évoquer Sodome et Gomorrhe dans un dîner chic ? Il suffirait d'un défaut de prononciation ou d'une oreille déficiente pour que je m'entende dire :

— Comment ? Qu'est-ce que vous avez dit ? Sodome et Comores ? Alors, pour vous, tous les Comoriens sont des pédés ?

Et je me verrais immédiatement taxé d'homophobie, de xénophobie… et, va savoir, de pédophilie. Je sais, ça n'a rien à voir, mais au cas où, on ne sait jamais ! Et puis, vous savez bien, ma bonne dame, il n'y pas de fumée sans feu ! Dans *Le petit bonhomme en mousse*, il y a la mousse, mais il y aussi le petit bonhomme, ça en dit long !

« Je suis Charlie, vive la liberté d'expression ! » qu'ils gueulaient tous. Les mêmes qui ont fait virer de vos écrans Tex, Thoen, Guy, moi et tant d'autres. À qui le tour ? Alors, bien obligé, ceux qui veulent rester édulcorent, ils coupent leurs indignations avant qu'on ne coupe leurs têtes. Profession : toutou. À prendre ou à lécher. On a le droit de s'exprimer sur tout, à condition de ne parler vraiment de rien. « Joséphine, ange gardien », « Questions pour un champion », Nagui, Cymes, et les concours de cuisine ont de beaux jours devant eux. On n'a jamais vu une blanquette faire un procès en diffamation pour avoir été accusée d'avoir mitonné trop longtemps. Risque zéro, donc. On ne risque pas d'avoir des héros.

Alors, bien sûr, sur les chaînes infos, les mots fusent en débats contradictoires. Et là, vous ne pouvez pas dire qu'elle n'existe pas, la liberté d'expression. Puisqu'au moindre buzz, chacun y va de son commentaire avisé de spécialiste. Ah, le buzz ! Le maître étalon des choses dont on doit parler. C'est le clou du spectacle de l'illusion. Parce que plus son sujet est léger, plus il vole du temps à l'analyse des choses graves. L'héritage de Johnny, c'est quand même plus *bankable* que le suicide d'un paysan qui ne laissera à ses mômes que des dettes, deux vaches limousines et un carré de carottes bio. Alors, on fait un débat, et encore un débat. Prise de position, prise de bec, prise de tête. Prises multiples pour alimenter en courant le lampadaire des vanités qui n'éclaire que ceux qui sont juste en dessous. Parce que, que ressort-il de ce « gloubi-boulga » de sentences ? Un torrent de jugements sans conséquences, où même une conviction pure est noyée dans un flot de boue propre. Et surtout, pour le débatteur adroit, la certitude de cachetonner sans risque à l'occasion de la prochaine confrontation. Alors dormez tranquilles, braves gens ! Et ne rêvez pas à haute voix, les cloisons sont fines et on n'est jamais sûr de son voisin. Longue vie au classement des personnalités préférées des Français et qu'on pende Jean-Marie Bigard et Didier Raoult !

Pour conclure cette première envolée, je mets quand même un bémol à ma modeste diatribe. Il me reste un petit espace de liberté : ces mots derrières mes grilles qui vous accompagneront jusqu'à la fin de ce livre. Pas de danger qu'ils fassent des vagues. Pour les ayatollahs de la pensée moderne, la péroraison d'un clown vulgaire n'a pas plus d'importance que la pauvreté de son habit d'âme prétendue. Et si c'était eux les sinistres clowns d'une piste sans étoiles ? Il ne reste qu'à te laisser méditer ce proverbe mongol : « Si tu lâches un cheval tu peux le rattraper, si tu lâches un mot, tu ne pourras jamais le rattraper ! »

## HORIZONTALEMENT

**I.** Pour y jouer, il vaut mieux en avoir une petite (2 mots). Le Jules de Simenon.

**II.** Char canadien. Tombé dans l'oreille d'un sourd. C'est Woody qui l'a bouleversée à ce point ?

**III.** Conduit. Solaar. Elle vivait tout près du Salvador. Chaud en cuisine, froid au théâtre.

**IV.** Chantée par Gainsbourg. Défilé le premier. Initiales de banque. Coût d'obole… d'État.

**V.** Tous les anglais. Fabien Marsaud, le beau parleur (3 mots).

**VI.** L'Oubangui le charrie. Marquerait un but. Aide à avoir une bonne pêche.

**VII.** Hommage à l'arène. Sortie. Donne la vie sans vit.

**VIII.** Le matin. 7 pour le fou chantant. Au bord du trottoir. Démonstratif. À donner ou pour louer.

**IX.** Il mène en bateau. Oreilles populaires. Forment un groupe musical avec BB.

**X.** Monfort la morale ! Bâtarde en botanique. Attaqua au palais. Il lui manque une lettre, c'est ça, le hic !

**XI.** Romains qui suivaient le panache blanc. Condition. Dieu solaire. Elle a besoin d'espace pour exister.

**XII.** Bagagistes internationales (2 mots).

**XIII.** Abîmes aussi, mais plus ancien. Né sous le signe du Poissons. Mère d'Averell.

**XIV.** Eau très courante. La plus grosse vedette du port de Marseille. Cafés légers renversés.

**XV.** Forme de savoir grivois ? Jus d'érable. Clair au cinéma.

**XVI.** Plus long que Al, mais pas encore complet. Mammaire pour chute de sein. Marchanda. Tony Parker.

**XVII.** Réseau social abrégé. Acteur du rayon X à mesurer. Jouissent de.

**XVIII.** Bis. Pronom. T'es errant si t'y baguenaudes en ville ? Chaud bouillant. Marque de pompe.

**XIX.** Un ch'ti café ! Attachées. Belle île en merde, pour l'exilé ?

**XX.** Étouffent dans la chaleur de la jungle. Une façon d'être.

## VERTICALEMENT

**1.** Annuel et généreux (3 mots).

**2.** La paire fait deux fois plus mal, donc ! Prénom de la quatre-vingt huitième reine de France. Poussent dans un poème de Goethe.

**3.** Peintre et fils de butte. Val creux. Un mot de travers. Yo pour Cordy ?

**4.** Battent les dames en toute impunité. Aaron de Tupelo. Oiseau hôtelier. Tajine niçois.

**5.** Sketch haché. Femme au bord de la crise de nerfs pour Almodóvar (3 mots).

**6.** Gros temps. Radium. Abjuration. Bic sans sa pointe.

**7.** Petit, s'il est très tôt. Réfléchi. Grand succès au box-office.

**8.** Attirant. Téléphone maison. Homme politique, joueur de pénis déclassé. Prévost, le fils.

**9.** À peu de choses près peuvent être des incendies. Grecque. Datée n'importe comment.

**10.** Au diapason. Il était une foi… enflammée. Hommes de métier. Est toute petite en phonétique.

**11.** Petit beurre. Rouge et blanc de la DDE. De bouche à oreille. Nous les Anglais.

**12.** Bonjour le Degas ! Douane à l'anglaise. Cauchemar des charcutiers.

**13.** Lettres du diable. Avec l'aide de Dieu, à remettre en ordre pour ne pas périr. Lessive ou rivière africaine. Brigitte pour Emmanuel ?

**14.** Trois pièces d'automobile. Antonio en librairie. Bob, l'aventurier d'Indochine. Sec avant, ça fait peu de temps.

**15.** Adjectif pour des oies romaines. Avant et après rata pour Nagui. Monter au son. Était au présent.

**16.** En plein ciel. Dompte ou épie. Les deux qui précèdent Gump. Atome.

**17.** Il n'y a plus grand monde au bout. Elle est à moi. On s'en fout, paraît-il ! (2 mots).

**18.** Ville du pain et de la fête. Alluma. Avant lit quand on y va. Démonstratif. Suivi à la lettre.

**19.** Affecté. Toute première fois. Noé d'aujourd'hui, en quelque sorte.

**20.** Perceuses. Série de billets de banque en VO (3 mots).

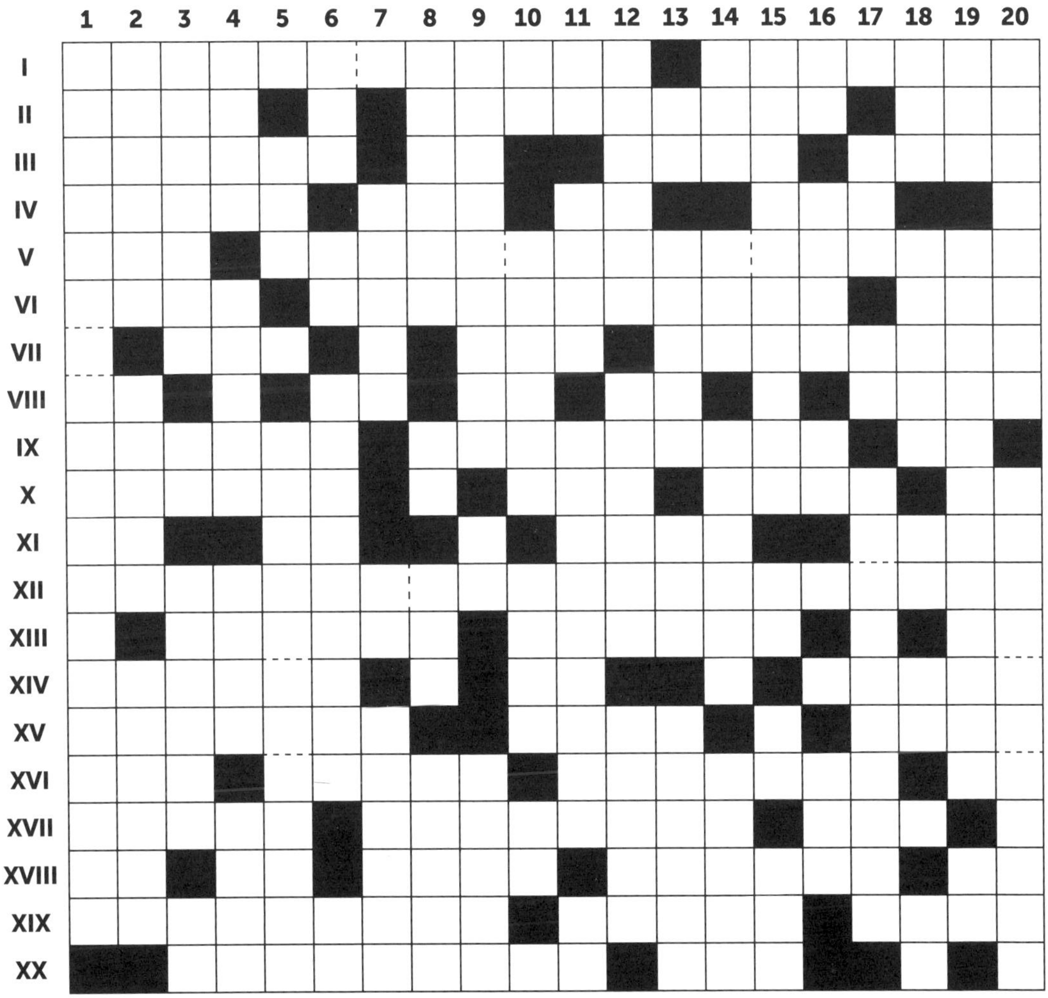


GRILLE

# N°2

L'AIDE PAGE 214
LA SOLUTION PAGE 240

# DIVAGATIONS RÉFLÉCHIES À PARTIR DE LA GRILLE 2

En IV horizontal : « Chantée par Gainsbourg » : ÉLISA. Et pas très loin, en V : « Fabien Marsaud, le beau parleur » : GRAND CORPS MALADE. Des poètes, des vrais. Des amoureux du beau verbe. Et, jumeaux dans ma grille, une victime de l'alcool et une victime de l'eau. Un plongeon dans une piscine pour l'un et, au bout, une blessure à vie. Un plongeon dans Les Bains Douches et toutes les nuits qui allaient avec pour l'autre, et au bout une blessure à mort. Et au-delà du drame, pour les deux, l'inspiration volée aux maux. Mal au corps et mal au cœur. Blessure physique et désespoir. Faut-il donc autant de souffrances pour changer la première lettre de douleurs afin de pouvoir peindre des mots en couleurs ?

Fabien tient son ton envoûtant d'une trachéotomie. Changement de voix. Et changement de voie, pour le sportif prometteur privé de basket. Et à défaut de main au panier, la main à la plume, pour dribbler avec les mots, tout droit sortis de la case de l'oncle Slam. Ce petit recoin du cerveau où on range les rimes, les verbes qui claquent, et surtout les messages d'espoir. Il dit : « Les cinq sens des handicapés sont touchés, mais c'est un sixième qui les délivre : bien au-delà de la volonté, plus fort que tout, sans restriction, ce sixième sens qui apparaît, c'est simplement l'envie de vivre. »

Putain de beau message ! À destination des pleurnichards nouveaux, ces anémiés du bien-être qui n'ont de cesse de geindre. Pour un bobo, une télécommande en rade, un confinement, le trop froid de l'hiver, le trop chaud de l'été. Dans cette nouvelle tribu des insatisfaits chroniques, on trouve de tout. Des gosses de riches, traînards des quartiers de noblesse, en burn out pour avoir été privés de tablette ou de trottinette électrique. Des gosses de pauvres, en suicide à la came ou à la violence, parce que des connards de grands leur ont instillé la haine comme seul combat d'autodéfense. Des faux Gilets jaunes, précaires volontaires juste par flemme de se lever le matin, qui veulent botter le cul des riches à défaut de se lever le leur. Des patrons infâmes qui dégueulent sur la vraie misère, impitoyables avec les faibles qui croient que leur compte caché aux Bahamas va leur garantir le bonheur. J'en ai entendu un me larmoyer : « Je comprends pas. J'ai tout. Le pouvoir, le fric, les femmes, j'arrive pas à trouver ce qui me manque. J'ai beau essayer les psys et les somnifères, je fais toujours le même rêve : qu'on m'aime vraiment pour moi… Malheureusement, ce n'est qu'un rêve. Y a des moments, je te jure, j'ai envie de me flinguer ! »

Et tu veux que je te dise ? Il l'a fait…. Tout ça pour te dire que cette envie d'avoir envie que gueulait Johnny le taulier, voilà que le slameur de banlieue essaie de l'instiller à nos mômes à mots feutrés. Merci mon gars ! Ils ont tant besoin d'espoir. D'une lumière autre que celles des réverbères des villes la nuit. Là où s'appuient les défoncés et les putes. Là où pissent les chiens. Et excuse-moi de t'avoir fait voisiner dans ma grille avec celui qui avait l'envie d'avoir envie de mourir. Celui qui se détruisait volontairement à grandes bouffées de Gitanes sans filtre, et à grands coups de 102. Deux 51 pour se soûler plus vite.

Je l'aimais beaucoup, mon Serge, mais les mots de Fabien font de sacrés crocs-en-jambe à ma nostalgie chronique. Et si nous, les Gainsbourg, les magnifiques des années 1970, 1980, nous avions fait fausse route ? Fausse cuite, fausse clope. Si on s'était menti sur toute la ligne de mauvaise conduite. À côté de la plaque d'égout qui nous servait parfois de traversin les nuits de caniveaux. Et si, quelque que soit l'attirance des plaisirs éphémères, l'envie de vivre à petit feu n'aurait-elle pas dû être plus forte que l'envie de mourir à grand feu ?

La plupart de mes collègues de déglingue ont lâché la rampe. Souvent morts avant l'âge, cirrhosés, cyanosés, le corps en jachère. Le jour où le foie a fini par être plus gros que le cœur qui était déjà si lourd. Ceux qui restent sont déjà des fantômes. Mais qu'est-ce qu'ils en ont bien profité ! Ils avaient tous un point commun : le suicide à long terme. Avec le choix délibéré de ne se laisser couper la tête par la dame à la Faux qu'après l'avoir baisée dans toutes les positions.

Alors deux poètes, deux époques. Deux philosophies. S'accrocher à la vie ou tout faire pour s'en décrocher. Fabien et Serge. Grand corps malade et petit corps fragile. Et des questions.

Lequel est le plus exemplaire ? Fabien a dit :

— La vie c'est gratuit, je vais me resservir et ce sera toujours pareil. Je me couche avec le sourire et je dors sur mes deux oreilles.

Serge s'endormait en pleurant. Et vu la taille de ses oreilles, une seule lui suffisait pour dormir dessus.

Est-ce qu'une vie de plaisir crée le désespoir, ou est-ce la victoire sur le désespoir qui crée le plaisir ? Est-ce que Dieu ne casse nos corps que dans le seul but de nous donner la possibilité de reconstruire nos âmes ? Deux paquets de cigarettes par jour, est-ce bien raisonnable ? Deux prières par jour, est-ce bien raisonnable ?

Évidemment, je n'ai pas la réponse à ces questions. Je n'ai jamais vraiment eu l'envie de vivre. J'ai seulement décidé d'en profiter au maximum en attendant que ça passe. J'ai fait mon Gainsbourg plus souvent qu'à mon tour. Une cigarette grésille encore entre mes doigts. Ma mémoire est peuplée d'excès en tout genre. Dans ce nouveau monde de sagesse et de précautions sanitaires extrêmes, j'avoue que ça fait tache…

Ai-je eu raison de vivre au jour le jour, et surtout au jour la nuit ? Mes débauches de luxure ne m'ont-elles pas privé d'un amour vrai ? Les bars de mes ivresses et de mes chansons étaient-ils des salles des fêtes ou de sales défaites ? Est-ce que je vais mourir en bonne santé ? Pour l'instant, mon grand corps n'est pas malade. Mais je sais bien qu'il faudra payer un jour. À moins que, comme me l'a soufflé Jean-Luc, mon ami, au moment de régler l'addition, Dieu me lance :

— Laisse, c'est pour moi ! Je t'offre un petit dernier pour la route ?

## HORIZONTALEMENT

**I.** L'armée des hombres. Près de Manhattan pour Renaud.

**II.** Quand on sème (3 mots). Sous cils. Acide.

**III.** Direction Cannes. Lance un préavis de greffe. Frédéric, François.

**IV.** Prise. L'autre bord d'elle. Emmêlée.

**V.** Prix, taille, etc. Possessif.

**VI.** Cachés. Dégradera. Demi-jeu de cour.

**VII.** Mouette et chanson. Européen pour musulman. L'empereur Cassius.

**VIII.** Approuve. Mort imminente. Expulsas de la gorge. Note.

**IX.** Libertin congolais. Collé au bar pour manger.

**X.** Grand d'Amérique pour le djihadiste. Faisait le goupil ? 5 pour les hommes, 3 pour les femmes, à Roland-Garros. Les initiales de Monte-Cristo.

**XI.** Perle sur le front. Suit l'art à l'école. Fait la biche. Avec des nouilles, ça fait des bonnes cuisses !

**XII.** Démange. Cavalier pas très cavalier. Richesse d'émirat avec la couleur de la case suivante. Deux fois dans les fesses.

**XIII.** Rassemblements d'abeilles. Un coup de main sportif dont on se passerait bien. Ont de moins en moins d'allure.

**XIV.** Dalmatiens romains. Lieu de livraison pour Moïse. L'essentiel, c'est d'y participer. Lidi solo.

**XV.** Emporté par le vent en 1939. Stogracse

**XVI.** Éplucheuse d'oignons ? Éclusé. Rouge en tipi. Note.

**XVII.** Au milieu de l'avant-dernier. Sans. La reine Cristiana d'Huster. Pierre de grosse valeur.

**XVIII.** La houppe populaire. Steph de Monarch ? Passa la main.

**XIX.** Algérienne berceau du raï. La meilleure note en toutes lettres. Il jouait double jeu. Corleone.

**XX.** Ajouté à Troyes, ça aurait pu faire 10 pour Devos. Issues ou balades. Fin de farandole.

## VERTICALEMENT

**1.** Depardieu et Giraudoux, entre autres. Parfois précuites.

**2.** Déduit. Nouvelle adresse. Cafteur.

**3.** Docteur ès cinéma. Chinoiserie défendue (2 mots). Feuilles yéménites.

**4.** Celui qui a dit à Carla. Est anglais. Personne si c'est pour une personne.

**5.** Usé, la preuve ! Avoir d'un autre temps. Vieux parti gaulliste.

**6.** If Montand ? Le master a pris sa place. Victimes du mobil-home.

**7.** Avec nos meilleurs vieux. Sous les ponts de Saragosse. Oui parfois, en Alsace.

**8.** A dynamité la télé. Insecticide de papier. À moitié vrai.

**9.** Araignées des forêts. Mélanchonnienne ? Monnaie virtuelle.

**10.** 19 pour de Gaulle. Râpés. Bleu et noir pour Rimbaud. Maurice Sinet, dessinateur. Guido, le baroque.

**11.** Moitié. À keum et à meuf. Du bon Dieu, chez Jeanne pour Brassens.

**12.** Numéroté dans l'histoire. Fournisseurs de rails.

**13.** Cette avant. On en fait des ponts. Erre sans fin.

**14.** Mit en désordre. Sortie de mythomane (3 mots).

**15.** La grande Faucheuse... La petite aussi. Parachutiste fille d'Eurytos. Une part de rôti.

**16.** Costa l'a signée Z. Batchata, salsa, merengue, cette musique-là, quoi !

**17.** Simpson. Beauf et grossier.

**18.** On met les doigts dans ses trous pour avoir l'air. Étourneau et pointe Bic pour Audiard. Traine ou essaye.

**19.** Où on incinère nos illusions. Ont payé cher le coup de pied au Fillon ! Tant d'années. Auxiliaire de police de la route.

**20.** Et s'il n'en reste qu'un (4 mots).

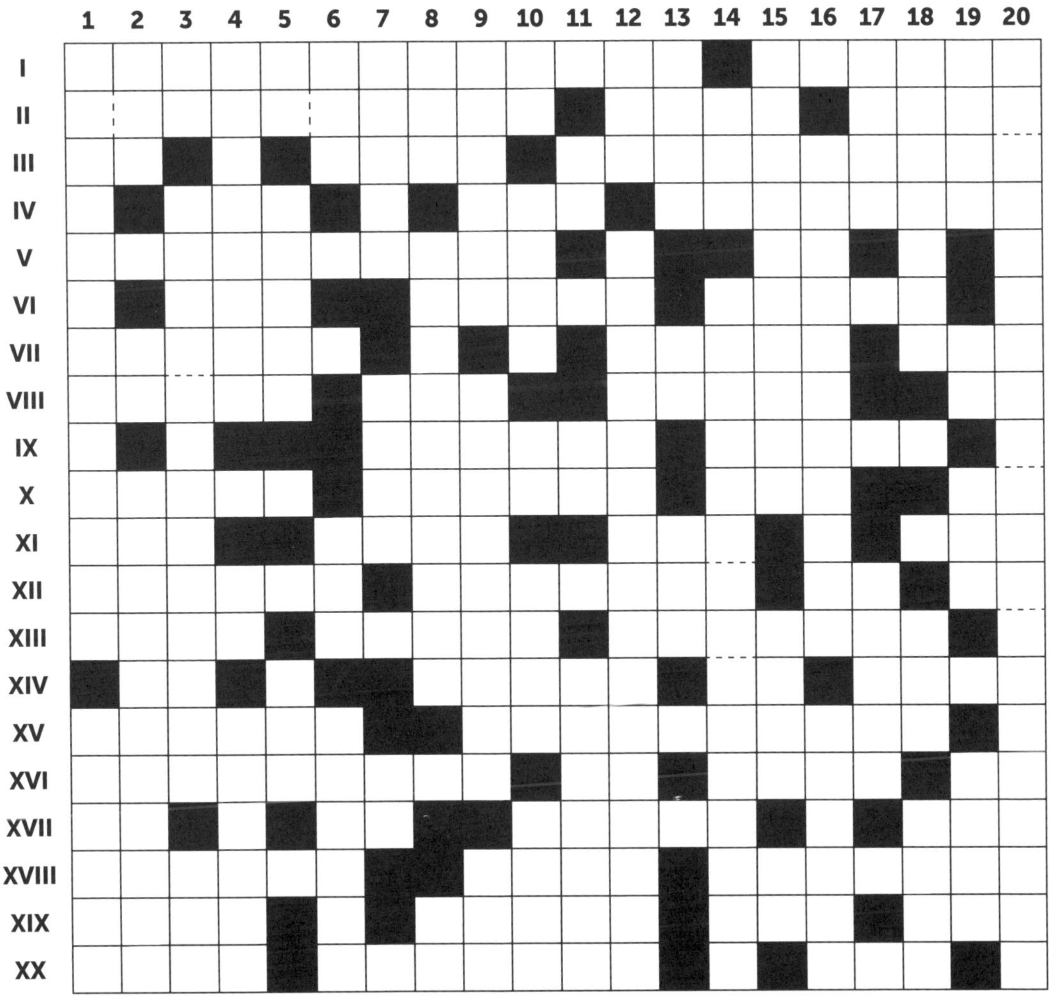


GRILLE

# N°3

L'AIDE PAGE 215
LA SOLUTION PAGE 241

# DIVAGATIONS RÉFLÉCHIES À PARTIR DE LA GRILLE 3

En III horizontal : « Frédéric, François » : MITTERRAND. Logique, la solution. Pas le roucouleur italo-belge évidemment, mais le neveu et le plus célèbre des tontons : Mitterrand. François premier, avant l'autre : Hollande, François premier ex æquo. Sur le podium seulement. Président de la République aussi. La comparaison s'arrête là. Le Sphinx et la momie pour les plus sévères.

— C'est vrai qu'il n'y a pas photo ! comme soufflait le député socialiste désabusé.

T'as raison, monsieur le dépité, y a pas photo ! En tout cas, pour la fille cachée du Sphinx, il n'y en a pas eu pendant des années. Pas une photo, pas une ligne, pas un écho dans les gazettes. Juste des rumeurs qui bruissaient dans le Tout-Paris sans le moindre étalage public. L'omerta des journalistes complices. Ah, ma bonne dame ! Quand je vous disais que tout ce petit monde c'était bonnet blanc et blanc bonnet ! Et tu crois que quarante ans plus tard, ça n'existe plus ? Ben voyons ! C'est juste une question d'organisation. Et de tarif. Faust *for ever*. Quand on est un bon diable, il y a toujours des âmes à acheter.

Quant à la momie, dit « Fanfan la turlute » pour les plus égrillards, son flagrant délit d'adultère étalé aussitôt au grand jour, c'était la marque d'un temps nouveau. Avec cette question dont je te laisse trouver la réponse : qu'est-ce qui est le plus indécent ? Qu'on nous cache les choses ou qu'on nous en montre trop ? En tout cas pour moi, Hollande n'a pas commis un crime si grave. Tout juste un égarement de post-adolescent bien plus risible que honteux. Et en scooter en plus ! Pas très glamour, le film. Moi, à sa place, j'aurais commencé par virer l'accessoiriste. À ce poste de responsabilités, la super-voiture de James Bond, ça a quand même plus de gueule que la mobylette de *Bienvenue chez les Ch'tis*.

Mais, si on veut aller au fond des choses, lequel était le moins dangereux pour nos valeurs républicaines ? L'infidèle avéré ou le volage insoupçonnable ? L'étourneau jovial pris en flagrant délit d'inconstance bien gauloise ou le Machiavel taciturne bien plus coupable dans les faits, mais bien plus habile à les dissimuler. Et si on transpose cela à l'échelle des grandes décisions, qui vole un œuf vole un bœuf, non ? Et si tu avais le choix, sous l'égide de quel Dieu penses-tu que tu vivrais le meilleur de tes jours ? Éros, le dieu de l'amour, ou Hadès, celui des enfers ?

Tiens, je m'aperçois qu'en X horizontal, il y a : « Grand d'Amérique pour le djihadiste » : SATAN. Évidemment. Le hasard ? Peut-être pas. Parce qu'amis ou ennemis de Tonton, ils sont tous d'accord sur un point : il était diabolique. Tu te rends compte : se faire élire sur les espérances du petit peuple et aussitôt inonder sa cour de postes privilégiés et donner l'occasion aux toutous fidèles de remplir leur gamelle. Si c'est pas du Lucifer grand millésime, ça ! Bon, en même temps, c'est quand même ce qu'on leur apprend à l'ENA. La base. Les promesses n'engagent que ceux qui les écoutent. J'y ajoute la sentence d'une poissonnière marseillaise regardant déambuler entre les étals un présidentiable en campagne :

— Vé l'ensuqué ! Il vient nous expliquer ce qu'il va faire, et quand il sera élu, à la prochaine campagne, il reviendra pour nous expliquer pourquoi il l'a pas fait !

L'histoire est un éternel recommencement. Y a-t-il du Mitterrand dans Macron ? C'est possible. Du Macron dans Mitterrand, ça, c'est certain. Puisque en détachant 6 lettres de François Mitterrand, on peut écrire Macron. Une coïncidence qui ne peut être qu'orthographique, bien entendu. À titre privé d'abord. Brigitte est bien trop éloignée de Danièle. Bon, d'accord, si on s'attarde sur les courtisans, il n'y a pas une différence flagrante entre Stéphane Bern et Pascal Sevran. Mais il y en a quand même une plus marquante entre Michel Rocard et Benjamin Griveaux. Rocard a exclusivement servi la gauche, alors que sur la vidéo coupable de Griveaux, on voit bien qu'il se sert uniquement de la droite ! Et surtout, en termes d'image, il y a quand même un écart conséquent entre une descente énergique de Manu dans la neige de La Mongie et l'escalade pépère de la roche de Solutré par saint François. C'est les skis Rossignol contre les monte-escaliers Stannah. À l'image de la politique de chacun. La force tranquille et la marche accélérée. Le posé et l'impulsif. Le patient et l'empressé. Le marcheur entouré et le promeneur solitaire. Le lièvre et la tortue. Qui a gagné, déjà ?

Pour en finir avec cette « divagation réfléchie » autour de François Mitterrand, juste pour le plaisir, je vais te parler de Napoléon. Et là, on entre dans l'irréel, presque le paranormal. Ce qu'on appelle les synchronicités. Ces croisements de hasards qui échappent à nos esprits cartésiens. Des dates, des chiffres, des correspondances en tout genre qui rapprochent étonnamment un destin d'un autre.

Tout d'abord, une ressemblance physique. Va voir sur ton Google le masque mortuaire de Napoléon. Tu t'apercevras que c'est le portrait craché de Mitterrand. Ensuite la similitude arithmétique du nombre des lettres qui composent leurs noms respectifs : 18.

— Ah, mais non ! s'insurge celui qui a déjà compté sur ses doigts. François Mitterrand, ça fait 18 lettres et Napoléon Bonaparte 17 seulement.
— Bien sûr, mon ami, mais le vrai nom de Napoléon, c'était Buonaparte. Et là, ça fait bien 18.

Ajoute que l'on trouve un Cambacérès et un Savary dans l'entourage proche des deux. Ajoute aussi que la Joséphine de Napoléon était née en Martinique au François. Ajoute encore que la date du grand débat avec Giscard qui a porté Mitterrand au pouvoir était le 8 janvier 1981. Date anniversaire de la mort de Napoléon en 1821.

Tout ça, c'est juste pour l'anecdote, bien sûr. Pour te distraire. Aucune conclusion à en tirer, si ce n'est d'assembler les pièces d'un puzzle amusant. Allez, une petite dernière pour la route ! La route Napoléon, bien entendu. Celle que l'Empereur a prise en revenant de son exil, juste avant la période qu'on a appelée : « les Cent-Jours ». Eh bien, justement, je me suis amusé à chercher, là aussi, s'il n'y avait pas une similitude, une coïncidence inattendue. Alors, j'ai pris un calendrier, et j'ai compté cent jours, à partir de la date de l'élection de Mitterrand le 10 mai. Essaie, tu vas voir, je te laisse le temps… ça y est, c'est fait ? Eh oui ! Si on compte cent jours à partir du 10 mai, on tombe sur…

La fête de la Sainte-Hélène… Étonnant, non ?

## HORIZONTALEMENT

**I.** Obligatoire au volant devant et derrière. Hommages.

**II.** British barbaque. Violette de Chabrol. (2 mots)

**III.** Piano parfois. Initiales du père de Cécile. Et après coule une rivière. Pour les à cran d'écran.

**IV.** Le plus célèbre des zincs assassins (2 mots). À moitié raté. 2000, même en 2221.

**V.** Garantie de travail. Grecque renversée. Chevalière ? Uni désuni.

**VI.** Irish casse-tête pour Mitterrand (3 mots).

**VII.** Le fauve a trouvé son territoire (4 mots). Bienvenue chez les Chleuhs !

**VIII.** Faisait le poids en Chine. Premier Goncourt. Prénom du beau-père de Zeta-Jones.

**IX.** Seize moins deux. Prénom de l'actrice qui veut tuer Bill. Frais de nourritures.

**X.** Autant dans le réel que dans l'irréel. Le vin y est-il sacré ? Quand le négatif devient positif.

**XI.** Pour le pape. Début d'éternuement. Cigarette fumée au Job. De, l'italien. Fine après pour terminer.

**XII.** On lui a enlevé le H pour en faire des miettes ? Michel avec les bleus, Anne avec les verts. On le trouvait sur les quais en 1954.

**XIII.** Accusés, bêlez-vous (2 mots) ? Beach en manche.

**XIV.** 8760 heures. Pré *facto*. Pour se faire la malle.

**XV.** Met les choses au clair. Petit bout de femme. Taxe bouleversée.

**XVI.** Article. Chaîne des Préalpes. Un cirque où on peut voir encore des animaux sauvages !

**XVII.** Possessif musical. Début d'ébats. Contrefaçons.

**XVIII.** Kiffer à contresens. Deux en un (2 mots).

**XIX.** Coucou, c'est moi ! On leur a mis la main à la pâte. Tape l'incruste.

**XX.** Quand le plein est vide (3 mots). Manche anglaise.

## VERTICALEMENT

**1.** Sorties de cerveau lent. Où Bardot se fout qu'on s'en prenne aux pigeons.

**2.** Un coude épais dans l'eau. Européenne balte. Évita.

**3.** Dans le Nord, ça pue, les copains ! Alternatif courant. D'Alep en Provence.

**4.** Pressé, si on l'écoute. Possède. Permis de se conduire.

**5.** Ex-cave à Sion. Ment en plus pour enjoliver.

**6.** On y met les gants. Presse à l'Est. Triant du minerai.

**7.** Se sont mis à deux pour faire Isis. L'Oscar pour Hulce. Autour de Colombo. Doublé pour faire un vieux.

**8.** Le grand Grant. Du miel en pagaille. Parle. Au Maghreb, ses histoires ne sont pas forcément grivoises.

**9.** François, le père d'Alfred. Clé d'aujourd'hui. Une façon de recevoir (3 mots).

**10.** Avant clerc pour le centre. Troquets. Note en vrac. Le fiston à Livie.

**11.** L'entreprise du « Allô, quoi ? ». Limitées, mais pas copieuses. Tintin l'a suivi à la télé.

**12.** Lit défait. Michel Roux y a doublé Tony Curtis. Règle de droit. Début de périple.

**13.** Avenue et pont à Paris. Bosse à l'atome. Qu'il vire écrevisse, et ça rime en plus !

**14.** Fait appel au bateau. Mordue ? Commune chez les Ch'tis.

**15.** Nucéra au début. Huit de chœur musical. Ou Xi. Ça sert à rien.

**16.** L'ancien de Côme. Gazouz du Maghreb. Bluffais.

**17.** Musical ou marché devant, pour le calembour. Chaîne japonaise. À Vence en côte. Feuillage.

**18.** Un homme affable, mais pas forcément Jean de La Fontaine. Et devant en fait un pays. Pays d'Afrique préféré de Merkel ?

**19.** Fin d'infinitif. Homme de paille. Réserve d'images. Vieux avant une voyelle.

**20.** Dominique, nique, nique (2 mots) ! Complices de vol en toute légalité.

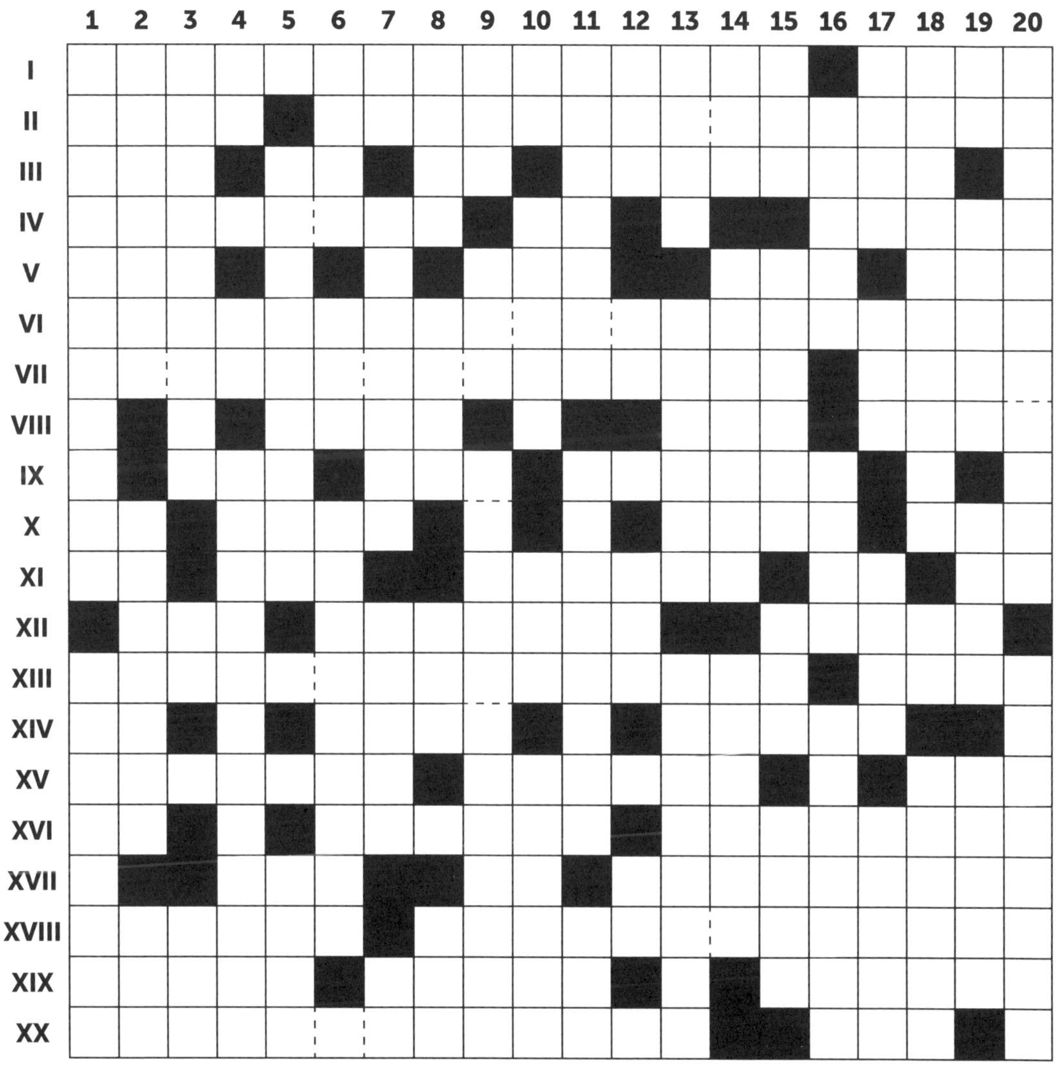

GRILLE

# N°4

L'AIDE PAGE 215
LA SOLUTION PAGE 241

# DIVAGATIONS RÉFLÉCHIES À PARTIR DE LA GRILLE 4

En XIII horizontal : « Accusés, bêlez-vous » : BOUCS ÉMISSAIRES. Bon, d'accord, j'avoue que celle-là est tirée par les poils du menton. Mais elle offre l'avantage d'être une base intéressante pour mes « divagations réfléchies ». Parce que cette déclinaison animale du fusible est omniprésente dans la société nouvelle. À l'heure où on éradique les bêtes des ménageries, le bouc émissaire reste une valeur sûre du grand cirque social. Mais un peu d'étymologie d'abord. L'expression vient de l'Ancien Testament : « Dieu demande que le grand prêtre, après avoir sacrifié un bouc, prenne un autre bouc vivant, mette sur sa tête tous les péchés du monde, puis le chasse dans le désert. »

En voilà une qui ne va pas être contente, c'est Bardot. D'ici qu'elle intente un procès à Dieu pour mauvais traitement, on n'en est pas loin. Surtout que le bougre n'en est pas à son coup d'essai. La Bible a son lot de sacrifices d'animaux. Et, pour la blague, je ne te parle même pas des plus assidues servantes du Seigneur : les grenouilles de bénitier. Franchement, est-ce que ces batraciens ne seraient pas mieux dans leur mare d'origine plutôt que dans un évier sacré où, au moindre saut, elles peuvent s'éclater la gueule sur les dalles de la nef ?

Mais revenons à l'expression populaire. Le bouc émissaire, par définition, c'est l'individu, le groupe ou l'organisation à qui on fait endosser une responsabilité ou expier une faute pour laquelle il est totalement ou partiellement innocent. Au quotidien, ce bouc-là pullule, au nom d'une des sentences les plus utilisées en cas de demande de compte :

— C'est pas ma faute !

Et voilà la sacro-sainte excuse de l'employé déficient, du patron qui licencie, de l'élève en retard, du mari volage, du verbalisable, etc. La liste est bien trop longue. Je ne peux pas te la détailler exhaustivement. Il faut faire une sélection. Le manque de place dans ce chapitre sera mon bouc émissaire littéraire.

On peut s'arrêter d'abord sur nos gouvernants. Le bouc émissaire des échecs d'un nouvel élu est toujours l'élu qui l'a précédé.

— Et pourtant, vous aviez promis de faire mieux, renâcle l'électeur floué.
— Oui, mais vous avez vu dans quel état était la fonction quand je l'ai prise ?

Ah, ce bon bouc ! Comme il est précieux. Surtout qu'il rue aussi des sabots dans l'autre sens. Et là, j'ai une pensée émue pour le président de la République, de quelque bord qu'il soit. Pauvre bête, c'est lui qui prend tout. Le pouvoir d'achat, les vols à la tire, le chômage, les agressions, c'est pour sa pomme à titre personnel. OK, on peut le comprendre, même s'il n'est pas le seul à en avoir l'entière responsabilité. Mais parfois, le voilà mis au pilori pour une télé en panne, les bouchons des vacances, les mauvaises notes du petit dernier, un poulet trop cuit, et même le temps qu'il fait. Comme me l'avait si bien imagé François Hollande : « Dans un restaurant, quand on a un problème, on dit "appelez-moi le patron", moi j'ai 65 millions de Français qui tous les matins disent : " Appelez-moi le patron" ! »

Dans le sport, en cas de défaite, le bouc émissaire incontournable, c'est l'arbitre. Avec la ritournelle convenue de tout supporter mécontent de ses décisions : « Aux chiottes, l'arbitre ! » D'accord, mon gars, mais s'il décide d'y aller vraiment, y a plus de match… Dans nos métiers du spectacle, le bouc émissaire d'un flop est presque toujours l'argent du spectateur. Quand l'artiste qui n'a pas su convaincre geint : « C'est normal, les gens n'ont plus de sous. » Si, si, ils en ont, mais pas pour toi… Dans un couple en rupture, c'est le bon copain ou la bonne copine : « Je suis sûre qu'on t'a monté la tête ! » Eh non ! Le désamour n'a pas besoin de cric… Dans un encroûtement social, c'est la faute du système. « Et puis de toute façon, j'ai jamais eu de chance. » C'est possible, mais pas toujours. Encore faut-il la tenter ! Si tu ne lances pas de ligne, tu n'attraperas pas de poisson.

Et d'excuses en prétextes, nous jalonnons nos bonnes consciences de la prétendue mauvaise des autres. Ce pauvre bouc a le dos large. Et certains de nos dirigeants les plus experts en manipulation ont assimilé le profit qu'ils pourraient en tirer. Avec une devise parfaitement rodée : « Quand il n'y en a pas, on en fabrique ! » Un seul exemple. Les Gilets jaunes du début, les vrais, les sincères réduits à néant par des exactions et une sauvagerie sans nom de quelques black blocs prétendus incontrôlables. Et si le bouc avait été monté de toutes pièces pour décrédibiliser une colère justifiée ? De la barbarie en kit. Du bouc de combat lâché en toute liberté avec une garantie d'impunité, pouvant regagner son enclos sans autre forme de poursuites. Tu as remarqué comme on ne retrouve jamais sa trace. Et pourtant, ça sent fort, un bouc ! Je me suis égaré, tu trouves ? Mais ce n'est pas ma faute. C'est mon autre moi. Tu sais, cet autre moi si utile aux circonstances atténuantes dans un procès d'assises. Le bouc des tribunaux. Les excuses du passé pour justifier le présent.

Mais enfin, messieurs les jurés, soyez compréhensifs. D'accord, mon client a horriblement dépecé une vieille dame. Mais ne voit-on pas dans cet acte la responsabilité de son père boucher ? Ce monstre qui osait débiter devant ses yeux d'enfant innocent des entrecôtes fraîches et sanglantes pour une vieille cliente acariâtre. Vous imaginez le traumatisme indélébile ? Ceci explique cela, non ?

Ben voyons ! Et le bouc coupable peut aller brouter en toute quiétude les pissenlits sur la tombe de sa victime.

Allez, une note plus gaie pour finir ! Le mari pris sur le fait par son épouse en train d'ingurgiter du Viagra pour un rendement sexuel digne du *Livre des records*. Le bouc émissaire, l'influenceur, se trouve en 20 vertical dans ma grille : « Dominique, nique, nique » : STRAUSS-KAHN. Parce que je le crie haut et fort, l'acte du Sofitel est innommable, infâme, mais une vigueur pareille, à cet âge-là, Popaul qui se cabre à la seconde, il faut bien un stimulant chimique. Je parle sans savoir ? Non, non, j'ai mes sources. La moindre des justices à rendre à la victime n'est-elle pas de mettre un bémol à la toute-puissance pitoyable de son agresseur ? En clair, comme il bandait mou, sans stimulant ça n'aurait pas dû arriver. En l'occurrence, dans cette affaire, le bouc émissaire avait le poil bleu pilule. Putain de progrès pharmaceutique !

## HORIZONTALEMENT

**I.** Avant-coureurs (2 mots).

**II.** Le métal de Miss Maggie. Ville de France dans l'île aussi. Pacino. Épis c'est tout !

**III.** Bouche dégoût (2 mots).

**IV.** Alléchas. Assistant de viol. Presque midi.

**V.** Au bout du trottoir. *Sailor woman*. Même morts, restent en vie. Ne peut être retourné, sauf ici.

**VI.** On en fait une taupe. La guerre du golf. Nom de non... juif. Sans son.

**VII.** Fans des années 1960. Le huitième à Auteuil.

**VIII.** Se suivent en erreur. Il y avait certainement des braves types dans sa république. Of pour le meilleur. Jardin des plantes.

**IX.** Patron d'hôtel de Californie. Article. Guerrier en herbe. Plumes au cou.

**X.** Coup sans retour. Est pilé pour être au poil. Les deux premières à suivre Rocco. Mignonne, allons voir s'il arrose !

**XI.** Mac sans cœur. Gypsies Queens. On aimerait bien qu'il nous foute définitivement la paix. Préposition.

**XII.** Au clair de la dune. Le quartier hot de London. Grecque presque héraultaise en étang. Fêlé sur les bords.

**XIII.** Jeu d'acteur. Bout de boule... terrestre. Vœu pieu en politique.

**XIV.** Pope, pope idole. Sanctuaire japonais. Ne pousse pas au bois de Boulogne, mais on y trouve ses dérivés en déchets.

**XV.** À poils, les flics ! (2 mots). Moitié de porc.

**XVI.** C'est dans l'air. Bois dur. En fin d'année. Troisième de gamme. Sortit du néant.

**XVII.** Rogne avant. Demi-père. Aujourd'hui, privés de cirque.

**XVIII.** Négation. Auto protection. Se lance au petit bonheur la chance. Flinguerai en retour.

**XIX.** Andin. Régionale en terre, nationale en air.

**XX.** Deux flics amis amis (3 mots). Faisait feu, il y a longtemps.

## VERTICALEMENT

**1.** Ci GI (2 mots).

**2.** Le bavard du perchoir. Quittèrent la ligne.

**3.** Tout en camion. Germanium. En sentiers pour Kubrick.

**4.** Paradoxalement, c'est un bel endroit. Était une fois. Aphrodite *child*, mais voyageur, pas chanteur. Pris pour planer.

**5.** Prochain plus tard, dernier avant. Village des Pinencs. Diffusé. Préposition. Ils accompagnent Juan au festival de jazz.

**6.** Émeus. Il arrive à L'Eure. Philippe premier, roi du design.

**7.** Au pif. Sorti de la gorge d'Emmanuelle. Ne participe qu'à la fin. Comme l'oiseau du 14 vertical, donc.

**8.** Maladie de Sioux ? Ce qu'ont dit les Anglais à l'Europe. Téléphoniste finlandaise.

**9.** Grecque en désordre. Moteur pour les vaisseaux. Réfléchi. Il entre par la sortie. Heure de référence.

**10.** La grève peut le laisser à quai. Il vit dans le passé, mais enseigne au présent. Interjection.

**11.** Elle cède en phonétique. Il fut roi, cocu et enchaîné. Le prénom de madame Delahousse. Serré.

**12.** Dans le potage depuis 1847. Feu après (2 mots). Mis au ballon.

**13.** Parfois inqualifiables quand ils sont qualifiés. Référence de millésime. À moitié. Prises de bec.

**14.** Bay d'Indochine. Où dansent les Cariocas (3 mots). Parts de quiche.

**15.** Maurice. Papiers à dessins. Contre. Poirot y a enquêté.

**16.** Sex tort. Boîte de tissu. Arbres en Asie.

**17.** Même côtier, ne donne pas de fruits. Cuite à défaut d'être crue (3 mots). Chaîne à Milan.

**18.** Pronom. Sur la route pour finir. Avant ci ou avant la. On y trouve pourtant des maisons très bien.

**19.** Sous mi. Tête de cheval à l'arrivée. Crique de paix. Presque au bout.

**20.** Sortie de Seine. Côté en bourses au Cambodge. Premier ministre chinois, pour le calembour.

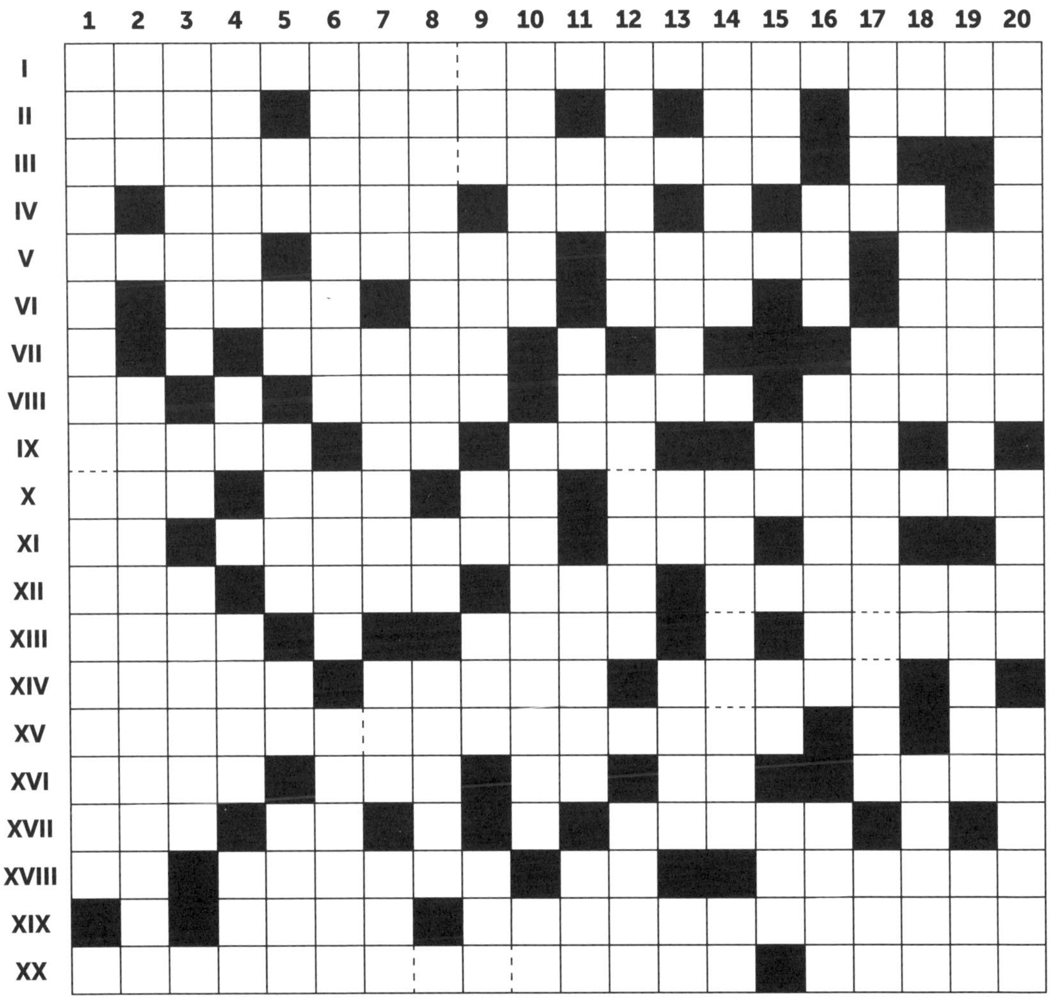

GRILLE

# N°5

L'AIDE PAGE 216
LA SOLUTION PAGE 242

# DIVAGATIONS RÉFLÉCHIES À PARTIR DE LA GRILLE 5

En XV horizontal : « À poils, les flics ! » : CHIENS POLICIERS. Ces animaux dont Coluche prétendait que leur tendre un sucre constituait le délit de corruption de fonctionnaires. Laissons de côté ces engagés involontaires de la race canine pour ne s'attarder que sur leurs maîtres. Les flics, les bourres, les bleus, les perdreaux, les keufs, les gardiens de la paix au sujet desquels le même Coluche lançait : « Les gardiens de la paix, au lieu de nous la garder, ils feraient mieux de nous la foutre ! »

Une animosité anti-képi bien ancrée dans la tradition française. Les temps changent, hélas ! Je vais jouer une fois de plus les vieux cons nostalgiques, mais entre le chambrage aimable des années 1960 et les incitations au meurtre de notre époque, il y a un gouffre. La « tagada tactique du gendarme », c'était du miel en comparaison de l'acide déversé aujourd'hui sur les forces de l'ordre. Ce bon vieux Bourvil était naïf, benêt volontaire, en chahutant la maréchaussée avec un refrain bon enfant. Aujourd'hui, c'est l'appel aux armes assumé par certains rappeurs sans filtre. Par bonheur, une toute petite minorité.

— T'as réson boomer, m'écrit l'encapuché sur son Smartphone dernier modèle de rebelle nanti. Té vrémant un vieux kons. Té complaiteman larguer de la life. Si on chante qués qu'on veu, et qu'apré on va lé cogner, cé que les keufs foh leur niker leur race à cé battars !

Le style orthographique est douteux, mais c'est l'intention qui compte. Et l'intention est claire. On emmerde la loi. La loi, c'est fait pour les excès de vitesse, les impôts en retard et les terrasses de restaurant qui dépassent sur le trottoir. Pour le trafic de came, les casses et la violence de rue, rentrez chez vous, bandes de nazes !

— De toute fassons, vos chefs vous prennent pour des kons. Pourquoi qu'on feré pas pareille ! T'a mêm pas une machine esprésso en éta de marche dans ta cage à keuf. Et tes baniole pour nou coursé nos BM, cé dé autotemponneuses au gran pri de Monako. Wesh, kom on se mare !

Il faut bien reconnaître que le klaxon deux tons n'effraie plus vraiment personne. Le Kangoo et le Berlingot blancs, comme armes de dissuasion, c'est Jeanne d'Arc qui aurait essayé de bouter les Anglais en Solex. Pour compléter l'état des lieux, on peut ajouter que le délabrement de certains commissariats pourrait t'amener à militer pour que Stéphane Plaza devienne ministre de l'Intérieur. Et sur le terrain, ce ne sont plus les murs qui se lézardent, ce sont les valeurs premières. Quand tu vas protéger des pompiers et que tu es accueilli par des tirs de mortier, tu dois te poser de réelles questions sur le sens de ta mission, non ? Et bien sûr, chaîne info oblige, gaffe au coup de matraque maladroit sur la racaille qui vient de te bombarder de barrière de protection et qui t'attaque au poignard.

— Non, mais qu'est-ce que c'est que ces manières ? Il faut garder votre sang-froid même si le vôtre doit couler chaud. Mais les ordres non officiels sont clairs : les élections sont dans trois mois, il faut réprimer mais pas trop. Chaque bulletin compte. La mode est au tout permis. N'allez pas gâcher des mois de com gouvernementale avec une autodéfense malvenue !

Ça, c'est pour la logistique. Pour ce qui est du mental, alors là, on est carrément dans la non-assistance à personne en danger. J'ai souvent l'occasion de discuter avec la flicaille de base.

Dire qu'elle se sent abandonnée, méprisée par son administration est un euphémisme. Ça « neurasthénise » grave dans le poulailler. Et encore, quand ça ne se flingue pas avec l'arme de service. Mais au service de quoi, de qui ? De quelle république ? Celle qui a pour devise : Insanité, Impunité, Fatalité ?

Et là, je t'entends penser de loin. Tu dois te dire que j'ai le Zemmour qui pousse, que le Soral me titille, que le Trump s'insinue. Que, ça y est, j'ai basculé du côté de la force obscure. Et que tonton Adolf, le Dark Vador de la guerre contre les porteurs d'étoile, me souffle à l'oreille : « Je suis ton père. » C'est bien mal me connaître. Je suis juste lucide. Et lucide donc pour reconnaître aussi les excès de tous bords. C'est-à-dire conscient des abus de pouvoir de toute force publique. Conscient de ce droit d'exaction qu'a autorisé de tout temps le port d'un uniforme de police.

C'est dans l'ADN de tout représentant de l'ordre de le considérer à sa façon, donc d'en abuser si bon lui semble. Le bouclier de la loi protège d'abord ceux qui l'édictent et ceux qui l'appliquent. Tu crois vraiment que je les approuve, ces abrutis casqués, au quotient intellectuel proche de celui de la palourde, qui dans les manifs confondent vider les lieux et viser les yeux ? Tu crois vraiment que je les cautionne, ceux pour qui la race, la couleur de peau, le faciès sont des délits suffisants pour justifier un harcèlement quotidien et la violence ordinaire ?

Seulement voilà, c'est comme dans tout, une minorité délétère n'implique pas une majorité semblable. À l'occasion des attentats du Bataclan, chacun y est allé de son discours contre l'amalgame. Les terroristes étaient musulmans, cela ne veut surtout pas dire que tous les musulmans sont terroristes. Certains flics sont aussi des barbares, cela n'implique certainement pas la mise au pilori de la police entière. Le problème, c'est que, violence des rues ou maintien de l'ordre, la nouvelle société navigue à vue. Le bateau prend l'eau. Les galériens en ont marre de ramer. Les garde-chiourmes ne savent plus où donner du fouet. Certains veulent réduire les voiles, d'autres veulent les imposer. Et tout en haut du mât, les infos à la hune. Les caméras de vigie surveillance qui montrent trop, qui montrent tout. Hasard des mots : Montretout, c'était le nom du domaine des Le Pen. Le Pen ou un autre, qu'importe. Gare au flibustier qui, sous prétexte de remettre le bateau à flot, nous entraînera vers les abysses ! Tu dois t'étonner qu'en partant d'une diatribe tout ce qu'il y a de terre à terre au sujet de la police, j'aie dérivé vers une allégorie maritime. C'est certainement à cause d'une conversation récente avec un ami qui m'a offert une jolie métaphore sur la capacité de notre pays à résister aux tempêtes en cours. Pas sûr que bébé Macron, le « pirate des Carambar », apprécie :

— On est des marins, mais on n'a pas de capitaine. On est dans la mer jusqu'au cou !

Tout cela doit te paraître bien pessimiste. C'est sûrement dû, de ma part, à une influence passagère en rapport avec la grille 5. Je viens de remarquer, au croisement du 15 vertical et du VII horizontal, un amalgame de cases noires qui n'existe dans aucune autre grille et qui forme une croix sinistre. Synchronicité ? Prémonition ? De tout mon cœur, j'espère que non.

## HORIZONTALEMENT

**I.** *Fac simile*. Ramasse mouettes.

**II.** Christopher de Dunkerque. Break de court. Il casse les bœufs. Entra dans le décor.

**III.** Humanistes à l'envers, souvent moins à l'endroit. Alignement de ponts. On a le droit de les traiter de BD ! Crevasse.

**IV.** Se botte ou se prend. Défaut de pinceau. Donc, elle est en service.

**V.** Préposition. Rase. À la fin de Gad. Troisième personne. Louis XIV égyptien.

**VI.** Dangereux en fuite. Monsieur Sarfati. Inepte. Ne veut surtout pas guérir la fièvre de cheval.

**VII.** Dieu qui aide à faire le plein des sens. Sa sagesse est proverbiale. Ancienne DS.

**VIII.** Court de sciences économiques. Shoot. Martin en latin. Maquille au fond d'étain.

**IX.** Beautés divines. Pronom. Hautot mobile sur une piste. On lui a coupé la tête d'un coup de canne ?

**X.** En toutes lettres, pays où poussent les cairotes. Aduler. Parfum d'iris.

**XI.** Rêvé. Bravo au cinéma. Rouge gorge.

**XII.** Talion autour du GR 20. Poney star. Voisines de la paella.

**XIII.** Aimé en retour, en poésie antillaise. Réserve de tours. Fleuve blanc bleu. Dupond-Moretti abrégé.

**XIV.** A besoin de *time* pour faire du jazz. Collant du nom de son inventeur. Doublé pour se soulager.

**XV.** Lettres décrochées de la timbale. Laine à éviter en cas « d'angoraphobie ». C'est pas vrai !

**XVI.** Pour un langage parfumé. Évêque de Lyon. En bas des fesses.

**XVII.** *Scarface*. Avant en numéro neuf. Jeu de baguettes.

**XVIII.** Dalida a chanté ses enfants (2 mots). Exil provisoire. Entre Benoist et Olivier. Parti disparu en 1997.

**XIX.** Ouverture du bar. Initiales de l'homme à la tête de chou. Chapo, le maffieux. Héra, entre autres.

**XX.** Au plus bas (2 mots).

## VERTICALEMENT

**1.** Le macaque de Tigreville au cinéma (4 mots). Lanterne.

**2.** A poussé de Gaulle à quitter le pouvoir en 1969. Bois à rajouter pour une ville en 78. Directeur de plateau sur le Tour de France.

**3.** En ville ou en mer. Pour y voir de plus près. Sa clé la résout. VII, le pape qui a fait rire les gosses.

**4.** Le Jacques le plus connu du café. Marque de vêtement pour Lucifer. Lacombe au cinéma.

**5.** Préposition. Demander aux Anglais. Grec de théorème. Circule en couronne.

**6.** Sous do. Le mot du départ. Directeur de l'hôtel des Amériques.

**7.** Le partenaire d'Oliver. Créations de chanoine. Répété dans un match de catch. Héroïne de Roman.

**8.** Le Napoléon d'Eugénie. Multiplié pour se faire ouvrir. Deux fois pour sale. Khalifa Khedider Haddad, le chanteur, en plus court. Yankee débarqué.

**9.** Pronom. Fut cher. Parmentier en phonétique. Vénitiens, pas qu'en Italie.

**10.** Avec lui, sieur se prononce sans fin. Manuel de médecine. Forme d'avoir.

**11.** Becker a dirigé un dialogue avec lui. Fidji, Australie, Nauru, etc.

**12.** Pour faire avec à Rome. Rivière autrichienne. Pouffe. Il a aidé Armstrong à arriver premier.

**13.** Le frère de Céline en chanson (2 mots). Arbre peureux ?

**14.** La mère d'Hercule. Possessif. Deux de Dieu.

**15.** Condition. Entre or et car dans la mnémotechnique. Le papa de Joachim, l'autre champion de la famille. Accessoire de *washboard*.

**16.** Couleur de rouquin (3 mots). Les quatre fers en l'air.

**17.** Antichambre de la *muerte*. Polyester vestimentaire. Elles ont reçu des plis.

**18.** La fleur aux yeux. Bête de jeu. Fric à Che. En direction de Bordeaux.

**19.** Détention. Aimées obsolètes. Un Rocard sinon rien, à l'époque.

**20.** Vent d'amour. On pourrait faire une omelette avec ces six-là ! Se ferment sans dire un mot.

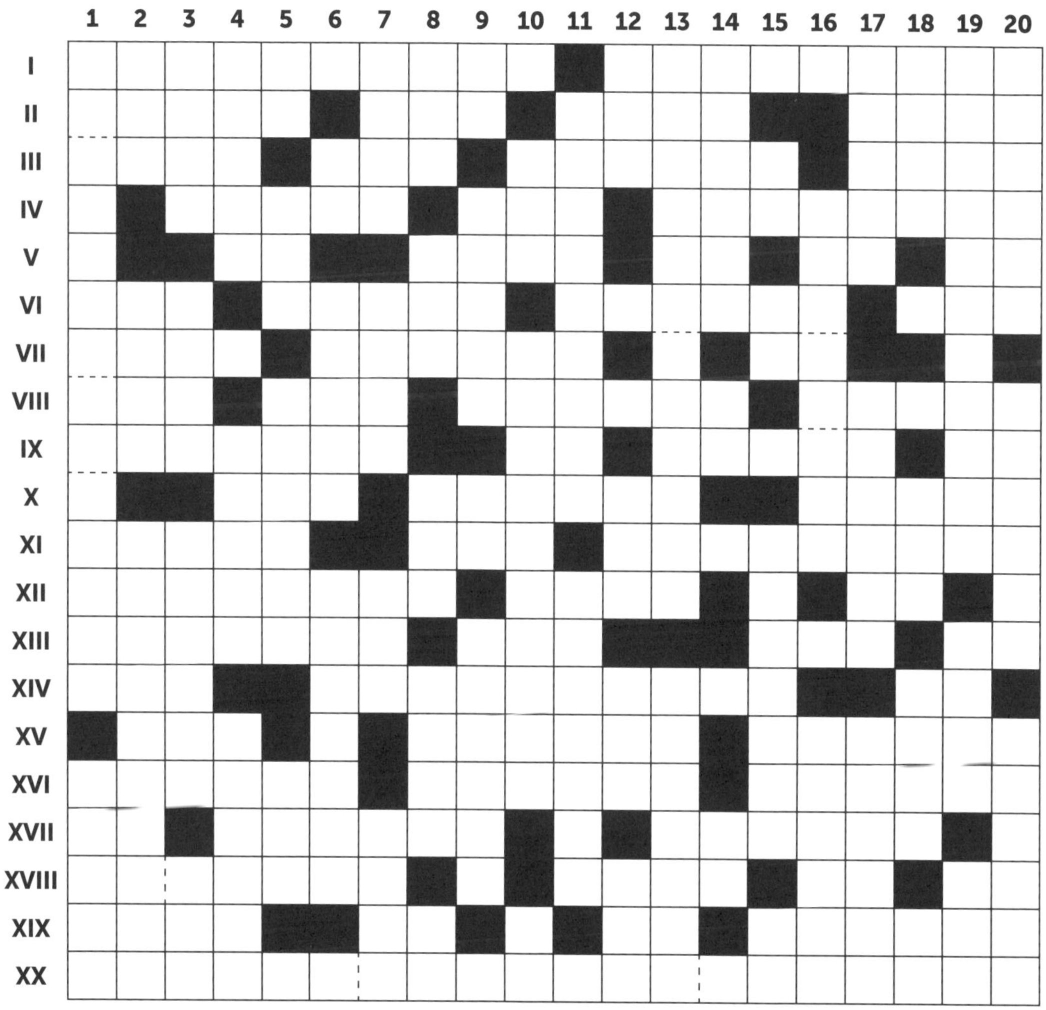


GRILLE

# N°6

L'AIDE PAGE 216
LA SOLUTION PAGE 242

# DIVAGATIONS RÉFLÉCHIES À PARTIR DE LA GRILLE 6

En 1 vertical : « Le macaque de Tigreville au cinéma » : UN SINGE EN HIVER. Verneuil, Audiard, Blondin. Le jeune Belmondo. Et Gabin. Le vieux singe qui, le temps d'un film en noir et blanc, faisait couler le Yang-Tsé-Kiang dans les rues d'un petit village de Normandie. Le vaisseau des souvenirs sur un fleuve de vin frais. L'histoire d'un repenti en manque. Pas d'alcool. D'ivresse seulement… Au temps de mes cuites indispensables, dans les années 1980, je bredouillais à qui voulait l'entendre que si ce film était un tableau, je l'accrocherais au-dessus de mon lit. Aujourd'hui, le vieux singe, c'est moi. Trente-cinq ans d'abstinence. Et la certitude qu'une nuit je volerai moi aussi des feux d'artifice pour illuminer une plage. Au bout d'une unique virée, la dernière. Envapé, déchiré, extraordinairement ivre. Libre et fou. Chancelant, gai, je planerai au-dessus de moi, à portée d'étoiles. J'aurai presque la gueule mâchée de Gabin, sa voix si j'en ai envie, sa lourdeur, son désespoir.

Mon Yang-Tsé-Kiang à moi aura des rives étroites. Celle d'un petit ruisseau près de Juillac, en Corrèze. Là où j'ai goûté mes premières cerises décrochées aux arbres, mes premiers baisers volés à des douces à la tendresse gratuite. Et puis des mûres, des murets des murmures. Des parfums de semailles. Des parfums de moissons. Un bruissement de source. Là d'où je suis parti en rêvant d'absolu. L'absolu était là, mais je ne le savais pas. Ça m'a pris une vie pour m'en apercevoir.

*Il m'en faudra du vin pour fêter mon errance*
*Et plonger à nouveau dans mon ruisseau d'enfance*
*Il m'en faudra des verres pour fêter ma mémoire*
*Le décès triomphant de ma futile gloire*
*Il n'y a plus qu'une ivresse, une énorme, une seule*
*Pour me faire oublier à quel point je suis seul*
*Pour les revoir en vrai mes fantômes envolés*
*Chacun son Yang Tsé Kiang et chacun ses regrets*

Au bord, dans l'herbe fraîche, viendront s'allonger nues mes plus belles éphémères. Mes Tonkinoises de l'Héraut ou de Moselle. Mes tsarines de Pigalle. Des princesses et des rustres. Des sorcières et des fées. Et puis mes amis vrais, mes frères, mes disparus. Sur des pur-sang d'albâtre, ils fendront la prairie. Oh oui ! Dans les vapeurs d'alcool de mon ultime ivresse, je veux en cavalcade voir tournoyer les crinières de mes autres. Mes chevaux de bataille, mes montures au galop, l'amble des élégants, les ruades des fous. La dernière fantasia. La dernière illusion. Le dernier carnaval. On allumera, le soir, un feu de feuilles. Des musiques gitanes, des rires, des outrances. Et je m'endormirai, ivre mort, épuisé. Et les paupières fermées, les feux multicolores continueront à incendier mon âme. Une ivresse, une seule, une énorme. La dernière… Promis, je le ferai. Mais pas encore. J'attends l'instant. Sobrement. Parce que pour les vrais repentis, les vrais singes, siroter ça et là serait la pire des défaites. J'ai eu bien trop de mal à fabriquer ma victoire. Le soir de mes 32 ans où, après dix ans à avaler un litre et demi de whisky par jour, j'ai posé mon verre en me jurant de ne plus jamais le lever. Sauf une fois. Dans longtemps. À la santé du Yang-Tsé-Kiang. Mais ça, je viens de te l'expliquer.

Tout paradis artificiel est un enfer. Qu'il soit de poudre, d'herbe ou d'alcool. Attention, je ne te fais pas la leçon. Je donne un avis, c'est tout. En professionnel repenti de la saoulerie de concours. En rescapé. Tu en fais ce que tu veux. Se griser, se défoncer, c'est donner l'illusion à un oiseau en cage qu'il est libre. Alors, il vole à tire-d'aile et s'éclate le bec et les plumes contre les barreaux. Nous sommes tous en cage. Et la nouvelle société a resserré les barreaux. Toute tentative d'évasion peut se comprendre. Mais, je te le répète, gaffe le piaf, gaffe ! Alors bien sûr, le petit coup, le petit joint, le désinhibant provisoire, pas de problème. Je conseille même. Mais l'addiction, c'est toujours toi qui la payes. Surtout quand tu invites au festin tes proches. Coups de sang, insultes, bagarres, ruptures. Pour l'alcool que je connais si bien, je l'ai vécue, crois-moi, la dichotomie. Le moment où le gentil toi se fait casser la gueule par l'autre toi.

Tiens, le revoilà, l'autre moi ! Celui qui, quoi qu'il en soit, n'est une excuse à rien. J'ai vu tant de couples, de carrières, d'enfants, naufrager. Noyés dans un flot d'éructations. Et je ne m'étendrai même pas sur la violence qui finit toujours par être un exutoire tragique. Ta page de faits-divers en est gavée.

— Et ben, dis donc, le voilà prêcheur, le saint Sébastien ! Faites ce que je dis, mais ne faites pas ce que j'ai fait. Dis, tu nous prendrais pas pour des cons ?

Si ça t'arrange de le croire, je ne peux pas t'en empêcher. Ce que je peux te jurer, c'est que je suis ravi de ma sobriété et je ne la briserai pour rien au monde. Saint, certainement pas. Bien au contraire. J'adore le péché, qu'il soit de chair, d'insoumission, de rébellion. Tu ne peux pas savoir à quel point la débauche, et les plus dangereuses audaces, sont mille fois plus agréables à jeun. Avant, il me fallait du J&B en perfusion pour oser l'inaccessible. Aujourd'hui, non seulement j'y accède mais j'en goûte chaque plaisir avec une lucidité extraordinairement jouissive. Et en plus, le lendemain, je me souviens de tout. Et sans honte. Au temps de mes excès alcoolisés, j'avais des absences pendant et des trous après.

— Justement, m'oppose le soifard, on boit pour oublier.
— Non. C'est incomplet, jeune homme. On boit pour oublier qu'on boit. C'est pour ça que je tiens à ma dernière et unique cuite. À mon singe en hiver. Ce soir-là, je ne boirai pas pour oublier, mais pour me souvenir que j'ai bu.

Sur les hauteurs de Tigreville, Bébel, accompagné par Gabin, qui n'a toujours pas rompu son vœu de sobriété, s'approchent du vieux bouclard où dans le temps, au bout de l'ivresse, le vieux singe remontait le Yang-Tsé-Kiang. Bébel demande :

— Qu'est-ce que c'est que cet endroit ?
— Les gourmets disent que c'est une maison de passe, les vicelards un restaurant chinois.
— Il vaudrait mieux que ce soit canaille ou chinois ?
— Que ce soit fermé !

## HORIZONTALEMENT

**I.** La cinquième en voiture (3 mots). Parisien autour de Paris.

**II.** Or. La jaune à John. Fête à tréma. Boîte à bigleux.

**III.** Royal néologisme. Dominique, Claude, Camille par exemple.

**IV.** Du mal à mâchoire (3 mots). Vauclusienne. Cent pour le litre.

**V.** Peut se casser quand on est soucieux. Du nerf à son travail.

**VI.** Dessous de bras le plus souvent. Il court, il court. 3 x 2 à Rome. Cuivre.

**VII.** Lettres de Suisse. Au-dessus du sol. Marchand ambulant, ou phonétiquement, grand musicien.

**VIII.** C'est pas net. Serf antique. Avant sont.

**IX.** Ni oui, pourrait-elle dire pour rire. France dans le ciel. Figure de glace. Voisines de misère.

**X.** Mil après J.-C. Fiat. Hochera la tête de gauche à droite et inversement. Incarnée par Rosemarie Magdalena Albach.

**XI.** Payé cher, mais pas HT. Posséda. La fille y a tué le père. Négation. Couvre-chèvre.

**XII.** Pour un autre Clermont, loin du Puy de Dôme. Cerise parfois. Crépu et dense.

**XIII.** Un drop raté. Ancienne unité de mesure. Dessous avec, pour rire. Il sert et il serre. Hé, Macron, tu descends !

**XIV.** Ça y est, elle a la bague au doigt ! Parfois clous au spectacle. Instrument pour le swing. Assainit au son.

**XV.** Prise en cas d'échec. Ex-encyclopédie. Ville italienne en italien.

**XVI.** Certifions. Good pour Brown. Seul.

**XVII.** Vers latin. Renvoie dans sa chambre. Un Deschiens. 20 vers Orléans.

**XVIII.** Il en est réduit à la guitare solo. Son nom, c'est celui de sa mer.

**XIX.** Le corbeau phénix de ces bois. Unité en photo. Mit donc dans ces quatre-là. Pronom.

**XX.** Volées de perdreaux (3 mots). Baisers russes au cinéma.

## VERTICALEMENT

**1.** Dac en sar, dans un vieux sketch (2 mots). Maison de fous.

**2.** Un début d'ouragan. En fin de matinée. Bouclés dans la fin de la colonne précédente. Graines de quinoa.

**3.** Chanteur belge à la voix rock. Ex de Marine. Lunaires à tremper avec du café dans la voie lactée ?

**4.** Malheur à Alésia. Dans la main de Jésus. Potasses.

**5.** Majeur (3 mots). Note renversée.

**6.** Premier de la course (2 mots). Demi-singe. L'autre moitié.

**7.** Coller serré. À toi. Avant Barry à la cour. Impérial alimentaire.

**8.** Suit Madame pour Ophüls. Le prénom du samouraï de Melville. Accouchée (2 mots).

**9.** Banque de France (2 mots). Mona co.

**10.** Fief de Donatien.

**11.** Été 1942 pour le titre complet. Consonnes en consonnes. Ben alors, au foot ! Au choix. Deux jumelles dans la layette.

**12.** Itinéraire numéroté (2 mots).

**13.** Comme Emmanuelle par exemple, pour la rime. Avec. Ira derrière en cas de Révolution.

**14.** Multiplié dans la longue Marche. Peinture française d'origine néerlandaise. On entend : « ça suffit ! » Syndicat. Comme l'avant-dernier.

**15.** Paulo, la brésilienne, mais pas au bois de Boulogne. Tranche de potiron. Exploseras de joie.

**16.** Veuves en principe. Carbamide. Début d'alphabet.

**17.** Écrit d'une main leste. Plein.

**18.** Petite sainte. Au milieu de l'œil. Divan le terrible, en garçonnière. Rami, le footballeur y joue-t-il ?

**19.** Deux dans le pieu. Praline. Inexplicables.

**20.** Pour un aller simple, très simple, dans l'au-delà (4 mots).

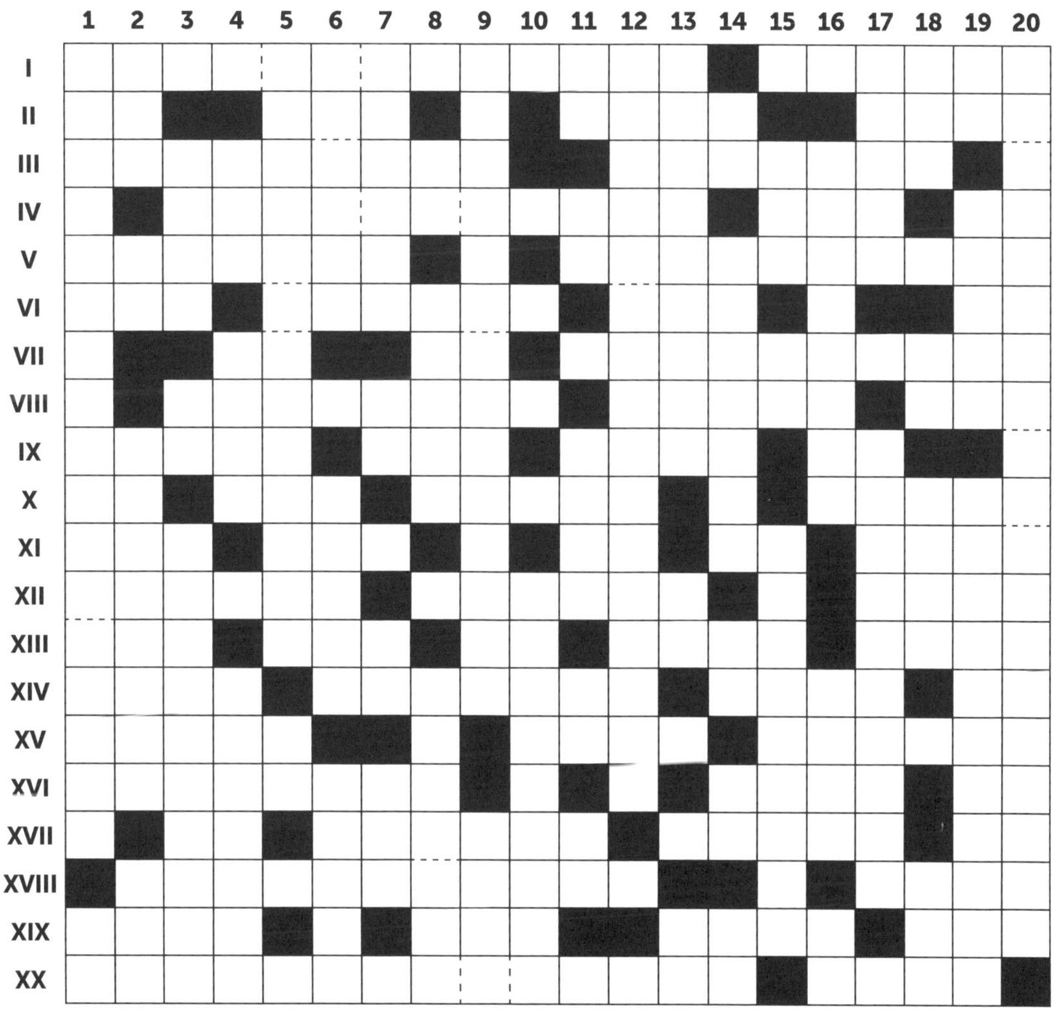


GRILLE

# N°7

L'AIDE PAGE 217
LA SOLUTION PAGE 243

# DIVAGATIONS RÉFLÉCHIES À PARTIR DE LA GRILLE 7

En 5 vertical : « Majeur » : DOIGT D'HONNEUR. Je ne te surprendrai pas en te disant que c'est mon mouvement de main préféré. Par défaut, bien entendu. C'est certainement tout à fait personnel, mais aucune des autres figures dessinées par une main en mouvement ne me convient vraiment. En commençant évidemment pas la main tendue droite, à plat. L'hitlérienne de sinistre mémoire. Sauf à lui donner cette position pour s'enquérir s'il pleut, bien évidemment. Le poing levé révolutionnaire ne bénéficie pas non plus de mes faveurs. Il est hargneux, colérique, borné, et porteur bien trop souvent de faux espoirs.

— Toi, le libertaire, tu ne crois pas au grand soir ?
— Non. Je préfère le matin, parce qu'après le grand soir, c'est la nuit. Et l'histoire du monde l'a prouvé tant de fois, hélas !

Je n'aime pas la main qui envoie un baiser. Je suis un tactile. Bien trop frustré en cas de tendresse par correspondance. Quant à la main que l'on secoue de droite à gauche pour dire au revoir, elle ne me sied pas non plus. Je hais les quais de gare. Ma figure favorite reste donc ce doigt d'honneur, bien tendu. En réponse. En point final. Ce raccourci muet qui abrège en un geste toute logorrhée inutile après une offense. Avoue que présenter ce doigt sans un mot est bien plus cinglant que de dire :

— Sachez que vos propos me blessent au plus haut point, mais que quoi qu'il en soit, je n'en ai que faire. Je vous invite donc à ravaler vos insultes. Et si possible à les ranger au fond de votre déplaisante personne. Non pas en les faisant passer par la gorge, piètre chemin d'où sont sortis vos lazzis, mais en les introduisant à l'autre extrémité de vous. Et s'il advenait que la pénétration soit incomplète, sachez que je mets à votre disposition les plus longues de mes phalanges pour assurer la réalisation totale de cette intromission.

Maintenant que le doigt s'est égaré dans des profondeurs, (triviales, je l'avoue, mais néanmoins jubilatoires), j'aimerais m'arrêter sur le mot « honneur ». Certainement le vocable dont le singulier est le plus antinomique à son pluriel. « L'honneur » et « les honneurs » sont parfois aussi éloignés que leur sonorité est jumelle. Combien a-t-on vu de médaillés, d'encensés, d'applaudis qui s'étaient attirés cette gloriole justement en bafouant leur honneur ? Combien de nos plus grandes réussites sociales, politiques ou artistiques ne l'ont été qu'au prix de perversions, de trahisons, de reniements de toutes sortes ?

L'honneur, par définition, c'est la dignité morale. Dans notre société nouvelle, la majorité de ceux qui reçoivent les honneurs sont bien loin d'en avoir fait leur ligne de conduite. Ce serait même plutôt le contraire. Le loyal, le droit, l'honnête homme, le tâcheron, le respectueux a très peu de chance d'accéder aux honneurs. Et même dans la marge, les bandits d'honneur ont dû céder la place aux bandits d'horreur, c'est dire ! Dans les valeurs cotées en bourse, la parole donnée, le sens du devoir, la probité, la droiture sont en chute libre. Mais c'est comme dans le film *La haine*, tu trouveras toujours quelqu'un pour te dire : « Jusqu'ici, tout va bien. »

Tout va merveilleusement bien. Puisque le profit et le pouvoir sont les blasons des chevaliers des Temps modernes, gloire aux *winners* ! Tressons-leur des couronnes, couvrons leur poitrail de médailles clinquantes, remettons-leur des prix, des distinctions. Et tant pis si, pour arriver à ces sommets, ils ont piétiné, asservi, exploité. Et que sonnent les trompettes pour tous les salauds magnifiques !

Une exception quand même. Les honneurs rendus aux victimes. Anéantis dans un attentat, sacrifiés d'une guerre. Ah, pour ça, avoue qu'en France, on est des cadors ! Pas vraiment au top pour que les drames n'arrivent pas, mais champions toutes catégories, une fois l'horreur survenue, des hommages et des commémorations. Par les temps qui courent, si tu veux faire fortune, tu t'installes marchand de peluches et de bougies ! Mais l'honneur, le vrai, la dignité morale, est-ce que c'est un concours de sanglots ? Ou est-ce le vrai courage, des actes forts, des préventions sans calcul politique pour éviter que les laissés-pour-compte d'avant fassent les veuves et les orphelins d'après ?

— L'honneur, c'est comme les allumettes, ça ne sert qu'une fois, lançait César à Marius.

Pauvre Pagnol ! Ta sentence a disparu au rythme de la bonne vieille grosse boîte familiale Seita. L'honneur aujourd'hui, c'est un briquet jetable qui sert jusqu'à expiration du gaz de son réservoir. Pédophiles, criminels, traders véreux, politiques corrompus en tout genre disparaissent un temps du paysage et réapparaissent propres comme des sous neufs. Mais si, tu les connais ! Allume ta télé, tu les verras conter leurs fourberies dont ils vont faire le dernier best-seller. Et ceux qui leur braquent le projecteur sont trop contents de l'aubaine. Le spectacle de la saloperie courante fait quand même beaucoup plus de parts de marché qu'une ode à la grandeur d'âme.

Je ne peux évidemment pas passer sous silence le Graal des distinctions, la reconnaissance suprême : la Légion d'honneur. Beaucoup de mes amis l'ont obtenue. Je ne leur en veux pas. Mais qu'on m'en préserve. Chaque nouvelle promotion me sidère. J'y vois parader des écrivaillons, des présentateurs télé, des sportifs, des journalistes, des « chianteurs », des « actristes ». Une faune hétéroclite que la France remercie de ce qu'ils ont fait pour elle. Et les voilà à égalité de reconnaissance avec des héros tombés au front, des résistants. Excuse-moi, mais c'est justement là que ma dignité morale s'insurge. L'idée que je me fais du mérite de chacun.

Bon d'accord, tout ça n'est pas bien grave. Ce n'est qu'un bout de tissu rouge. On ne va pas crier au scandale pour de la confection. Et puis cette diatribe passéiste, populiste en diable, n'était peut-être pas obligatoire ici. Dans la grille 7, il y avait aussi en 13 vertical : « Comme Emmanuelle par exemple, pour la rime » : SENSUELLE. On aurait pu divaguer sur ce sujet-là, plutôt. Ça aurait été beaucoup plus fun. Certainement, mais à l'instant, je n'en avais pas envie. Avant d'écrire ce que tu lis, j'ai éteint ma télé au moment où les supporters de Donald Trump envahissaient le Capitole. Tu te souviens de Trump ? Ce président des États-Unis auquel les « honorables » dirigeants de toutes les nations qu'il a visitées ont rendu les « honneurs ». Je te rappelle la définition de l'honneur, le vrai : la dignité morale.

— Allô, la Seita. Ça ne serait pas une bonne idée de ressortir à grand renfort de pub la bonne grosse boîte d'allumettes ? Non… Bon, tant pis, je vais garder mes briquets jetables.

## HORIZONTALEMENT

**I.** Trempette de Géricault (5 mots).

**II.** Préfère souvent la cour aux cours. Possession post mortem. Passé sous silence. Ajouté au stand pour faire rire sur les tréteaux.

**III.** Note. Myriapode de cruciverbiste. Communes à Arles et à Orly. À prendre et à lécher.

**IV.** Alimentaires à vomir. Doublé pour un primate.

**V.** Colle fort. Gréviste de l'amour. Deux juste après Gad.

**VI.** Gamal de Suez. Préposition. Poussa le bouchon un peu loin.

**VII.** Claques. Grugée. Lança l'appât.

**VIII.** Madness music. Milieux dans le milieu. Ragot de mouton.

**IX.** Au plus court (2 mots). Parfois contre. Lémanique à frire. Initiales d'un jongleur de mots.

**X.** Barré anglais. À dos de chameau. Lieu de vol commercial.

**XI.** Star du 69. La moitié de son talent lui a donné son nom de scène. Blair. Pour de longues noces.

**XII.** Pour chasser le gros gibier de la pègre... ou les insectes. Ex-ridicule. Cool. Diplôme et boys band.

**XIII.** Est toujours passé avant Villepin. Pas le Burton d'Elizabeth, celui d'Edward. Le pape Clément pour les monte-en-l'air. Carnavalesque.

**XIV.** Démonstratif. Entre Villeneuve et Avignon. Petit lait. Perso.

**XV.** Ventilateur divin. La Dereck. Back pour les Beatles. Conjonction.

**XVI.** Pompes à neige. Désir sur la toile. Initiales communes au parti et à son fondateur.

**XVII.** Comme un paradis pour chasseurs. Un héros complétement désarticulé.

**XVIII.** Arbres tropicaux. Pour les Belges et les Monégasques. Microsillons.

**XIX.** Onomatopée de greffier. Son pilier ne joue pas forcément au rugby. Habitants. Plus mal que mal.

**XX.** Lagune du Languedoc (3 mots). Complétement barrée.

## VERTICALEMENT

**1.** Requiem pour un fauve (6 mots).

**2.** Se donne ou se prend. Si j'en ai un, je l'appellerai Coca. Une femme. A relaté la chute d'une maison.

**3.** Encore. Queen de la cire. Crèchent.

**4.** Rafales. L'assassin du vinyle. Jerry sans Tom au cinéma.

**5.** Avec Leclerc au centre, ça a super marché ! (1 mot et 2 lettres). Rouge à l'eau. Créée par Dieu en 1956. Choco.

**6.** Division d'essence. Bornées et parfois tortueuses. Ça vaut deux ronds, pas plus. En nage.

**7.** Co. Carpe. Fort.

**8.** Hitler de Brecht. Rapproche le trouillomètre de zéro. Chambres après réception.

**9.** Marque sous contrat de confiance. Préhistorique à Lascaux. Note. Inattendu.

**10.** Mise sous cloches. Cache sexe... tout juste. Au bout du paradoxe.

**11.** Entre Samuel et Bihan. Rare pour un homme à part. Consent, d'après l'adage.

**12.** Morceau de guitare. Initiales d'ex-président. N'importe qui. Nid de coucous. Grecque.

**13.** Base en 13. Drôle de zig. 1 ou 11 au casino.

**14.** Et le reste. Centrale d'achats pour enfants (3 mots).

**15.** À régler. Pour des crises souvent enfantines. Jeu à levées.

**16.** Bi coque. Frédéric premier, prince des mots.

**17.** Notre reine noire des glaces (2 mots). Y a d'la joie !

**18.** Arme d'immortel. Morceau de Purcell. Le panache de la victoire. Cul de bouteille.

**19.** On y bave, on y bave ! Temps compté.

**20.** Poupée gonflée et parfois gonflante (2 mots). Flane ou Calliope.

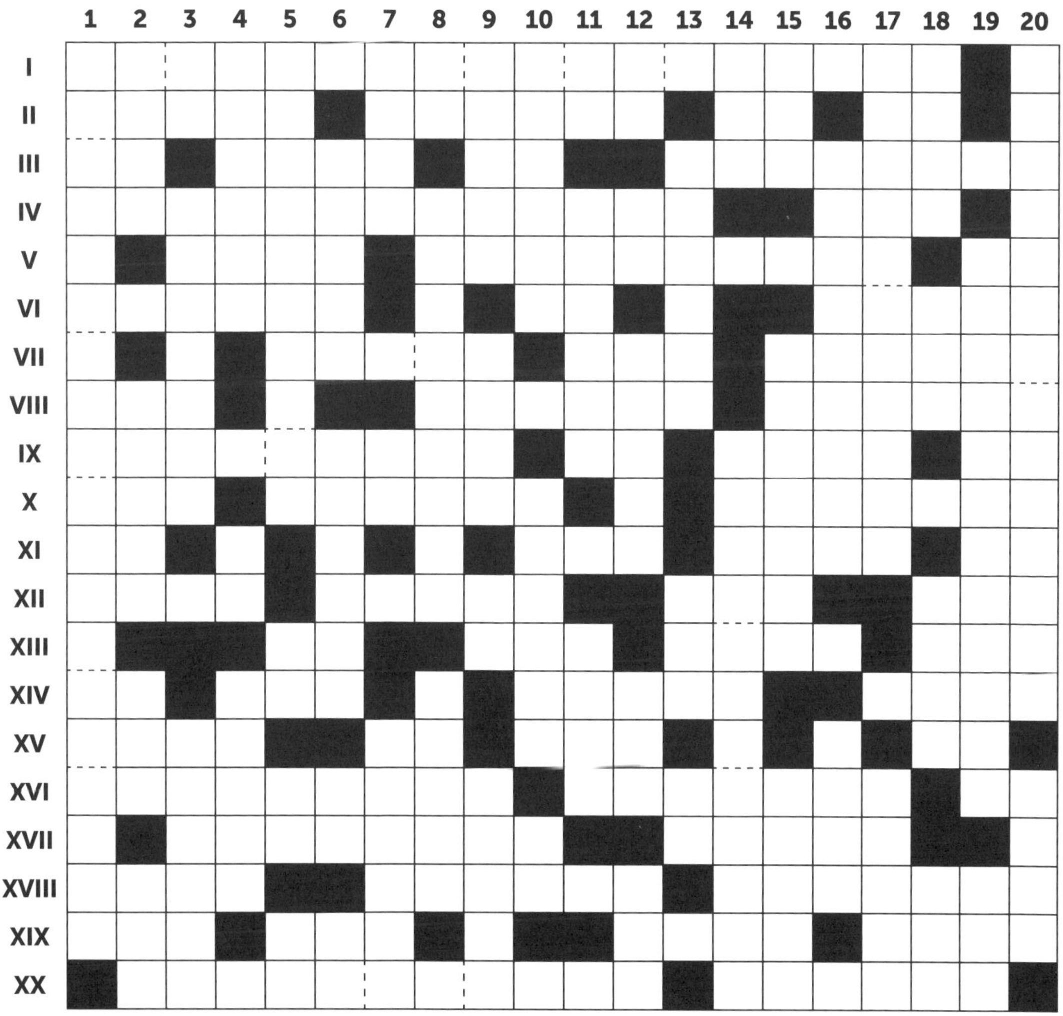


GRILLE

# N°8

L'AIDE PAGE 217
LA SOLUTION PAGE 243

# DIVAGATIONS RÉFLÉCHIES À PARTIR DE LA GRILLE 8

En IV horizontal : « Alimentaires à vomir » : INTOXICATIONS. Au vu de mes divagations précédentes, tu te doutes bien que les intoxications dont je vais te parler ne sont pas alimentaires, mais plutôt élémentaires et médiatiques. Celles des infos, bien évidemment. Pour être raccord avec le mot « infos » qui abrège les informations, je divaguerai donc sur les « intox » en tout genre. Cet abrégé parle d'ailleurs de lui-même. Il faut faire vite, bref. Surtout ne pas perdre le tempo pour ne pas laisser le temps au client d'analyser. Il faut l'abasourdir, pour qu'à aucun moment, au hasard d'un flash, il ne puisse prendre conscience qu'on lui a bourré le crâne en subliminal.

— On vient d'arrêter le *serial killer* de l'Essonne… Sans transition, la nouvelle Miss France est picarde… Sans transition, le Parlement a voté dans la nuit la possibilité d'intrusion dans vos données personnelles pour raison de sécurité… Sans transition, le PSG a reconduit Mbappé pour deux saisons.

Elle est où la mauvaise nouvelle bien cachée entre les bonnes ? Bon, pour le supporter de l'OM, on devine, mais pour toi ? Tu ne te rappelles plus ? C'est passé trop vite ? Eh oui, mais c'était le but… Bon, ça ce n'est pas de l'intox pure, c'est de la manipulation de base. Parce que le cerveau n'a pas le temps de mettre sur pause. Dans une tempête en forêt, pas facile de distinguer les feuilles de hêtre des feuilles de chêne. Tout ce dont on se souvient, c'est que ça a soufflé fort. Et l'indignation passagère s'envole avec la rafale jusqu'à la prochaine bourrasque… Et maintenant, notre page météo.

— Ah, en voilà une info qu'elle nous plaît ! On peut pas la truquer. Quand il pleuvait sur Hollande, c'était pas sur des ordres de Sarko ! Vous voyez bien que l'info est libre.

Attention, ne crois pas que je jette le discrédit sur la profession. La grande majorité des journalistes d'info respectent la déontologie. Dans 95 % des cas, la malveillance n'est pas volontaire. Elle est juste étalonnée à l'intérêt de celui qui reçoit l'info. Il faut l'attirer, le captiver et le garder pour qu'il n'aille pas faire l'info buissonnière chez les concurrents. Donc le coupable, ce n'est pas celui qui distille, c'est celui qui consomme.

— Le nombre de cas de contaminations Covid a bondi de 40 % au cours des dernières 24 heures.

— C'est terrible… Vous êtes sûrs ?

— Oui. En tout cas, ce sont les chiffres officiels. Voilà qui donne par avance toute justification aux mesures drastiques que va annoncer dans quelques instants le Premier ministre sur notre antenne.

Ah ben oui, forcément. Vu le contexte. Alors, on va tout bien faire comme il va dire.

— C'est bien. C'est responsable. On vous félicite. Et en attendant, une page de publicité.

Le monte-escalier, les couches, les pompes funèbres générales. Il n'y pas de temps à perdre, les vioques ! La menace est là, alors profitez et soyez prévoyants ! Intox commerciale de circonstance ? Évidemment. Encore une. Avec, en tête de gondole, les médicaments à profusion pour te laisser penser que tu peux être malade de tout. Avec des immunitaires naturels dont on se demande parfois s'ils ne les ont pas inventés. Le « bifidium », le « gardifex », le « stamital actif ». Bon, ceux-là, je les ai inventés, mais même les vrais, ils sortent tellement d'on ne sait où qu'on a l'impression qu'ils sont faux. Et je ne te parle même pas de tout ce qui touche à la beauté. Que même avec un physique acceptable, vu les bombes et les *chippendales* des spots, tu as l'impression d'être Quasimodo ou la sorcière de *Blanche-Neige*.

Et que ce soit pour les infos, la pub ou même les séries anxiogènes, le levier est toujours le même : la peur. Peur d'être trop laid, trop vieux, trop faible, trop malade, trop susceptible d'être victime de la délinquance ambiante. Cette bonne vieille peur si lucrative. Le téléfilm en plein cauchemar hospitalier pour bien te faire comprendre que même au SMIG et en galère, au moins dans ton canapé, pour l'instant tu as échappé à la rupture d'anévrisme fatale. Au journal du soir, en plein repas, la famine du bout du monde pour donner un goût exquis à ton jambon sous vide ou à ton pathétique poulet en batterie. La peur. La si précieuse peur. Le môme de banlieue forcément dealer. Planque tes gosses ! Le Rocco du samedi au membre surdimensionné. Planque ta femme ! L'avenir de l'euro incertain. Planque tes sous ! Et surtout planque tes idées, planque tes révoltes, planque ton libre arbitre ! Tu n'es pas invité à jouer sur la pelouse, alors contente-toi de ta place en tribune. Et même si tu vois le ballon heurter le petit filet, si on te dit qu'il y a but, c'est qu'il y a but. Non, mais !

Encore le hasard certainement, mais à la perpendiculaire d'INTOXICATIONS dans la grille précédente, en 8 vertical, il y a : « Rapproche le trouillomètre de zéro » : ALARMISTE. L'illustration parfaite de ce que je viens d'écrire. On te sert du grave, du tragique, du danger imminent à toutes les sauces. Mais qui te force à ingurgiter tout le menu ? En fait, personne. Et pourquoi tu ne ferais pas le doigt d'honneur de mes divagations précédentes à cet ouragan d'éventualités morbides ?

— Cinq fruits et légumes par jour ? OK, pour moi, ce sera vieille prune, crème de banane, liqueur de poire, cerise au kirsch et du brutal. Avec un peu de chance, y'aura d'la pomme !

— Aller au travail en vélo ? OK, mais j'ai des mollets de coq et je ne veux pas laisser ma prothèse de hanche entre l'Étoile et le Trocadéro. Si tu permets, je prendrais ma bagnole, ne serait-ce que par respect pour mes hémorroïdes. Ils ont surgi après une cure de quinoa.

— Évitez le soleil, évitez la neige, sortez couverts, mettez un casque, des gants, ne buvez pas trop frais, ne mangez pas trop gras, dormez plus, baisez moins, attention aux voleurs, attention aux moustiques, couchez-vous tôt, arrêtez de réclamer, de geindre, c'est la crise. Et évitez les fêtes trop arrosées, sinon votre prochain anniversaire sera le dernier, etc. En bref, soyez prudents, très, très, très prudents ! Sinon vous allez mourir avant l'heure.

— Tu parles de l'heure à ta montre ? Pas de risque à la mienne. Je l'ai arrêtée depuis longtemps. Pour éviter de passer mon temps à guetter le mauvais temps qui passe au lieu de profiter du bon temps qu'il reste. Chacun son intox, chacun sa détox !

## HORIZONTALEMENT

**I.** Bond en arrière (3 mots). Carnet de notes.

**II.** Il est heureux de visiter des pays, mais… ou retranché le rend triste. Avant un flirt, dans la chanson de Delpech. Une des 28 pièces à jouer.

**III.** País pour lire à Madrid. Ancien petit et futur grand. Elle peut faire rougir.

**IV.** Rapport pour un rond. Arômes glacés (2 mots). Parfois en fleur.

**V.** Deux oiseaux de suite, petit patapon pour la blague ! Ville d'invisible. Coûte plus cher quand elle est comprise.

**VI.** Un César pour le vainqueur. Induit une suite. Plats de péninsule.

**VII.** Minuit ne tombe pas forcément au milieu d'elle. Créateur de Citadelle. Motive pour être complète.

**VIII.** Kamasutra, comme ça se prononce. Possessif. Fabricant de médailles. Pronom.

**IX.** Parfumés à la sauce marocaine. De l'eau ou de fer.

**X.** Réponse de Boris à l'Europe. Accompagne le non pour taire. À nous. Charles sur cette ligne, Louis à la suivante.

**XI.** Sauveur de Queen. Excroissances. Arrive ou pingre.

**XII.** Comme une boule, l'hiver. Lettres de lettres. Plus pour plus cher.

**XIII.** Film d'horreur. Il n'a pas bon dos. Arrose Eure. Adolphe le maréchal, Xavier l'homme d'affaires. Cardinal de Nino.

**XIV.** Avec elle, on en amarre ! Anglaise froide. Pomme, mais pas idiote comme on pourrait le croire.

**XV.** Gardant. En ligne de plus en plus souvent.

**XVI.** Exposé. Centre de Caen. Huile d'importation. Monsieur Claude, chef des barjots.

**XVII.** Il est en route pour la définition suivante. Cap. Pressé, à l'entendre.

**XVIII.** Entre avant le premier. Avec ou contre Wolfgang, il a dû composer. Menteur à injection ? Aux extrémités de l'infini.

**XIX.** Nippon ni mauvais, ça dépend des goûts. Mis pour adoucir. Acide nucléique.

**XX.** En phase terminale pour se préparer à l'être. Comme Brigitte Trogneux.

## VERTICALEMENT

**1.** Roi du thriller (2 mots). Grand gagnant du concours d'épines !

**2.** Ile sous le vent ? Au milieu du quai. Madame Charlot. Match nul, vraiment nul. Ka après pour habiter au Japon.

**3.** Inattendue conjugaison de paître. Le mari de la boulangère. Lady dead. Boîte d'argent. Grand patron en médecine.

**4.** Responsable de la fièvre John. Romaine de France. Foutu à l'envers.

**5.** Prince de Madrid à Santiago-Barnabéu. Toujours derrière. Arthur, l'idole de Noah.

**6.** Aison aussi. Travaux forcés. Écran total, mais pas pour les vacances.

**7.** Deux sur trois lettres de congé. Bas pour la terre. Premier. Note. Ouverture des paupières.

**8.** On peut regarder dans son blanc. Huitième pour les médias. Retour de route. Rural ou bovin.

**9.** Note. Savant de Marseille. Entame une relation.

**10.** Voir, voire apercevoir, sans que l'autre ait le pouvoir de savoir. Victime du GPS (2 mots).

**11.** Bruiter en somme. Ville de Vianney.

**12.** Sujet de mémoires. A numéroté Henri. Abrégé de tire.

**13.** Encaissées et salées. Top départ. 50 et 10 en chiffres romains en feraient un gros Gaulois.

**14.** Note. 1416 après la virgule. Attache. Elle a un Tibre dans son moteur !

**15.** Pour tenir loin (2 mots). Elle a son coin et ses filles. Mitterrand.

**16.** La Cavalerie est encore loin, à une quarantaine de kilomètres. Jacob devenu un État. Préposition. Une grande partie de polo.

**17.** L'âme bouleversée. Suit le décrochage. Les autres.

**18.** Épinglette désuète. Du côté de Saint-Malo. Quand on a les grelots ou qu'on se les gèle. Carreau unique.

**19.** Mouvements croisés. Ne change pas si on le multiplie par lui. Vol avant pour faire un écrivain.

**20.** Un mois pile après la Sainte-Catherine. Chaussure célèbre dont on connaît la longueur mais pas la pointure (3 mots).

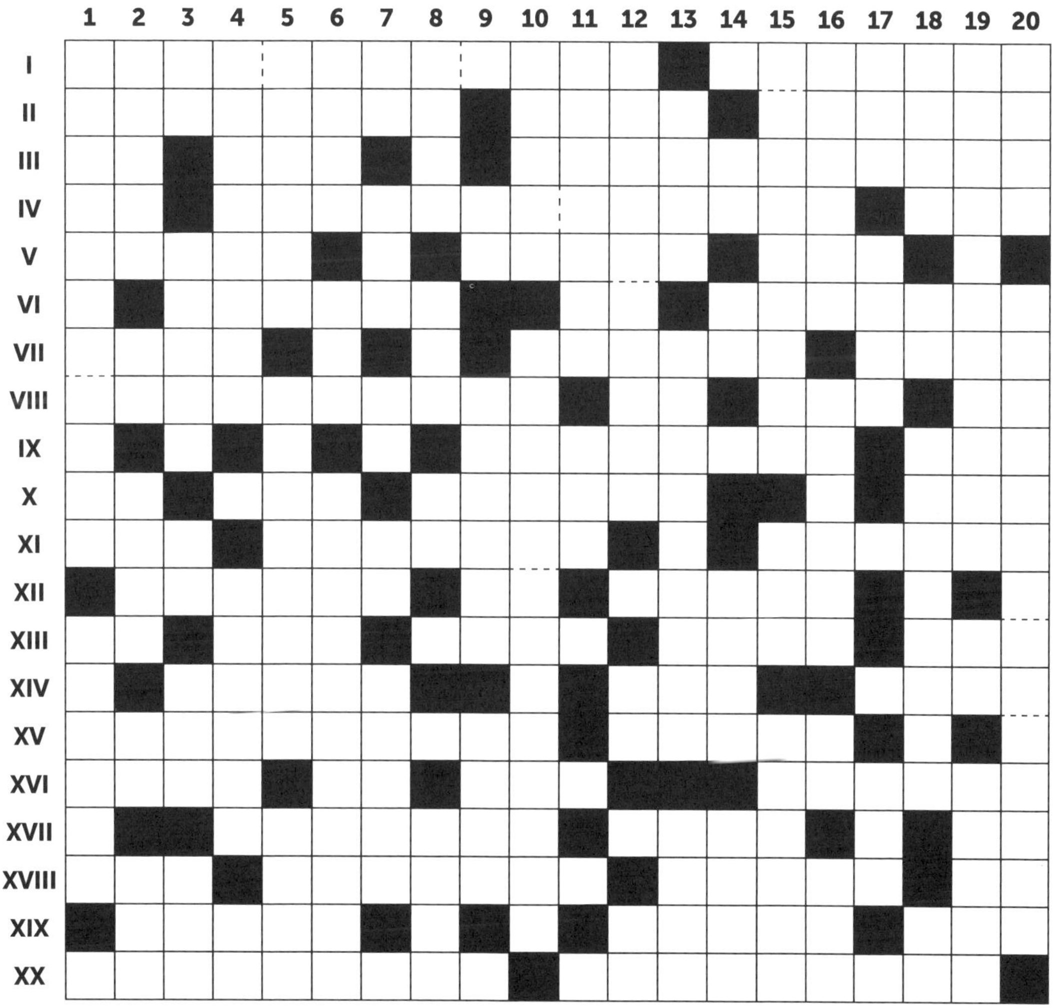

GRILLE

# N°9

L'AIDE PAGE 218
LA SOLUTION PAGE 244

# DIVAGATIONS RÉFLÉCHIES À PARTIR DE LA GRILLE 9

En IV horizontal : « Arômes glacés » : VANILLE FRAISE. Les parfums de l'enfance. Le cornet à deux boules des premiers flirts. On avait 13 ans. Assis sur un banc de l'été 1966, on léchait à deux le même goût d'une amourette jaune et rose. Nos mots étaient sucrés aussi. Timides, empruntés. On se parlait doux, prudent. Pour ne pas aller trop vite. L'extrême audace nous conduisait juste à un baiser mélangé pour prolonger la saveur. Et puis, en approche, à peine une main sur la cuisse que l'amoureuse repoussait sans violence.

— D'accord. On se revoit demain. En attendant, je vais t'écrire une lettre. Je la glisserai sous ta porte.

Et nous, les minots comblés, on rentrait au bercail, fiers d'être déjà des mi-hommes. En bonne voie pour la prochaine glace. Tellement heureux d'avoir fait le premier des pas que suivraient d'autres pas et encore d'autres pas avant d'obtenir l'autorisation de franchir vraiment le seuil. Et au clair de la nuit, l'ami Pierrot nous prêtait sa plume pour écrire des mots. Des espoirs feutrés, des précautions : « Je comprends qu'il te faut du temps. On prendra celui qu'il faudra. Mais sache que je n'imagine pas ma vie sans toi. Je ne sais pas encore si tu es mon premier amour, mais je suis déjà sûr que tu seras le dernier. Je vais m'endormir en rêvant à tes yeux. »

Bon, on mentait un peu quand même. Avant de s'endormir, on décrochait un peu des yeux pour rêver plus bas. Beaucoup plus bas. Et notre main droite faisait le reste. Enfin, si toutefois nous étions droitiers. Le fantasme fonctionnait aussi si nous étions gauchers.

En VIII horizontal « Kamasutra comme ça se prononce » : KAMASOUTRA. Quatre lignes plus bas et bien des années plus tard. Assis sur un banc de l'été 2020, la glace a fondu. Ou plutôt, on l'a brisée. Le cornet s'est fait teub et les deux boules de dessus ont pris le dessous. Le minot de 12 ans parle cru, direct. Le SMS du rancard est on ne peut plus clair : « T'es trop bonne. Je te kiffe grave. J'ai envie de te ken ! »

Mon raccourci est brutal, voire caricatural, mais bon, c'est la marche du temps. En clair, aujourd'hui à 13 ans, ils connaissent déjà tout. Les sites, les vidéos leur ont déjà projeté le plus hard du hard. Ils connaissent la notice du remède à leur poussée de sève par cœur. Ils ne vont quand même pas perdre de temps en homéopathie inutile. Droit au but. Et surtout avec un savoir-faire copie conforme. Kamasutra puissance 4. Raccord avec leur bouffe de djeunes. Pas d'entrée, Big Mac, Sunday et voyez caisse ! Je ne critique pas, je relate. Oh, ça ne veut surtout pas dire qu'il n'y a pas de sentiment ! Loin de là ! Mais la pratique les prive de la si douce souffrance qu'impose la patience. Cette poussée lente du désir que chaque jour d'attente enfièvre un peu plus. Et surtout de l'extrême jouissance de la découverte d'une caresse inconnue, d'une position tellement inattendue qu'on est persuadé de l'avoir inventée.

— Vas y, fais-moi comme Rocco, réclame l'impatiente d'aujourd'hui… Voilà, comme ça… Tu veux que je ramène un peu plus les jambes ? Ouais, c'est pas mal…
— Pourquoi tu cries pas comme la fille dans le film qui fait « oh oui, oh oui ! » ?
— Ben, je sais pas… Ah, c'est fini… Ouais ouais, c'était top ! Tu me fais pas un kiss ?
— Ben non. Rocco, il fait pas de kiss. Il se rhabille et il se casse. Allez tchao ! À plus.

Caricature encore, bien entendu. Juste pour arriver à une définition qui n'est pas dans la grille, mais que j'aurais pu y glisser « Mâle du siècle » : DÉSENCHANTEMENT. Ils ne s'accouplent ni mieux ni plus mal que nous. Mais ils font tout trop vite. Trop tôt. Trop loin. Trop complet. À l'image d'une société qui ne sait plus prendre le temps d'avoir le temps. À l'image d'une déferlante d'infos sur nos écrans qui tsunamisent nos envies. Oh, je te rassure, si à leur âge, j'avais eu ces techniques à portée de sexe, j'en aurais certainement profité tout aussi largement. Mais, rétrospectivement, je ne remercierai jamais assez les aïeux de Bill Gates de l'avoir fait naître suffisamment tard pour ne pas me priver de l'extrême volupté des plaisirs inaccessibles… Les mômes d'aujourd'hui ont Jacquie et Michel. Bouchers traiteurs. Le tout à l'étal. Le sexe barbaque à portée de la main. La découpe devant le client.

— Y en a un peu plus, j'vous mets tout ?

Nous, les vieux cons, on avait le catalogue de La Redoute. On s'extasiait avec frénésie devant les pages lingerie. Avoue qu'il y a un écart conséquent entre la touffe furtive en transparence sous le linge de corps et la surexposition gynécologique des *sextapes* d'aujourd'hui. On avait le temps d'imaginer, de sublimer. Le coït en vrai, c'était notre Annapurna. Des jours et des nuits pour préparer l'escalade. C'est dire si, arrivé au sommet, on était pas peu fier de planter le drapeau. Et ça nous a pris des années pour que chaque piton d'accroche nous emmène à une roche nouvelle. Te dire qu'on a seulement fait l'amour, bien sûr que non. On a baisé, comme eux. Mais un peu plus peu à peu, un peu plus peur à peur, un peu plus peau à peau.

Je ne jette surtout pas la pierre à la nouvelle génération en ce domaine. D'abord parce qu'elle me la renverrait immédiatement en pleine figure et qu'elle n'aurait pas tort. Ce que le temps apporte au temps échappe toujours à ceux qui ont fait le leur. Ensuite parce que, m'étant marié à 16 ans, je suis le plus mal placé pour faire la leçon en ce domaine. Je ne condamne pas. Je déplore à peine. À l'heure où j'écris, ma fille a 13 ans. Pour ce qui est du sexe, elle connaît déjà ce que j'ai mis trente ans à savoir. Que le grand étalage la prive d'innocence, je ne m'en offusque pas plus que ça, c'est la marche du temps. Mais je serai toujours attristé par les voleurs de rêves, les effriteurs de conquêtes, les briseurs de découvertes… Alors, de temps en temps, en vieux routier des chemins de l'amour buissonnier, je m'arrête sur un banc pour déguster, en prenant tout mon temps, un cornet de glace vanille fraise. Pour retrouver le goût des pourquoi pas, de l'attente, de la patience. Ma fille me tape sur l'épaule en souriant. Elle me pose une question à laquelle je réponds toujours par une phrase qu'elle ne comprend pas. Elle dit :

— À ton âge, tu manges encore des glaces ringardes ? Un Sunday, c'est mieux, top de chez top. Tu veux que je t'en commande sur Uber Eats ? Tu l'as dans 10 minutes... Non… Pourquoi ?

— Parce qu'au-dessus de l'Annapurna, il n'y plus d'Annapurna.

## HORIZONTALEMENT

**I.** Pannes des sens (2 mots).

**II.** On aime bien l'avoir dans les pâtes. Ville de marionnettiste ? Sorti des urnes. Vieux rond.

**III.** Succès de Bruel en 1998. Autour de la lune, quoi ! Il met les pieds dans le plat ou dans le marais.

**IV.** Fait le métier. Partent en arrière avec re aussi. Peut suivre celui.

**V.** Sax toy à mouiller avec la langue. Cadeau de la vierge. Médecin coté en brousse et en série.

**VI.** Charles, le chanteur. Sont anglais. Les sœurs de Daisy Duck. S'enfonce en tournant.

**VII.** Ville de camp avant celui de la mort. Il fait la référence. Des as pour Bébel.

**VIII.** Au départ en Italie. Toujours vache en cases. Place de bosse. Perceuse de dressing.

**IX.** Initiales de jeux sexuels. Débitent dans la bouche. C'est jamais trot.

**X.** Prénom à kilos pour Franck Dubosc. Kerviel. Doublé dans une chanson de piaf.

**XI.** Envolé en vélo avec Eliott. Élève baptisé au sabre. Élucubrateur en 1966. Palindrome temporel.

**XII.** Souvenirs à la gomme. Initiales présidentielles. Ses habitantes ne sont pas plus bêtes qu'ailleurs.

**XIII.** Perroquet de montagne. Vieux vaurien. Américain de réserve.

**XIV.** Plus idiots que fêtards. Vous et moi. Post mortem pour ceux qui restent.

**XV.** La maison de Scarlett. Faite avec son homonyme. Marque en bas. Judith de cœur.

**XVI.** Baraque à fritz, s'il est berger. Cabane de hors-la-loi.

**XVII.** Président fleuri par sa femme. Claqua. Super man au cinéma.

**XVIII.** Conçus. Vendredi ceint... par la mer.

**XIX.** Lié. Éreinta. Bourrées, et pas seulement auvergnates. Pile.

**XX.** Là où Donald trempe (3 mots). Compétition sportive.

## VERTICALEMENT

**1.** Claps de fin. Chanteuse arabe ou dauphin.

**2.** Logique pour créer un nouveau mot. Mis en échec. Son maître y habite. Sodium.

**3.** Entame d'esquimau, mais sous une autre forme. Trivialement doublé pour faire l'amour. Tombé des nues. Alcool de chanoine.

**4.** Fille d'un rocher et mère d'un vent (3 mots).

**5.** A échoué, hélas, en 1967 (2 mots). Mer en plus pour brûler.

**6.** Tu ailleurs. Dégoûte. Roue sans fin.

**7.** Mais avec un tréma, on peut le griller. Interjection. À mi-fesses. La première personne à vouloir.

**8.** Possessif. Élu par les militaires. Le plus souvent à poil et à quatre pattes. Ville d'égyptologue en 46.

**9.** Enfouis en fin de cérémonie. Son manteau s'attache souvent au col, en hiver. Embouchure d'estuaire.

**10.** Travaille pour une grande surface. Oiseau aux couleurs de la Juve. Socle de couronne. En apnée.

**11.** Avant-scène au cinéma (3 mots). Bas, c'est plus loin.

**12.** Vaut le coup. DC en plus avec Angus. Classement en général. Préposition. Lancer les fers.

**13.** En route pour la poule, en chambre pour l'amour. La bête bête qui s'monte, qui s'monte ! À éponger. Ça latin.

**14.** Encore latin, plus ultra. Retour de flamme à heure fixe (3 mots). Médoc qu'on ne trouve pas en pharmacie.

**15.** Espagnol de Cordobés. Cinq, en l'occurrence. Met au pieu.

**16.** Il en a mis des mains au cube ! Comme un I coiffé d'un V. Préfixe égalitaire.

**17.** Possessif. Rumeur de pavillons.

**18.** Devise du Salvador (6 mots).

**19.** Umberto d'Alexandrie. Le bémol d'une note... de frais. Le mot qui nous rend tous ego. À quatre chiffres depuis 999.

**20.** Atténue la peine. Eue à l'œil. À quatre pour le double, à deux pour la paire.

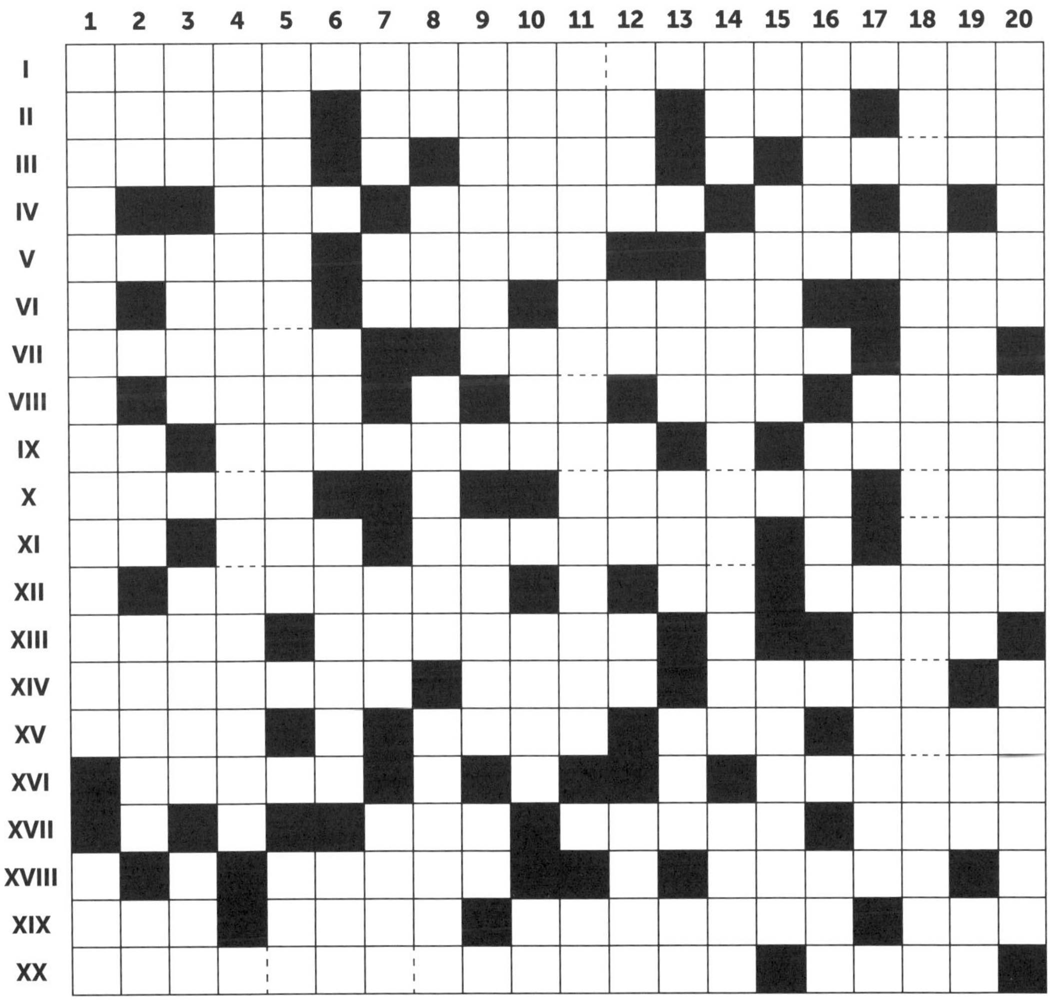


GRILLE

# N°10

L'AIDE PAGE 218
LA SOLUTION PAGE 244

# DIVAGATIONS RÉFLÉCHIES À PARTIR DE LA GRILLE 10

En I horizontal : « Pannes des sens » : ANESTHÉSIES GÉNÉRALES. Le sens du devoir, le sens des responsabilités, le sens de l'honneur. Toutes ces valeurs éteintes par une société qui n'en finit plus de nous mettre sous couette. Pas complètement, bien sûr. Ces lois de la vie d'un temps pas si lointain somnolent seulement. Ringardisées par des codes nouveaux. Le rapide, le rentable, le moderne, le progressiste.

— Arrête avec tes valeurs de vieux con ! qu'ils me disent. Le seul sens important aujourd'hui, c'est le sens des affaires. Et dans les affaires tous les coups sont permis. Le sens du devoir ? On n'est pas des élèves de CM2. Le sens des responsabilités ? De toute façon, tu trouveras toujours un couillon pour morfler à ta place. Le sens de l'honneur ? Tiens, voilà mon bras !

Et puis, le sens de l'humour aussi. Sens interdit par le sens à pensée unique. La blague de base sous surveillance. Les rires sont des fous à lier. À attacher pour ne pas qu'ils débordent. C'est la camisole de farce.

— On peut rire de tout, mais pas avec n'importe qui !

Quelle connerie ! Bien sûr qu'on peut rire de tout sans retenue de quelque nature que ce soit. Parce que le rire est un réflexe. Une éclosion du ressenti. Comme la peur, le froid, la faim. L'affirmation est mal énoncée. Peut-on avoir froid, peut-on avoir faim, peut-on avoir peur ? Non, ce n'est pas « peut-on ? ». On a froid, on a faim, on a peur. Point barre. La notion de possibilité n'a rien à y voir.

Alors certains rient à du gras, d'autres à du grave. Certains à peine, d'autres à gorge déployée. Au gré de ce qui les touche. Chacun son barème sur l'échelle. C'est incontrôlable. Et c'est là le hic. Parce que, comme on ne peut empêcher personne de se marrer de ce qu'il veut, on contrôle la cause, l'origine. Pour avoir du rire AOC. Si ça ce n'est pas plonger les gens dans un coma de plus en plus profond ! L'anachronisme merveilleux qui consiste à priver les gens de conscience au nom de la bonne conscience.

Parce que tu crois que c'est une blague sur les Arabes qui va me rendre raciste ? Parce que tu crois que je vais devenir homophobe parce j'aurais trop vu *La cage aux folles* ? Parce que tu crois que je suis influençable au point de prendre une vanne au deuxième degré pour argent comptant.

— Toi, peut-être pas, mais les gens n'ont pas tous cette distance, répond le zygomatologue.

Et voilà, on y revient.

— Les gens sont des cons. Et nous les censeurs, on a tout compris. On sait faire la part des choses. On sait où est le bien et où est le mal. Et il est de notre devoir de mettre en garde. Et bien plus, d'empêcher l'allusion trop salace, la moquerie indécente, le sarcasme blessant. Alors excusez-nous pour l'injection d'anesthésiant, mais plus on vous empêchera de l'ouvrir, moins vous aurez l'occasion de dire des choses qui nous déplaisent.

Le pire, c'est que cette censure de l'humour à tous vents a dépassé depuis longtemps les hautes sphères de la pensée unique. Réseaux sociaux obligent. Les indignations fleurissent à tout bout de Net. Tout le monde traque tout le monde. À l'affût du dérapage, du mot, de la virgule, de l'intonation qui va faire passer un simple plaisantin pour un dangereux terroriste de la pensée. Mais bon, on le sait, l'homme est un loup pour l'homme. Mais sûrement pas un loup de carnaval !

Un peu plus loin dans ma grille, en 8 vertical, il y a : « Le plus souvent à poil et à quatre pattes » : BÉTAIL. Voilà ce que nous sommes en train de devenir. Pris dans le sens unique de la marche du temps. Moutonniers. À poil. Nu de révoltes. Épilé du bulbe. De plus en plus incapables de penser par nous-mêmes. D'oser nous rebeller contre ceux qui veulent nous imposer un sens dont on devrait être les seuls à décider de la direction : le sens de nos vies… Et surtout dans cette cure de sommeil, il y a un sens essentiel qu'on immobilise chaque jour un peu plus : le bon sens. Ce sacré bon sens de nos anciens. La logique. L'évidence. Dans quelque domaine que ce soit. Maman disait : « À quoi ça sert d'acheter un matelas neuf à crédit si le prix du crédit t'empêche de dormir ? »

Un exemple étalon pour tout. À quoi servent les précautions sanitaires qui nous feront mourir moins vite si c'est pour ne pas vivre ? À quoi ça sert de réduire la peine des coupables puisque celle des victimes reste toujours la même ? À quoi ça sert de vacciner de vieux mourants qui ne foutront plus un pied hors de leur chambre si ce n'est pour rejoindre l'autre qu'ils ont déjà dans la tombe ? Et là, bien sûr, l'argument massue. Le grand coup sur la tête. L'anesthésie incontournable : « Ce que vous dites est abominablement populiste ! »

Populiste, complotiste, et j'en passe. Des adjectifs en seringue pour anesthésier encore et encore les moindres vélléités des pas convenus. Pour mettre un voile sur nos lucidités. Alors, je n'en démords pas. Nous sommes devenus du bétail. Bêtes de somme. En léthargie avancée. Privés de sens. En errance. La grande vadrouille. Et comme ça on peut mieux nous piquer nos chaussures, nos vélos. Mais bon, on nous laisse nos écrans. De télé, de téléphone surtout. Avec son appli reine : le GPS de la pensée. Pour nous guider tous dans le sens officiel.

— Allô !
— Oui, c'est pour quoi ?
— Je viens de lire vos propos sur l'anesthésie générale.
— Vous allez me censurer ?
— Au contraire. Vous avez raison. Je vous appelle juste pour vous dire que je suis en salle de réveil. Et je ne suis pas le seul. On est plein. Dès qu'on sort de réa, ça va bouger !

Ouf ! Il était temps. Y a de l'espoir, non ?

## HORIZONTALEMENT

**I.** Coupe feux.

**II.** Fait un peu la cour. Voisine de l'atlas. Nom de Dieu.

**III.** Composant de certains nerfs. Le ion de belle force. Promis aux entrechats ou aux ventres de chats. Chanteur malade, en tout cas c'est lui qui le dit.

**IV.** Mis en cage (3 mots). Faire des dessins mobiles.

**V.** Effets de soldes. Oui, mais refusé au référendum. Précuits.

**VI.** Il participe à la réussite. Voyager de nuit. Trouva une clé. Donc, la réussite du précédent.

**VII.** Pronom. Négation. Partit en mer après être allé au yacht.

**VIII.** Plante à feuilles dures. *Born to be* pour Hernandez. D'espions au Caire pour Dujardin.

**IX.** Rouge en 83. Affaiblies à force de se faire du mauvais sang. Carré de campagne.

**X.** Parfois en chemise, toujours en chandail. Note. Ils sont à la botte du cavalier. Souvent pris en grippe.

**XI.** Élodie, reine en l'an 2001. Accouché. Raya de la liste.

**XII.** Aura l'air clone. Triple en concours. Sorti.

**XIII.** Il en mène large. Utilisateur de Ferrari dès sa naissance. Où en est téton ! Article madrilène.

**XIV.** Étapes hôtelières sur la route 66. Béryllium très mince. Elle est anglaise.

**XV.** Sous croûte, et pas qu'en Alsace. Allez les verts ! Août y est. Deux fois plus douée que les autres pour le vol.

**XVI.** Elle servait son rouge dans une Tass. En Gard. Pour boucher dans la rue. Pronom.

**XVII.** Note. Elle n'arrête pas une seconde. Pas pro.

**XVIII.** Empoisonne l'existence. Salaires domestiques. Comme accola.

**XIX.** Baddou ou MacGraw. Elle doit souvent en avoir plein le dos. Préposition. Réunions de jeux.

**XX.** Maître iodle. Elles mènent souvent les hommes à la braguette.

## VERTICALEMENT

**1.** Bagarre pour le barrage. Enferment en pierres.

**2.** Bavarde ou provoque. La sienne. Fait des tours aux solitaires.

**3.** Ne pas se prononcer. Points de croix sur la peau. Avec en effet, c'est un pléonasme.

**4.** Provocateur ou fou Hallier ? Nouvelle de Rousseau. Bille d'écrivain.

**5.** Du vent dans les voiles. Pierre pérenne. Passe par le nez ou suit la voie.

**6.** Note indicative. Chêne vert. Pronom.

**7.** Radio du cerveau (2 mots). Gruge... pour ne pas dire enfile.

**8.** *Mad Max* du muet. Fleming de James. Une forme de ciboulot.

**9.** Meneur de troupeau. Malherbe pour y jouer au foot. Grossies à l'œil.

**10.** Ayant droit. Direction Biarritz. Vieux loup de terre.

**11.** On y lit comme dans un livre. Divagua. PDG à New York. Complète le stand des humoristes.

**12.** Ville de cure. Vague à lames inarrêtable. Plurielles bien singulières. Ville de Hongrie.

**13.** Sortent du pétard. Fait le chaud à Ibiza.

**14.** Décida enfin. Garde malade de transport. Les derniers sont les mieux élevés.

**15.** Pour certaines vendanges. On peut y lire les consignes du parti.

**16.** Dieu ancien contrarié par les suivants. Ils perdent les eaux. Peut être considéré comme un dommage.

**17.** Il est à l'origine du rugby. Y a d'la joie ! Petit patron.

**18.** Poésie moderne. Organes de presse. À entendre elle a ri, à lire elle a frit.

**19.** Rendue à Dieu. Belle mer. Quand ils boivent, chantent-ils : igloo, igloo, igloo ?

**20.** Resté à Londres ou quand on en arrive (3 mots). Marre si c'est le bol.

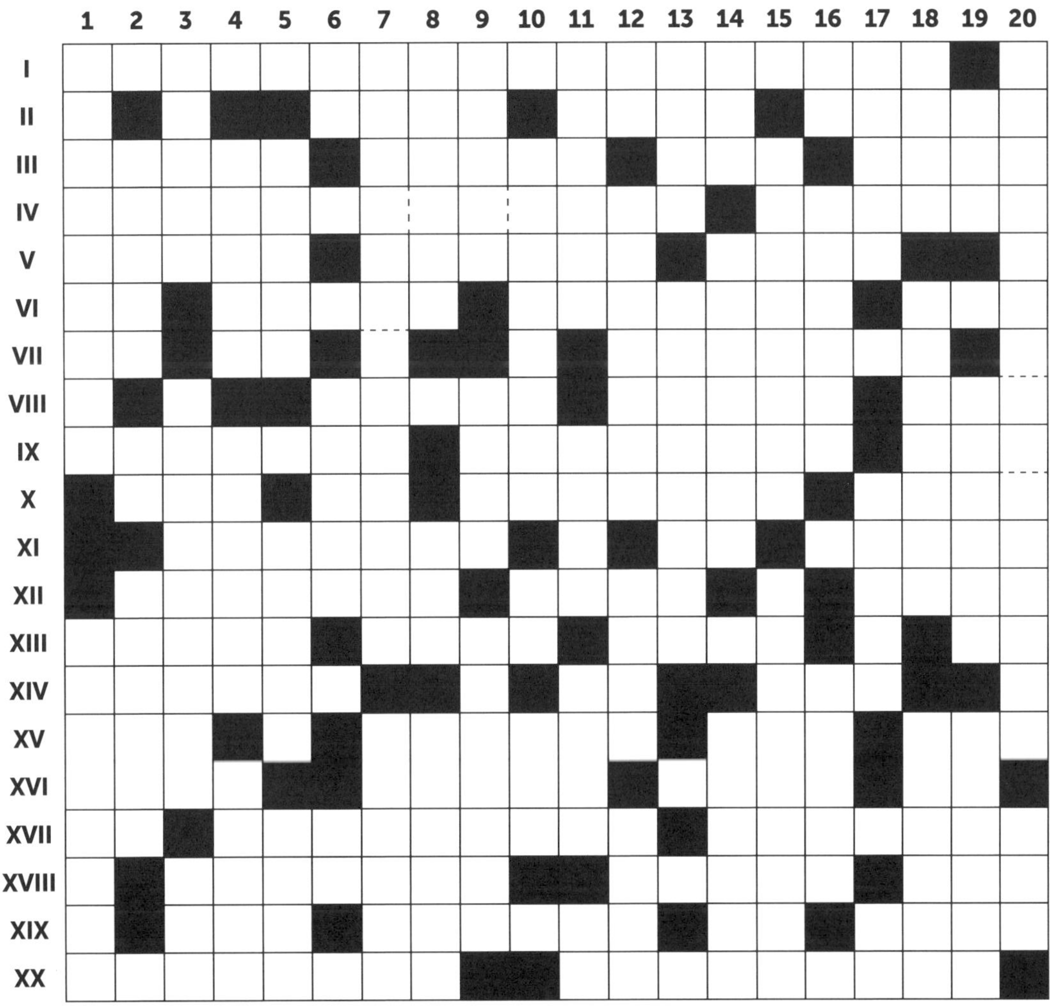


GRILLE

# N°11

L'AIDE PAGE 219
LA SOLUTION PAGE 245

# DIVAGATIONS RÉFLÉCHIES À PARTIR DE LA GRILLE 11

En IV horizontal : « mis en cage » : GARDIEN DE BUTS, et en 7 vertical : « Radio du cerveau : FRANCE CULTURE. Un croisement hasardeux mais diablement significatif des nouvelles priorités de notre chemin de vie. Et voilà imbriquées la valeur des têtes et la valeur des pieds. Quand les créateurs de vitraux se retrouvent chevauchés par les créateurs de lucarnes. Parce que, dans l'échelle de la postérité, il vaut mieux aujourd'hui être portier au PSG que portier au Louvre. Avec cette interrogation de circonstance : « Est-ce que les gardiens de buts n'auraient pas pris le pas sur les gardiens de bustes ? »

Dans le panthéon de la culture nouvelle, Hugo, c'est Lloris et il ne serait pas étonnant qu'on débaptise le lycée Janson de Sailly pour le renommer « lycée Marcel-Desailly ». Voire qu'on retrouve sous peu une exposition des vignettes Panini au Grand Palais. Encore une fois, c'est la marche du temps. Et, de nos jours, une carrière de grand écrivain ou de peintre maudit fait quand même beaucoup moins rêver nos minots qu'un contrat de quatre ans au FC Barcelone. La postérité accouche d'ambitions nouvelles dès le plus jeune âge. Les mathématiques élémentaires ont du plomb dans l'aile. À l'heure des mercatos si lucratifs, les parents encouragent moins leurs enfants à compter sur leurs doigts qu'à compter sur leurs pieds.

Et finalement pourquoi pas ? Cet engouement sportif a au moins l'avantage de substituer des héros de guère aux héros de guerre. Guère d'instruction, guère de raisonnement, guère d'aptitude à la créativité littéraire. Mais tant de faits d'armes inoubliables. Et des dates célébrissimes. Celle du 12 juillet 1998. Le jour où le roi Zidane a terrassé les Brésiliens est devenue historique. Bien plus mémorable que la date de Marignan que nous avons tous ânonnée à l'école, sans savoir vraiment qui étaient les joueurs et les remplaçants.

La bataille de Moscou, le 15 juillet 2018. Le jour où Deschamps le Conquérant a vaincu l'armée croate est encore dans toutes les mémoires. Et ses combattants sont devenus bien plus que des maîtres à jouer. Les voila maîtres à penser. Il suffit qu'un de ces tireurs d'élite déclare, au hasard d'une interview, qu'il faut éradiquer la flicaille abusive pour que ses fans attaquent aussitôt les poulets au mortier. Avec une légitimité tout ce qu'il y a de basique : « Il n'a jamais raté un péno ! Il ne se trompe jamais de côté pour placer son tir. Ça veut bien dire qu'il a raison ! »

Alors oui, les dieux du stade sont devenus maîtres de secte. Gourous en short dont l'exemplarité et l'influence vont bien au-delà de la qualité de leur passement de jambes. Marx, Nietzsche, Kant, Pascal, rangez votre philosophie d'intellos ! Celle des socios induit que le moi est tout sauf haïssable puisque c'est l'entité d'un individu qui étalonne la somme faramineuse de son transfert. Et ne venez surtout pas me parler d'une prise de conscience sociale. Celle qui mettrait en balance l'indécence des salaires mirobolants en regard de la misère du monde. Ça va pas, non ? On ne va quand même pas encombrer nos cerveaux de considérations humanistes au moment où la seule question existentielle qui se pose est : « Est-ce qu'on va attaquer le match en 4-4-2 ou en 4-3-3 ? »

Dans cette nouvelle croyance universelle, l'antichambre de la pensée est un vestiaire où les grands prêtres ont troqué l'étole contre de l'Elastoplast. Ils font leur prière au nom du père, du fils et du Saint-Esprit d'équipe. Juste avant la bénédiction urbi et arbitre. Leurs sermons sont des conférences de presse d'après match. Et la ponctuation qui suit leur « Ainsi soit-il ! » n'est pas un point d'exclamation mais la virgule de leur équipementier Nike. Dans cette allégeance au dieu du foot, on ne peut passer sous silence l'aura imputrescible dont jouissent les saints de cette nouvelle religion. Une religion où à chaque grand-messe, dans le calice, c'est la Heineken qui coule à flots. Où l'hostie est une pizza sur canapé devant Canalsat. Où les intégristes sont fiers de leurs stigmates de bagarres de tribunes, de leur chemin de croix pour arriver en finale. Et où le cantique des cantiques français est : « Paris, Paris, on t'encule ! »

Alors, mes frères, prions saint Maradona, martyr de la croisade des hors-la-loi. Il y a eu de obsèques nationales pour « El pibe de oro ». Défoncé, tricheur, dévoyé, mais marchand de rêves pour le petit peuple. Allégeur de souffrances. Semeur d'espoir pour tout môme aux pieds nus qui shoote dans des boîtes de conserve. Pleuré, déifié. Avoue que question prestige argentin, ça a nettement plus de gueule qu'un Jorge Luis Borges ou un Astor Piazzolla, non ?

— Castor Pizzaïolo, c'est qui ce bouffon ? me lance l'ultra de la tribune nord.

Un grand musicien. Comme Mozart, Vivaldi, Rossini qui ne s'appelait pas Paulo et ne jouait pas à la Juve. Alors, tchao Balzac, Camus, Voltaire, Montesquieu, Rostand, Céline ! Le voyage au bout de la nuit se finit à Knysna dans un car plein d'enfants gâtés qui ne veulent pas en descendre tant qu'ils n'ont pas eu leur « Choco BNP » enveloppé dans du papier d'or.

Et bien, soit ! Acceptons la nouvelle donne : les rois de la culture physique sont plus forts que les as de la culture intellectuelle. La bataille est perdue. Demandons à ces messieurs du Nobel de se jumeler avec le Ballon d'Or. Et remettons le prix Goncourt à Ribéry pour son livre à colorier : « Mes buts, mon œuvre, ma cicatrice »... Ironie mise à part, je suis sûr qu'on en apprendrait bien plus sur la vraie vie que dans le dernier roman de Bernard-Henri Lévy ?

Voilà ma vision des choses. Mais contrairement à ce que tu pourrais croire, j'aime le foot. Eh oui ! Je l'adore même. Avec tous ses excès, ses icônes indécentes, ses dérives, son spectacle anesthésiant qui vole au cerveau son espace de réflexion. J'aime l'orgasme collectif du but libérateur. J'aime le suspense des tirs au but qu'aucun scénario de cinéma ne peut reproduire. J'aime les embrassades des vainqueurs d'un soir et la détresse des vaincus provisoires m'émeut profondément. Oui, j'aime le foot autant que la culture. J'aime la part de rêve baudelairienne qu'il offre au peuple albatros que ses ailes de nain empêchent de voler. J'aime sa longueur odalisque qui allonge la colonne vertébrale du plaisir des exclus de tout. J'aime le point Cyrano qu'il met sur le i du verbe vibrer. Et quand on est chauvin, nationaliste, excessif au point de convier l'arbitre à aller aux toilettes, j'aime la critique kantienne de la déraison pure du supporter passionné qu'il m'arrive d'être.

Il ne reste donc qu'à débaptiser Roissy pour l'appeler « Aéroport Charles Deux Goals ». À remplacer la *Marseillaise* par « I Will Survive ». Et changer la devise de notre république « Liberté, Égalité, Fraternité » en « Il faut prendre les matchs les uns après les autres ! ».

## HORIZONTALEMENT

**I.** Cuite souvent après quatre-vingts minutes (2 mots). Comme avant.

**II.** People à scandale. Mettrais sur un même pied.

**III.** Liquide de transmission. Sortis. Mike branque, par moment.

**IV.** Ex-H2O. Transilien. Le cœur en fête. Inconnu.

**V.** Hélène sans les garçons. Prénom en cinq lettres ou pour une seule.

**VI.** En pêche. Le roi de Kaamelott. Astragale. Demi-Depardieu familier.

**VII.** Denise, star télé avant Fabre. Intouchable. À toi. Réunion d'entreprise.

**VIII.** Complément alimentaire. C'est pas rien, bien au contraire. Pièces orientales pour jouer aux dames. Après paraît, pour soi-disant.

**IX.** Bord en bois. Possessif. *Shalom*... circoncis ! Va dans le futur.

**X.** Total des jeux. Lettres de condoléances. Tirées des eaux. Foies de comédien.

**XI.** Suivre la ligne blanche. Enterrées pour la paix. Base de courroux, mais pas en Guyane.

**XII.** Grand en salle, petit au salon. Fournisseur de bacon. Langue en bas. De la main au panier.

**XIII.** Bernhardt habituée à la suivante. Répétition théâtrale.

**XIV.** Combat de coques. Range dans un garage.

**XV.** Pris par l'oreille. Fit silence ou fait du bruit. Début de réussite. Louis de Milan.

**XVI.** Tellement intégriste qu'il en a perdu la tête ! P de lapin.

**XVII.** Coule aux pores. Barrière un peu partout en France. Ces trois se suivent dans le précédent.

**XVIII.** Précision d'adresse. Atteint. Son prénom a été le début de sa prison. Chabat ou Farrugia.

**XIX.** Roi d'une famille d'assassins. Sur la route, on le trouve dans l'aire. Maréchal en avenue de Paris.

**XX.** De l'eau dans l'air pour Sardou (4 mots).

## VERTICALEMENT

**1.** Avis de recherche en mère (3 mots). Doublé chez un styliste.

**2.** La moitié du père. Le lion qui louchait à la télé. Sans aucun effet.

**3.** On peut boire son anagramme avant d'y aller. Faire tourner en bourrique. Vireras.

**4.** Tendus, souvent avant de monter sur des grands chevaux. Marque de savon et de musique. Faubourg-Saint-Honoré pour le président. En 20 et en 12 dans l'alphabet.

**5.** Fils d'un gardien de zoo aquatique. Conjonction. Répondra au 118.

**6.** Romans sur elle. Au soleil, ce n'est pas recommandé par les dermatologues. Vieux à l'entendre. Gonze de France.

**7.** Avant la spécialité. Y entrer c'est bien, en sortir c'est mieux. Signes d'assurance. Commodes.

**8.** Imparfait de l'estime et du subjonctif. En cas de voyelles siamoises.

**9.** Coupe fin. L'un d'eux a rapproché la Belle et le Clochard.

**10.** Elle a des bras, mais pas de jambes. Réfute. Grande école ou révolutionnaire argentin en vrac. Il nous fait bander pour mieux tirer.

**11.** Animal nocturne au cinéma. Pas d'hésitation, il doit trancher. Reine d'Égypte pour familiers.

**12.** Avec des, c'est beaucoup. Malot ou Berlioz. Un pneu usé.

**13.** Paso au Texas. Peux te servir d'un volet. Conduite dégoût.

**14.** Elle a été la plus belle fleur de l'univers. Une couleur du Danube. Réfléchi.

**15.** Confesseur. Toujours en Provence, plus en Espagne. Dans les poumons ou dans la tête. Belle en phonétique.

**16.** Possessif pluriel. Fille d'Argos. Il faut la doubler pour qu'elle nous endorme. Camé, c'est normal qu'il change de couleur.

**17.** On y vole beaucoup et la police ne fait rien. Le fouet à lanières qui peut déchiqueter Knokke le Zoute. Avait pris parti pour le Général.

**18.** Auto stoppeuse. S'il est bon comme ça, il est mauvais à tout (2 mots). Botte en VO.

**19.** Pouffé. Le Luron inimitable de Gotlib. Franco-allemande. Cerceau, ballon, ruban, etc.

**20.** Ne fonctionne qu'à l'extérieur en cas de mauvais temps. Très visitée en ville, beaucoup moins en fille.

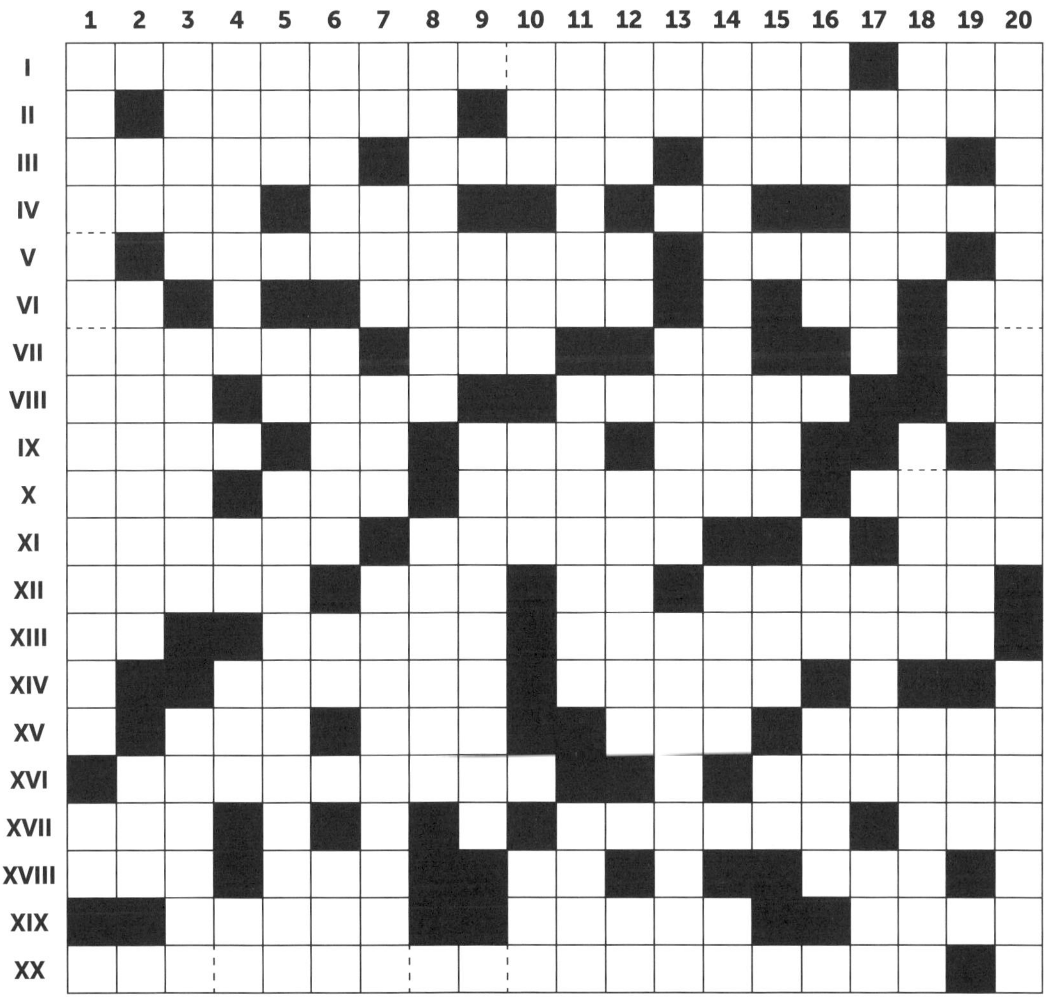


GRILLE

# N°12

L'AIDE PAGE 219
LA SOLUTION PAGE 245

# DIVAGATIONS RÉFLÉCHIES À PARTIR DE LA GRILLE 12

En 1 vertical : « Avis de recherche en mère » : TEST DE GROSSESSE. Le révélateur pour savoir si madame l'ovule a fait son choix. Ah oui, parce que, n'en déplaise aux orgueilleux marathoniens fiers d'avoir gagné la course, ce n'est pas leur victoire qui les qualifie. Pas la peine de frimer en gueulant : « Prem's ! » Tu n'es vainqueur que par défaut.

L'ovule trie et choisit. C'est le Didier Deschamps du placenta. Donc le constat est indiscutable : la femme est la seule véritable responsable de nos existences. Ce qui induit forcément des conséquences. Quand ton môme est détestable, c'est la faute de sa mère. Quand il est merveilleux, c'est qu'au moment du choix de son spermatozoïde, il n'était pas consentant ! Je plaisante évidemment. Une goutte de sexisme volontairement débile ne peut troubler l'océan de tendresse dont je recouvre toutes les mamans. Et en particulier la mienne. Héroïque, attentionnée autant qu'irraisonnable. Fille mère, mais pas dans cet ordre-là. Mère d'abord et fille s'il lui restait du temps pour ça. Même si parfois, agacée par mes mille frasques et les gentils soucis que je lui causais, elle n'hésitait pas à lancer : « Les gosses, le meilleur moment, c'est quand on les fait ! »

D'ailleurs, je m'associe à sa sentence. Parce qu'un enfant, avant d'être le trésor tant estimé, disons le mot : c'est chiant ! Et dans les deux sens du terme, quand on considère à quel rythme on doit se ruiner pour lui en couches-culottes. Et bonjour le squatter ingrat ! C'est logé, habillé, nourri, blanchi. Tu crois que ça participerait au loyer ? Penses-tu ! Et gaffe à la faute de générosité. Un cadeau de Noël mal choisi, et ce sont des années de psychanalyse à l'âge adulte. Une poupée trop maquillée ou un jeu vidéo trop violent, et les voilà qui nous rendent responsables des chagrins d'amour et des bastons de rue qui les fracassent.

Et non seulement ils nous reprocheront le peu de mal involontaire que nous leur aurons fait mais ils nous reprocheront aussi le bien. Tout et son contraire. Nos absences pour cause de boulot. Mais aussi nos présences qu'ils jugeront trop envahissantes. Notre sévérité qu'ils trouveront fascisante et, dans le même temps, nos compréhensions qu'ils jugeront trop laxistes. Avec l'impunité récurrente de ne s'estimer coupables de rien. S'il y a une phrase qui m'insupporte au plus haut point dans la bouche de nos têtards, c'est bien celle-là : « De toute façon, c'est de votre faute ! Moi j'ai pas demandé à venir au monde ! »

Enfoiré(e) ! En même temps, ils n'ont pas complètement tort. Il est rare que l'intention de départ ait été autre chose que l'envie d'un coït réussi. Parce que la transmission d'éternité pour une naissance dans un berceau fleuri prend le plus souvent sa source dans le stupre le plus ordinaire. Le lit du samedi soir après le film de Canal+. La table de cuisine, voire la plage des vacances la nuit au milieu des petits crabes et des restes d'huile solaire des estivants. Ce n'est quand même pas ce qu'il y a de plus fun pour le lancement d'une vie qu'on souhaite exemplaire. C'est bien beau de reprocher à ton petit dernier de se teindre les cheveux en rouge, de détester les maths et de tout casser dans un accès de colère. Rappelle-toi juste que le soir où tu l'as fait, tu étais plein de bordeaux, tu avais recompté trois fois l'addition au restaurant et tu avais bousillé la banquette arrière de la Clio. Ceci explique peut-être cela.

Pour en revenir plus sérieusement à nos rapports avec nos petits, j'estime que nous faisons dès le départ une faute d'appréciation capitale : croire que nos enfants nous appartiennent. Faux. Ils appartiennent à eux-mêmes. Ils ont la nue-propriété, nous n'en avons que l'usufruit.

Usufruit de la passion quand nous les aimons plus que nous-mêmes, bien sûr. Mais usufruit pourri aussi quand on évalue le niveau des tonnes de responsabilités que nous assumons, et le peu de reconnaissance que nous en avons la plupart du temps.

Et là, j'en veux particulièrement au manque de précision de chaque échographie. Faudrait prévenir ! Ah, il est tout beau, tout émouvant, le gentil fœtus qui suce déjà son pouce, peinard, bien au chaud ! Pourquoi cette échographie ne nous signale-t-elle pas que plus tard, c'est le majeur qu'il nous tendra ? Qu'il nous reprochera tout et n'importe quoi. Pourquoi pas un avenant à l'acte de naissance ? Tu sais, là où il est écrit : « Il fait 3,5 kilos. Tout va bien. Regardez comme il est mignon. Allez, fait risette à tes parents ! »

Pourquoi il n'est pas noté qu'il ne va pas vouloir se lever le matin ? Qu'il ne voudra pas faire ses devoirs. Qu'il ne rangera pas sa chambre. Qu'il faudra lui beurrer ses tartines, lui sacrifier des nuits de sommeil. Qu'il ne nous épargnera aucune rougeole, aucune otite. Qu'il faudra lui raconter des contes débiles pour l'endormir au lieu de regarder le match à la télé. Qu'il va nous coûter un pognon fou en McDo. Qu'il va mettre à *donf* des musiques de merde dans une chambre dont l'accès nous sera interdit. Qu'il faudra s'accoupler en silence pour ne pas le réveiller. Qu'à peine éclos, il pleurera, râlera, et qu'à l'adolecence il nous insultera. Qu'il nous traitera de vieux cons qui ne comprennent rien. Bref, pour être définitivement trivial et masculin, qu'il nous cassera les couilles dont il n'aurait jamais dû sortir !

Et quand va-t-on créer la SPA ? La Société Protectrice des Ados où on pourra les enfermer entre fauves le temps qu'ils comprennent qu'on n'est pas des gardiens de zoo. L'âge bête porte bien son nom. Ils sont fainéants comme des couleuvres, têtus comme des ânes, agressifs comme des hyènes. C'est pas le Père Noël auquel on aurait dû leur faire croire, c'est le père Noé.

Alors, une seule phrase pour résumer : « Les enfants sont des emmerdeurs. »

Allez stop ! Je décolère. Bien sûr que j'ai exagéré, comme souvent. Bien sûr que les enfants ne sont pas que ça. Bien sûr que sous cette partie émergée de l'iceberg, il y a des tonnes de tendresses, de câlins les bras autour du cou, de fiertés, de satisfactions, de retours d'amour incommensurables. Bien sûr que le spectacle de la naissance d'un enfant est la plus belle chose qui soit au monde. Bien sûr qu'il faut les aimer, les protéger quoi qu'il nous en coûte. Nous oublier pour ne jamais les oublier… Pour moi, l'enfant est sacré. Et je ne tolère pas qu'il souffre parce que je reçois chacune de ses douleurs en écho. Peut-être parce que j'en suis resté un et que je continuerai à l'être jusqu'à la fin de ma vie. Pour conclure, pour moi, l'enfant n'est pas à nous, il est seulement de nous, mais il reste notre bien le plus précieux.

Ça doit être terrible de perdre un enfant. Moi, je n'en sais rien. Par chance, ça ne m'est pas arrivé ! Il faut bien en sourire, j'en ai tellement pleuré.

Tu es parti à 19 ans, mon fils. J'aurais tant aimé que tu m'emmerdes longtemps encore. Tu me manques terriblement.

## HORIZONTALEMENT

**I.** Elle sort de la douche. Il sort de la bouche.

**II.** Préférée sur la tête que sous les bras. Chien des rues. L'arrêt au milieu.

**III.** Débutante. Papier à ghetto pour indésirables (2 mots).

**IV.** Réfléchis. Genres du jardin pour l'Oscar de l'étoile.

**V.** Réservoir d'essence. Comptant. Fort souhaité par l'éditeur.

**VI.** Il fait ceinture en sport de combat. La cabane au canidé. S'ajoutent à notre compte courant sans arrêt prévisible. Là où se sont éteintes les lumières de la ville pour Chaplin.

**VII.** Faisant table rase. Noir de la chanson.

**VIII.** Récolté, à force de faire des pieds et des mains. Le petit du fromage. Vilaine avec elle.

**IX.** Aujourd'hui pour demain. Plus fréquente dans les mots croisés que dans les prés. Comme un discours monotone.

**X.** Ça suffit ! Grand corps malade de la Grèce antique. Gauche désuète. Multiplié au poulailler.

**XI.** À l'eau, au bout de la ligne. Accréditées. Espagnol de soutien.

**XII.** Saint en 40. Femme de Berger (2 mots).

**XIII.** Mayo de l'OM. Il a donc plus de moelle que les autres. Flingué ou juste las.

**XIV.** Initiales de routier. En deux pièces, ça fait une belle paire de nippons. Cal pied.

**XV.** Lauriston de sinistre mémoire. Oiseau clown. *They save the queen !* (2 mots).

**XVI.** On y allait laver son honneur. Signes de croix.

**XVII.** Il fait pschitt ! Un air désagréable. Ne souffre donc pas d'anacousie. Carpe.

**XVIII.** Emmerdeur au pied. Sein. Suit le cor dans une chasse bruyante (2 mots).

**XIX.** Au nom de tous les siens. Ginette en chanson, Jean au cinéma. Tu l'as dit, bouffie !

**XX.** Il lui arrive de prendre ses jambes à son cou. Facilitent les transformations.

## VERTICALEMENT

**1.** Mise à pied (3 mots).

**2.** Cours dans Londres. Quartier du gay Paris. Danse d'Hellfest.

**3.** Premières en version. Cheval de Ferrari. Inter villes.

**4.** Celui de Bugs Bunny ne vaut pas grand-chose. Il ouvre l'œil, en principe. Dézingue.

**5.** Il peut avoir un vice. Dans les sucettes d'Annie. Karl, mais pas nul. La tante de Nini.

**6.** Sauter avec lui, c'est tomber bien bas. Elle a parfois plus d'embouteillages que de bouchons.

**7.** Travail à la maison. Deux lettres de moins transforment ce cavalier en chanson de Ferrat. Vegas.

**8.** Ne ménage pas sa monture. Fait des frusques au pluriel.

**9.** Le saint qui déguisait les animaux. Voiture de Hollande, mais certaines ont aussi fait leur temps. Évoque ce qui précède ou reflète ce qui suit.

**10.** Mesdames. Concours de chiants sur l'écran en cas de canards. Préposition.

**11.** Belle à tout faire. Lieu de rendez-vous avec Philippe Martinez. Auberge anglaise ou rivière autrichienne.

**12.** Anciennement nouvel en magazine. Passe-partout de citadelle. Contrairement à son nom, dans l'histoire de la peinture belge, il y est entré. Protège-t-il vraiment des braquages de bijouteries ?

**13.** Chinois, entre autres (3 mots).

**14.** Terre qui vaut des briques. Féminine, vaut pour toutes les femmes.

**15.** Pianiste biterrois ou actrice corse. Princesse, et pourtant elle ne voyage pas en carrosse, mais en espace. Pourrie, gâtée.

**16.** Elle dégrade, même ce qui n'est pas militaire. Singe péjoratif.

**17.** Rustre de cavalerie. L'autre Turner, star avant Tina. Punk des années 2000.

**18.** Précède le renvoi. Samuel, l'homme d'arme. Chauffait il y a longtemps et gratte avec le suivant. Mise en jeu avec ses semblables.

**19.** Sara la noire. Ras quand on en a marre. Un Kennedy qui ne s'est pas laissé abattre. Futaie sur les bords.

**20.** Sur mer dans le Var. Buté, mais pas mort. Du pareil aux mêmes.

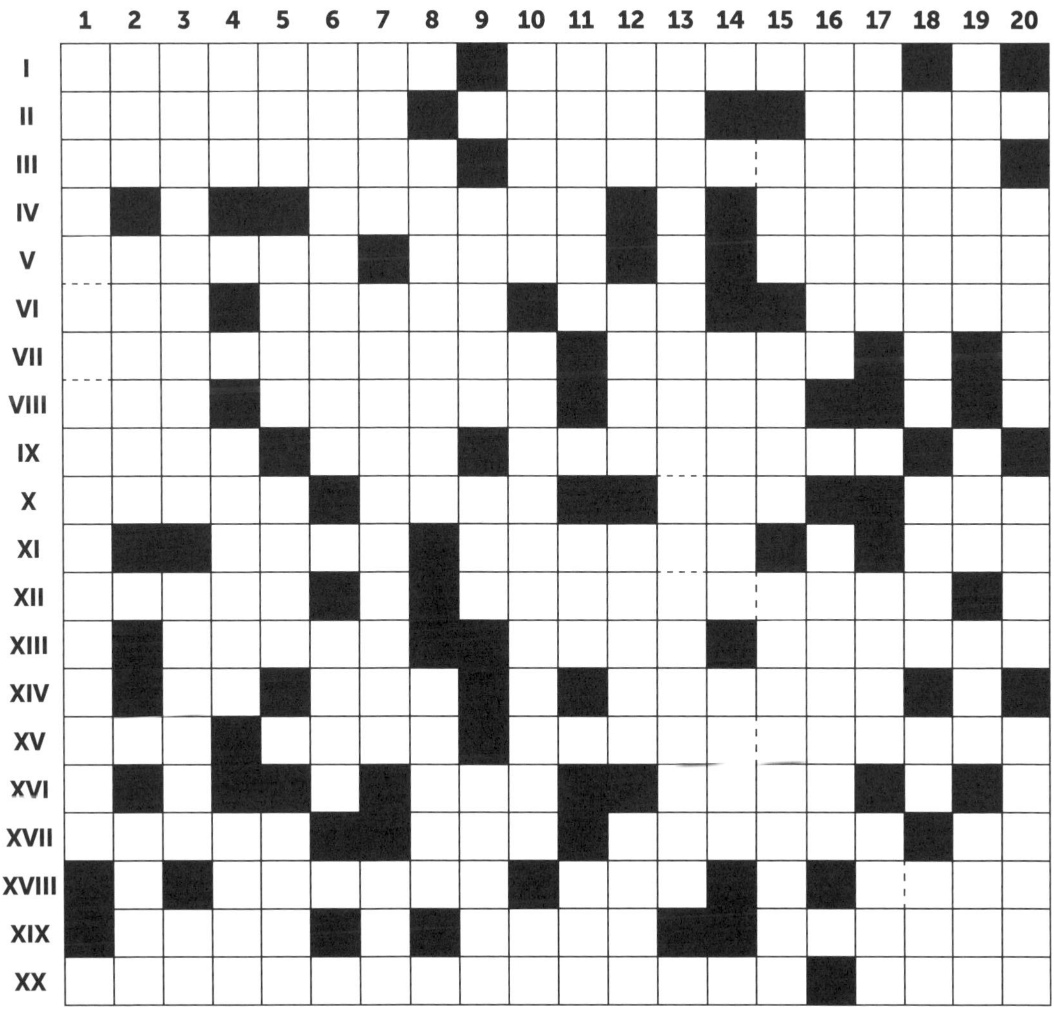

GRILLE

# N°13

L'AIDE PAGE 220
LA SOLUTION PAGE 246

# DIVAGATIONS RÉFLÉCHIES À PARTIR DE LA GRILLE 13

En XX horizontal : « Il lui arrive de prendre ses jambes à son cou » : CONTORSIONNISTE. Un artiste de piste. Avec le magicien, le jongleur, le clown, le dompteur. Tous ces merveilleux marchands de rêves dont j'ai habillé vos soirées du samedi pendant plus de vingt ans à la télévision. « Le Plus Grand Cabaret du monde », le vrai, est mort. Assassiné par la marche du temps et un peloton d'exécution d'adultes sérieux qui n'aiment pas les enfants insolents et gais.

Mais le spectacle continue. Le grand cirque politique a planté son chapiteau sur la place publique. Et tournent en boucle sur vos chaînes les numéros les plus époustouflants. Au fil des infos, des débats, des conférences de presse, vous pouvez assister chaque jour à des représentations exceptionnelles. Ils sont de droite, de gauche, sans étiquette, extrémistes, écolos, réactionnaires, progressistes. Tous sortis diplômés de l'ENAC. L'École Naturelle de l'Abrutissement Cathodique. Et c'est la grande parade. Des démonstrations de force, d'équilibre, d'habileté et d'illusions à nulles autres pareilles.

D'abord les contorsionnistes, donc. Capables de se retrouver dans les positions idéologiques les plus alambiquées. Des pontes de droite, bras dessus, bras dessous avec des pontes de gauche. Des ayatollahs écolos traitant la liberté individuelle par-dessus la jambe. Des nouveaux élus qui tordent le cou à leur conviction primaire pour un poste de ministre. Élastiques, malléables à souhait au gré d'un siège, d'un poste providentiel. En 2001, à la suite de sa victoire sur Le Pen avec l'apport des voix de gauche, on avait reproché à Chirac de ne pas avoir composé un gouvernement d'union. Il m'avait confié : « Dans ce pays, il faut une droite et une gauche. Un vrai pouvoir et une vraie opposition. Si on met tout le monde au milieu, ça va être un beau bordel ! »

Dont acte ! Les contorsionnistes de la conviction de tous bords ont suivi le mouvement. Ils se sont mis En Marche et c'est tout le pays qui s'est emmêlé les pinceaux. On enfile des gilets jaunes en passant les genoux par les manches. Certains décident comme des pieds. D'autres n'ont pas les épaules. Les centres nerveux paralysés nous proposent le grand numéro de contorsion du Cirque du Sommeil. Et, bien évidemment, on se réveille tous la tête dans le cul ! Bravo ! Standing ovation.

Il y a des jongleurs aussi. Ils lancent des mots en l'air qu'ils finissent toujours par rattraper. Des prévisions, des promesses, des analyses. Des certitudes utopiques d'un jour qui, lorsqu'elles retombent irréalisées quelques mois plus tard, deviennent des erreurs d'appréciation. Et ils nous demandent d'avoir l'obligeance de leur pardonner, en plus !

— L'artiste a droit à la faute, que diable ! Ce n'est pas une machine !

Ils jonglent surtout avec nos maux. La maladie, l'angoisse, la dépression. Quels merveilleux instruments d'asservissement ! Au nom de la santé publique, on peut tout imposer, tout manipuler. Racketter, isoler, épuiser. Et ne vous avisez surtout pas de mettre en doute le bien-fondé des décisions suprêmes. Vous seriez brûlés en place publique par les réseaux sociaux.

— Les médications ne sont-elles pas un vaste trafic d'enrichissements de certains labos ? La limitation de vitesse n'est-elle pas plus une manne obligatoire qu'une prévention ? L'écologie nouvelle n'est-elle pas un refuge pour éligible errant en quête d'une cause indiscutable propice à cachetonner, baiser plus souvent et passer à la télé en toute bonne conscience ?

— Allons, allons, vous délirez ! Puisqu'on vous dit que c'est pour votre bien ! Ça vous amuse tant que ça de risquer de mourir d'un cancer, d'un accident de la route ou asphyxiés par la pollution ? Alors payez, votez et ravalez vos insinuations perverses de complotistes.

Et puis, il y a les illusionnistes. Le grand magicien des finances a le talent unique de faire disparaître l'argent public disponible réclamé par les manifestants de décembre et de le faire réapparaître au confinement de mars. Bravo ! Avec comme partenaire l'analyste, le scientifique ou le spécialiste. Celui qui tient le chapeau pendant que le lapin en sort.

— Mesdames, Messieurs, après la femme coupée en deux, voici la France coupée en deux !

D'un côté celle qui décide, de l'autre celle qui subit. À part qu'il paraît peu probable qu'elle se ressoude. Manipulation, tour de passe-passe. Incroyable, non ? Il y a forcément un truc. Bien sûr, mais comme disaient les légendes du mentalisme Myr et Myroska : « S'il y a un truc, c'est encore plus fort ! »

Et, bien entendu, les clowns. Pitoyables lanceurs de tartes à la crème à la figure du concurrent les soirs d'élections. « C'est celui qui dit qui est ! » « Ne me coupez pas la parole, je vous ai laissé parler ! » « Nous avons perdu, mais pour nous c'est une victoire ! » Des dialogues dignes des plus grandes marrades de gosses chez Pinder, Amar ou Medrano. Et c'est bien là que l'allégorie politique/circus est la plus criante. Ces clowns-là nous infantilisent. Mais il n'y a pas de quoi rire. Ils nous confinent, nous punissent, nous mettent au coin comme des enfants dissipés. Et soyez sages, sinon « panpan cucul » !

Dompteurs aussi, donc. Puisque, à force d'alterner coups de fouet et susucre, ils ont fait de nous des fauves dociles. Ah ça, pour rugir, on rugit ! On éructe, on grogne. Mais on est incapables de griffer ou de mordre. Normal, nous avons été dressés pour que nos maîtres ne prennent surtout aucun risque. Même les jeunes tigres ne bondissent plus hors du cerceau où on les force à sauter. Obéissants. Assis bien sages sur leurs tabourets d'étudiants dociles en attendant les ordres. Quant aux vieux lions à la crinière usée, on les met dans des cages EHPAD loin du chapiteau. Contrairement aux vrais cirques où aujourd'hui les animaux sont bannis, c'est pas demain la veille qu'on va interdire du cirque électoral les bêtes à isoloir.

Dans « Le Plus Grand Cabaret du monde », le vrai, il y avait du courage, de la poésie, du talent, des rires, des bravos sincères. Dans le grand cirque politique, il y a des trahisons, des mensonges, des faux-semblants, des tricheurs. C'est encore la marche du temps. *The show must go on !* Et il passionne des millions de spectateurs, ce show. Les numéros sont époustouflants. Alors, laissons-nous entraîner par la magie de cette nouvelle piste aux étoiles filantes. Applaudissons les clowns, les contorsionnistes, les jongleurs, les magiciens.

Il n'y a qu'un personnage du vrai cirque que vous n'y retrouverez jamais : Monsieur Loyal.

## HORIZONTALEMENT

**I.** Ils se mettent en quatre pour leur direction (2 mots). Grisbi.

**II.** Insulte ou déchet. C'est le lion qui a la plus grosse. Casse piper.

**III.** Il voyage en ligne. Plein d'esprits.

**IV.** Rendez-vous dans l'Oise... au théâtre. Dit au roi. Examen de fin de cycle.

**V.** Un petit coin de paradis, mais pas de parapluie. Ce que font les kilomètres à pied. Rasa, paradoxalement. S'y prend à deux fois pour brûler le palais.

**VI.** Grands révolutionnaires. Petite surface. De comptoir pour bar, des profondeurs pour Barr. Préposition.

**VII.** Comptent en branques. Tabac prisé. Pour les Anglais, tonnerre de lui !

**VIII.** Groupe de rock médiéval. Pote publicitaire. Il a eu Deneuve dans la peau.

**IX.** Nés par le siège. Cha portugais. Rivière kazakhe réversible. Reine de Castro.

**X.** Un non rend l'expression inévitable (2 mots). Pressé par les traites. Où les jours de Napoléon étaient comptés.

**XI.** Gentleman faucheur. Les Inconnus, par exemple.

**XII.** Numéroté entre l'Oise et le Pas-de-Calais. Réserve de grand gourou. Le roi Louis le gros. Il a fait main basse sur la ville en 1963.

**XIII.** C'est pas beau d'écrire ça ! Mise en froid. Allemande de la Ruhr.

**XIV.** Sert à canon. Bureau de travail ou travaille au bureau.

**XV.** Dérivé de fumier. Avec 7 pour James. Grand du vélo. Total pour gagner ou petit pour récupérer.

**XVI.** Privé de voyelles et pourtant calme. Branches d'Arabes. Mise en planches à dessin.

**XVII.** Le 11 du 69. Le milieu. Allemand de l'électronique. Double de Dalida.

**XVIII.** Mangeoire de campagne. Dépôts de vins. Menu avec du poisson.

**XIX.** Un début d'issue. Tranche de pin. On amène souvent sa queue en soirée. Allume-cigales.

**XX.** Est, à la troisième personne. Enguirlandé par tradition (3 mots).

## VERTICALEMENT

**1.** Servent à table. Film de cul.

**2.** Conjonction. Super Mario, à Lisbonne. Aide au trafic de rails en toute légalité.

**3.** Mortelles pour César. Marchands de tapis ? Où un Corse a battu un Mack.

**4.** En chair et en os, uniquement. Part du Perche et entre en Seine. Pataki ou Martinelli. Onde d'agneau désaltérante.

**5.** A changé le premier chiffre de son numéro de Sécurité sociale. Auto-entrepreneur.

**6.** Privée d'ensemble. En bordures d'Austerlitz (3 mots).

**7.** Pour Turner, c'était mieux qu'Yvette ! Héroïne coupée. Lancé en piste. Marque de pansement.

**8.** Hélais, à la manière de Pivot ? Au nord c'était eux, aurait pu chanter Bachelet à Kim Jong-un.

**9.** Autre part. Cri de Bacchantes et surtout de mots croisés. Articles funéraires. Russe positif.

**10.** Touffus. Achevé par Sylvestre. Prise de bras. Marque commerciale du temps qui passe.

**11.** Mon Dieu, quand on pense que Johnny a chanté ça ! (4 mots).

**12.** Donc, c'est lundi ! Le diamant du dentifrice.

**13.** Effraie, terrifie et attente de plus en plus souvent. Bouquinés.

**14.** Oui-oui à l'église ? Gardée par la vierge. Au début du pèlerinage.

**15.** Très nuageux pour un ciel. Elle en fait, des salades ! Marat, éliminé parfois sur terre, jamais dans l'eau.

**16.** Ernesto, la légende. Met un coup de griffe. Chaîne musicale.

**17.** Petite pour un voyou. Sort à contresens. Mise en bière.

**18.** Pas vraiment rance, mais c'est tout comme. Le seigneur du palais. Père comme fils.

**19.** Est allemand. La fin avant Bonaparte, le début avant De Vinci. Condition inversée. Calomnie.

**20.** Stations, sévices en 33 après J.-C. (3 mots). Avancent à la carotte.

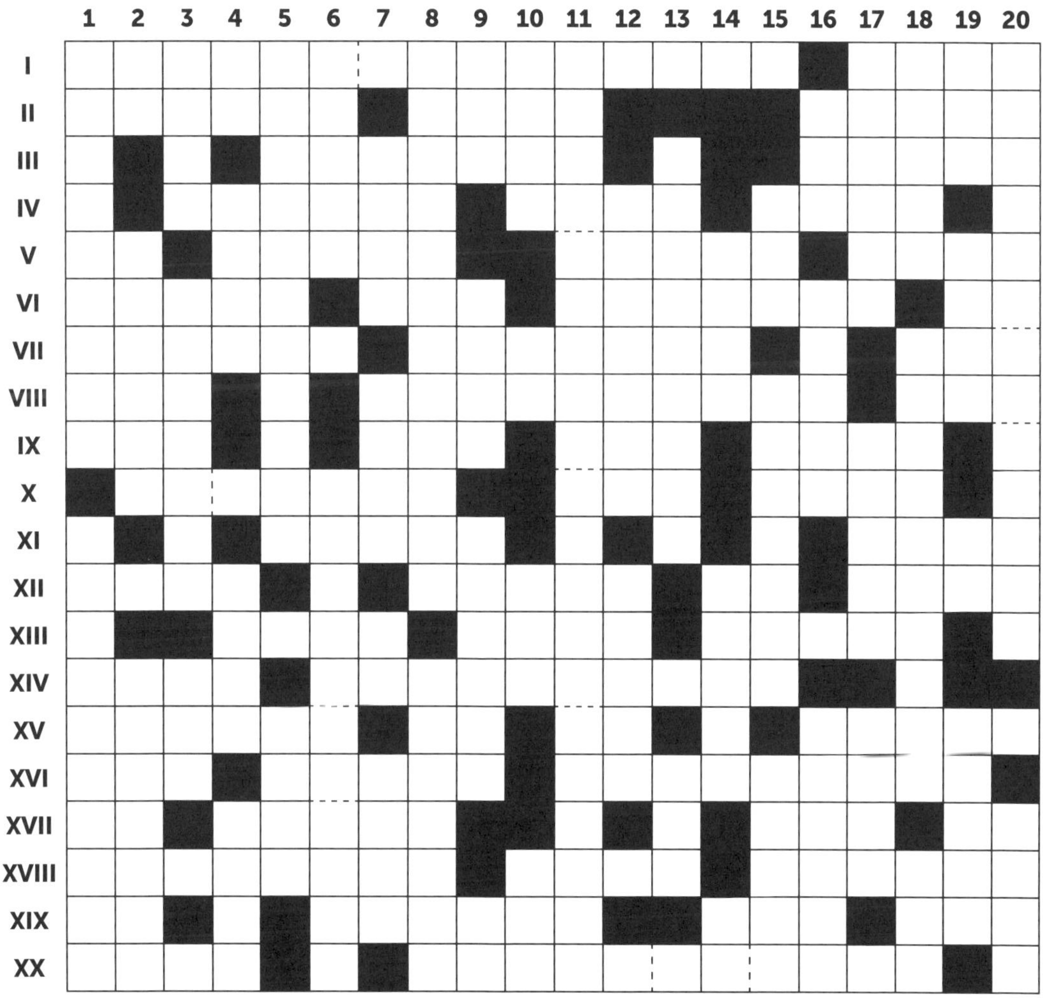


GRILLE

## N°14

L'AIDE PAGE 220
LA SOLUTION PAGE 246

# DIVAGATIONS RÉFLÉCHIES À PARTIR DE LA GRILLE 14

En 5 vertical : « A changé le premier chiffre de son numéro de Sécurité sociale » : TRANSSEXUEL. La transformation autrefois cachée qui s'étale de plus en plus au grand jour. Avec tous les risques que cela comporte. Les menaces, les agressions des intégristes du genre humain dans ce qu'il a d'obligatoirement convenable. Les si fiers de leurs couilles que c'est pour eux une ignominie de leur préférer un vagin reconstruit. Ceux qui ne limitent ce retour à la normale qu'à un échange pervers qui consiste à pisser assis plutôt que debout. Et à s'offrir jambes écartées au lieu de pointer à la hussarde… Oui, oui, j'ai bien écrit : « retour à la normale ». Ce que m'a très bien exprimé un ami transsexuel en ces termes : « Tu vois, Patrick, imagine qu'à la place de ton pénis tu aies un sexe de femme. Tu aurais la sensation d'une maldonne injuste. C'est exactement ce que j'ai ressenti jusqu'à ma transformation. Et ce fut une souffrance lancinante qui a duré vingt-cinq ans. Moi, je suis une femme dans l'âme depuis ma naissance. La génétique m'a affublée d'un bout de chair malvenu. D'une pilosité incongrue. J'ai grandi à contrecœur dans des préceptes de faux dur, de virilité obligatoire. Les circuits électriques et les mécanos de mes Noëls ont été mes pires cadeaux. Et mettre les habits de ma mère en cachette n'a pas vraiment arrangé les choses. Ce n'était pas les robes qui me troublaient le plus, c'était la cachette. Alors aujourd'hui, je ne bouleverse pas la nature originelle des choses. Au contraire, je la remets dans l'ordre. »

Je sais bien que même avec ces mots, je n'arriverai pas à convaincre, comme je l'ai été moi-même, les acharnés du choix divin que cette mue n'est pas une hérésie. Mais qu'elle n'est qu'un juste retour des choses à ce qu'elles auraient dû être depuis le début. Dieu a dit : « Aimons-nous les uns les autres. » Alors, moi je dis : « Aimons les autres même quand ils ne ressemblent pas à la majorité des uns »… Pour conclure mon plaidoyer, et parce que l'humour est souvent le meilleur bouclier à l'intolérance, je te cite mon amie Roxane qui m'a résumé sa condition de transsexuel avec une métaphore abrupte mais tellement joyeuse : « J'ai commencé militaire, j'ai fini majorette ! »

Au-delà de la transsexualité, je voudrais m'arrêter sur ce que la société nouvelle a de plus en plus d'androgyne. Ce lent glissement des sexes opposés vers une fusion parfois même inconsciente. Quand les notions de fort et de faible ouvrent peu à peu leurs frontières naturelles. L'évolution a décorseté la condition féminine. Elle a commencé à tordre les concepts les plus barbares de ses soumissions. Elle a considérablement amélioré les opportunités de choix des femmes. Leur dignité. Et ce, bien au-delà de la parité encore à améliorer, des droits acquis, des reconnaissances que j'approuve de tout mon humanisme. Il y a encore des progrès à faire, mais le mélange est en bonne voie. Avec ce que cela suppose de combats à mener et de batailles déjà perdues, bien entendu. Puisque, dans cette égalité bien venue, il y a des équivalences totalement contre-productives. Françoise Giroud disait : « La femme serait vraiment l'égale de l'homme le jour où, à un poste important, on désignerait une femme incompétente. »

C'est fait. Et ce n'est hélas pas le meilleur signal à envoyer au machiste indécrottable qui lance, goguenard : « Elles mettent des habits d'homme, elles font des boulots d'homme, elles se battent comme des hommes et après elles gueulent quand on veut les sodomiser ! »

Tout ça, c'est une confusion pratique qui suit une fois de plus la marche du temps. Mais le plus troublant, c'est la confusion hormonale. Et celle-là ne se contente pas de placer la femme à hauteur d'homme sur l'échelle de la société. Elle fond de plus en plus monsieur dans les gènes de madame. En clair, l'homme se féminise autant que la femme se masculinise. Et voici les nouveaux héros du quotidien : Jean-Pierre Cendrillon et Mélanie Zorro.

Elle se décarcasse sur des terrains de foot, de rugby. Il fait les boutiques, se parfume, s'épile. Elle parle gras, direct, indécent parfois. Il met des moufles à ses mots de peur de passer pour le gros relou, clone dénué de tout charme comme les magazines modernes lui serinent qui étaient ses ancêtres, ces blaireaux. Elle se saoule en virée en choisissant le plan cul d'un soir qu'elle abandonnera sans même une caresse ou un espoir de suite. Il cancane avec ses potes, parfois en poétisant, et en déplorant les absences de sa princesse pour cause de travail. Il se rêve à tire d'elle, délicat, empressé, gravure de mode. Elle envisage la possibilité d'un il, conquérant, insoumis, indépendant de tout, même de l'émotion à fleur de larmes. Au moindre coup dur, il faut surtout qu'elle montre qu'elle assure, qu'elle assume. Lui n'a plus honte de pleurer, de confier ses chagrins de midinette. Elle se dit fière d'être une épaule, un abri, un roc. Il accepte enfin d'être faible, fragile et consolable.

Bien sûr, ce n'est pas une généralité. C'est juste une tendance. L'air du temps. Et rien ne dit qu'un renversement de cette tendance n'accouchera pas d'un boomerang qui remettra de l'orgueil dans les muscles des hommes et moins de certitudes dans le regard des femmes. Mais aujourd'hui, il n'est que de les regarder marcher de dos dans la rue. Le code vestimentaire unisexe en dit bien plus long que toutes les démonstrations que je pourrais faire ici. Avant, c'était robe et costume. Jupette et jean cow-boy. Aujourd'hui, qui est qui ? Ce n'est qu'un détail sans réelle importance. Mais c'est la marque extérieure d'un signe intérieur de collusion bien plus intense qu'il n'y paraît.

Est-ce un bien, un mal ? Je te laisse juge. À titre personnel, qu'un homme laisser éclater sa féminité latente ne me gêne pas plus qu'une femme se pare d'une virilité de circonstance. Alors, je terminerai en revenant à la transsexualité. La devanture assumée d'un peu de ce que j'avais en magasin sur le sujet. Juste pour te rapporter la belle phrase d'un ami transsexuel artiste transformiste. À quelques minutes d'entrer faire sa Sylvie Vartan sur scène, il soignait encore les séquelles de son agression extrêmement violente de la veille. Une bande de crétins l'avait passé à tabac pour la seule raison qu'il avait osé braver la loi de la nature en changeant le premier chiffre de son numéro de Sécurité sociale. Je lui ai dit :

— Ils t'ont drôlement amochée. Tu crois que tu auras la force d'y aller quand même ?

— Bien sûr ! m'a-t-elle répondu avec un sourire qui n'arrivait pas à cacher ses larmes de douleur. Qu'est-ce que tu crois ? Je suis pas un pédé ! Je suis une femme, une vraie.

## HORIZONTALEMENT

**I.** Cacao musculaire (3 mots).

**II.** Chemin de ville. Elle ne manque pas d'air. Park à huit (grand).

**III.** Un pré sens dessus dessous. Gadjo à l'écran, Romain dans la vie. Rechigner.

**IV.** Sous le charme de Mittenaere ? Des sous-sols de rêve pour un plan cru. Onomatopée joyeuse.

**V.** Ressort de manège d'enfant des années 1960. Donc, indéfinissable. Flamme de Gainsbourg.

**VI.** Série désordonnée. Nés en trompette. Carte sur table.

**VII.** Une place au soleil. En monture ou à pied. Mohammed, *the greatest*. Double.

**VIII.** Province irlandaise d'ovalie. « Amontisé » pourrait être son contraire, mais ça n'existe pas.

**IX.** Du matin. Lancé pour trinquer (3 mots). Perdu et complétement désorienté en Angleterre.

**X.** Vieux certes. Écrin de crins. De devant, et des accents aigus sur les E pour rendre les prostituées plus honorables... quoique !

**XI.** Acquisition. Gisèle et Lucienne en scène. Un cœur.

**XII.** Lu de droite à gauche. Il a régné en homonyme. Ils peuvent finir en miettes après être sortis en boîte.

**XIII.** La mouche des Négresses. Moyen de fortune. Sans elle, on n'a pas la pêche. Possessif.

**XIV.** Personnel d'évacuation. Propres à chacun de nous. Reed ou Doillon.

**XV.** Poisson. Mesure de marche. Nager, pédaler, courir.

**XVI.** En direction de la Belgique. Mon fils alors, aurait pu chanter Nougaro ! Unité de SS.

**XVII.** Parfois, il doit en avoir plein les fouilles ! Le président Girac.

**XVIII.** Vega pour Zorro (2 mots). Il cultive la paix, mais ça ne pousse pas vraiment. Beau parleur.

**XIX.** FM des années 1980. Peuvent faire des carrés sur un tapis. Long temps.

**XX.** Marronnier aquatique (5 mots).

## VERTICALEMENT

**1.** Le compte n'est pas bon (4 mots).

**2.** Une vieille chanson pour Macron la nuit ? (4 mots). Note.

**3.** Maladie, et pas seulement à Bourges. Telle la honte, parfois. L'homme sans nombril.

**4.** Pousses à l'hôtel Drouot. Il fait foi.

**5.** Entendu, à coucher dans une chambre, ou écrit, à coucher sur une main courante. Bons mots. Celui de l'empire américain est-il seulement du cinéma ?

**6.** Le T d'Athènes. Texte dur à avaler, même au petit déjeuner. Bordel littéraire pour Patricia Cornwell.

**7.** Marque d'adresse. Maréchal délogé. Douzième et dernier au Vatican. La fête du jour.

**8.** Peut être le seul point commun entre Cantona et Zemmour. Agent de peau lisse. Vera pour la beauté.

**9.** Faire en fonction de la notice. Ils en ont fait des tubes !

**10.** Au début de l'épître. Va au cabinet chez le médecin. Micro-onde. Sans son.

**11.** Elle marque une libido animale. Ce que fait l'appétit dès la première bouchée. Comme on dit dans la savane : « Quel ongulé ! »

**12.** Emplettes en phonétique. Comme un âge sans retour. Singe tortue ? Bouffée avec lui en cas de melon.

**13.** Mange tout. Tôt pour un matinal. Vice en série. Marque de pompe.

**14.** Produit de consumation. Vieux moche ou jeune belle à entendre. Tonton américain.

**15.** Les quatre points. Don de Funès pour la folie des grandeurs. D'où viens-tu, bacille ?

**16.** Play en musique. Viande tartare.

**17.** Avide Copperfield comme Cagliostro, par exemple. Pour connaître l'endroit. Entre Ange et Jolie.

**18.** Dumas a noirci ses pétales. Aurore mythologique. L'auteur de Croc-Blanc en VF.

**19.** Négatif. Richesse intérieure. Martin du gar... age. Mâle de basse-cour qui prend un « s » même quand il est seul.

**20.** Musique de la danse du ventre. C'est tout comme.

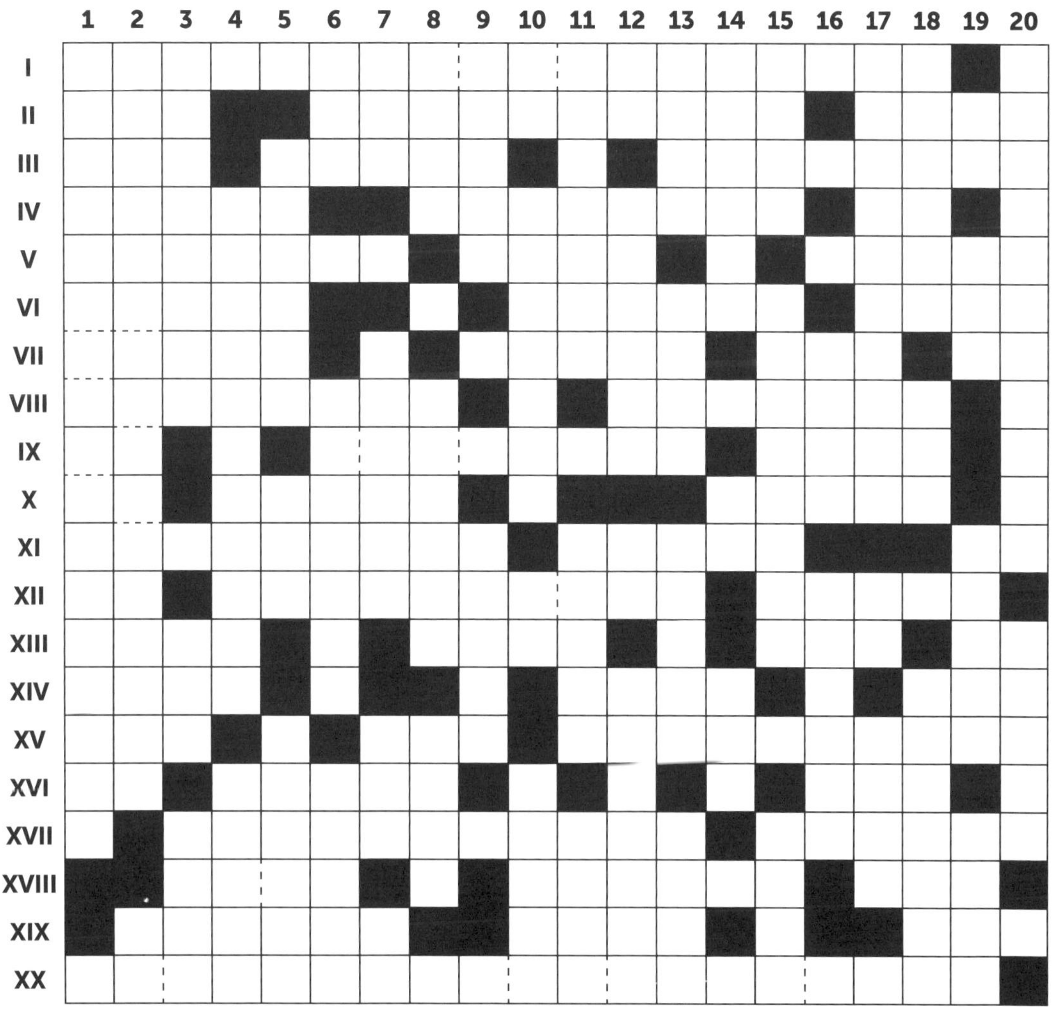

GRILLE

# N°15

L'AIDE PAGE 221
LA SOLUTION PAGE 247

# DIVAGATIONS RÉFLÉCHIES À PARTIR DE LA GRILLE 15

En 1 horizontal : « Cacao musculaire » : TABLETTE DE CHOCOLAT. Le poinçon des bien foutus. Des exemplaires. Des bombes. Des canons. De ceux et celles qui tiennent à exposer une machine en parfait état de marche. Qui font le plein de tonus à la pompe, aux squats, à la méthode Pilates. Les ennemis jurés de la bouée, du pneu et de toute cellulite. Ça court, ça pousse, ça tire, ça soulève. Ouvriers spécialisés en sculpture sur soi, ils vont déverser en offrande des litres et des litres de sueur aux pieds de « Tavukomchuibo », le dieu de l'apparence.

Contrairement à la sonorité farfelue et totalement inventée de son nom, ce dieu-là n'est pas hindou. C'est un dur. Un exigeant. Un sadique de concours. Combien de douleurs faut-il qu'il nous impose pour enfin nous sentir bien ? Jusqu'à quel point faut-il qu'il nous martyrise pour que l'on puisse se regarder dans la glace, plein de fierté. Le narcisse des Temps modernes est prêt à tous les sacrifices en son nom. Toutes les privations, toutes les souffrances. Avec une obsession : perdre du ventre pour être une référence. L'estomac dans l'étalon !

Tout ça pour introduire quelques menus propos sur la dictature de l'apparence. Celle qui accouche d'autant de satisfactions que de frustrations. Étalonnées quand même un peu moins au regard qu'on porte sur soi qu'au regard des autres. Nous sommes dans une société où il faut plaire à tout prix. Où la présentation est essentielle. Où l'habit doit faire le moine même si, tout au fond, nous n'avons pas une vocation d'ermite. En plus clair : être ou paraître ? Telle est la question. Et combien d'entre nous sont jugés beaucoup plus sur ce qu'ils montrent que sur ce qu'ils sont ? Même si l'arrière-boutique est en vrac, une devanture qui étincelle peut améliorer bien des jugements. Et inversement.

C'est la prééminence de la tablette de chocolat sur le Flanby. D'ailleurs, restons dans la métaphore pâtissière adaptée à la structure physique. Je reste persuadé qui si Hollande avait eu le physique de Belmondo, il ne serait certes pas passé pour l'as des as, mais en tout cas bien moins pour un guignol. Cela dit, ça ne l'a pas empêché d'aligner les conquêtes à la Bob Saint-Clar, dit « le Magnifique ». Ce qui a fait dire à mon garagiste :

— Mais comment qui fait pour démonter autant de beaux modèles ? C'est pas possible ! Il doit avoir un cric de compétition !

Je suis un peu intime avec François, mais pas suffisamment pour affirmer ou infirmer. Et puis, de toute façon, le grigou a certainement d'autres armes bien plus attachantes. Ces dames savent bien que, comme le disait Coluche : « Ce ne sont pas ceux qui ont les plus grandes oreilles qui entendent le mieux ! »

Je le sais capable d'un humour fin, de délicatesse, d'humanisme, d'élégance. C'est-à-dire, pour en revenir au cœur de notre sujet, de sculptures internes de singe malin et d'oiseau-lyre qui compensent largement son apparence de mollusque. Comme quoi ce n'est peut-être pas la peine de suer sang et eau pour ressembler au roi de la jungle si tu dois te faire alpaguer ta lionne par un tamanoir.

Cela dit, le fait est que la salle de sport de l'Élysée n'a pas dû coûter bien cher en entretien de vélo d'intérieur. Notre François a certainement été plus assidu en sauté de veau qu'en épaulé jeté. À la différence de notre Manu national. Taille irréprochable et muscles saillants sur manches relevées. Ça en dégage de l'énergie, ça, ma bonne dame ! C'est pas du négligé, de la cravate de travers et de la veste qui boudine ! Mais bon, est-ce que ne pas rajouter du beurre dans les épinards du Président en met plus dans ceux de ses sujets ? Ça reste à voir… En fait, la vraie question est là. Ne devrions-nous pas sacrifier quelques heures que nous usons à soigner notre extérieur à embellir notre intérieur ? Dans une chanson, je l'exprimais ainsi : « On passe tant de temps le regard dans la glace, l'âme mérite bien autant de face-à-face. »

La société nouvelle nous culpabilise chaque jour de n'être pas suffisamment aux normes de l'excellence physique. Au point que, si Photoshop existait en sirop, il y aurait des queues devant les pharmacies. Maigrir, s'entretenir, se muscler, nettoyer sa peau, se la faire lifter, se priver, boire de l'amer parce que le sucré épaissit. Mon grand-père, bon vivant, n'avait pas de coach. Pas de cours de stretching dans notre village. Il mangeait comme il voulait uniquement ce qui lui plaisait. Quand je lui demandais pourquoi, il me répondait : « C'est comme j'aime ! »

J'ai fait beaucoup d'exercices en des temps reculés. Aujourd'hui, je suis churchillien : « No sport ! » D'accord, l'empâtement gâche un peu la devanture. Mes muscles oublient de plus en plus qu'ils en étaient. Mais mes analyses sanguines sont parfaites. Je ne transpire que des neurones. Pour mon toubib, je suis l'exception culturiste. La bonne forme sans les belles formes. Et le temps que je perdais avant à tenter de ressembler à une gravure de mode, je l'emploie aujourd'hui à faire défiler dans ma tête mes top-modèles de la haute couture des mots. Les Brassens, Rostand, Brel, Blondin, Céline, Pagnol, Zola, Voltaire. Et Dard bien sûr. Mon coach d'âme. Celui qui m'impose chaque jour le triathlon des humanistes : aimer, partager, pardonner. Je terminerai avec lui. Le soir où, au cours d'un repas d'amitié, il m'a confié l'injustice divine dont il se disait la victime : « Dieu est vraiment un salaud ! Regarde comment il m'a fait. Vois cette enveloppe dégueulasse. Je suis tout biscornu, mes cheveux se sont fait la malle, j'ai un bras de travers, et la seule chose que je dois avoir de la statue grecque, c'est la pâleur. Quand je pense que j'ai une si belle âme. Si cet enfoiré de bon Dieu avait été juste, et qu'il m'ait fait l'extérieur à l'image de l'intérieur, putain, mais je serais un Apollon ! »

Ne t'inquiète pas, Fredo, tu restes la plus belle personne que j'ai croisée. L'apparence physique est importante, certes. Elle rassure, elle stimule, elle attire. La belle image que l'on a de nous dans notre miroir et qu'on renvoie aux autres est essentielle à notre bien-être. Mais même moi le paillard, je serai toujours plus ému par le simple cœur d'une sœur Emmanuelle en frusques et à la peau de guenon, que par le double cul de Kim Kardashian.

— Menteur ! me disent mes potes.
— Bien sûr ! Mais il faut bien que je trouve les excuses à mon manque d'entretien physique. Que sous des prétextes intellectuels, j'en éloigne la véritable cause : la flemme !

## HORIZONTALEMENT

**I.** Protège les valises en cas de vol (3 mots). Le rêve de Chirac, le cauchemar de Macron.

**II.** Il a ses entrées au théâtre. Club de bandes. Flic ou voyou ?

**III.** Entré par effraction. L'as de Londres. À moitié fou. Guitare sans guitare.

**IV.** Le King du MU (2 mots). En direction de Toulouse.

**V.** A été mis en bouboule. Fit face nette. La pour le donner. Faire peau neuve.

**VI.** À l'Est, avant. Donc, elles ne peuvent plus porter de voile. Seule en 83, grande en 34.

**VII.** L'aventurier de l'arche perdu. Est pour vous. Siège à Londres.

**VIII.** Peut être virée sans préavis. Se sert. Si on parle de faute d'orthographe, là il y en a une. Mis en doute.

**IX.** Note en fin de prière. Lettres d'injection dans la caisse. Maître des cols.

**X.** Commun au brochet et au flétan. Sur un échiquier polonais, il pourrait être le cavalier. L'invendable de Baloo sans qu'il soit tué. Fut de l'autre côté du mur.

**XI.** Pour de vrai. Pierre de fondation. Sous paie aux bouts de chandelles.

**XII.** Tend la mèche. Le soigneur des agneaux. Écho logique dans la conversation (3 mots).

**XIII.** 3 points, 3 traits, 3 points. Elle nous suit en silence. Reçoit une pression de haut en bas, selon le principe d'archi connu au bar.

**XIV.** Roi de carreaux. Enfant de berger.

**XV.** Sert au comotocyclage. Démonstratif. Saint de la chine. Ex-PR.

**XVI.** Station-service pour s'élever en piste. Cachent sexe.

**XVII.** Traditionnellement porté par des sans culotte. Quartier de mandarine. Cachet pour le voyage. Tige de la pensée.

**XVIII.** Le plaisir d'aller à la selle. Frère chamois.

**XIX.** Base de la flotte. Sorti de taire. Le 15 de France. Passa tout seuil.

**XX.** Étourdi ou pour la définition d'une ogive (3 mots). Emmènent les mariés à l'autel. Beurré après coup.

## VERTICALEMENT

**1.** Jackie et Michel. Sur la liste de chandeleur. Le comté d'Edward.

**2.** Conjonction silencieuse. Dans le potage et indigeste en plus. L'autruche en a une, le canard se contente de la commenter.

**3.** Au point où elles en sont, ça peut toujours servir. Rigoles. Allongeât dans l'eau.

**4.** Doublé en bande au pays de l'or noir. Pour François ou pour Adolf. Juste un trou d'eau, mais pas au Canada, plutôt dans le Quercy. Il nous prend de haut.

**5.** À droite en regardant la carte. Sinatra bien avant le concours de chant (2 mots). Cheville de gazon.

**6.** Tarmac de Père Noël. On peut en avoir une paire pour deux balles. Vieux rhum.

**7.** Bourrées aussi à une lettre près. Logorrhée pour les mots, Lautaret pour les eaux.

**8.** Pays frère ? Camp... belle ! Son chiffre d'affaires part en fumée.

**9.** Flic à la télé. Bons baisers de Montréal. Avant de dire pour une rumeur.

**10.** Maître femme. Fermée ou trop ouverte.

**11.** L'Esmeralda de Quinn. Prends un bide.

**12.** Les pauvres femmes de Hollande ? Commun à l'homme et à la femme. Avec. Boris Sullivan.

**13.** Pronom. Pièce d'avant match. Saut en hauteur.

**14.** Le François aux huit femmes. Fait le bel âtre. Fin de série. Conduit en toute liberté.

**15.** En anglais. Mis en pièce, il y a longtemps. *French fake news.*

**16.** Festonna. Au-dessus du pape. Initiales laitières. S'il roule mal, il peut vous envoyer en prison.

**17.** Groupe militaire. Celui-là a trois lettres. Occupation d'occupation. Sexuel à double sens. Théâtre bridé.

**18.** Un coup dans les bourses. Note en flûte. La mec.

**19.** Le casse du siècle pour Tchaïkovski. Dit à Venise. Refoule. Demi-castor junior.

**20.** Boréale, parce qu'elle le vaut bien ! Ici l'ombre. Militaire à Toulon, sportif à Londres.

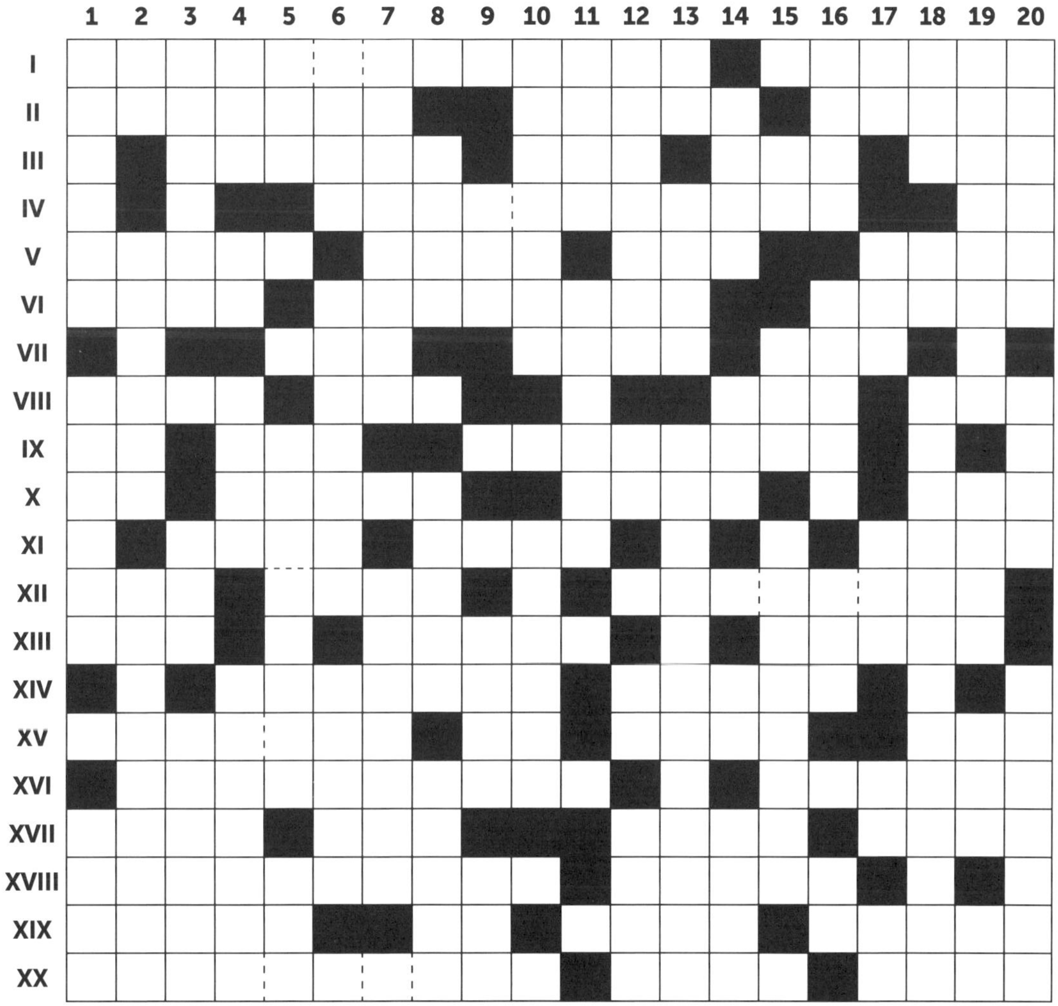


GRILLE

# N°16

L'AIDE PAGE 221
LA SOLUTION PAGE 247

# DIVAGATIONS RÉFLÉCHIES À PARTIR DE LA GRILLE 16

En 1 horizontal : « Le rêve de Chirac, le cauchemar de Macron » : CORONA. Des bières et des bières. Pour Chirac la petite bouteille et pour Macron la pression et les cercueils. Comme dans les gardes à vue, je peux garder le silence. Tout ce que je vais dire pourrait être retenu contre moi. Parce qu'au jour où j'écris, début février 2021, toutes mes analyses sur la pandémie peuvent être balayées dans l'heure suivante. Au gré des flashs infos et des décisions gouvernementales qui, d'un jour sur l'autre, imposent tout et son contraire.

— Dès demain, les déplacements à dos de chameau ne seront autorisés que de 13 h 25 à 18 h 12. Et ce, uniquement dans un périmètre à 2,3 kilomètres du lieu d'habitation de votre belle-mère. Sous réserve d'une attestation indiquant votre poids, vos diplômes et votre pointure. Interdiction de vous réunir à plus de deux cents dans un espace de trois mètres carrés. En cas d'infraction, vous serez punis, au choix, d'une amende de 18 000 euros, d'un bonnet d'âne ou d'une privation de Nutella. Nous avons la situation en main. Et nous pouvons vous assurer que nous prendrons toutes les décisions pour que tout soit mieux que si c'était moins bien.

Le grand flou. La navigation à vue. Et s'emmêlent dans nos cerveaux des mots accessoires il n'y a pas si longtemps, devenus omniprésents aujourd'hui. Variant, masque, couvre-feu, confinement, pic, courbe, vaccin, test, gestes barrières. Jusque-là, pour moi, variant ne s'appliquait qu'à mon caractère au gré de mes humeurs. Le masque était de carnaval. Le confinement, un corps à corps intime avec une belle dans une chambrette. Le pic était une part de marché triomphante sur une courbe donc, mais d'audimat. Le test était de personnalité dans le magazine de ma femme. Et le geste barrière un bras d'honneur à toute décision liberticide. Il était temps de redonner la place qu'elle mérite à la rhétorique anxiogène, non ?

Comme il était temps aussi de remettre à la place qui leur est due les scientifiques et professeurs de tous bords. Ah, la belle revanche ! Après des années d'anonymat et de sous-estimation. Heureusement que BFM et CNews ont réhabilité les combattants du maquis. Ici l'ombre ! Les spécialistes parlent aux Français. Ça commençait à bien faire ! Se faire voler la vedette par les pantins incultes de la téléréalité. Par des paysans amoureux starisés au seul prétexte d'avoir quelqu'un à culbuter dans les meules de foin. Par des cuistots icônes pour ne s'être donné que le mal de réussir un sabayon sur lit de framboises. Ah, non ! C'en était trop. Après tant dannées d'études de médecine, de supériorité intellectuelle bafouée, ça y est enfin. Ouf ! Hippocrate peut être fier de ses assermentés. Ils ont atteint le but suprême. Le Saint-Graal. L'Olympe. La Légion d'honneur de leur sacerdoce : ils passent à la télé !

Bon d'accord, ils ne sont pas toujours d'accord entre eux. Mais chacun sa vision de la médecine. Ah bon ?  Moi, je croyais qu'un virus restait le même virus quel que soit le chercheur qui tenait le microscope. Ah oui, mais non ! La perception de cet intrus malsain varie au gré de la capacité d'analyse de l'observateur, de sa vie privée, de ses contrariétés, de son allégeance à tel ou tel laboratoire. Voire de la qualité du plat du jour qu'il a mangé à la cantine de midi. Pour être savant, on n'en est pas moins homme ! Mais oublions ça. Par bonheur, les voilà enfin sanctifiés, les « ogues ». Les neurologues, infectiologues, cardiologues, allergologues. Et même astrologues tant leurs prévisions relèvent parfois moins de la science infuse que de la boule de cristal. Ce qui fait dire à mon ami le plus trivial :

— Et devant la télé, nous, on est les proctologues. Parce qu'alors, qu'est-ce qu'on voit défiler comme trous du cul !

Encore un fois, je me suis vautré dans la caricature. Hors de mes intentions de dénigrer ces cerveaux majuscules si souvent essentiels à nos survies. Les seigneurs des anneaux gastriques. Les maîtres iode, experts en teinture. Les grands chefs indiens collectionneurs de scalpels. Les empereurs d'échine qui te débarrassent en un geste de ta putain de hernie discale. Les Surcouf qui embarquent des stents à bord de tes vaisseaux pour y couler le caillot mortel. Gloire à eux ! Vraiment. Et même si leur mise en lumière est aujourd'hui trop abrupte, espérons qu'une fois la vague passée on ne les renverra pas aux abysses. Et avec eux, les soignants. Les sur-dévoués, les indispensables. Ceux dont on balaye les revendications légitimes dans la rue à coups de matraque ou de gaz aveuglant. Dis, tu imagines un du gouvernement allongé au bloc à deux doigts de l'appendicite ? Un shoot de lacrymo en pleine poire à la place de l'anesthésiant et un coup de Taser en guise de stimulateur cardiaque.

— Oh pardon ! Boulette ! En même temps, ça fait quarante-cinq heures d'affilée que je bosse. Désolé !

Eh oui ! Je raille, je critique. Comme dit super-Manu, le capitaine du vaisseau fantôme, je fais partie des 66 millions de procureurs. Une formule qui d'ailleurs pointe une faute de géolocalisation. Désolé, monsieur le président du tribunal, mais nous ne sommes pas de ce côté-là de la barre. Nous sommes des témoins assistés. Assistés largement, c'est vrai, mais témoins seulement. Et surtout pas coupables. Malgré les accusations des avocats généraux. La transmission, c'est nous, l'indiscipline, c'est nous ? OK. Mais la sous-estimation des masques, les vaccins au compte-gouttes, les métros bondés et les théâtres fermés, c'est qui ? Enfin pas tous les théâtres. La grande scène des médias reste ouverte. Représentation permanente. On y joue Feydeau. *Le dindon*. Et le dindon, c'est toi. Celui de la farce.

Parce que l'incohérence des décisions fait souvent de cette alerte épidémique une vaste pantalonnade. Les prises de paroles récurrentes ringardisent le stand-up le plus efficace. Tu te marres pas, toi, quand un responsable justifie le couvre-feu à 18 heures parce que c'est l'heure de l'apéro ? On serait tous des pochtrons, alors ? Si c'est ça, pour éradiquer le virus, lançons l'opération « Freezer » ! La fonte des glaçons. Et ce sont les mêmes qui nous accusent de la fonte des glaces ? Bonjour la logique ! Bien sûr que je caricature encore, mais avoue qu'on pourrait en rire si on n'en mourait pas autant. Encore une fois, je m'exprime sous toutes réserves. Parce qu'entre le moment où j'écris ces mots et celui où tu les liras, il peut se passer tant de choses. Le pire et le meilleur. Si pour moi, c'était le pire, j'espère conserver, même en dernière extrémité, mon sens de l'humour. Ce vaccin indiscutable et à portée de tous.

S'il m'arrivait par malheur de me retrouver après une vie de tsoin-tsoin intenses dans une salle de tsoin-tsoin intensifs, j'espère avoir assez de force pour un dernier pied de nez. Une phrase que j'ai déjà citée dans un ouvrage précédent, mais tellement raccord avec la situation tragicomique que nous vivons. Elle a été dite par Sim à Victor Lanoux qui lui rendait une ultime visite. Le rigolo grimacier était bardé de tuyaux, à une encablure du grand départ. Il a juste retiré le masque à oxygène et avec un sourire malin il a dit : « Qu'est-ce qu'il faut pas faire pour faire rire ! »

## HORIZONTALEMENT

**I.** Elle demande des réparations. (2 mots).

**II.** Sinon. L'Amérique dans tous ses états. Signature d'illettrés. S'est déplacé. Pour ses parents, à cet âge-là, c'est la guerre de 14-18.

**III.** Ou pas, si on n'ose pas. Chouette pour un grand-duc. Ils n'arrêtent pas de nous tenir la jambe.

**IV.** À boire ou à sucer pour Gainsbourg. On en a toujours par-dessus la tête. Tremblent.

**V.** De la même manière. Moutarde qui monte au nez. Cette grille en est pleine. Fait en ignorant.

**VI.** Que d'eau ! Signe de grossesse en règles. Entre deux paix.

**VII.** On s'entend avec lui, mais pas tout de suite. Lettres de cinéma. En cours à Wall Street. Le même en France.

**VIII.** Quand on détestait qu'on nous tende la main. Compte de Grimm pour les petits. Salisseuse de Père Noël ? Pica pica.

**IX.** Au milieu du show. Comme métier. Le remplaçant de l'équipe des soignants. Champions de box.

**X.** Insuffisant pour écrire un opéra. Pour trinquet, à l'occasion. Débarras pour mettre dehors.

**XI.** Il sort de la tête. Oronges qui peuvent faire des feux. Rends ta copie.

**XII.** Passer dessus ou à travers. Elle marque un but. Préposition. Reste plus si on l'enlève aux ploucs.

**XIII.** Le petit dragon. En France, il habiterait aux Arcs ou à La Flèche ? Verres de contact pour le grand Blondin. Pour le regard c'est fort, pour l'oreille c'est faible.

**XIV.** Non-dits. Astragale. Pour ménager sa monture, même sans voyager loin. Ça fait du bruit à Londres.

**XV.** Lettres de courrier. L'homme de Cadix. Souvent en lacets. Groupe de Starr.

**XVI.** Fait la queue, en moins trivial. Code 02000. Le salaire de la sueur.

**XVII.** Prince à l'opéra. Mes petits biquets ! Lignes de trame au cinéma.

**XVIII.** Baraque Obama, avant (3 mots). C'est pas une raison.

**XIX.** Épelée avec les garçons. Pour deux hommes en un. Fin de partie. L'anglaise du mécano.

**XX.** Quand Dieu bénit les Américains. Complétement timbrées.

## VERTICALEMENT

**1.** Bourre pif illégal. Maison maire (3 mots).

**2.** Chat chouette. Madame Chopin, je ne vais pas oser... et pourtant si. Mention alimentaire pour divorcés de la boucherie.

**3.** Elle a ses têtes. Il est souvent dans les manches de l'avocat. Gitan, tsigane, etc.

**4.** Court d'eau. Le marin l'a sur le dos, son bateau l'a dans les voiles. Quête de chevalier.

**5.** Étoilés. Pour son homonyme, cette commune de l'Allier ne serait pas moins commune si elle n'était pas en Allier. En plein hiver.

**6.** Les gazelles y font leurs courses au Maroc. Perturbatrice adepte des seins en écriture. Possessif pluriel.

**7.** Chrono au départ. Le petit de la frisée. Instruments de chasse.

**8.** Gros con... gelés au pôle. Pronom impersonnel. Empêche d'être au courant.

**9.** Plante qui se prononce comme l'instrument qui peut la couper. Elle est à l'écoute et pas seulement à l'entrée d'un hôtel. Louis de Jacob.

**10.** Petit papier collant. Son disque n'est pas réservé qu'aux blondes. Expert en voies et en voix.

**11.** Graves dans le fond. Jamais à poêle, ils se font bouffer le cru. Il mange chez nous sans y avoir été invité.

**12.** Thermale en 09. Se tortille en bout de ligne. Gagne en coupant le papier, perd en tombant dans le puits. Cheffe de gares.

**13.** Il en faut deux pour faire un gosse à Paris. Nid d'espions. Piquant en sauce, sucré en pain.

**14.** Lettres d'informatique. J'avais sa définition, mais je ne m'en souviens plus, ça tombe bien. LaBeouf.

**15.** Salade milanaise. Productrice de moutons. Il passe la troisième avant de passer la première.

**16.** Elle fait du peinard de qualité. GPS animal.

**17.** Bébé baie. Au-dessus de lui, c'est l'exception ou la Corrèze. Court d'histoire au cinéma.

**18.** Lever de soleil aux USA. Le pain des cases suivantes. Napolitain en VO (2 mots).

**19.** Mort, donc. BO inutile aux polyglottes.

**20.** Elles ouvrent les ailes en voiture. Brûlée au chalumeau.

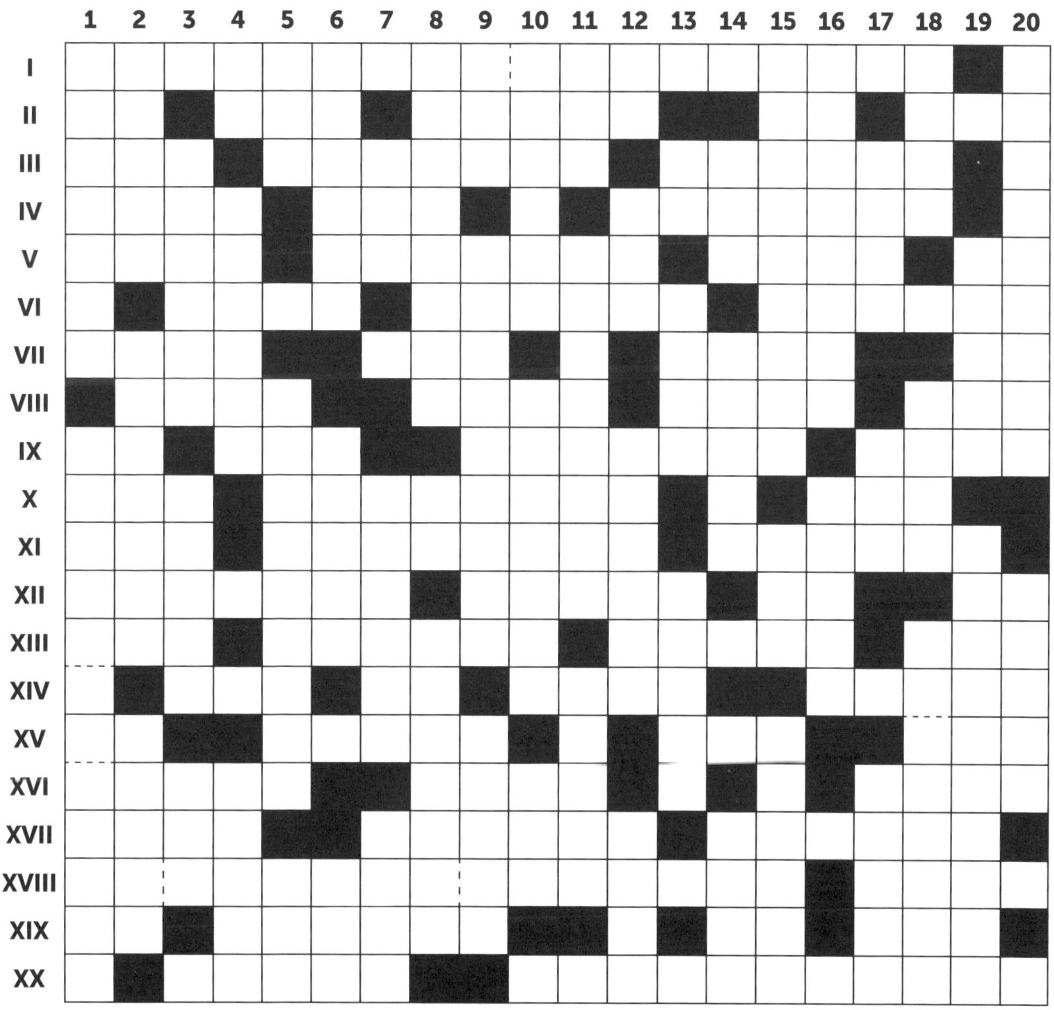


GRILLE

**N°17**

L'AIDE PAGE 222
LA SOLUTION PAGE 248

# DIVAGATIONS RÉFLÉCHIES À PARTIR DE LA GRILLE 17

En 15 vertical : « Il passe la troisième avant de passer la première » : LYCÉEN. L'occasion de pointer du doigt les lacunes de l'Éducation nationale. Même si à titre personnel je ne peux que la remercier des bienfaits qu'elle m'a prodigués. L'application que j'ai mise à m'instruire m'a permis de me hisser vers les sommets grâce à l'ascenseur social au lieu de végéter dans l'escalier de service. Et je te jure que ce qu'il me reste de toutes les matières qu'on m'a enseignées est aujourd'hui indispensable à mon équilibre.

Le français m'a donné ce goût des mots qui me permet de partager avec toi ces divagations réfléchies dont j'ose espérer que tu prends autant de plaisir à les découvrir que j'en ai à les écrire. Les maths m'ont expliqué que 1 est indivisible. Donc, que contrairement à l'expression populaire, aucun individu ne peut être, comme je le pense de certains, la moitié d'un con. La géographie m'a enseigné qu'un des plus longs fleuves russes, l'Ob, était ce qu'il y avait de plus pratique pour remplir deux cases dans mes mots croisés. La science a ancré en moi un théorème essentiel à ma soif en période de canicule : tout liquide plongé dans un corps doit recevoir une pression. Si possible fraîche et sans faux col.

— Entièrement d'accord avec toi, approuve mon pote Bébert. Avec un bémol toutefois en ce qui concerne les cours d'histoire. On nous a enseigné que Charles Martel avait arrêté les Sarrasins à Poitiers en 732. On a juste oublié de nous dire qu'ils sont revenus en 404 ! (Pour les djeunes, je précise que la 404 est un véhicule démodé. Mais qui avait la capacité pratique d'emmener en France des familles d'émigrés avec sur la galerie les meubles de leur village d'origine tout entier.)

Ça, c'est de la xénophobie taquine bien française entretenue par un enseignement serinant à nos têtes blondes que leurs ancêtres étaient des Gaulois. Zidane, Omar Sy, Jamel, Mbappé et Gims tireraient donc leur talent d'une louche de potion magique préparée par Panoramix ? Faudrait penser à les faire pisser ! Une confirmation de dopage pourrait remettre en doute leurs performances. Plaisanterie mise à part, c'est justement l'école laïque qui m'a appris le mélange et forgé mon humanisme. Les meilleurs en français n'étaient pas toujours ceux qui l'étaient d'origine. Et les pires en récré étaient tout aussi bon teint-bon genre qu'estampillés « racaille » pour cause de faciès. Dans cette école, j'ai surtout appris que, peau noire ou peau blanche, les égratignures des bagarres de préau saignent du même rouge. J'ai appris les Huns, mais j'y ai surtout appris les autres. Mais sans qu'on me les enseigne officiellement. Et c'est justement pour cela que, plus haut, j'évoquais les lacunes de l'éducation nationale. L'absence de cours uniquement dédiés à des valeurs capitales pour tenter de vivre en meilleure intelligence. Attention, pas des mots par-ci, par-là. Des vrais cours. D'accord, je sais ce qu'on va m'opposer :

— L'école est faite pour emplir le cerveau, pas pour formater l'âme. Elle est là pour t'inculquer des règles de grammaire, des robinets qui fuient, des fractions, des territoires, des guerres. Remplir ton bagage de bases pratiques pour plus tard. Te donner les moyens de subsister dans la jungle, armé de connaissances, de diplômes, de savoir-faire.
— Et si elle enseignait aussi le savoir-être ?

Avec des professeurs diplômés ès malheur qui viendraient t'expliquer comment surmonter une rupture, un deuil, un mal-être. Des maîtres de conférence en plaisir. Des joyeux qui t'apprendraient l'art d'exister en évitant de perdre sa vie à la gagner. Et aussi la volonté pour ne pas s'incruster toute sa vie dans un quotidien triste et morne de peur de quitter son cocon. La mathématique élémentaire des familles recomposées qui démontre qu'en cas de division, ce sont toujours les enfants qui payent l'addition. Le recul souriant que l'on doit prendre sur les contretemps. L'autre relativité. Pas celle d'Einstein. Celle des optimistes. Et surtout la mécanique des fluides. Celle qui, ajoutée à l'étude piscicole, impose de suivre son propre instinct plutôt que celui que les modes tentent d'imposer. Avec un précepte à ne jamais oublier : « Il n'y a que les poissons morts qui suivent le courant. »

On y apprendrait à jouir d'abord de ce qu'on a au lieu de ruminer nos jalousies à s'indigner de ce qu'on aura jamais. On y étudierait le courage réel. Pas celui de Bayard ou de du Guesclin. Non, celui qu'il faut pour porter secours à un agressé dans la rue, quelle que soit la menace. On y apprendrait à dénoncer son violent, son violeur. On y apprendrait la géométrie des distances affectives. Parce que communiquer avec un inconnu par Internet au bout de la planète, c'est un progrès merveilleux. Mais pas au détriment de ton voisin du premier qui crève de solitude en attendant que tu daignes lui demander de ses nouvelles.

Et puis les insignifiances du quotidien. Sourire à un inconnu dans la rue. Dire à ceux que tu aimes que tu les aimes. Ne pas attendre que ton ami te confesse qu'il va mal pour lui tendre la main. Anticiper le soutien. Regarder l'autre au lieu de juste le voir. Je suis presque sûr que tu ne te souviens même pas de la tenue exacte que portait ton compagnon ou ta compagne ce matin. Connaître avant de juger. Accepter qu'on ne pense pas comme toi. Ne te réjouir que de tes succès et non pas de la seule défaite des autres. Et bien sûr, apprendre à pardonner aux autres ce que tu aimerais tant qu'on te pardonne à toi.

— Alors, ça, c'est du discours de Bisounours XXL, me balance le réaliste. De l'angélisme à la con. Hey, redescend sur terre, mon gars ! L'école, c'est pas fait pour ça. C'est fait pour avoir les bases techniques pour être un *winner*. Pour niquer sa race à celui qui a préféré glander au lieu de s'emmerder à apprendre. Point barre ! Et tant pis pour sa gueule !

Oui. Sans aucun doute. Mais tu ne m'empêcheras pas de rêver d'une cour de récré où on entendrait un minot demander à un autre :

— Qu'est-ce que t'as aujourd'hui ?
— Ben, de 8 à 10, cours de respect. L'après-midi, espoir et résilience. Et en fin de journée, TP de partage.
— Et qu'est-ce que tu as eu comme note ce trimestre ?
— 0 en égoïsme, 0 en malveillance, 1 et demi en méchanceté gratuite. Encore un effort et je décroche mon diplôme de mec bien !

## HORIZONTALEMENT

**I.** Raison de retraite. L'extraterrestre du septième art.

**II.** Devra faire tourner ses ballons loin des pistes. Le Suisse de l'horloge. La solitude ne lui coupe pas l'appétit, au contraire.

**III.** Johnny l'a faite et l'a chantée. Surveillance ou relâchement. Son saint patron est aussi le mien.

**IV.** Saint normand renversé. Préposition. Rouge qui s'est un peu bouchonné en vieillissant. Bonne retraite, ça dépend du parachute.

**V.** Revers de main. Attaque au pif. Le début du prochain. Ses pensionnaires sont tous des ongulés.

**VI.** Le saint Simon de la télé. Pleut. Le carreau de César.

**VII.** On peut le monter dans Les Écrins. Le poisson farceur arrive à sa fin. Fleur de virginité. Rouky c'est le chien, lui c'est le renard.

**VIII.** Un cirrus dans le café (3 mots) ? Ex-épicier. *Happy* qui finit bien.

**IX.** On l'arrête en y mettant le feu. Investissement illégal. L'affirmation préférée de Depardieu ?

**X.** Antonio, le fils de Frédéric. Manque de beaucoup de choses en restant suffisant. Voisines dans le tumulte. Espace naturiste, mais il était impossible d'y pratiquer l'échangisme.

**XI.** Les trois Gibb (2 mots). Souci, ou aide à l'oublier.
À toi.

**XII.** En petite ligne ou en grande ligne, dans les deux cas, c'est pour voyager. Ville du Nord, pas si ch'tite que ça. Il aimerait bien enlever son voile.

**XIII.** La suite en toutes lettres (2 mots). Terme de mépris. Amende à lire.

**XIV.** La grande de Régine. Quatre de Rome. La grande maison dans la prairie. Passe.

**XV.** Définitifs. Peut-être de famille même si on n'en fait pas partie.

**XVI.** Le meurtrier d'Adjani. Introduit la matière. Terminus du roman (2 mots).

**XVII.** Base de Bordeaux. Abrège le final. Sous les patins anglais.

**XVIII.** Roi de Babylone et de la cave. Allai à Thouars, ou ailleurs sans véritable destination.

**XIX.** Muse à règne si c'est pour le roi des poètes. À titre indicatif, la première personne à rire. Plein.

**XX.** La demoiselle de Rochefort. Dissipé en deux mots, accès en un seul.

## VERTICALEMENT

**1.** Bonne à tout faire. Madame de Pompadour.

**2.** Elle a un quartier à New York, une porte seulement à Paris. Sans, non plus. Et à travers, ensuite (2 mots). Soude ou projette.

**3.** 60% du corps environ. Sentiments vifs qui changent de genre au singulier. Cramé en vol. Marque l'indifférence.

**4.** Donc, je n'aurais pas pu mettre un autre mot à sa place. Descendit.

**5.** Colla. On la trouve près d'un palais de Venise ou dans un château de Bordeaux. *Five o'clock* pour le thé anglais. Dur d'orteil.

**6.** Article qu'on ne peut pas mettre avant article. Groupe d'opinions. Ils peuvent appartenir à une classe sans être de la même.

**7.** Une grosse poignée de jetons. Selon l'adage, la précédente n'évite pas celui-ci. Pop, star des salles de cinéma.

**8.** On la joue sur elle. Musée de grosse pomme. Une manière conviviale de venir (2 mots). De Nantes… ou de Belleville si on veut faire un calembour avec Mitchell.

**9.** Celui qui l'y laisse dans le poulet. Aujourd'hui, on les roule presqu'aussi souvent qu'on les porte. Mit sa griffe, par exemple.

**10.** Sans les Anglais maintenant. Les égyptologues rêvent-ils de les inviter à la fête des momies ? Le plus connu des maux d'enfant.

**11.** Monte en Italie pour la bataille. Vu à Venise, revue à Paris.

**12.** Elle a une rue pour fêtards à Paris. Un double pour y mettre du rhum. Élan d'enthousiasme.

**13.** Va parfois au hasard. Note. Entre signe et logique, pour les poissons, par exemple.

**14.** De carnaval et en collection. Lettres de compassion éternelle.

**15.** Grecque dans le détail. Père de Fès (3 mots). Et vient en cas de navette.

**16.** Échassier dans le Sud-Ouest. Les perroquets peuvent se poser sur eux.

**17.** Le Petit Nicolas de Guy. Butée. Comme les effluves de l'amer.

**18.** Le retour du bon roi. Salut à l'empereur ou à la vierge. Sine pour ajourner. Bloquer la table ou à table.

**19.** Début de rivière. Chute d'eau. Pris par habitude.

**20.** Bougeoirs pâtissiers (3 mots).

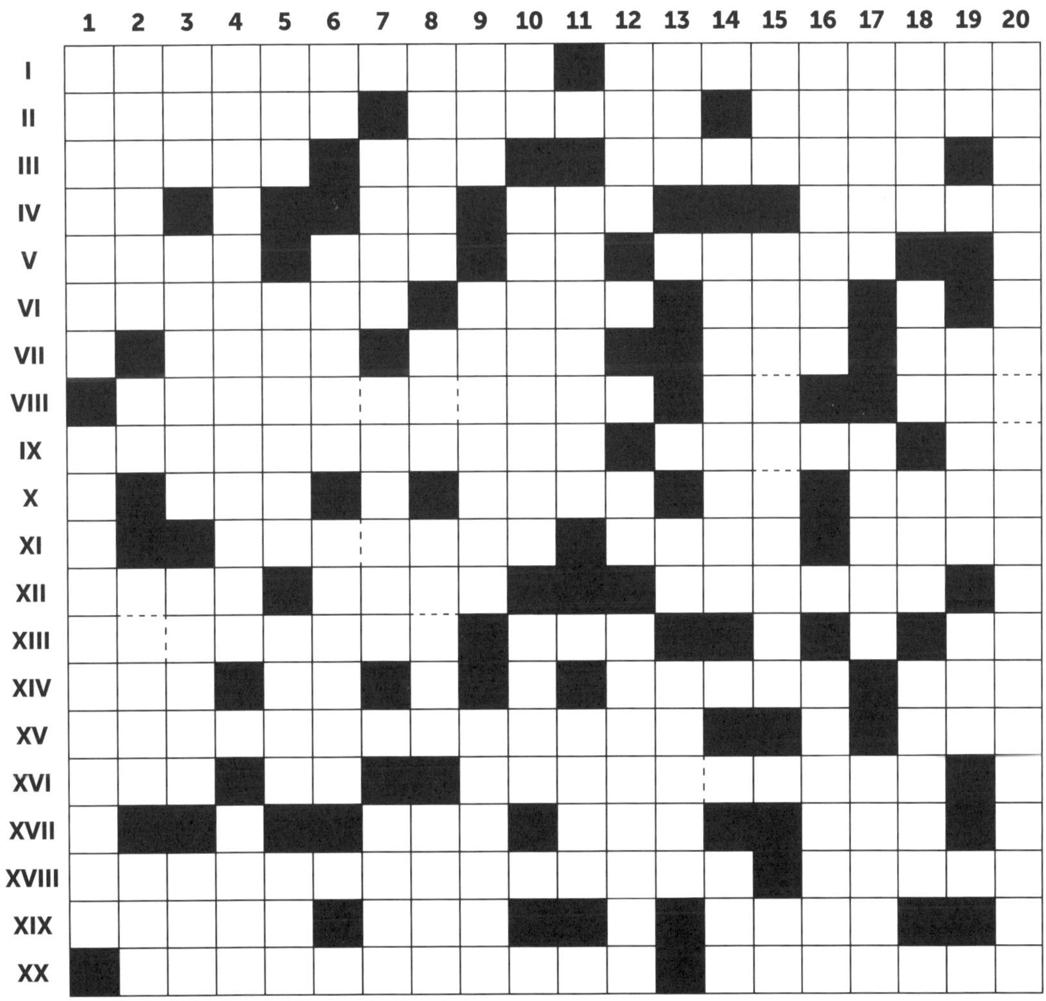


GRILLE

## N°18

L'AIDE PAGE 222
LA SOLUTION PAGE 248

# DIVAGATIONS RÉFLÉCHIES À PARTIR DE LA GRILLE 18

Au hasard de la grille, je viens de découvrir des correspondances que je n'avais même pas préméditées. En 1 horizontal : « raison de retraite » : VIEILLESSE. En 20 vertical : « Bougeoirs pâtissiers » : GÂTEAUX D'ANNIVERSAIRE. Et en XV horizontal : « Définitifs » : IRRÉMÉDIABLES. La marche du temps. Le sablier qui, de plage en plage, nous fait prendre le large. Et au fil des quadra, quinqua, sexa, septua, octo, ça « dé-génaire ». La vieillesse est un naufrage, disait de Gaulle. Sans doute, mais pour mon cas, je préfère n'y voir qu'un navire de croisière qui vogue encore toutes voiles au vent.

Alors, en cette période de jeunisme obligatoire, une réaction s'imposait. Au moment où les divertissements musicaux des radios et des télés ont balayé toute nostalgie. Au moment où le cheveu blanc devient l'étoile jaune de tout demandeur de crédit. Et surtout au moment où le cri de guerre de la plupart des jeunes loups aux dents longues, c'est : « Sus aux vieux ! » En trivial assumé mais contenu, j'éviterai de m'attarder sur la préférence homonymique qui m'aurait ravi. Si le mot « sus » avait bénéficié d'une orthographe bien plus secourable. Hélas, il ne fait aucun doute que le « sus » en question, pouvant prêter à confusion au son, est bien le signal d'une attaque acide et non d'un armistice goulu. Dommage !

Cela dit, je ne parle même pas pour ma paroisse de vieux. Même quand j'étais jeune, j'ai toujours eu un infini respect pour les anciens. Question d'éducation. D'époque aussi. Aujourd'hui, la marque limite de consommation est inscrite sur la gueule du produit et on met papi et mamie au frigo à peine quelques années avant de les balancer au vide-ordures. Blacklistés les seniors ! Hors circuit à la première arthrose. Poubelle. EHPAD… ou canapé avec chat et puzzle au mieux du tri sélectif.

Quel âge avez-vous déjà ? Ah, quand même ! Vous ne les faites pas ! Qu'est-ce qu'on en a à foutre de les faire ou pas ! Ces années, on les a, c'est tout. Et tu sais quoi ? Tant mieux. D'abord, pour une raison évidente : on a réussi à y arriver. Et dans la société actuelle, c'est presque un exploit. Bien plus brillant que ceux de tous les Indiana Djeunes. Ces insolents qui n'ont survécu qu'à des chutes de skate-board et à des indigestions de Big Mac. Nous, on a surmonté les accidents, les virus, les deuils, les efforts pour gagner nos vies, les chagrins d'amour, les coups de poing, les coups de sang, les coups de blues. Alors, bien sûr que la carcasse est pleine de cicatrices dehors comme dedans. Mais franchement, on mérite quand même plus le musée que la casse industrielle. Alors, jeune con, évite de dire : « La ferme boomer ! T'as fait ton temps. Va regarder “Des chiffres et les lettres” et fais pas iech ! »

Surtout si on prend en plus en considération que sans les galipettes des mamies, tu ne pourrais même pas exprimer ton mépris pour elles. Ben oui ! Heureusement que le vieillard qui s'appuie sur sa canne en a eu une autre pour éjecter ton spermatozoïde de têtard ingrat. Sinon, tu n'aurais même pas eu droit à l'existence ! Clint Eastwood a réalisé *Le cas Richard Jewell* à 89 ans. Des millions d'entrées dans le monde. Entre ça et le film de ta salle de bains avec ton portable, y a du chemin. Alors, va regarder les 12 commentaires sur ton compte Facebook, et fais pas *iech* !

J'abuse un peu dans la métaphore agressive, mais c'est à la hauteur de la suspicion délétère qui s'abat de plus en plus sur la caste vieillissante. Dans beaucoup d'autres pays, en Asie, en Amérique du Sud, les vieux sont respectés, si ce n'est sanctifiés. On leur reconnaît le mérite, la sagesse, l'expérience. Chez nous, de plus en plus, on les squeezze, on les zappe. Prenez votre retraite et rentrez chez vous, les improductifs ! D'ici qu'on les dératise, y a pas loin !

Alors, en résistant opiniâtre, moi je dis : « Vive les vieux ! » Les vrais. Ceux qui s'acceptent tels qu'ils sont. Fanés, voûtés, authentiques. Estampillés hors d'âge sans le moindre ravalement. Je ne suis pas fan de cette manie de vouloir effacer au bistouri les marques du temps, si inesthétiques soient-elles. De vouloir à tout prix rattraper l'irrattrapable. Pour moi, c'est comme mettre du Coca dans du vieux bordeaux. D'ailleurs, il arrive souvent que le breuvage produise des effets secondaires bien éloignés de la perfection voulue. Alors, non merci ! Le château Bogdanov même millésimé, très peu pour moi. T'as vu la carafe !

Attention, je ne condamne pas. Je comprends, mais je déplore un peu. Parce qu'un visage buriné vaut tous les discours. Quand on a l'âme curieuse et un tant soit peu poète, on ne fait pas que regarder les rides. On les écoute. Elles dévident des vies au compte-gouttes de sueur. Ou de larmes lorsque, partie du bord des cils, l'une d'elles s'échappe, suit le sillon et vient mourir au bord d'une lèvre privée depuis si longtemps d'un baiser vrai. Un pli pour l'amour déçu. Un autre pour le frère mort trop tôt Un autre encore dessiné par les bourrasques d'un vent d'aventure. Une ride, la plus profonde, pour la trahison d'un ami. Et cette autre aussi pour les nuits de triste ivresse ou de solitude. Et puis, par bonheur d'autres autres. Au coin des yeux. Les joyeuses. Les stigmates des moments heureux, du bon temps. En regardant bien, on entend des chansons, des rires d'enfant, des « je t'aime », des explosions de joie, des brouhahas de fêtes à n'en plus finir. Allez vas-y ! Raconte, mon vieux Patrick !

C'était un soir d'Olympia. De Funès était venu me voir. Dans ma loge, on a parlé longtemps. Juste nous deux. Je l'écoutais bien sûr. Mais je le lisais aussi. Chaque parcelle du visage du vieux monsieur me racontait son histoire. La maladie avait creusé ses joues et bombé ses fossettes. Il riait. La moindre ride racontait ses gesticulations, son plaisir de faire plaisir. Son regard étincelait. Je n'avais plus devant moi le petit homme amaigri et marqué par les caprices de son cœur fragile, mais un géant. J'ai osé lui demander s'il craignait la mort.

— Bien sûr que non ! La mort, ça ne fait pas mal. Au contraire. Ça libère.
— La vieillesse, alors ?
— Encore moins. Si j'en crois ton regard, ce n'est pas seulement le fait que je t'ai fait rire qui le fait briller. C'est le fait que je sois dans ta mémoire. Et j'y suis d'autant plus que j'ai mis des années pour m'y installer. Ça sert à ça, les vieux. C'est le miroir de nous plus tard. Et si le miroir est un peu fatigué ce n'est pas grave. Au contraire. Plus il est fêlé, plus fort il a vécu. Je me trompe ?
— Non, Monsieur.
— Alors je te souhaite de vivre très vieux. Ne serait-ce que pour aller un jour dans la loge d'un jeune artiste qui te regardera comme tu me regardes ce soir… et je t'en remercie.

## HORIZONTALEMENT

**I.** La note du restaurant, c'est pour eux (2 mots).

**II.** Petit dans une chanson d'enfant. Été après.

**III.** Boucler. Il dépose son œuvre musicale en doigts d'auteur. Pronom.

**IV.** Résumé de carrière. Acquittées grâce au règlement. A monté un bateau pour monter en bateau.

**V.** Poulie en réalité. Les mots lui manquent. César pour le septième. Réfléchi.

**VI.** Sodium. Contre pour être aligné. Petit sablé aux Antilles.

**VII.** Pour un point qui tombe bien. Mère d'enfants de Bohème. Plante des dunes.

**VIII.** Proche d'Israël seulement dans le dictionnaire. À trois jours du week-end. Met en lien.

**IX.** Comme une chemise XL pour poitrine XXL. On peut le coller s'il ne veut pas adhérer.

**X.** Il manque « ul » pour aller derrière. Aiguillonna en manège ou en mer.

**XI.** Tire en Angleterre, couvre en France. Ail, ail, ail !

**XII.** Note. Comme les noix, pour ne pas dire autre chose, en cas de froid. Passez me voir sous mon bureau, aurait pu lui dire Bill.

**XIII.** Belmondo, grand-père et petit-fils. Petit patron. Compulse encore.

**XIV.** Protections rapprochées. Enceinte d'échanges. Elle empoisonne l'existence.

**XV.** En plein Paris. Équipe le cheval si on le lit, en branches si on l'écoute. Il faut toujours qu'il en rajoute. Un parmi d'autres dans le quartier Saint-Germain.

**XVI.** Précède une année. Mis sur la bonne voie. Celui ou celle qui nous a quittés. Un bleu. Petite compagnie.

**XVII.** À toi. Sauter sans en avoir l'air. Deux cents romain.

**XVIII.** Costa ou défia. Violent, c'est un pacifiste. En cas d'intervention, va aussi bien au mode qu'au bloc.

**XIX.** Conseillé pour boire par Cyrano en tirade. Fait le ménage avec la maîtresse ou l'amant. En saccades.

**XX.** Ancienne coupe de France (3 mots).

## VERTICALEMENT

**1.** Alcôve à consommer sans modération. Esquive. Lavé avec Arielle ?

**2.** Elle va droit au cœur. Israélien qui aurait pu être rabbin à une lettre près. Petit qu'on trouve en rayons.

**3.** Fin en vrac. Mao en était un aussi, mais pas sûr qu'il aurait suivi Manu. Jack l'inventeur... de la fête des musiciens.

**4.** Sa plume n'inoculait pas de venin, bien au contraire. Attend le bus pour être complet. Elle fait un demi-sourire, alors ? Convoyeur de crack.

**5.** Lave-vaisselle. Réalisée par Francis Ford Copula ?

**6.** Pointer en chanson dans les années 1970. Show mythique, avec grenouille et vieux ronchons. Le Chabadabada de Lelouch, c'était lui.

**7.** Prénom de l'allumée suédoise pour les climato-sceptiques. Collées dans la paella. Lu à l'envers. Touchée par la fièvre acheteuse.

**8.** Espace le texte. Le bonheur est dans le pré, au gré de ses feuilles. Lettre du Père Noël. En pole position.

**9.** Clamsé en toutes lettres. Ferment avec des baguettes. Une SPA serait logique dans cette ville de Haute-Garonne.

**10.** 50 pour classer les chansons. Même si son anagramme est chaire, on n'y écrit pas que des sermons. Baston. Note retournée.

**11.** Star, pas toujours orthodoxe. Petite patronne. Risqua.

**12.** Ingres en a fait une énigme pour les ostéopathes. Il nous tarde qu'il nous lâche la grappe.

**13.** Chanteuse qui s'est envolée avec 99 ballons. Diminué de moitié. Choix de poulet au restaurant.

**14.** Né sous le signe du Bélier. Son professeur, c'est Maître Gym. Entre par l'oreille, sort par la bouche et ainsi de suite.

**15.** Elles. Elle avait déjà mis le feu à Notre-Dame.

**16.** Radio en France, club à Milan. Les boucles à doudou. Cale à mine.

**17.** Il lui arrive souvent de commencer par qui ou par quoi. Dément. Abrégé pour peau de sac.

**18.** Poli gone, quand il est bien élevé. Grecque. La fin de la définition.

**19.** Évidemment, il connaît les chansons de piaf par cœur. Est las, hélas !

**20.** Elle se fait tirer dans le train (3 mots). Il a le chapeau collé au pied.

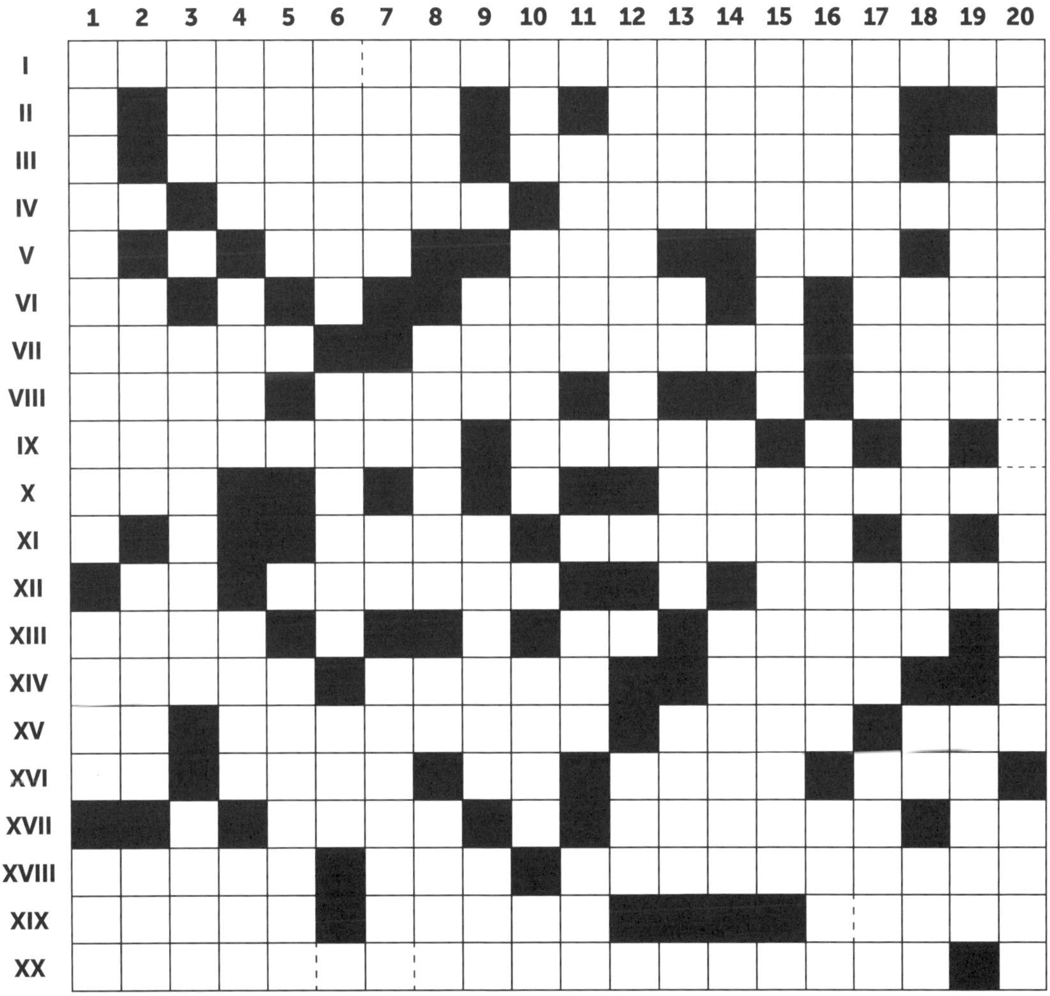

GRILLE

# N°19

L'AIDE PAGE 223
LA SOLUTION PAGE 249

# DIVAGATIONS RÉFLÉCHIES À PARTIR DE LA GRILLE 19

En 1 horizontal : « La note du restaurant, c'est pour eux » : GUIDES GASTRONOMIQUES. Le président du tribunal de la grande cuisine. Le seul domaine où une bonne note vous oblige à redoubler. À redoubler d'application, bien sûr. Autant dans la conception des plats que dans le service pour le plaisir du client. J'avoue que c'est souvent le mien. Ah, la soupe aux artichauts de Guy Savoy ! La liche d'Arnaud Donckele ! La poularde de Georges Blanc ! Bon d'accord, ce sont des amis. Autrement, il faut avoir les moyens. Il n'empêche que ma madeleine de Proust, c'est saucisse-purée. Et un bon repas ne se limite pas heureusement à l'excellence des mets ni au prix qu'on peut ou ne pas y mettre. C'est ce que me disait Pierre Perret, auquel je dois mon plus beau festin ordinaire : « Un grand moment à table dépend autant de la qualité du plat que de celle des convives avec lesquels tu le partages. »

Convivialité est donc le maître mot de tout régal culinaire. Aussi bien autour d'un saucisson et d'un fromage accompagnés d'un vin simple qu'en dégustant un plat alambiqué. Tu sais, un de ceux dont l'énoncé sur le menu est parfois plus long à lire que le temps pris à l'avaler. Cependant, pour la part de rêve, acceptons de nous faire diriger vers les sommets de cet art par les guides gastronomiques. Même si, depuis quelque temps, ces premiers de cordée toujours présents se sont fait voler la vedette par des escaladeurs sauvages. Les « Top Chef », « MasterChef » et autre « Cauchemar en cuisine ». Ceux qui sont devenus les plus goûtus parmi des plats principaux que nous propose notre « menu télé ».

— On n'ira pas au resto ce soir, chérie. Je ne veux pas rater la finale du « Meilleur Pâtissier » !

La gastronomie sur écran plat fait un carton. Carton, c'est le mot. À la télé, tout est question d'emballage. Et celui-là est parfait. Avec le maître mot de tout spectacle lucratif : la compétition. En accord parfait avec ce que la nouvelle société a de plus égoïste. Il faut être le plus fort, le premier à l'arrivée. Pour l'art culinaire, c'est la course à l'échalote, au persil et à la goutte de vinaigre balsamique. Que le meilleur gagne et malheur au vaincu. Le vainqueur ouvira son restaurant. Et sur le perdant planera toujours une suspicion de « pas très au point ». Un doute latent qui fera peut-être dire à sa belle-mère acerbe pendant le repas du dimanche : « Moi, je ne tente pas des assemblages spectaculaires à la télé, mais avouez mon cher gendre que ma blanquette est quand même plus agréable sans chocolat ! »

Et là, je ne te parle que des concurrents. Je veux m'arrêter aussi sur les téléspectateurs avec tout ce que ça suppose de satisfaction, mais aussi de frustration. Je te confesse que je n'arrive pas bien à cerner ce qui va scotcher devant son écran l'érémiste qui en même temps déguste son fricandeau en boîte William Saurin. Tu sais, celui qu'il vient de rapporter des Restos du Cœur. La part de rêve ? Bien sûr, mais quand même ! Ça doit coincer un peu. En particulier quand l'élève cuistot se désole d'avoir trop cuit sa langouste pendant que lui s'irrite du peu de jambon sous vide qu'il reste une fois qu'il a enlevé le gras immangeable. C'est ce que j'appelle le syndrome des bovins décalés : les uns qui broutent le pâturage gras et les autres qui ruminent.

Et pourtant, ils sont des millions à adorer ces émissions. Moi, je n'en suis pas vraiment client. D'abord pour une question de goût. Pas de goût cathodique, de goût élémentaire. De saveur. Chaque fois, j'en ressors frustré. Quand je regarde un concours de chant ou de danse, je peux avoir mon avis propre sur l'intégralité de la performance. Mais là, je n'ai que mes yeux pour juger de la saveur d'une composition.

— Oh, regardez comme ce baba au rhum est délicieux ! Le parfait équilibre.
— Tant mieux, si vous le dites ! Je vais me contenter d'imaginer. Bon appétit, enfoirés !

Cette frustration en dit long sur la motivation des producteurs de ces shows. L'art de la cuisine est bien là, mais secondaire. La priorité, c'est le voyeurisme. L'émotion cash. Clash surtout. La perte de contrôle. La colère du chef. La détresse du marmiton recalé. Son humiliation sur un ton aussi dur pour un lapin raté que s'il avait dépecé un chat vivant.

— Et tu appelles ça du civet ? Nul. Bâclé. Mal assaisonné. À refaire. Trop de piment, pas assez de moelleux !

Et là, intervient la perle cathodique. Le nec plus ultra de tout audimat. Les larmes. Jamais trop salées, au contraire. La cerise sur le gâteau de la part de marché. Et au diable l'autre marché. Celui du matin, ou on échange un sourire contre une daurade du jour, des tomates du jardin ou des cèpes juste cueillis. Elle est où, la convivialité essentielle ?

Et puis, je n'aime pas bien cette mode des coulisses. Autant en gastronomie que partout ailleurs. Dans le rugby, par exemple, mon sport chéri. L'exposition de l'intimité des vestiaires me vole trop d'imaginaire. Je veux juste les voir entrer sur le terrain en conquérants. L'Elastoplast et le discours d'avant-match me gâchent le frisson de la découverte. En ce qui concerne l'art culinaire, j'ai bien trop de passion pour les saveurs du palais pour goûter à sa juste valeur la visite des dépendances. Pour moi, les chefs cuisiniers sont des artistes. Je n'ai pas envie de connaître le pourquoi de leurs coups de gueule en cuisine. Ni s'ils ont découpé ma coquille Saint-Jacques tout droit ou en travers.

Je m'extasie devant le Christ vu d'en haut de Dalí. Qu'importe qu'au moment où il l'a peint, il ait été debout, assis, énervé ou apaisé. Et connaître le nombre de poils de son pinceau ne m'apportera aucune émotion supplémentaire. Mais nous sommes dans un monde d'images. Et la mode est à l'intrusion obligatoire dans l'intime. Au détriment de notre besoin essentiel de mystère qui s'effiloche. Et va savoir si, un jour, on ne verra pas fleurir une émission où un jeune adulte pourra découvrir en direct les images de sa conception ? Soigneusement filmées par ses parents et conservées secrètes jusqu'à sa majorité pour qu'il puisse exprimer en direct à la télé ces fameuses émotions. Si on avait filmé la mienne, j'aurais, je crois, aujourd'hui, une réaction mitigée. Positive d'abord. Ça aurait au moins eu l'avantage de me dévoiler l'identité certaine de mon géniteur que je ne connais toujours pas. Mais je pense qu'à l'instar des procureurs cathodiques de la nouvelle cuisine sur écran, mon premier commentaire serait : « Et tu appelles ça de l'amour ? Nul. Bâclé. À refaire. Mal assaisonné. Trop de piment, et pas assez de tendresse ! »

## HORIZONTALEMENT

**I.** Les six reines du port d'Alexandrie. Renaissance pour que le chauve sourie.

**II.** Elle fait le mur. Être d'un autre temps. Soyons franc, un vrai branleur ! L'armée des ombres à Alger.

**III.** C'est lui qui fait le cheik au PSG. Elles fréquentent les galeries. Atténue la peine.

**IV.** S'accroche aux bronches. Moins fatigante à avoir qu'à monter. Confessionnaux de cabinet. Caïn pour Abel.

**V.** Cabri, c'est fini, il est grand maintenant. Les toilettes des chats. Fait de jeux.

**VI.** Piège pour les poulets et les rongeurs. Domestique de maison !

**VII.** Tony Parker. Baux quand on fait ça, et pas seulement en Provence. Artères.

**VIII.** Présent, il est partout. Homme de main mais plutôt d'hier.

**IX.** Avec lui, on Satan à tout ! Arrivent souvent après coup.

**X.** Tri avant pour la droite. L'amour par exemple, avec une hygiène douteuse. Ses fruits ne se cueillent pas. Allez, on s'en paye une tranche !

**XI.** Il n'y a aucun risque. Pour dormir, sur la route de Memphis. Rue prise à contresens. L'alcool préféré de Geniëvre de Fontenay ?

**XII.** Même s'il vous exploite, ne se sert pas de vous. Un Indien à Paris, avenue George-V (2 mots).

**XIII.** Basique instinct. Précieux pour un ami, encore plus s'il est riche. Productrice de bottes.

**XIV.** Conjonction. L'autre Elmaleh. En mer, aux deux bouts d'une vie impériale. Hongroise greffée pour être capitale.

**XV.** Petit tunnel pour régler la circulation. Il manque deux lettres pour être tous. Une compagnie qu'on n'apprécie pas vraiment.

**XVI.** En quelque sorte, pour Jeanne d'Arc, le bûcher. Bon quand il est de qualité. Se dirige.

**XVII.** Mi-août. Les grandes bouffes. Gentilé de Nouvelle-Calédonie.

**XVIII.** Il a une grande ligne de ville. Nom d'emprunt. Grace à eux, labour est dans le pré.

**XIX.** La jolie môme de Ferré. Oui oui au commissariat. Lac américain.

**XX.** Même un communiste ne peut pas se passer de ce capital. Note. Direction.

## VERTICALEMENT

**1.** Salués par la presse chaque mois dans les années 1960. Met de L'Aude dans son vin.

**2.** Sur Tille, un classique. Donna des arguments de « pouah ! ». Forte en malt.

**3.** Ont une ouverture ou la fis. Pour ce métier de pêcheur portugais, faut-il le baccalauréat ? En Ré.

**4.** Grand, quand c'est au désavantage. Renvoi. Médaillé olympique. Pronom. Anagramme de mornes, ça n'étonne pas les marginaux.

**5.** « Ministrator » (2 mots). Démonstratif.

**6.** Et en plus, on le mutile en cas de défaite. Note. Pommadé. Marque de tapis de sport.

**7.** Partie en partie. Mot de choix. En état de tresse. Assommé par le marteau et décapité par la faucille ?

**8.** Pronom. Bande toujours. Et on dit qu'elle est fidèle... Ah, la chienne !

**9.** Mer d'Irlande. Une chanteuse nommée Wanda. L'eau du ciel qui coule au Congo. La même eau, mais en Roumanie.

**10.** Juron ancien. Pour un état. Avec le 01, on en fait un prénom.

**11.** Six lettres pour une seule... parole d'apôtre ! Il faut bien plus qu'une paire de douilles pour en faire une. Note.

**12.** Vasque de fer, parfois. Elle nous fait souvent dire 7 pour 19. Râler ou Lorie.

**13.** Déclinaison de rose. Des chevaux dedans, un cheval dessus. Michel pour faire l'affaire.

**14.** Préposition. Lettres de revue. La téléréalité l'a faite star de tous les endroits, avant la descente aux envers.

**15.** Armateur amateur et souvent véreux. Symbole de l'empoisonneur préféré d'Agatha. Isséen pour dire qu'il est d'ici à Issy.

**16.** États unis. Sa trompe est essentielle à un musicien. Montant, mais on le préfère quand il descend.

**17.** Marre (3 mots). Écrasées par des poids lourds en traversant la vie.

**18.** Copie conforme, ou de Strasbourg pour la blague. Chichis. Après la Drôme dans le classement.

**19.** Vincent, François, Paul et les autres. Guéries ou reportées. Soulève des masses.

**20.** Fait souvent un crochet par les grilles de mots croisés. Sueur de pin. On y entre en tremblant.

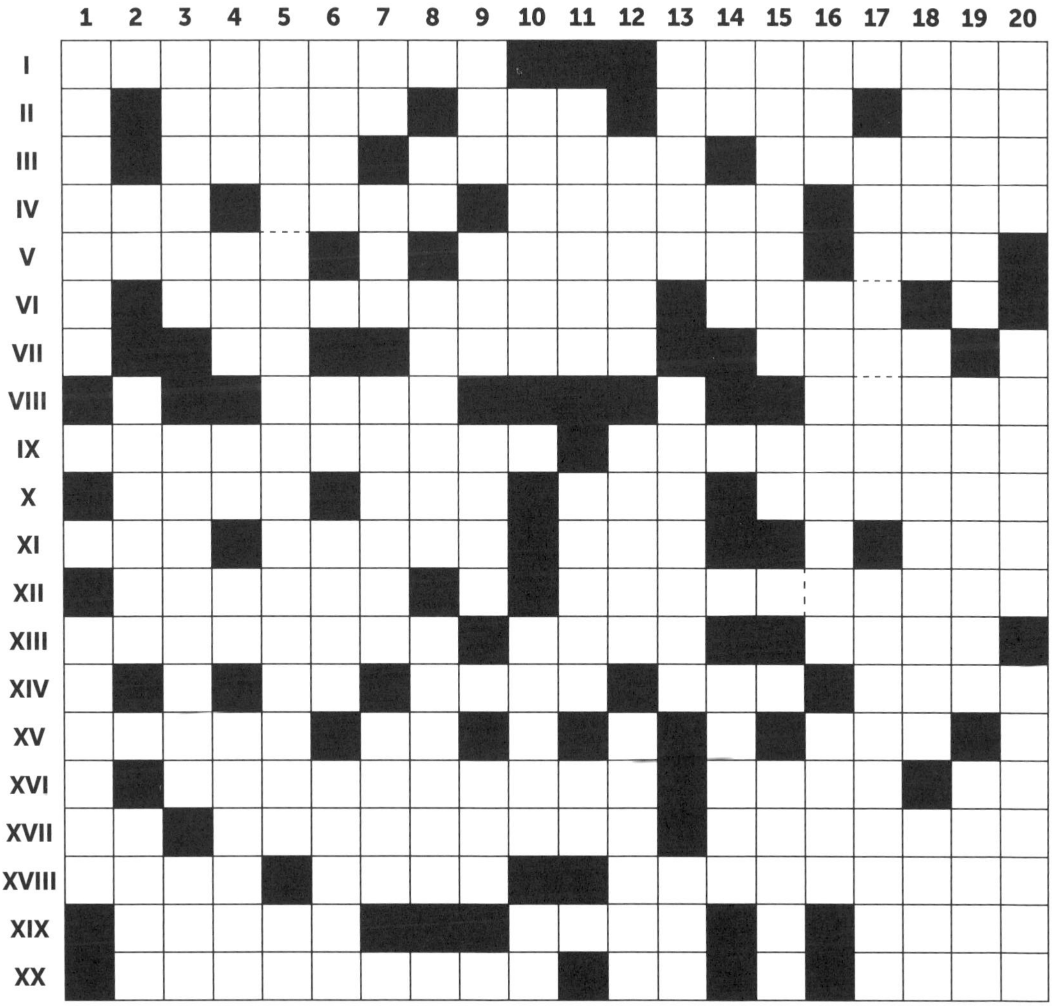

GRILLE

# N°20

L'AIDE PAGE 223
LA SOLUTION PAGE 249

# DIVAGATIONS RÉFLÉCHIES À PARTIR DE LA GRILLE 20

En I horizontal : « Les six reines du port d'Alexandrie » : CLODETTES. Et, en 1 vertical : « Salués dans la presse chaque mois dans les années 1960 » : COPAINS. Ah, ce bon vieux *Salut les copains* ! Cloclo, Sheila, Adamo, Johnny, Sylvie. La préhistoire. Pour le môme d'aujourd'hui, les grottes de Lascaux. Un temps que les moins de 50 ans ne peuvent pas connaître. Donc, tu imagines que je vais « nostalgier » à tout va. Porter aux nues les icônes du showbiz des années 1960-1970. Eh bien, non ! Bien au contraire. Il est temps que le politiquement correct reprenne ses droits. Qu'en insecticide des vieux placards, je désintègre les mythes. Que je fasse la peau à ces légendes pour vieux cons embourbés dans le passé.

En commençant par les Clodettes. Ces figurines sautillantes qui servaient de faire-valoir à un pantin blondasse et dégénéré. Quelle honte ! Quelle insulte à l'image de la femme ! Elles exécutaient des danses de robot dans une quasi-nudité indécente. La femme réduite à son expression la plus sordide. Appât pubis pour public pubère. Objet de lucre. Avec en plus, une atteinte délibérée à la parité raciale. La gazelle africaine était largement sous-représentée au milieu d'une troupe de tigresses au pelage pâle. Quant au dompteur, signalons qu'il ne manqua jamais de se vanter publiquement d'avoir un net penchant pour les jeunettes. Des jeunettes qui, soit dit en passant, étaient plus harceleuses qu'harcelées. Mais bon, heureusement que l'EDF a mis fin à temps à l'existence de ce sinistre personnage. De nos jours, il croupirait en prison. Ce qui, dans un sens, lui aurait été bénéfique. Fresnes n'ayant pas encore, par bonheur, sacrifié les douches communes à la baignoire individuelle.

Nous pouvons aussi parler du gros bouffon bigarré répondant au pseudonyme de Carlos. Il bafouillait des paroles d'une débilité profonde sur des musiques affligeantes. Avec, pour lui aussi, des incitations à une débauche assumée : « Tout nu et tout bronzé, qu'on est beau qu'on est bien quand revient l'été ! »

Un appel à l'exhibitionnisme du plus mauvais goût qui soit. Ajouté à une trivialité grossière, signe d'une obsession sexuelle dangereuse. Ses vantardises sur son « Papayou » soi-disant surdimensionné indiquait une propension à l'acte irréfléchi. Nous n'avons aucune preuve de viol, mais tout laisse à penser que ça n'aurait pas été surprenant. MeToo aurait existé à l'époque, je n'aurais pas donné cher de la suite de sa piteuse carrière. Si on y ajoute encore son encouragement à faire « Tirelipimpon sur le chihuahua », nul doute qu'un procès pour incitation à la zoophilie aurait définitivement cloué le bec à ce clown gras et pervers.

Hélas, il ne fut pas le seul à abuser de propos malsains et sexistes. Les exemples pullulent. Le piège à fille qui faisait « Crac, boum, hue ! » d'un certain Jacques Dutronc. L'encouragement à la prostitution clairement assumé dans « Les p'tites femmes de Pigalle » d'un libidineux boiteux, Serge Lama. Et, bien entendu l'abominable « Zizi » du vicieux Pierre Perret. Comment les médias de l'époque ont-ils pu tolérer ces débordements inqualifiables ? Et à l'image d'un Bigard ou d'un Dieudonné, pourquoi n'a-t-on pas pris les mesures de salut public qui s'imposaient. Des interdictions fermes d'expression. Pour étouffer dans l'œuf toute incitation à dévier du chemin tracé par la bienséance. Afin de ne pas détourner les Français de leurs devoirs les plus élémentaires : bosser, payer des impôts et fermer leur gueule.

On vit même un certain Michel Polnareff, sous prétexte de promotion, exposer son postérieur en affiches sur tous les murs de France. Quelle insulte au bon goût, à la pudeur la plus élémentaire ! Et quel crachat à la figure de la République ! Ben oui ! Car imaginez que cette campagne d'affichage publicitaire indigne ait correspondu à celle d'une élection législative ou présidentielle. Cet arrière-train indécent étalé aux côtés du visage d'un candidat aurait pu prêter à confusion. L'électeur, bien malgré lui, aurait eu à choisir entre deux figures de fesses. Au risque de porter aux responsabilités républicaines un bigleux androgyne. Et que dire des sucettes à l'anis marmonnées par une adolescente innocente dénommée France Gall ? Cet appel à une pratique perverse sous-entendait que la fellation était une sucrerie. Alors que nous savons tous qu'elle n'est qu'une utilisation amère et contre-nature des papilles.

Je suis bien entendu obligé de citer le pire de tous. Le diable personnifié. Le célèbre Gainsbourg. Il fumait en tout lieu au mépris de la santé publique. Son état d'ivresse perpétuelle envoyait le pire des signaux qui soit à notre jeunesse si attachée à une sobriété essentielle à sa santé. Il déversait sans être inquiété le moins du monde des propos sodomites : « Je vais et je viens entre tes reins. » Ces mots inacceptables étaient non seulement sataniques mais, en termes de ségrégation sexuelle, bien plus alarmants. Il avait chanté cette chanson avec une Anglaise, Jane Birkin. Pourquoi ne pas en avoir fait une version avec un sujet britannique de sexe masculin ? Elton John, par exemple. C'est bien là le signe d'une homophobie notoire, non ?

Le domaine discographique n'était hélas pas l'unique fleuron de cette honteuse période de délitement artistique. Au cinéma, nous avions Gabin, Delon, Belmondo. Des égocentriques qui avait l'outrecuidance de remplir des salles sur leur seul nom. Heureusement qu'aujourd'hui des Frank Dubosc, Kad Merad et autre Kev Adams n'abusent pas de leur notoriété pour se permettre des succès aussi égoïstes. Le pire d'entre ces acteurs suffisants étant un certain Belmondo. L'étalon de l'autosatisfaction. Il refusait de se faire doubler en privant volontairement de travail de pauvres cascadeurs intermittents. Quelle ignominie !

Allez, stop ! Arrêtons le délire. Tous ceux que j'ai cités, et tant d'autres de ce temps béni, ont été des idoles. Ils ont accompagné la vie des sexas d'aujourd'hui de bout en bout. Et grâce à la télé, aux acharnés du vintage et aux combattants de la mémoire, ils sont encore là, par bonheur. Il arrive même que des jeunes de maintenant les admirent bien au-delà de ce que le showbiz actuel leur impose. Pour moi, ils ont été ceux qui m'ont poussé à réaliser la vie dont je rêvais. Je les aimais pour leurs qualités. Et encore bien plus pour leurs défauts. Je leur dois mes idées buissonnières. Celles qui m'ont coûté ma place à la télé. Celles qui permettent à certains réseaux sociaux de lâcher leur fiel sur tout individu qui dit ce qu'il pense. Sans se soucier de ce qu'en condamneront les juges de la bonne conduite.

Pour moi, le bonheur qu'apportaient ces artistes, ces hors-la-loi gais et généreux, était tout simplement… attendez, je cherche le mot… attendez encore… Ah, ça y est, j'ai trouvé ! Malheureusement, par un décret gouvernemental de 2020, il est interdit à ce jour que ce mot soit accolé à quelque artiste que ce soit. Excusez-moi par avance de devoir l'employer quand même. Ce n'est pas une provocation de plus. C'est juste le hasard de ma grille qui fait que ce mot se trouve être le premier du XX horizontal : ESSENTIEL.

## HORIZONTALEMENT

**I.** Bataille en 5151, donc. Ouvrit la roteuse à la hussarde. Elles sortent d'une boîte.

**II.** Jolie en conte musical. Métal ou volcan. Cap au sud. Il sort de la chaîne.

**III.** Danse caribéenne. Se serre en boîte, j'en sais quelque chose ! Pomme.

**IV.** Un amour très personnel. Vissées.

**V.** Prorata. Négatif. Fut. Pour désigner l'avion, mais pas le planeur. Mis en condition.

**VI.** Marque de dentifrice pluriel ? Demi-pneu. Conjonction.

**VII.** Oh, ouïe, entre autres ! Cocotte en cas de vent. Homme. Début abrégé.

**VIII.** A bien plus d'importance en Afrique qu'en France. Contrit. Libération devant, par exemple. Avec eux, est ce qu'on mettrait Londres en bouteille ?

**IX.** Dieu du stade au sud. Que je possède. Pile. Dépassent des immeubles ou font des passes devant.

**X.** Disponible. Parle du nez en connaissance de cause. Maghrébine écarlate.

**XI.** Pour qu'elle revienne, c'est plutôt saint Antoine que saint Christophe. Lancé justement pour la précédente. Grande sacrifiée à Lille ?

**XII.** Conjonction. Pelle. Au secours !

**XIII.** École des grands. Intouchable. Ils en font, des crasses ! Tellement.

**XIV.** Carrefour est leur point de rencontre. Brune pas prune. Bouffées dans l'armoire. Alexandre Dumas père et Alexandre Dumas fils.

**XV.** Lingots. Pour la femme adultère prise sur le fait par plusieurs maris, alors ! Correcte. Dope modèle.

**XVI.** Bas de gamme. Antialcoolique. Richesse en privé, appauvrissement en public.

**XVII.** Adresse informatique. Les temps de la cuisinière. Conjonction. Pas entièrement nul.

**XVIII.** Aspira à sa faim. Tube de vacances à la mer. Chronométrons.

**XIX.** Italien, roi de la démarche. Suit deux fois la Lady. Vieux du stade.

**XX.** Pour Adjani, ça a été sa journée. De Dion, le créateur et le pilote (2 mots). Pris à l'œil.

## VERTICALEMENT

**1.** *What else !* Ses enfants entouraient Roussos.

**2.** Moutardière. Mou aussi. Boutée par les Anglais.

**3.** Quel tabac il a fait ! Note dans la marge. Pile et face. Grecque dans le centaure.

**4.** Originaire du Quartier lapin. Coupe de cheveux.

**5.** Deux romains. Au sommet de la réussite. Tout neuf à Londres. Empêche d'avoir directement la tête sur les épaules. A six faces.

**6.** Après Saint-Martin en 17. Y a d'l joie ! Sexe appel.

**7.** Pourquoi tant de N ? Leur virginité est souhaitable.

**8.** Outil pour les dingues ? Arrivée d'air (2 mots).

**9.** Des Ricains, sinon rien ! Mousquetaires, en titre seulement. Saint ès fripes.

**10.** Un comté anglais à écrire, pas une invitation coquine à entendre. Collés aux dames en réussite. La richesse du pays.

**11.** Précède les sieurs, les dames et le sire. Elle est canon, en partie seulement. Une histoire de famille.

**12.** Fut Mayol sur grand écran. Arrive avant thermes en 09. La plus grosse création d'Uderzo. Commence en Angleterre, finit en Afghanistan.

**13.** Fière précieuse dans l'écrin d'un théâtre. Représenta un tiers de la population française.

**14.** *Born to be* indémodable. Le 31 juillet, sur la route.

**15.** Sans flou complétement. Abrégé d'âge ingrat. Tout le temps, sans arrêt.

**16.** Haut-parleur ancien. Chiches. Sont à elle ou à lui. Floride en état.

**17.** Note. Dring ! La clé du garage.

**18.** La première des marches du pouvoir. L'Amérique dans tous ses états. La bataille qui a fait gagner la Suède en 1974.

**19.** Elles ont une loi implacable. Politique bolchevique. À cran en phonétique.

**20.** Avant le kidnapping de son fils, pour Lindbergh, c'était du vol ! (4 mots).

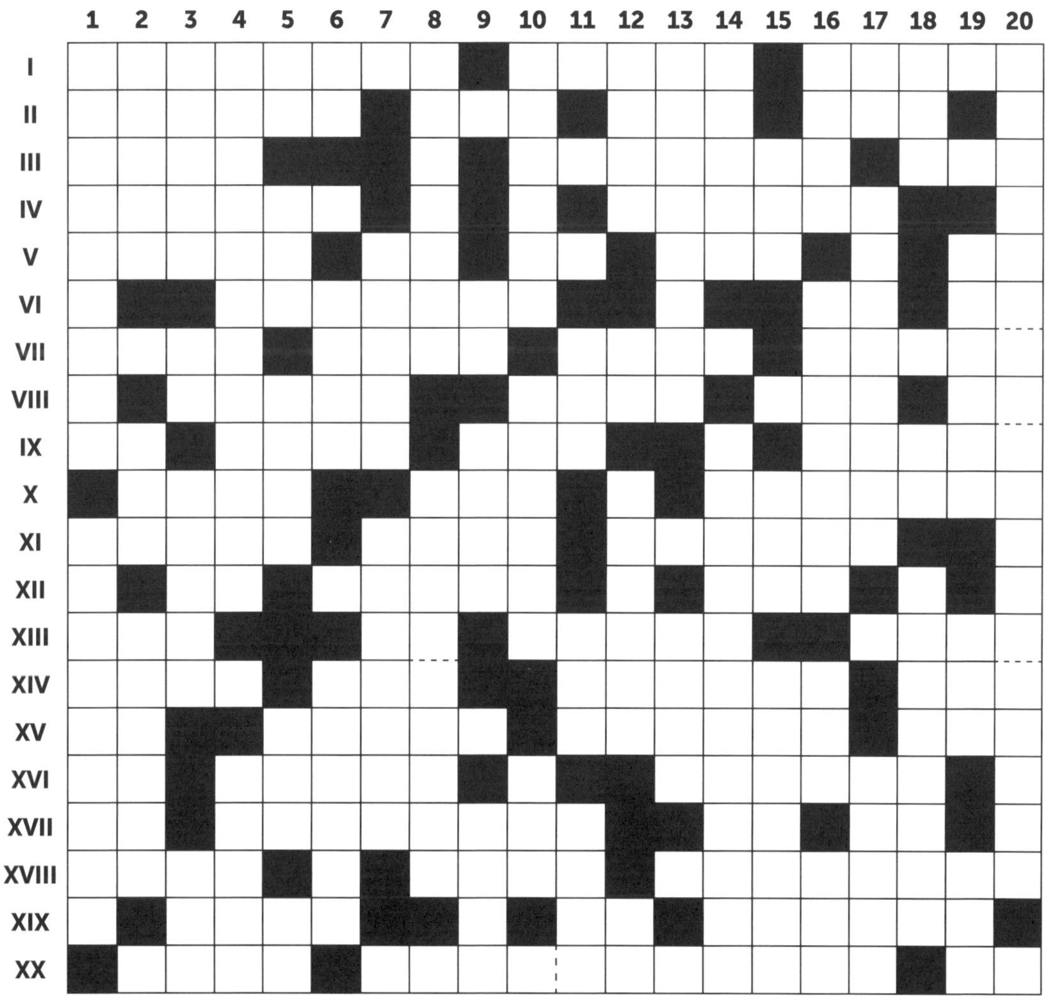

GRILLE

# N°21

L'AIDE PAGE 224
LA SOLUTION PAGE 250

# DIVAGATIONS RÉFLÉCHIES À PARTIR DE LA GRILLE 21

En 14 vertical : « Le 31 juillet, sur la route » : CHASSÉ CROISÉ. Et au carrefour du R, en XVI horizontal : « Richesse en privé, appauvrissement en public » : TRÉSOR. Un gros manque à gagner dans notre tirelire personnelle réservée aux vacances. Et jackpot pour le Trésor public. Le 31 juillet, c'est le grand tirage de la cagnotte de l'été. La loterie où tu ne peux gagner que ta destination d'arrivée, mais en perdant ton temps. Et plus que jamais, à cette occasion, le temps, c'est de l'argent. Une bénédiction pour les carrossiers, les dépanneurs, les marchands de vaporisateurs d'eau fraîche, les compagnies pétrolières et bien entendu les sociétés autoroutières. Donc l'État. Le David Copperfield de l'illusion monétaire. Celui qui sait si bien t'offrir d'une main les congés payés pour te reprendre de l'autre les taxes pour en profiter pleinement.

— L'automobiliste, c'est la vache à lait ! hurlent les insatisfaits.

Erreur de classement animalier. Ce serait plutôt un mouton. Docile. Asservi au prix du brut qui fait ressembler les pompes des stations-services à des bandits manchots incontrôlés. Ah oui, moutons ! Et surtout en ce jour de transhumance. C'est ce mot-là qu'ils emploient aux infos du jour. Agglutinés en troupeau au péage de Saint-Arnoult. Bêlant quelques coups de klaxons inutiles, après avoir brouté leurs sandwichs sous vide à la dernière aire de pacage. Avec en guise de berger un bison pas si futé que ça puisque, chaque année, c'est le même blocage. Eh oui ! On appelle ça un bouchon. Comme sur les bouteilles de millésimé. Pour peut-être mieux te faire comprendre que, quoi que tu fasses, tu l'as dans le cru, mon gars !

Bon, le jeu de mots pitoyable n'était pas indispensable. Mais entre le stress, la chaleur écrasante et le gosse qui veut faire pipi, on se détend comme on peut. Il reste quand même une lueur d'espoir. Les visages bronzés aux vitres des voitures de la file d'en face de ceux qui rentrent. Bronzés, mais défaits par le fait que ce soit fini. Raccord avec toi. Défait que ce soit si long à commencer… Et puis ouf, ça y est ! Le serpentin se déplie. Et la frustration te fait pousser le moteur. Vite, la liberté ! Mais non, stop ! Racket supplémentaire.

— Bonjour, gendarmerie nationale, vous rouliez à 140 kilomètres/heure.

Et une fois de plus, envoyez la monnaie ! C'est d'ailleurs une des inventions les mieux imagées du vocabulaire argotique. L'auto, c'est la caisse. Quelle clairvoyance ! Et comme il t'arrive toi aussi d'être clairvoyant, tu argumentes à des flics impassibles :

— D'accord. Mais dans ce pays, sur aucune route on ne peut dépasser 130 kilomètres/heure. Alors, pourquoi on me vend un véhicule sur lequel le compteur marque jusqu'à 210 ?

Là, ta lucidité vient de te faire rejoindre une autre catégorie animalière. Celle qui te colle à la peau, que tu sois automobiliste ou pas, dès lors que tu es un contribuable : les columbidés. Ou si tu es néophyte en ornithologie, les pigeons. Eh oui ! L'arnaque. La grande embrouille. On te donne les moyens de rouler vite, mais tu n'en as pas le droit. Comme les cigarettes qu'on te vend en te prévenant qu'elles tuent. Et l'alcool qu'on t'autorise à consommer, mais avec modération. C'est ce qu'on appelle communément un piège à cons. Ou, moins trivialement, ce que les spécialistes en rongeurs appellent un piège à rats. On sait qu'il est fou de fromage, Ratatouille, mais personne ne l'oblige à se précipiter sur le gruyère.

Et clac ! Niqué ! Et de catégorie animalière en catégorie animalière, mouton, pigeon, rat, tu te retrouves inévitablement à être le dindon de la farce. Gibier professionnel. Poursuivi en meute par les chiens de garde de la santé publique. Parce qu'encore une fois, n'y vois surtout pas un harcèlement dans le seul but de te tirer du fric. Ah, non ! Si on te veut tant de mal, c'est pour ton bien.

S'il est une ville qui symbolise cette chasse à courre, c'est bien Paris. Avec son aboyeuse en chef, Anne Hidalgo. Les automobiles, c'est sa hantise. Elle veut les éradiquer totalement de la capitale. Et ce, bien avant de se débarrasser de l'insalubrité, de la misère, ou de la violence. Une obsession, voire une paranoïa. Il y a peut-être une explication freudienne : sans doute fait-elle des cauchemars érotiques dans lesquelles elle est basculée par des chauffards la bave aux lèvres et le pot d'échappement à la main en guise de sextoy. Va savoir !

Mais oublions le fantasmatique et revenons sur terre. Enfin, plus précisément sur les quais de Seine. Trop de pollution ! On ferme ! C'est vrai que deux cents bagnoles bloquées, pots d'échappement ronflants, pour cause de quatre bobos qui remontent la piste cyclable, c'est un vrai progrès dans la lutte pour la planète. Je n'exagère pas, je le vois tous les jours. Alors, d'accord ! Le vélo, c'est la panacée. C'est bon pour la santé et ça ne pollue pas. D'ailleurs, il serait bon que les maires de toutes les grandes villes du monde suivent l'exemple. Si on veut se battre pour notre survie, chaque détail compte. Rassurez-vous, c'est au programme. Ce sera l'objet d'une prochaine réunion internationale où tous les intéressés ont promis de se rendre… en avion, bien entendu. Faut pas déconner, non plus !

Et voilà donc l'automobiliste félon accusé de tous les maux. Longtemps après le siècle des Lumières, gloire au siècle des précautions. Tout chauffeur est accusé, sans aucune présomption d'innocence, d'être un danger public, un incivil, un resquilleur du stationnement, un pollueur, et même un assassin en puissance en cas de dépassement dangereux. Honte à lui ! Punissons-le ! Anéantissons-le ! Enfin pas trop vite non plus. Ça plomberait trop le budget. La santé d'accord, mais si c'est pour peupler la planète de guéris insolvables, non merci !

Je fais cent mille kilomètres par an. Mais ce soir, en responsable civique, pour échapper à mon addiction routière, au lieu de monter dans ma voiture et de rouler au hasard pour y trouver l'inspiration, j'ai préféré rester devant ma télé. D'entrée, je suis tombé sur une pub pour Hyundai. Et puis une pour la dernière Mercedes. Et une encore pour la nouvelle Citroën. Allez, zapping ! Ouf, les infos. Carlos Ghosn s'est échappé au moment où on lui réclamait des comptes pour avoir caché au fisc des millions d'euros d'impôts. Moi, je suis pour le non-lieu. Cet argent, il l'a subtilisé à des dangers publics, des pollueurs, des incivils, des resquilleurs, des assassins en puissance, non ? Alors acquittez ce bienfaiteur de l'humanité ! Comme disent mes potes voyous, les officiels : « Voler des voleurs, c'est pas voler ! »

Allez Patrick, arrête ce discours lénifiant, manichéen et populiste ! Va faire un tour en voiture, tu l'as bien mérité. Et surtout, impose à ta bouche ce que la responsabilité civique impose à ta ceinture de sécurité : « Boucle-la ! »

## HORIZONTALEMENT

**I.** Étables est l'anagramme de ce qui a réuni ces artistes de légende (4 mots).

**II.** Pour le fantasme, rien en dessous à l'hosto. Rab de métro. Paul engagé en poésie et au PC.

**III.** Vivement le tirage ! Becu d'origine, comtesse après (2 mots). Bien arrivées.

**IV.** Pare-chocs avant. Verbe qu'on ne peut pas utiliser sans arrêt. Il lui manque une lettre pour faire un texto. Vous et moi.

**V.** Minimum vital. Compte en premier à Rome. Mises au propre.

**VI.** Elles peuvent faire gagner des érections. Thé anglais mélangé. On y trouve le nom du canard. Préposition.

**VII.** Pronom. Ils nous tiennent au courant. À gadoue.

**VIII.** Ça prouve bien qu'il manque de bon sens, l'imbécile ! Hors de prix, en moins chère. Spécialiste des tours de contrôle des voies aériennes. Sorties de canal.

**IX.** Couvre le prêtre quand il emmène les enfants de chœur à l'autel. Le rugby à Lyon. Les gilets jaunes. Note. Bord derrière pour la gauche.

**X.** Avant d'aller aux urnes, on le met à son homonyme. Élan de foule. Carlos, pas celui de Rosalie, celui de Carole.

**XI.** Le chien qui les gardait avait ses têtes... trois, dit-on. Stupéfiant. Ramenée dans la conversation.

**XII.** Via. Au jeu, ils n'ont plus les jetons. La cité de Zénon.

**XIII.** Distraire à lire, disperser aussi à entendre. Corne d'abondance de travail à la main. De Niro, devenu parrain avec l'âge.

**XIV.** Article. Point de choc. Se casse, sans se briser.

**XV.** Musée des chaînes. Il en faut deux pour garder l'enfant. Semestriel tous les trois mois.

**XVI.** Sans home de la rue. Pour se laver après avoir mangé sur le pouce ? Triplé pour une danse sud-américaine.

**XVII.** Comme jamais, pour Gims. Elle préfère que ce soit de rire que de chagrin. Cardinaux qui ont perdu le sud.

**XVIII.** Ben, pour le *tea time*. Michel, le père, Tom le fils, artistes. Pour un voyage inutile (2 mots).

**XIX.** Frisa au fer. Fleuve russe ou situations sur YouTube. Marais, Sologne, pour l'éternel.

**XX.** Assistants de direction (2 mots).

## VERTICALEMENT

**1.** Bouchée à elle, en cuisine (2 mots). Détaillées à la lettre.

**2.** Bruits de meute. On espère le gros. Papillon d'eau. Suédois de Waterloo.

**3.** Supporters souvent insupportables. Arrêta. Taupe modèle.

**4.** Bielle et Sébastien, en rallye. Conjonction. Cooper de jeans. Personne du Sud.

**5.** Ils sont en campagne toute l'année. On en fait toute une tartine. Château de comte. Démonstratif.

**6.** La ville de super Dupont en Normandie. Star mortelle du gaz. Star immortelle du jazz.

**7.** Bienvenue chez les p'tits. Dallas Texas flingueur. Star du muet.

**8.** Grand enfant. La brasserie du Paris Saint-Germain. Rage ancienne.

**9.** Pour s'en servir, il faut adhérer au PC. Transformé en sir.

**10.** C'est pas demain la vieille. Trahi mais chanceux, paraît-il. Préposition.

**11.** Pour avoir les yeux en face des trous. Délictuel, parce qu'un cadeau, ça fait toujours plaisir. Signes de la Vierge.

**12.** Plastique pour la sculpture. En Ukraine ou au Texas. Belle marseillaise, la plus connue du quartier (2 mots).

**13.** Open de France. Les homophobes l'appelaient Notre dame de Paris.

**14.** Républicain du 22 mars au 19 avril. Écho emplumé joliment.

**15.** Champs dans une ville. Beau cul, belle gueule pour les blagueurs. Habille.

**16.** Conjonction. Quelles que soient les frontières qu'on lui impose, passerait outre. Dans l'égalité, la fraternité, mais pas dans la liberté.

**17.** Elle assure le service d'ordre. Comme un musul... mange ! Doublé pour l'inséparable des enfants.

**18.** C'est pas les trous de balles qui y manquent ! N'empêchent pas la caravane de passer. Son roi s'appelle Charles.

**19.** Déchaussé de la bouche. Pour le *tea time* en VF (3 mots). Entre Q et T dans l'alphabet.

**20.** Strip-tease de suissesses qui ont posé leurs voyelles ! Négation. Sûrement pas plus bête que d'autres.

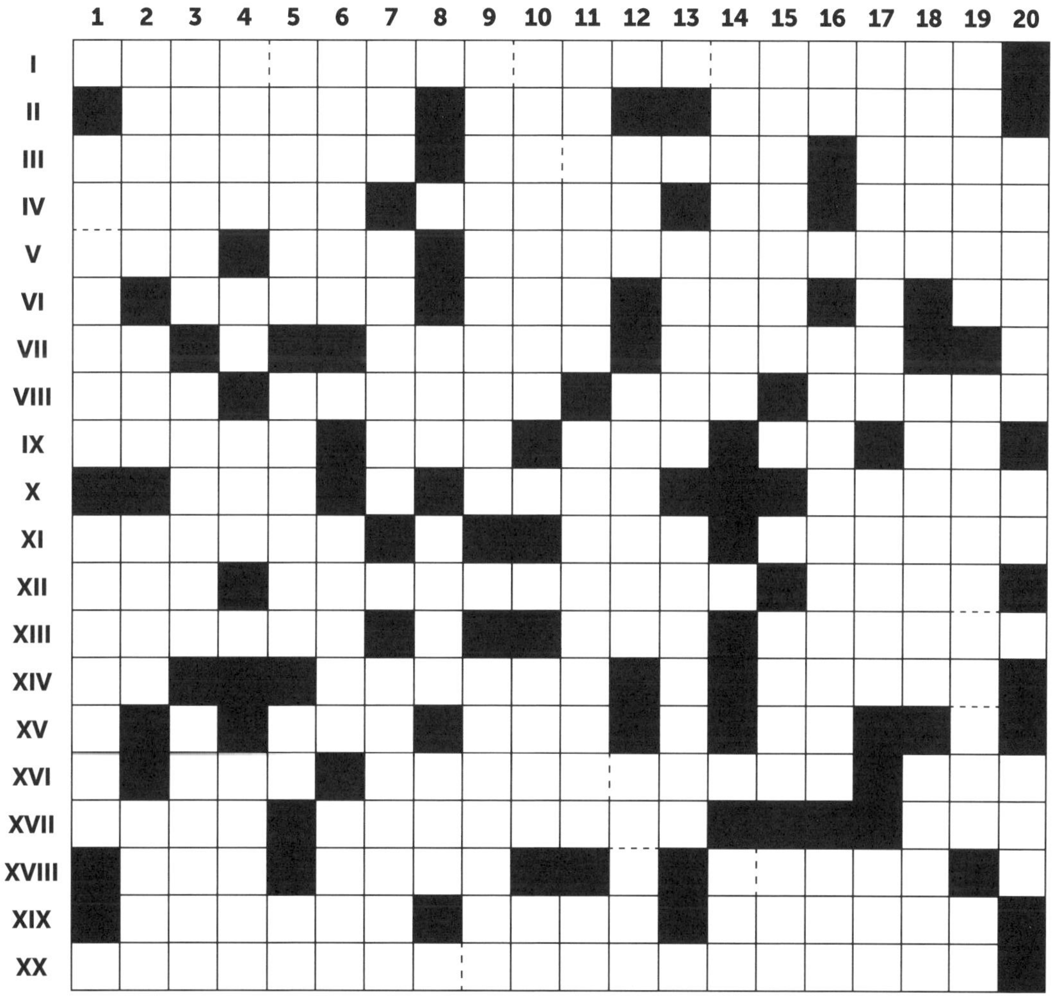

GRILLE

# N°22

L'AIDE PAGE 224
LA SOLUTION PAGE 250

# DIVAGATIONS RÉFLÉCHIES À PARTIR DE LA GRILLE 22

En 3 vertical : « Taupe modèle » : ESPION. Le dénicheur de secrets. Le combattant de l'armée des ombres. Le fouineur anonyme. Avec sa star la plus *bankable* : James Bond 007. Tu parles d'un agent secret, tout le monde le connaît ! Un héros quand même, une référence. Hélas, largement déprécié depuis quelque temps par des millions de clones anonymes. Nous sommes tous devenus des espions depuis que l'informatique a mis à la disposition de tous le kit de surveillance universelle. Pas de voitures qui volent, de sièges éjectables ni de stylo mitrailleur, fabriqués en secret dans les sous-sols du M16 pour le seul usage de l'agent star. Non ! Mais caméras de surveillance, micros espions et même drones sont en vente libre. Et, bien moins sophistiqués, à la portée de tous, il y a bien sûr l'ordinateur et le portable.

Ce dernier est l'arme absolue. Au point que lorsqu'une célébrité est massacrée en place publique, ce n'est pas très difficile de dénicher les coupables puisqu'ils ont tous un mobile ! Il flashe, filme, dénonce avec une efficacité redoutable. C'est le virus des Temps modernes contre ceux que tu prends en grippe. Le H1 haine 1 ! Il contamine l'espace public au nom de la sacro-sainte transparence. Il faut dire que les médias, depuis longtemps, avaient enclenché le processus. De journaux à scandale en émissions trash, on avait déjà fait un grand pas vers l'espionnage de toute intimité. Pierre Bellemare analysait ainsi la nouvelle télévision : « Avant, le petit écran était une fenêtre. On regardait à travers pour y découvrir le monde. Aujourd'hui, c'est toujours une fenêtre. On y regarde toujours à travers. Mais de l'extérieur. »

Et voilà la génération « trou de serrure ». Le moindre de tes gestes peut être volé de loin, au zoom. La moindre de tes conversations enregistrée et éparpillée au gré du bon vouloir de l'espion du jour. Les villes se parent de centaines d'yeux artificiels cachés sous les réverbères. La géolocalisation peut situer la moindre de tes allées et venues. Pour ta sécurité, bien entendu. N'y voyez surtout pas une filature officielle ou un flicage ordinaire, vilains complotistes ! Alors, je crois qu'il serait temps de rajouter quelques mots au fronton de nos mairies pour que notre devise républicaine soit enfin en accord avec la réalité : « Liberté surveillée, égalité de transparence, fraternité de délation. »

Nous voilà tous espionnés ou espions au service de sa majesté : la vérité. Ah, la vérité ! La sublime et indiscutable vérité ! Celle qu'on te fait jurer de dire dans les prétoires. Celle qui sort nue de tous les puits de vertus. Celle qu'il faut traquer, débusquer et étaler à tout prix. La vérité des comportements privés qui en dit si long sur la valeur publique. La preuve par l'image, le son qui, même si elle n'apporte aucune certitude, a l'avantage d'installer la suspicion. On peut faire ce qu'on veut de ce genre de témoignage. Regardez ce malheureux black bloc agressé au sol par deux policiers qui se déchaînent sur lui à coups de matraque. C'est bien la preuve de la violence sauvage et inadmissible des forces de l'ordre.

— Avez-vous les images de ce qui s'est passé juste avant ? Vous savez, quand le black bloc blesse ces policiers à l'arme blanche ?

— Non. Mais ce n'est pas une raison !

Il y a longtemps, dans la province de ma jeunesse, les James Bond de village étaient une poignée de vieilles acariâtres. En planque assidue derrière leurs rideaux de dentelle, elles guettaient les moindres faits et gestes de la populace. Acerbes et appliquées, elles notaient l'adultère, les amitiés contre-nature, les dépenses des uns, les profits des autres. À travers les parois des murs fragiles, elles tendaient l'oreille aux scènes de ménage, aux orgasmes trop bruyants. Elles condamnaient untel pour sa suffisance, qu'elles ne jaugeaient parfois que sur une démarche. Elles classaient telle autre dans la catégorie « catin en devenir » pour une jupette un tant soit peu provocante. Mais leurs ragots ne dépassaient que rarement le panneau d'entrée du village. Et le curé était le seul à avoir l'accès intégral à leur blog intime.

— Si je vous confesse avec qui couche la femme du maire, j'aurai droit à une absolution supplémentaire, mon père ?

Aujourd'hui, comme dirait Raoul, d'un seul clic, on parsème, on ventile, on disperse façon puzzle. En une seconde, tu peux passer d'icône à conne. De dieu à diable. D'exemple à suivre à exemple à fuir au regard de la planète entière. L'espionite aiguë fait des ravages considérables. Elle humilie, elle tue. Elle vitriole des réputations qui, même reconnues innocentes, conserveront les cicatrices toute leur vie durant. Pour rester gai, je dirais qu'aujourd'hui le ragot, la rumeur et la délation ont François Pignon sur rue. Et on est tous susceptibles d'être invités à ce vaste dîner de cons. Avec une question quand même. Qui de l'espion exhibitionniste ou du mateur est le plus coupable ? Parce qu'enfin, nous sommes autant libres de ne pas divulguer à tous vents des secrets que de refuser de nous en repaître. Personne ne nous force à acheter le dernier best-seller du ponte des gastro-entérologues : « Alain Delon, ses plus belles coloscopies ». Personne ne nous oblige à nous agglutiner devant le documentaire sur les derniers instants de Johnny. Qu'il ait poussé son dernier soupir en fa ou en si mineur, qu'est-ce que ça change à la carrière du taulier ? À la fois tous victimes et tous coupables alors ? Je crains bien que oui.

À l'instant où j'écris, on est début février 2021. Dans les médias, après le tsunami MeToo, la vague est à l'inceste. Ce qu'on appelle « l'affaire Duhamel » a libéré la parole. Mille fois tant mieux pour ce cas-là qui semble avéré. Mille fois tant mieux pour ces centaines d'êtres blessés, cassés, qui peuvent enfin faire payer leurs bourreaux. Mais je t'avoue que la flambée quotidienne des cas dénoncés me fait poser des tas de questions. Pas sur leur bien-fondé. Ne connaissant ni les tenants ni les aboutissants, je ne m'autorise pas le droit de juger. Ce qui n'est hélas pas le cas de l'autre parole libérée. Celles de ceux qui, soit accablent le présumé coupable, soit l'innocentent, sans l'ombre de la moindre preuve.

— Nous ce qu'on en dit, c'est pour faire avancer la cause. On n'est sûr de rien. Mais quand même, il n'y a pas de fumée sans feu !

Alors, ferme ta gueule, pompier de mes deux ! Et, avec ta pelle à incendie, arrête de retourner la terre des jardins secrets. D'en déraciner les fleurs, qu'elles aient des épines ou pas. La part d'ombre appartient à chacun et il est de son droit de refuser de la mettre en lumière. Au moment où j'écris ces mots, il est tard. Et ce que je vais faire ensuite de ma nuit ne regarde que moi. Rassure-toi, c'est légal. Mais tu aimerais bien savoir, petit espion. Alors je vais te le dire… Oh zut, j'ai plus de place. Dommage ! Présente mes excuses à ton Facebook !

## HORIZONTALEMENT

**I.** Top chef… dans l'armée (3 mots).

**II.** Dans la famille Tuche, je demande le père. Coupe africaine. Elle fait du stop. Fille de Zola.

**III.** Pronom. Mélange le bleu et le rouge sous la douche. Pour des idées très tolérantes.

**IV.** Fait fin. Eau empoissonnée. Liquide italien.

**V.** Fine tranche d'agrume. Farios quelquefois. Inséminateur naturel.

**VI.** Belle de bru. Nevada en Espagne. Espèce d'ordure.

**VII.** Montre des signes de bonne fortune. Main courante en cas de violences. Ses membres sont souvent pieds et poings liés.

**VIII.** Précède une dame qui s'est consumée. Lâchera ses coups. Pronom.

**IX.** Pléthore. Deux noirs et deux rouges. S'accoupla grossièrement.

**X.** Quand on la perd, aucune chance de la retrouver. Il agit toujours au pif. Le Peer a été son meilleur.

**XI.** Il prédit l'avenir, et c'est toujours bien. La première madame du jardin. Le jeu lui ajoute le trac.

**XII.** Par. Ils peuvent provoquer des feux après avoir été mis en joue. Le fritz d'Erckmann-Chatrian.

**XIII.** Elle donne du jus. Souvent dans le sillage de la précédente. Fin d'itinéraire pour Mitchell.

**XIV.** Négation. Brama. Routier pas vraiment sympa en cas d'embouteillages.

**XV.** Son bourreau se tue à la tâche. Pour un éventail, ce n'est pas suffisant, mais pour brasser l'air marin, cétacé ! Un récurrent.

**XVI.** Mineure conquise par Alexandre. Même allégé, il fait le poids. Ben alors, si on veut faire court. Au jeu, il a toujours une excuse.

**XVII.** Roche pour les moules. Conjonction. Bis bis. Le mec à Bribri alors ?

**XVIII.** Il a de l'estomac parfois, et ça brûle, hélas ! On l'a en travers. Un comme numéro et comme homonyme.

**XIX.** En condition. Fait label. Cocktails à boire religieusement. Possède une maison de redressement à Bercy.

**XX.** Elles ont la côte. Bien introduites.

## VERTICALEMENT

**1.** Saint Antoine de pelouse. Aèrent aux pores à commande manuelle.

**2.** Cardinaux opposés. Avant une faute latine. Ils ont un meilleur rapport à l'arrivée des courses. Adresse de Mac.

**3.** Il passe son temps à aller d'une pièce à l'autre. Entreprise de travail à la chaîne. L'accent d'un émigré.

**4.** Présentoir de marché. Forme de gagelan donc.

**5.** Note. Supposé. Espérance de vit, en bleu. Quote-part.

**6.** Abrégé d'avocat. Entre par le nez ou par les oreilles. Suit l'agneau en prière latine. Indissociable de son trou, hélas !

**7.** Chaîne. Bête de somme pour Laclos, mon maître. Il habitait Columbo.

**8.** Trésorier du PSG. Fin d'infinitif. Champions de surf sur écran.

**9.** Seul. Essentiel à la reproduction.

**10.** Posées sur les épicéas de décembre. Traductrice au cinéma. Belle fille, même moche.

**11.** Sur ceux des opérations, on y reçoit aussi des salves, mais pas d'applaudissements. Ensemble et enfin près.

**12.** Radium. Nouvelle donne en magasin.

**13.** Island à New York. Pronom. Fin de cavale.

**14.** Serre les mâchoires. Piment rose pour agrémenter un régal sur canapé. Arcs après en station.

**15.** Après eux… rien. Dans le parcours et sur le parcours. Fer.

**16.** Il y en a des, ça veut dire beaucoup. Presque neuf. Il peut faire des trous dans un avion, mais ça ne l'empêche pas de voler.

**17.** Pour une société de pauvres et de privilégiés. Pour. Coule à Londres et pas seulement à 5 heures.

**18.** Hélas, aussi. Nappe à Genève. Le Napoléon le moins connu. Quand elle met trop de temps à payer, on ne la trouve pas de bonne compagnie.

**19.** Préposition. Commande en Russie et passe à table au Québec. Elle et lui.

**20.** Revue de bétail (4 mots).

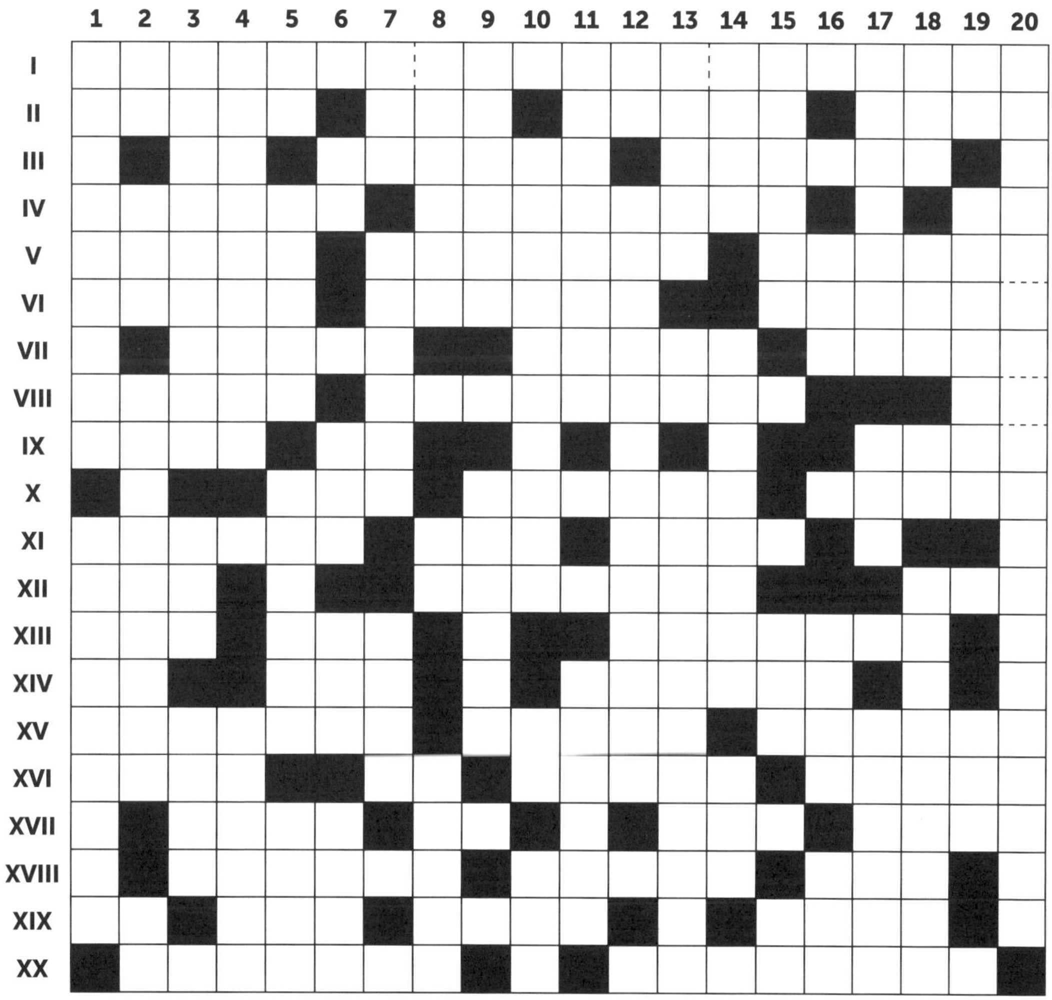


GRILLE

# N°23

L'AIDE PAGE 225
LA SOLUTION PAGE 251

# DIVAGATIONS RÉFLÉCHIES À PARTIR DE LA GRILLE 23

En 10 vertical : « Posées sur les épicéas de décembre » : GUIRLANDES. Le symbole scintillant de la fête de Noël. Et de tous les autres jours quand elles accompagnent les flonflons, les musiques gaies, les farandoles et les rigolades conviviales. Quand le petit peuple s'offre un exutoire bien arrosé en sortant de ses gonds. Je veux dire en explosant la porte de sa prison argentée. Celle qui pour raison de thunes à gagner lui fait plier l'échine. Là, il peut se relever, l'évadé. Danser, boire, rire, chanter.

Quelle abomination ! Comment peut-on accepter de régresser à ce point ? De revenir aussi grossièrement à la source de notre animalité. Bondir comme des primates avec des cris de guenon. Se gaver de nourriture comme un porc fouineur de glands au pied d'un chêne. Après avoir ingurgité des litres de boissons euphorisantes, s'adonner à des chorégraphies de suricate. Rire comme des hyènes. Feuler comme des tigresses en chaleur. Braire des chansons d'une stupidité abyssale. Et pire parfois, se rabaisser à l'état de palmipèdes ridicules et indignes sur les notes insipides d'une avilissante danse des canards. Une hérésie musicale qui, au passage, a été traduite dans soixante pays et a été le disque le plus vendu du siècle dernier en France. Non, non, non !

— En tant que philosophe émérite et garant du carcan social, je m'insurge contre ces pratiques barbares, éructe le rabat-joie assermenté. Et nous allons prendre les dispositions nécessaires. L'esprit festif est bien trop nocif pour la société. Il est hors de question de laisser perdurer ces coutumes. Non seulement elles abêtissent le peuple mais elles lui volent le temps de réflexion pour l'emmener vers les sommets de l'excellence professionnelle.

C'est vrai que la gueule de bois du lendemain, ce n'est pas le nec plus ultra de la concentration au taf. Ça peut faire des grumeaux pour l'apprenti pâtissier. Des oublis d'agios pour le sous-fifre du Crédit agricole. Les congés maladies pour cause d'overdose d'Hepatoum plombent non seulement la Sécu mais le chiffre d'affaires du pays tout entier. La détente d'accord, mais pas au point d'écorner le PNB ! Une fois de plus, il y va de la santé publique. Combien de fois faudra-t-il vous répéter que c'est pour votre bien ? Déjà que le Français est irresponsable et réfractaire de nature, on ne va quand même pas l'encourager dans ses dérives. Dérives qui, au-delà d'être d'une bassesse intellectuelle sans fond, peuvent être assassines au vrai sens du terme. Tonton Véran l'a bien dit. Au plus fort de la Covid, les fêtes clandestines ont été le vecteur le plus malfaisant dans la contamination. Et les gens entassés dans les métros, les trains, les supermarchés ? Et les remontées mécaniques interdites qui agglutinaient les vacanciers au pied des pistes pour faire de la luge ?

— Ah, non ! Comparons ce qui est comparable. La dérogation autorisant les braves travailleurs à se faire infecter en allant bosser ou acheter pour le profit de nos maîtres du CAC 40 est une mission de sauvetage économique. N'allez pas mélanger ça avec des bacchanales de jeunes avinés et drogués pour le seul plaisir d'une évasion factice. Chanter dégage des particules nocives. Donc, à partir de « dans pas longtemps », nous allons imposer le bâillon dans toutes les fêtes. Le langage des signes peut très bien faire l'affaire. Dans la famille Bélier, on sait aussi fêter un anniversaire !

Ben voyons ! Et pourquoi ne pas aller plus loin encore. Les accidentés du samedi soir sont principalement des jeunes. En attendant d'interdire définitivement les fêtes du week-end, on peut déjà agir sur la cause principale : les moyens de locomotion. Il faudrait interdire aux moins de 25 ans d'utiliser tout engin à moteur entre le vendredi et le dimanche matin. Bien sûr que ce serait efficace ! Comme serait efficace un couvre-feu perpétuel. La castration de tous les hommes pour éviter les viols. L'amputation des coudes de tout alcoolique avéré le mettant dans l'incapacité de lever son verre. La fermeture par suture des anus des poules. Une mesure d'urgence afin de stopper la production d'œufs frais dont certaines études supposent qu'ils peuvent augmenter le cholestérol. Et, avant tout, pourquoi ne pas créer une milice chargée de faire la chasse à tout débordement festif ? Étant prouvé par de récentes analyses que la bêtise humaine est intimement liée à l'abrutissement des masses pour cause de fiestas intensives. Le constat des recherches est sans appel : « Le fêtard est un con immature ! »

Après ce réquisitoire délirant pour le plaisir de l'ironie, il est temps que j'argumente vraiment. La fête est essentielle à la santé publique et à la paix sociale. Quels que soient ses effets secondaires. Les carnavals réunissent sous leurs masques des gens de toutes les couches sociales, des toutes les apparences, de toutes les religions. Égaux sans aucune ségrégation. Les alcools et drogues diverses consommées dans les fêtes ordinaires sont bien sûr des échappatoires dangereuses. Mais il faut bien s'accrocher à quelque chose. Quand tu te noies, tu te fous de la matière du bâton qui va te secourir.

Car il s'agit bien de noyade. Nous sommes submergés chaque jour par des contrariétés, des soumissions, des injustices. Le flot d'informations anxiogènes nous claque ses vagues en pleine figure. Les services secrets de la déprime infiltrent nos vies. Les sbires de l'État nous instillent la peur, la méfiance. Ces agents du maussade passent leur temps à nous injecter le poison de lois chaque jour plus liberticides. Un sale produit anesthésiant et gris qui fait qu'aujourd'hui notre pays est un des plus grands consommateurs au monde d'anxiolytiques.

Si la fête sans limites n'existait pas, que ferions-nous de notre frustration récurrente sinon l'exacerber en ultraviolence ? Et qu'importe que ce soit en rave-party ou sur « La danse des canards ». C'est vrai que le spectacle, à première vue, est tout aussi affligeant. Pour une génération, les yeux hagards et la tête balançant pendant des heures au ras du baffle surchargé de décibels. Pour l'autre, la chenille ringarde des rhumatisants en goguette, la langue de belle-mère à la bouche et la trogne rougeaude. Et alors ? Laissez-les vivre ! Laissez-nous mourir de ce qu'on veut. La joie de vivre est quand même ce qu'on a trouvé de mieux pour se consoler d'être né en pleurant.

Je suis un festif reconnu. Chantre des prétendus beaufs, blaireaux et autres incultes obligatoires. Dieu que les a priori ont la peau dure ! Je ne te citerai que ma phrase de chevet en cas de plaisir intensif. Celle que je pose sur ma table de nuit à chaque retour de virées au pays de la fiesta. Elle est de Frédéric Dard, évidemment : « C'est avec les gens intelligents qu'on déconne le mieux ! »

## HORIZONTALEMENT

**I.** Sinistres de l'intérieur (2 mots).

**II.** Télé pour le peuple. Elle fait le tour du stade. Dit n'importe coa !

**III.** Pour les amers ricains quand on leur disait *Go home*. Mince, alors. Il démarre au quart de tour quand son sang n'en fait qu'un. Au fond du parc.

**IV.** Note. Fleur reine de l'univers en 2016. La monnaie de la suivante. La veuve de John jaune.

**V.** Ses supporters encouragent à la sodomie parisienne. Il a parfois des couettes. Studio pour apprentis comédiens. Possessif.

**VI.** On y fait des belles miches ou nous fait faire du mauvais sang. Big bisous.

**VII.** Roue à vent. Pour y travailler, il suffit de passer les ponts.

**VIII.** Chez nous, son chef est arrivé en marche. Programme spatial entre Mercury et Apollo. Note. Loto gagnant.

**IX.** Tranche d'âge. Est, en région. Il passe par un col. Les choses latines.

**X.** Blé. Note. Elle se met dans de beaux draps pour les protéger.

**XI.** La bavure de Coluche. On y entend le coucou toute la journée. Cuivre.

**XII.** Petit dernier. Compte pour beaucoup en Égypte, et pour rien en Angleterre. Elle touche au cœur.

**XIII.** Hymne liturgique (2 mots). Serrault Napoli dans la cage. Piaf en noir et blanc. Demi-peau de chien.

**XIV.** Préposition. Tac juste après. Métro à La Réunion.

**XV.** François dans le placard ou *Le dîner de cons*. Tatillonne, ne facilite pas le transit. Pour le faire, chacun ses petites ficelles.

**XVI.** Porte-cigarettes. Vieille protection rapprochée. Pour un fort caractère d'écrivain. On y trouve des mouches et des coqs.

**XVII.** Peut faire bonne figure au musée Grévin. Ne peut pas être renvoyé. Suite de crochet, dans le pire des cas. Une forme d'avoir.

**XVIII.** Il est toujours dans le coup. L'expédier n'est pas un crime, mais il faut avoir un mobile. Quand on se passe de ses règles, on peut finir dans une enceinte. Pluriel antinomique.

**XIX.** Que d'os, que d'os ! Salée en larmes. Toile sur petit écran.

**XX.** Pour nous empêcher de dépasser les bornes (3 mots).

## VERTICALEMENT

**1.** Protège caillés. Coincé dans un bouchon (3 mots).

**2.** Lieu de courses en Angleterre. Canyon français. *New* délit de plus en plus répandu.

**3.** Grecque du Pirée. Le clavier de son instrument touche des doigts d'auteur. Sectaire de direction.

**4.** Brille aux éclats. Cours d'école. Démentir.

**5.** Définit parfaitement le professeur Raoult, n'en déplaise à ses détracteurs. Gros morceau de canard découpé. Pronom.

**6.** Elle peut faire un grand boum. La fête du jour.

**7.** Donc, pas sûr. Marquises. Il perturbe le jeu. Imita Brice de Nice.

**8.** Pronom. Comme une chaleur de rut. Manque au règlement. On ne lui interdit surtout pas le port de voile.

**9.** L'armée des ombres en Algérie. Compagnie rétrécie et en plus renversée. Tête de liste. Bas de gamme. Coule dans le Piémont.

**10.** 2 avant à la télé, aujourd'hui remplacée par France. Mené à la baguette au restaurant. Sigle de salles obscures. Pose une question de lieu à reculons.

**11.** Sort de l'enceinte. Préfixe pour tout. Vient de Béthanie pour entrer en gare à Paris. Fait partie d'un réseau.

**12.** Déposée avec l'envoi des couleurs ou le renvoi des douleurs. Cloclo y a été en chantant. Traîna ou virus. Diode.

**13.** Vieux grisbi. Strontium. Ils ont toujours 10 sur 10.

**14.** Charles, Henri, Louis, etc. Réunion de poteaux. Ukrainienne.

**15.** Paradis pour tous. Music-hall divin. Singe tortue.

**16.** Préposition. Pif le singe. Or noir en VO. Apprit.

**17.** Le nouveau royaume de Joe. La Lune pour la Terre.

**18.** N'est plus primaire, mais pas encore supérieur. Comme le suivant mais seul et en allemand. Précèdent souvent les autres.

**19.** Pour l'historien mais pas pour l'histoire. Négation. Ne risque pas d'être instruit par Audiard. Telles qu'elles.

**20.** Jura en ville. Si on lui ajoute un journal, il y écrit, si on lui ajoute une dent, il la soigne.

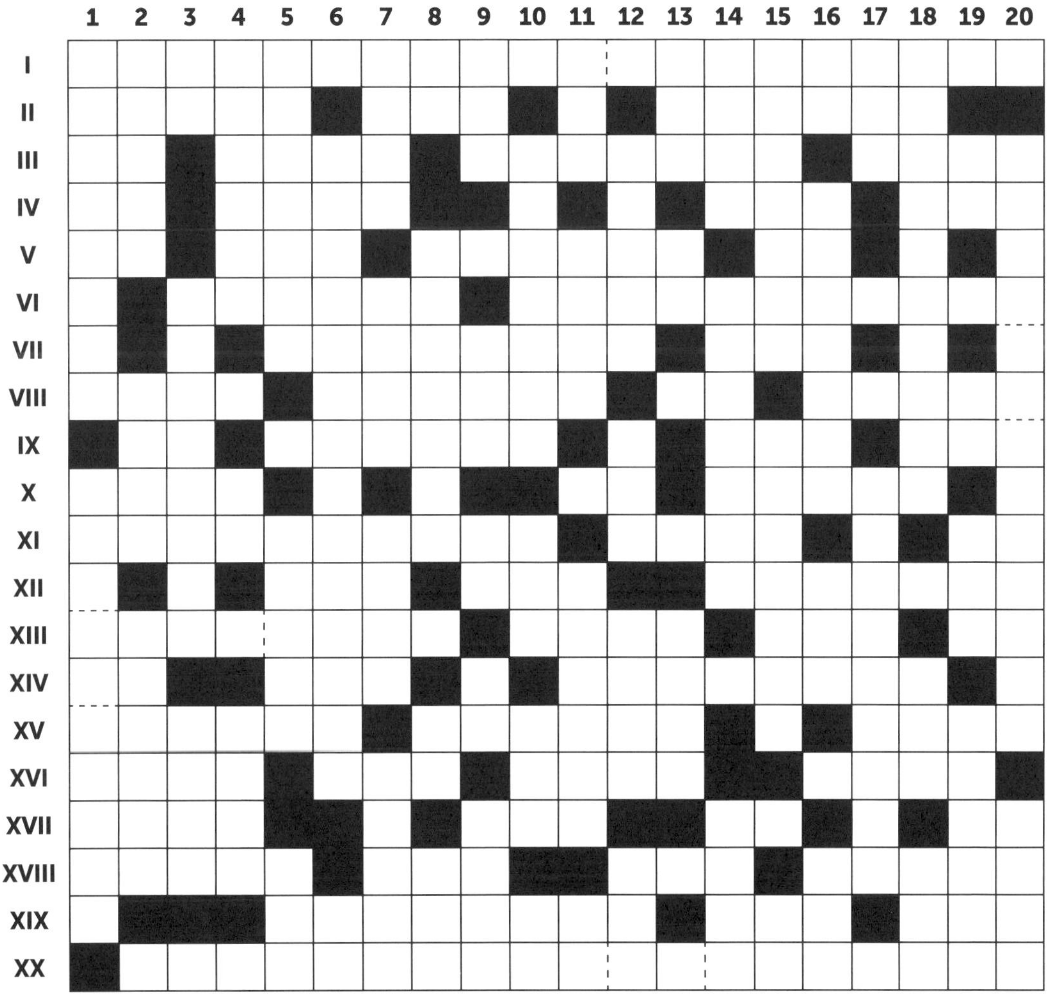

GRILLE

# N°24

L'AIDE PAGE 225
LA SOLUTION PAGE 251

# DIVAGATIONS RÉFLÉCHIES À PARTIR DE LA GRILLE 24

En I horizontal : « Sinistres de l'intérieur » : DÉPRESSIONS NERVEUSES. La grande déprime. Le mal du siècle. Le virus des sociétés modernes. Celui qui vide les openspaces et remplit les cabinets de psychothérapeutes. Déjà que la sinistrose ambiante nous chantait le grand air de Carmen : « Toréador prends garde à toi, un œil noir te regarde ! », la Covid a porté le coup de grâce. Olé ! Les deux oreilles et la queue. Ben oui ! À force d'entendre des mauvaises nouvelles aux infos du jour, même le taureau le plus vaillant plie, puis s'affaisse et finalement s'écroule. Et la libido suit. Parce que, pour passer de l'Espagne à la Suisse : « Quand la pendule se détraque, le coucou ne sort plus ! »

Moi, j'appelle ça : avoir le moral en Bern. Non, non, je n'ai pas fait de faute d'orthographe. Je parlais bien de Bern. Notre Stéphane adoré. Notre Einstein de la relativité princière et architecturale. Le précieux macronien à sa Bribri qui veut restaurer les ruines. Je ne parle pas d'elle, bien entendu. N'allez pas me faire sous-entendre ce que j'ai pensé, mais pas écrit. Je parle évidemment de nos vieux châteaux. Nos sites prestigieux érodés par le temps qui passe et les intempéries. Si on transpose ça à nos états d'âme, c'est vrai qu'il serait grand temps de ravaler notre bien-être sérieusement délabré. De le rafraîchir, d'en raviver les couleurs. Déjà au sens propre du terme. Ne serait-ce qu'au niveau vestimentaire.

— Tu as remarqué comme, de plus en plus, on s'habille triste ?

C'était la réflexion d'un ami joyeux en chemise flashy et en chaussures rouges. Un de ceux sur lesquels on se retourne dans la rue en se demandant de quel trouble mental il peut bien souffrir. Quelle mouche a-t-elle pu piquer cet extraterrestre de la sape ? Arlequin de parade dans un défilé de ternes au visage fermé. Tache de vie au milieu de la procession des morts vivants tous fringués en noir, marron foncé, beige HLM ou gris coron. Il va bien, mon pote perroquet ! Très, très bien. Toujours le mot pour rire et le moral au beau fixe. Même par temps gris. D'ailleurs, on l'appelle « l'anticyclone des réassorts ». Parce qu'en plus, sa boîte de livraisons marche du feu de Dieu. Ceci explique peut-être cela.

Et puisque j'ai fait allusion à la météo, je vais m'y arrêter un instant. Parce qu'elle est un marqueur quotidien de ce blues latent qui nous pollue le zen. De cette boule au ventre qui s'incruste dès qu'on a posé la brosse à dents pour jeter le premier regard par la fenêtre. De cette facilité à faire des phénomènes météorologiques on ne peut plus naturels des drames insurmontables. Regarde celui-ci qui passe en boucle à la télé. Dévasté. À la limite de la spasmophilie réactive en montrant jusqu'où l'eau de la dernière inondation est montée. Regarde cet autre qui frappe de rage le pare-brise de sa voiture, coincé dans l'embouteillage géant provoqué par des chutes de neige. Cet autre encore qui pleurniche son ventilateur inefficace une nuit de canicule, et qui maudit la sécheresse cruelle qui a rabougri les tomates de son jardin. Tous tellement à bout de tout qu'on pourrait croire que leur vie va s'arrêter là. Avec, bien entendu, la sentence inévitable du désespéré chronique, déjà ravagé par un penalty manqué la veille par Olivier Giroud : « Il manquait plus que ça ! »

Je vais peut-être t'apprendre quelque chose : l'hiver, il fait froid, et même parfois très froid. L'été, le soleil peut briller jusqu'à nous offrir des températures extrêmes. Et aussi incroyable que cela puisse paraître, la pluie, ça mouille ! Alors, une fois de plus, je vais réveiller le vieux con nostalgique qui, en moi, ne sommeille que d'un œil. Je viens d'une époque où on appelait un bipolaire un « soupe au lait », et un burn out un « coup de mou ». L'évolution du vocabulaire ne rend pas les choses plus graves. La différence, c'est que les paysans de ma vieille terre n'avaient pas le temps de faire des dépressions nerveuses. Les bêtes à soigner, les prés à faucher leur laissaient très peu d'espace pour l'introspection. Tu sais, la gamberge d'aujourd'hui à laquelle la restriction du temps de travail a laissé tout le temps de s'épanouir.

— Est-ce que je vis la vie que je voulais vivre ? Les contrecœurs de mon quotidien sont-ils responsables de mes insomnies ? Mon ego est-il suffisamment armé pour résister à la toute-puissance de celui des autres ? Ou plus trivialement : je commence à en avoir plein le cul de cette vie de merde ! Les impôts, la récession, la peur du lendemain, mon ménage qui s'effrite, les virus, le temps qui passe, la galère. Mais bon, ça ira quand même. J'ai rendez-vous chez mon psy demain, et j'ai des anxiolytiques pour six mois.

Le Xanax de mes ancêtres s'appelait Préfontaine et faisait 13 degrés. La posologie était de quelques verres en cas de renoncement passager. Le repas des moissons faisait thérapie de groupe. Et plus tard, pour moi, les troisièmes mi-temps du rugby ont largement combattu mes psychoses en vagues de rires antidépresseurs. Bien sûr que parfois on pleurait seul. Bien sûr qu'on remettait en doute le sens de nos vies. Bien sûr qu'on désespérait. Mais nos vieux nous avaient appris à ne jamais laisser le passager prendre le pas sur le définitif. À serrer les dents, les poings. Et à balayer chaque velléité de geindre sur son sort par cette phrase magique : « Le bout du tunnel n'est pas loin. Pour le voir, il suffit de se retourner ! »

L'époque d'aujourd'hui n'est pas moins dure. C'est nous qui sommes devenus plus mous. Plaintifs perpétuels. Analystes forcenés du plus petit de nos états d'âme. Exagérateurs de la barrière un tant soit peu infranchissable sur notre chemin au point d'en faire une muraille. Avaleurs des fadaises sanitaires les plus improbables. Parce que lorsqu'un spécialiste du mal-être commence à s'occuper du tien, il l'adoube. Tant qu'on te dira que tu es malade, tu le seras. Un docteur, ce n'est pas un médicament. C'est juste un docteur.

Je n'ai pas le remède miracle pour tous. Je ne peux que te dévoiler le mien. Au moment où je t'écris, les nuages s'accumulent. Plus de télé, plus de boulot pour cause de virus, des problèmes d'entourage à n'en plus finir, le temps qui me vieillit. La dépression nerveuse aurait dû me faire la peau depuis longtemps. *Fuck you, baby !* Tu ne m'auras jamais, vieille carne ! Parce que je sais qu'aucune chimie, aucun apitoiement ne peuvent remplacer la thérapie absolue : l'optimisme. Celle que mes anciens aux mains calleuses et à l'âme lisse m'ont enseignée. Et c'est pour cela que je m'impose une phrase chaque matin. Essaie-la, on ne sait jamais : « Comme tout va mal, j'ai décidé que j'allais bien ! »

## HORIZONTALEMENT

**I.** Tournez manèges ! (2 mots). Il a organisé un transport nocturne littéraire.

**II.** Fruit des îles. Ciao à Barcelone. Ira l'a suivi pendant la révolution.

**III.** Chef d'étages. Comme avant. Ouverts pour recevoir chaleureusement.

**IV.** Déplacés. S'il prévoit de l'espoir, c'est un voyant qui passe au vert. Polonium.

**V.** Nakamura. Possessif. Planète d'Aymé filmée par Berry. Vieille ville.

**VI.** Cirer des pompes. Arbres à baies. Note. Poudre pour les feux.

**VII.** Ne concerne plus l'Angleterre. Au théâtre, il n'y pas de dernier sans premier. Précède un rétro diabolique. Bâtisseur au Louvre.

**VIII.** Ils nomment les courses ou les font payer. L'agent secret 711 donc pour Dujardin. Conduit le trotteur à l'hippodrome. A changé de copain.

**IX.** Sanitaire internationale. Expert en grimaces, surtout âgé. Possessif. Mengo dans la chanson des années 1980.

**X.** C'est à lui qu'on paye les traites. À la fois moins et plus que souriant. Même si on est de droite, il faudra bien la passer à gauche.

**XI.** Pronom. Elle peut utiliser le fer à dessouder. Commence en chialant, finit en râlant.

**XII.** Démontre. Il fait comme Che, lui. Aggravai et pas seulement à Bastia.

**XIII.** Il n'est jamais contre. Maison de tolérance où l'on peut trouver des pensionnaires bien en chaire. Il répond du tact au tact. Regarde à Marseille.

**XIV.** Infidèle, elle peut courir deux lièvres à la fois. Interjection. Ouvert et fermé au tambour. Vieux jardin naturiste.

**XV.** Hommes de main, mais plutôt hommes d'hier. Majeurs ou mineurs, on les plaque indifféremment. Aller dans le futur.

**XVI.** Il est toujours sur les dents. Incarné dans son plus mauvais rôle. Crack dans les années 1980.

**XVII.** Recru. Idem. Couche d'hulotte. Pronom. Rouleau de cuisine.

**XVIII.** Bouquinée. Si on l'écrit comme ça, c'est qu'on la connaît mal. Article.

**XIX.** Celle ou celui d'avant. Elle fait monter le salaire, en principe. Terrain de campagne.

**XX.** Cimetière de chevaux... vapeur. Pronom. Gipsy Burger King paraît-il !

## VERTICALEMENT

**1.** Saine de ménage. Vulgairement, l'enfant du tiroir.

**2.** Fait l'école aux professeurs. Une couche par dent, ça devrait donner ce pluriel pour les 32.

**3.** Jeu de pistes. Déesse incestueuse. Cette définition en est une de huit mots.

**4.** Rasoirs. Enlevé ou béat. Jumelles du Graal.

**5.** Poule d'escroc. Ex-CD.

**6.** Un voisin. Dans le vent. Préposition. Ils peuvent souder ou dessouder.

**7.** Merle blanc, par exemple. Vieil homme de plume. Port de botte.

**8.** Cador. Frôla. Di vivante, elle serait devenue une belle fille. Interjection d'appel.

**9.** Vieille boîte aux lettres. Si vous lisez couilles, c'est qu'il y en a une, par manque de Q. Fabricants de bleus.

**10.** Relatait. Un Nil qui coule n'importe comment. Met des prunes ou en rang.

**11.** Camerounaise. Con en plus, si elles sont suisses. Libanais à fumer éventuellement, mais dans la cheminée.

**12.** Compulsés. Pronom. Dans atchoum en partie çà et là, en Belgique totalement.

**13.** Battant. La bonne santé du précédent l'est. Taffe.

**14.** Préposition. La coquille d'escargot du touriste. Via.

**15.** Elle est pleine d'aiguilles. Relatif à la Baïse en France et pareil, avec le tréma en moins en Angleterre. Grecque.

**16.** Pronom. Impayé. De nuit pour le papa du Petit Prince. Froides de peur.

**17.** C'est ce qui se faisait de mieux en footballeur dans les années 1960 en Angleterre. L'adresse de Charles Ingalls. Apparus enfin.

**18.** Les supporters de Messie. Artémis.

**19.** Versus Montaigu. Eau vive en gouttes.

**20.** Elle a mené tout le monde par le bout du nez à la télévision (3 mots).

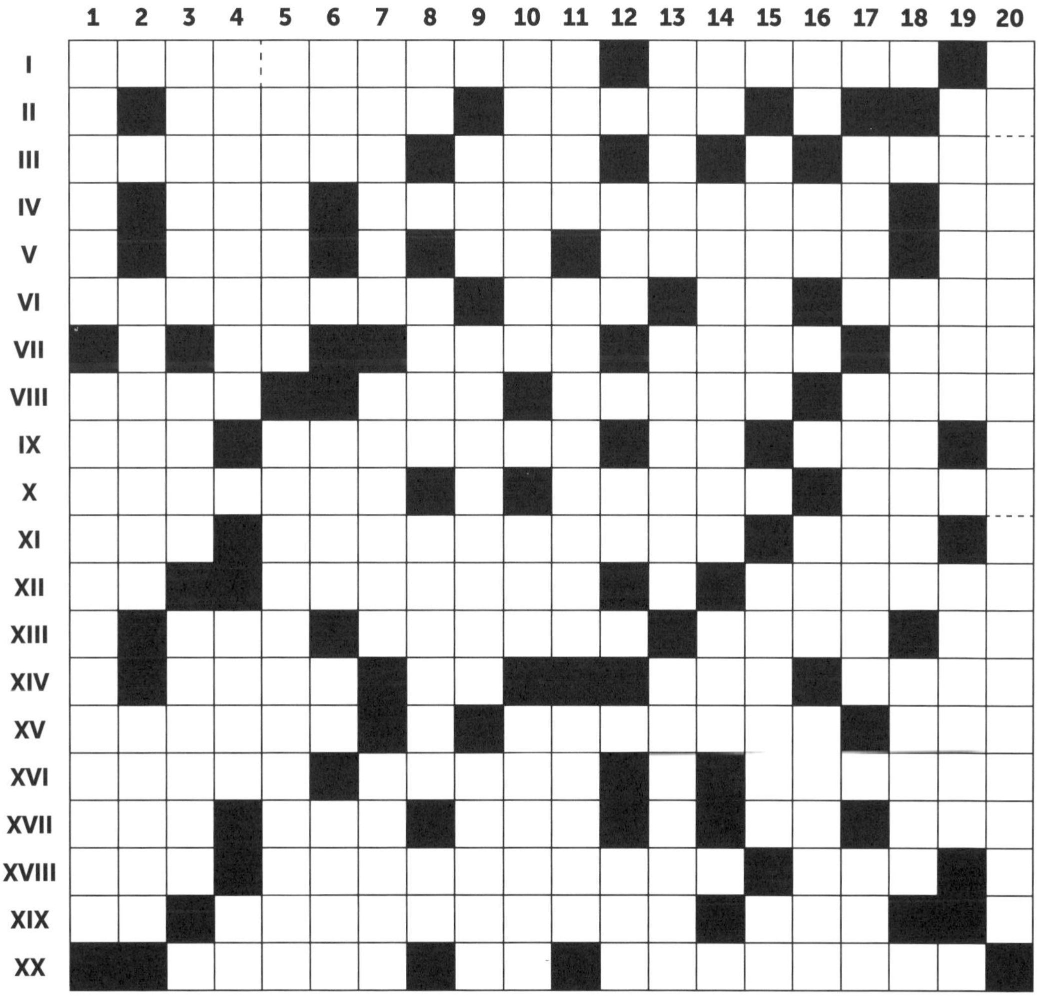

GRILLE

# N°25

L'AIDE PAGE 226
LA SOLUTION PAGE 252

# DIVAGATIONS RÉFLÉCHIES À PARTIR DE LA GRILLE 25

En 8 vertical : « Di vivante, elle serait devenue une belle fille » : MEGHAN. Eh oui ! La bru de la belle Diana. Miss Markle. Comme dans les romans d'Agatha Christie. La haute société anglaise avec ses alliances, ses amours, ses jalousies. Un coup à envoyer Hercule Poirot enquêter sur les causes de la rupture avec la famille royale. Mais bon, on en saura plus dans le 423e épisode de *The Crown*. La « Buckingham story » passionne. La part de rêve, bien sûr. Toi assis sur ton canapé avec ta pizza Vivagel et ta Kanterbräu. Et sur l'écran, des carafes de nectars. Et des faisans, plumes au vent, sur des plateaux apportés par des laquais poudrés.

— Tu vois, chérie, ils savent vivre. Sers-moi une bière. Sans faux col, sinon tu es mise à pied !

Toi en jogging du dimanche, et eux en défilé de mode. Toi en galère pour finir de régler le crédit de ton deux-pièces cuisine. Et eux essoufflés après avoir gravi les 102 marches de l'escalier qui mène à la chambre à coucher. La 37e pièce du palais. Et devant tes yeux émerveillés, le couloir qui y mène plus large que la rue où tu gares la princesse des voitures : ta Mégane. (Bon, celle-là est minable, mais j'étais obligé de la faire.)

Et voilà le bel anachronisme des manants passionnés par la vie des seigneurs. Partagés entre l'envie et la compassion. La jalousie primaire et l'apitoiement. Ben oui, ma brave dame ! Parce que, d'accord, ça bouffe du haut de gamme et ça loge dans du sublime, mais ces gens-là ont les mêmes soucis que nous. La maladie du petit dernier, la maîtresse de papa, l'entorse de la cheville, la gastro-entérite de novembre et la scène de ménage. Bien sûr, ça dérape plus sur du marbre que ça s'emmêle les pinceaux sur le paillasson usé du palier. Mais le col du fémur se fait la malle pareil. Alors, d'accord ! Ça pleure dans des mouchoirs de soie. Ça fait des insomnies sous baldaquin. Et après les engueulades, ça part en claquant des portes de six mètres de haut. Mais sur le fond, ça trahit, ça souffre, ça complote, ça s'embrouille, ça se détruit et ça neurasthénise pareil que nous.

Et ça, ça nous rassure, donc. Ça nous console. On oublie le gaspillage. Les ors indécents. Les querelles insipides pour un titre de noblesse. Les chiens dont le prix de la pâtée pourrait sauver cinquante minots rwandais de la famine. On se dit qu'il y a une justice divine. Que l'argent ne fait pas le bonheur. Que même les hyperprivilégiés ont leurs grandes douleurs. Il faut bien ça. Tu imagines si ces gens-là, en plus de se la couler luxe et ne rien foutre, se la coulaient douce côté soucis !

Par bonheur, l'ordinaire de leurs emmerdements vient largement compenser l'extraordinaire de leurs privilèges. Ta belle-mère vient encore de te pourrir ton déjeuner du dimanche, parce qu'elle estime que ton poulet n'est pas assez cuit pour son fils chéri. Kifkif la Queen qui ne pouvait pas saquer Diana. Et quand le sale destin te fauche un indispensable sur la RN 20, tu te dis que c'est chacun son pont de l'Alma. Parce que même si la traîne de la princesse, le jour de son mariage, mesurait huit mètres, ça ne l'a pas empêchée de se prendre les pieds dedans. Sentimentalement, j'entends. Une nuit de noces sans étoiles. Une lune de miel dans le caniveau. Et au bout de très peu de temps, d'après ses propres aveux, il a bien fallu dormir, comme sur le clic-clac du salon des défavorisés fâchés, à l'hôtel du cul tourné.

Puisqu'on divague sur l'influence du royal dans la société nouvelle, la vraie question que je me pose c'est : est-ce que les petites filles d'aujourd'hui rêvent encore de devenir des princesses ? Je les sens nettement plus attirées par un destin à la Nabilla ou la Kim Kardashian qu'à la Cendrillon. Être obligée de rentrer à minuit sous peine de citrouille, c'est quand même moins kiffant que faire la teuf à Saint-Trop' jusqu'à plus d'heure en se défonçant à l'ecsta. Et bonjour le bolosse qui veut t'emballer avec une pantoufle de vair !

— T'es gentil, mon gars, mais repasse plus tard ! Et si tu veux vraiment me ken, t'as intérêt à faire péter les Louboutin !

Libérée, délivrée d'accord, mais pas dans des fringues de musée au ras du cou et dans un château du XVIIIe. Elles préfèrent nettement les piscines de la téléréalité, nos gamines. La poitrine XXL. Le bogosse tablettes de chocolat. C'est la mort du cheval blanc du prince charmant. Vive les chevaux vapeur de la Merco ! Bon, je ne dis pas que c'est une généralité, mais va naviguer sur les réseaux sociaux, tu t'apercevras que la tendance est nettement plus au rap de Jul qu'au menuet de Lully. Normal, c'est l'époque. Plus virtuelle que virtuose. Donc, à première vue, princesse, ce n'est pas le fantasme premier pour la petite fille ordinaire. Et pire même. Meghan Markle a commencé actrice de série TV avant de virer duchesse. Je pense que beaucoup de petites chipies nobles des cours royales actuelles préféreraient faire le chemin inverse. Pour en revenir à nos normales, nos bouts de chou, j'ai bien peur que même avec la perspective d'une traîne de mariage parsemée de dix mille perles, la belle aventure ne les tente pas vraiment.

— Qu'est-ce que tu veux être plus tard, ma chérie, princesse ?
— Ah non ! répond la môme qui a parcouru le digest de la vie de Diana sur Google. Si c'est pour être mariée de force à un blaireau aux grandes oreilles qui, en plus, te plante avec une rombière de salon, pas question. Ne pas pouvoir faire un pas dehors sans une armée de paparazzis aux fesses. Faire des tentatives de suicide parce qu'on n'en peut plus de sa prison dorée. Être obligée de serrer la louche à des vieux barons poisseux à chaque protocole. Se taper la croisière des lépreux sous prétexte d'humanitaire. Finir compressée comme une sculpture de César sous un pont de Paris. Et pour couronner le tout, être obligée de se farcir du Elton John en guise de requiem, non merci !

Je crains bien que Sissi ait perdu l'affaire. Et compte tenu de l'évolution des mœurs, il va être temps pour le Père Noël de varier le stock. Vu le succès de l'équipe de France féminine de football, les lettres des petites filles ne vont pas tarder à lui commander plus de maillots de Mbappé que de poupées Barbie. Enfin, ne noircissons pas non plus trop le tableau. Cendrillon, la Belle au bois dormant, Raiponce et Peau d'âne ont encore une chance. Il reste un côté positif dans la marche en avant vers la mixité qui peut encore assurer à la princesse, la vraie, sa place dans les rêves d'enfants. Ce que m'a personnellement confirmé le Père Noël en me communiquant le contenu d'une de ses récentes précommandes :

— Je voudrais un habit de princesse. Avec la couronne et la belle robe. Merci d'avance, Papa Noël. Et ne vous trompez pas de nom sur le cadeau. Parce que si c'est ma sœur Lilou qui l'ouvre, elle sera trop déçue. Moi, c'est Kevin.

## HORIZONTALEMENT

**I.** Chasse-neige sur rails dans la police (3 mots). Ness ne le quitte pas, c'est monstrueux.

**II.** Clés à dessins. Fait le choix avec peu. Des illusions qui deviendront désillusions.

**III.** Tête de nom propre. Alliage d'un comte.

**IV.** De mauvais augure si on y trouve de l'eau. Saint à l'endroit, fesses à l'envers. C'est bien là. Cache de sécurité.

**V.** Titille. Faire parts. Pays magique.

**VI.** Il a 21 points noirs. Fais des petits cui. Démonstration rapide.

**VII.** *One more time* à Paris. Il en rajoute toujours. Place de l'estomac vide. Demi-ragot.

**VIII.** A fait monter la fièvre du samedi soir en chanson (2 mots). Les premières lueurs du jour. Preuve que la drogue, c'est vraiment de la merde.

**IX.** Paris de titis. Vedette échouée sur les écueils de la téléréalité.

**X.** Donc, a été compris. Rouleur d'enfants. En anglais.

**XI.** Allongée sur le sol ou nouée sur la tête. Un verbe pour la victoire d'Armstrong. Gros débit des sens.

**XII.** Les cardinaux y ont perdu le nord. Furieuse. A été accepté après avoir été ordonné.

**XIII.** Supplices arrière. Descentes de cru. Somme sans grande importance.

**XIV.** Robert ex du PC. Comme la haie ou Lahaie, selon qu'on est sportif ou trivial. Direction Aix-en-Provence. Possessif.

**XV.** Pronom. De Funès, drôle d'oiseau dans *Les aventures de Rabbi Jacob*. Il se met à table avant tout le monde.

**XVI.** Note. Numérotée en ville. À dames sur le trottoir, c'est raccord. Solitaire de cœur.

**XVII.** Circuit portugais. Ministériel du mercredi. Conjonction.

**XVIII.** Seul. Sa relation préférée, c'est la levrette. Fait clochette.

**XIX.** Bases de tir. Poudre pour la peau. À fleur de peau. Possessif.

**XX.** Passage de témoins. Femmes des années 1980.

## VERTICALEMENT

**1.** Policières qui ont du chien (2 mots).

**2.** À nouveau. Secret et double s'il le trahit. Tête de Lyon en club.

**3.** Vacances, sexe, musique, soleil et *Viva España* ! S'est fait une belle place à Toulouse. Descendre.

**4.** Une arme pour le précédent. Fausses sceptiques. Enregistrement téléphonique dans les médias.

**5.** On y range les marteaux. Passés... à l'eau, quoi ! Mis en condition. Avant casser pour partir.

**6.** Non-dit. Le code de la bonne conduite. Naît sous le signe du Poissons.

**7.** Piquante. Mise en bouche pour ceux qui dans un vernissage confondent Picasso et pique-assiette.

**8.** Lit marocain. Ils n'ont pas pu sauver leur peau. Début de prière divine. Trop récent pour que De Niro en ait été le taxi driver.

**9.** Le dieu des moulins. ET au son. Le mot de la fin. Ne manque pas d'expériences en recherche médicale, hélas pour lui !

**10.** Apprise. Pronom qui m'est personnel. People incontournable du disco. Fille d'Harmonie.

**11.** Home de lettres. Mangeoire. Contrairement à une note, la blanche vaut la noire, n'en déplaise aux xénophobes.

**12.** Pronom familier. Les lumières sont les plus lointaines. Au cou du marié.

**13.** Vésicule qui rime. Entre fa et sol. Dans.

**14.** À l'écart dans une moufle. Dans ce rôle-là, les fans de De Funès disent qu'il en aurait mérité un. Priva de vit.

**15.** Gâchent la fin. Accord parfait. Troisième de gamme.

**16.** Pronom. À taille humaine au Japon. Un sire en bien mauvais état.

**17.** Il fait la queue tout seul... quand il l'a perdue. Sa tenue est élégante. Accessoire de grimpeur.

**18.** Phalange. Club où l'amour est dans le prêt.

**19.** X, par exemple pour un chiffre. Eau vive.

**20.** N'a rien à faire dans cette position. L'équipe d'Angleterre.

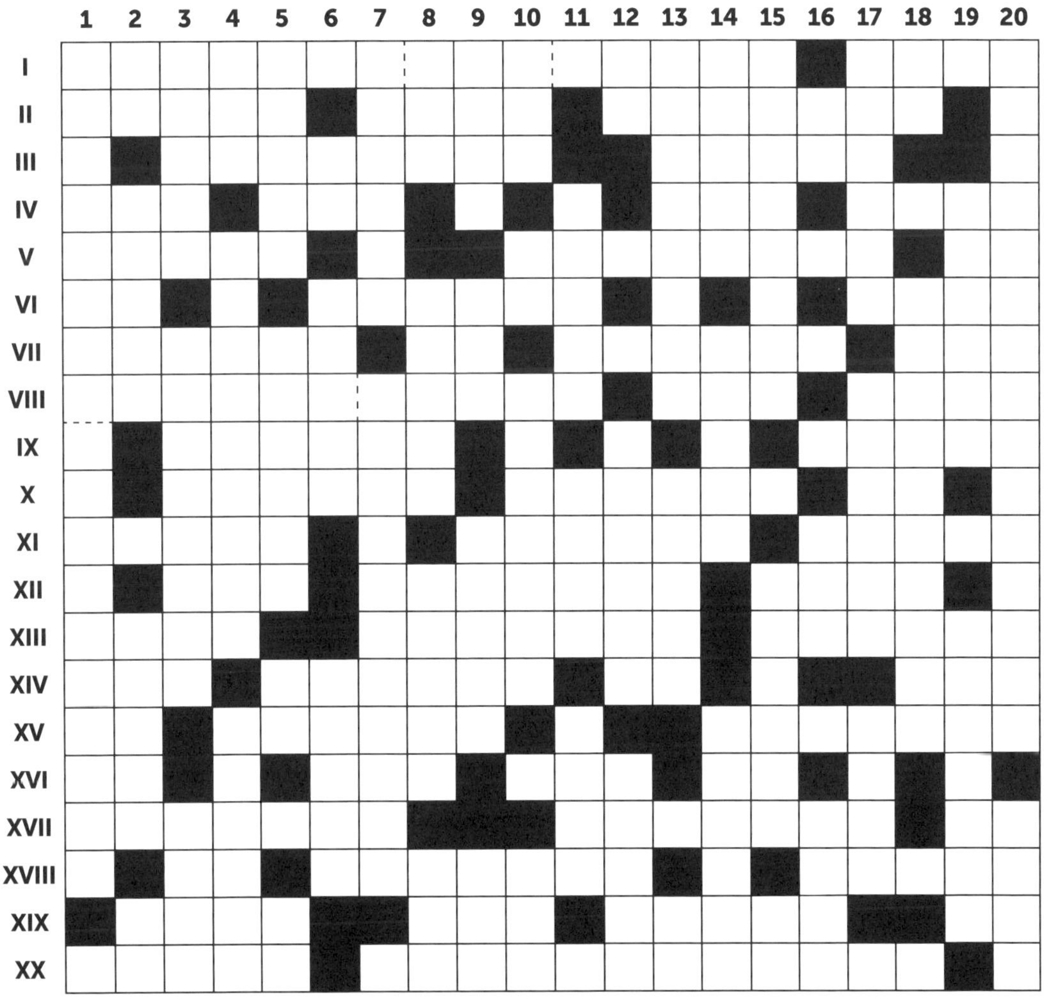


GRILLE

# N°26

L'AIDE PAGE 226
LA SOLUTION PAGE 252

# DIVAGATIONS RÉFLÉCHIES À PARTIR DE LA GRILLE 26

En 4 vertical : « Fausses sceptiques » : CROYANTES. Et l'éternelle question : Dieu existe-t-il ? Et même, en ces périodes de parité obligatoire : Dieu existe-t-elle ? On ne sait jamais. Je te rassure, je ne développerai pas. Je ne vais surtout pas m'aventurer dans le mystique et l'ésotérique. Je laisse ça à ceux qui n'en savent pas plus que moi, mais qui sont bien plus légitimes pour en parler. Avoue que pour l'observateur ordinaire, mes arguments seraient de toute façon inconséquents. On ne peut pas chanter « Le petit bonhomme en mousse » et oser prétendre être pris au sérieux en dissertant sur l'existence ou non du « grand bonhomme en blanc ». Même si, récemment, j'ai reçu des images qui prouvaient une réelle corrélation entre mes chansons festives et le Tout-Puissant. L'enterrement d'une dame qui avait souhaité être accompagnée à sa dernière demeure par ce cantique : « Qu'est-ce qu'on est serré au fond de cette boîte, chantent les sardines ! »

L'humour suprême. Un dernier pied de nez. C'est vrai que l'image du cercueil transporté au milieu des endeuillés tapant des mains sur ma chanson avait quelque chose d'un peu inapproprié. Mais pas si blasphématoire que ça, finalement. Émouvant même dans la démesure. Même si je doute que ce soit une bonne introduction au moment de comparaître pour le jugement dernier. Vu la composition présumée du tribunal, il aurait peut-être mieux valu choisir du Natasha St-Pier ! Tant pis pour l'éternité, tant mieux pour mon ego.

Quoi qu'il en soit, par moi ou un autre, toute analyse sur l'existence présumée de Dieu n'a pour moi qu'une valeur très limitée. Parce que, soit il n'existe pas, et ce n'est pas la peine de perdre du temps à en parler, soit il existe et, dans ce cas, il est maître de tout, y compris de la pensée que nous allons exprimer. Ce qui enlève tout objectivité à la démonstration puisque c'est lui qui insuffle le discours. Donc, je m'en tiendrai là de mon analyse personnelle. En ajoutant quand même que ce qui me trouble le plus, c'est qu'il y ait encore autant de passion, de massacres pour quelque chose dont personne n'a encore délimité les contours exacts. Qu'on se batte pour un pays, je peux comprendre. On en connaît les frontières. Mais Dieu, c'est quand même le plus grand no man's land. Un territoire purement imaginaire sans l'ombre d'un pourtour crédible. Avec encore une question éternelle : est-ce Dieu qui a créé l'homme ou l'homme qui a créé Dieu ? En tout cas, il n'existe aucun plan, aucun croquis attestant l'une ou l'autre de ces alternatives.

Bon, il y a bien cette représentation farfelue du vieillard à barbe blanche assis sur son nuage. J'ai écrit « farfelue » parce que les plus gourmands de ma génération le confondaient parfois avec Papy Brossard. Il arrive même à ceux de la génération actuelle d'en faire l'égérie de KFC. Et puis, il n'est pas blasphématoire d'être lucide. Avoue que si tu changes la couleur du costard, ça fait plus Père Noël que maître de l'univers, non ? Sans compter qu'il n'y a pas que la barbe qui est blanche, il y a la peau aussi. À l'époque du Black Lives Matter, je ne suis pas certain que ça pousse Lilian Thuram à remplacer « I Will Survive » par le « Notre Père » ! Donc, pour conclure, je suis extrêmement sceptique sur l'existence d'une entité dont aucune preuve n'a été apportée à mon esprit cartésien. Et là, le croyant de base m'objecte :

— Et Jésus alors ? Il a bel et bien existé. Et là, nous avons une foule de témoignages écrits.

Ah oui, mais non ! Moi, tant que je n'ai pas vu les images sur BFM, je n'y crois pas. C'est bien beau, la crèche, l'âne, le bœuf, les Rois mages. Mais il est où, le direct live ? La preuve absolue. Et l'interview de Ponce Pilate par Dominique Rizet pour justifier le bien-fondé d'une condamnation à la crucifixion, il est en replay ? Et puis, excusez-moi, mais je trouve qu'on en a beaucoup rajouté sur les performances. Et je te multiplie les pains ! Et je te change l'eau en vin ! Je ne veux pas tomber dans l'autosatisfaction, mais j'ai vu cent fois plus bluffant dans mon « Plus Grand Cabaret du monde » ! Et je ne te parle même pas de la résurrection. Piston et compagnie. Comme c'est le fils à son papa, Dieu accorde un passe-droit, alors ? D'accord, mais si c'est possible, faudrait penser aussi à ressusciter les idoles qui nous manquent. Parce que si on cause Top 50, désolé, l'« Ave Maria » et le « Notre Père », je les ai quand même beaucoup moins vus dans le classement que les tubes d'Aznavour et de Johnny.

Allez, pour redevenir vraiment sérieux, je voudrais juste te citer une phrase de Serrault que je t'ai déjà confiée dans un ouvrage précédent. Michel était un vrai croyant. Avant de se lancer dans sa carrière de comédien, il avait même intégré le petit séminaire dans l'intention de devenir prêtre. Un soir, dans l'intimité, nous parlions de sa foi que même la mort accidentelle de sa fille n'avait pas réussi à ébranler. En agnostique terre à terre, je lui pointais du doigt l'incohérence apparente de la dévotion du peuple d'Haïti. Cette île malmenée, ravagée cent fois par les catastrophes naturelles, les maladies. Et pourtant un des coins de la planète où les démonstrations de foi sont les plus passionnées. La phrase de Michel résume tous les longs discours que l'on pourrait tenir sur la légitimité ou non d'une croyance : « Dieu n'est pas responsable de nos malheurs, mais il nous aide à les supporter. »

Au nom de cette sentence, je peux donc comprendre toutes les croyances. Ce qui ne veut pas dire que j'adoube les religions. Les VRP de la foi. Elles ne sont pour moi que des émoticones d'un Dieu qui reste hypothétique. Mais bon ! Après une existence entière pendant laquelle mon agnosticisme a varié au gré des drames et des satisfactions, je me surprends à penser comme une grande majorité d'entre vous : si Dieu existe vraiment, il vaudrait peut-être mieux que j'essaie d'y croire un peu ! À tout hasard. Pour appuyer mon propos, je vais même oser une allégorie égrillarde, histoire de terminer sur un sourire.

On imagine que mon épouse m'annonce qu'elle est invitée à un dîner en tête à tête avec George Clooney. Et bien entendu, elle me jure que ce n'est qu'un repas amical et qu'il est hors de question qu'elle succombe à son charme. Eh bien, je pense que, tout en lui garantissant ma confiance, je glisserais quand même un ou deux préservatifs dans son sac à main. À tout hasard. Tu as saisi l'image ? Cela veut dire qu'à quelques heures de mourir, il se pourrait bien que, plus par précaution que par révélation, je me mette à croire à ce que j'ai refusé d'admettre pendant toute ma vie. Auquel cas, je souhaiterais que mon épouse accompagne mes derniers instants. Et surtout qu'elle me murmure une ultime phrase au cas où ma conscience soit trop lasse. Qu'elle ne me dise pas qu'elle m'a aimé, que je vais lui manquer, ou selon ma situation financière, qu'elle fera bon usage de l'héritage. Non. Qu'elle me susurre deux mots mnémotechniques pour m'inciter à me mettre enfin à croire en Dieu. À tout hasard. Qu'elle me glisse à l'oreille : *What else !*

## HORIZONTALEMENT

**I.** Frais de transport (2 mots).

**II.** Ce que fait le dièse au ton. Pour ouvrir un compte courant. Est pour le soleil. Peut servir à la navigation de Plaisance en Italie.

**III.** Personnel. Retranchas. En fin d'alternative. Ça veut dire qu'on l'a bien eu.

**IV.** Pierre ou Jackie. Quadrupède d'Australie ou bipède de partout, hélas ! Embourber.

**V.** Soutiens de perche. Blanche naïve. Il partage avec Kakou son métier et son prénom.

**VI.** Ah, si j'osais... allez j'ose : marque du trou. Possessif. Ne manque jamais d'assurance.

**VII.** Ou devant en fait son opposé sur la carte. Taisent. La tirade des nez lui parle plus qu'à un autre. Personnel.

**VIII.** Ella en plus, c'est la crème des crèmes. Boostée. Et corrigé éventuellement.

**IX.** Fait court. Kifkif daron. Exagéras. Commence un périple.

**X.** Les seigneurs des agneaux, en plat cuisiné. Coupes. Dehors dedans, à la fin.

**XI.** Agace... et gros minet pour le calembour. Pour un partage. *What's else*, Brassens ?

**XII.** Lady Gaga l'a fait naître au cinéma. Vue d'Angleterre. Pullulerai.

**XIII.** Être avec vous. Valeur d'un as. Mireille admirée avec une robe à mi-raie. Base de couple.

**XIV.** Note. Salaud de l'auto. Côte en cage.

**XV.** Pour prendre l'air. Lourdauds et incultes.

**XVI.** Note. Pépère, même sans mémère. Ne pouvait pas être plus raccord pour Rainier.

**XVII.** Héroïque avec Jouvet. Bob. Le flemmard des forêts.

**XVIII.** De bon ou de mauvais selon le goût. Pitchouns. Notre moi préféré.

**XIX.** Un début d'enkystement. Chaîne sans maillon. Numérique ou explosif. Je ne sais pas si ses rues sont chaudes, mais sa place a été brûlante.

**XX.** Rêvée. Sales défaites.

## VERTICALEMENT

**1.** Il ne sera pas acquitté, mais il sera délivré quand même (3 mots). L'être de mon moulin.

**2.** Premier lit. A toujours le dessus. C'est rassurant pour la mine de savoir qu'il a un bon fond.

**3.** Changea de poste. Il éclate en sanglant... et on éclate en sanglots. Caca d'oie pour militaire.

**4.** Col alpin. Part pour une naissance ou un enterrement. Vu son origine, on peut dire marque d'auto pour Otto.

**5.** Problème. Suivie par un limier. Vite, mais un peu moins. Auto-immune en plaques.

**6.** Les Blacks. Prit l'air.

**7.** Sacré par Léon III en 800 et par France Gall en 1964. Article madrilène.

**8.** Attaque de brancards. Adroite, même de gauche. Solaire ou sélène.

**9.** Ne rien lâcher. Du pareil au même avec leur PH.

**10.** Au plus haut de l'Amérique. Référence bleu-blanc-rouge. Satan l'habite... mais ça n'évite pas toujours le Viagra quand il arrive à midi.

**11.** Complément d'éléments en végétaux. Doublé au Tibet ou au Congo. Gît pour un mort. Note moyenne.

**12.** Prend l'au quand il faut partir. Il écroule ou il abat.

**13.** Verlan de vie. Article. Amalia ne se servait pas que de ces deux notes. Fait le coco.

**14.** Santa lointaine. Réparer. Tirée.

**15.** Le Jérémy de Lolita. Morel, Moreau, Duquesne, etc (2 mots).

**16.** Débutant. Comme aucun métier. Œuf à côté du bacon. Une tranche de rôti.

**17.** Dernière chance. Refile. Dans le biniou, mais pas dans la cornemuse.

**18.** Pas forcément un homme affable, et pourtant ! Mangeuse d'hommes, même tout petits. Posséda.

**19.** Ses sculptures laissent des traces. Il a abrité bien des luttes de classes. Pleine d'ans.

**20.** Fête de packs pour une demi-douzaine de pays (4 mots).

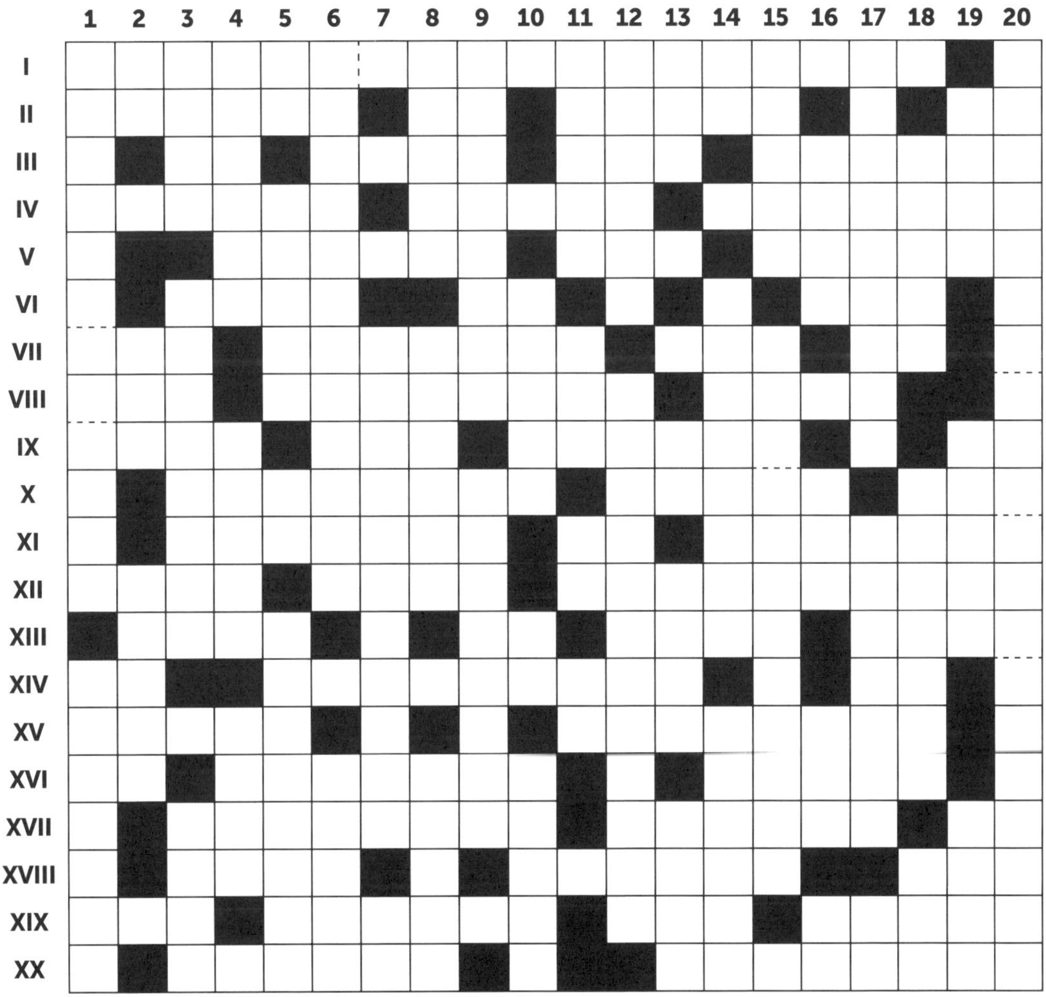

GRILLE

# N°27

L'AIDE PAGE 227
LA SOLUTION PAGE 253

# DIVAGATIONS RÉFLÉCHIES À PARTIR DE LA GRILLE 27

En 20 vertical : « Fête de packs pour une demi-douzaine de pays » : TOURNOI DES SIX NATIONS. Mon cher rugby. J'ai tellement parlé de foot depuis le début de cet ouvrage que les aficionados de l'ovale pourraient me soupçonner de les avoir trahis. D'avoir tourné casaque. D'avoir détourné les lettres de notre sport majuscule en fumant le H de nos poteaux pour en faire le O d'un ballon rond. D'avoir balayé notre légendaire : « Allez les petits ! » au profit du non moins légendaire : « Et un, et deux, et trois zéro ! » En résumé, d'avoir jeté la soutane de saint André aux orties pour prendre la clé Deschamps. Bien sûr que non ! On ne peut pas modifier son ADN à ce point-là. Car il s'agit bien de ça. Ce sport de voyous pratiqué par des gentlemen coule dans mes veines depuis mes premiers jours. Le cœur des pitchouns amoureux de l'ovale comme moi est fait de deux ballons qui se joignent par la pointe. Et tout ce que je sais du courage, de la résistance à la douleur, de l'amitié, de la solidarité et de la convivialité, c'est le rugby qui me l'a enseigné.

Dans ce domaine là aussi la société nouvelle a posé sa lourde patte progressiste. Pas forcément en mal d'ailleurs. Les joueurs sont devenus de vrais athlètes. La vidéo omniprésente a réduit les injustices d'arbitrage à la portion congrue. Le professionnalisme a enfin permis aux vaillants guerriers de récolter le juste salaire de leur sueur. Et l'hypercommunication prudente a eu le mérite d'atténuer la virulence des commentaires d'après-match. Dans le temps, on entendait :

— C'est cet enculé d'arbitre qui nous l'a mis bien profond ! Au match retour, ils ont intérêt à mettre des protège-tibias aux couilles, parce qu'on va les détroncher sévère. Là, on était chez eux, mais dimanche prochain on sera chez nous !

Aujourd'hui, ce serait plutôt :

— C'est la loi du sport. Nous devons l'accepter comme telle et ne nous en prendre qu'à nous de cette contre-performance. Gageons qu'au match retour, le fait de jouer à domicile nous insufflera l'élan nécessaire et salvateur.

J'avoue qu'une fois de plus, j'ai caricaturé. Pas sur « les protège-tibias aux couilles », je l'ai vraiment entendu. Plutôt sur « l'élan nécessaire et salvateur ». On a progressé dans la rhétorique, mais quand même pas à ce point-là. N'empêche. De sport de brutes épaisses au front bas, le rugby est devenu presque élitiste. Calqué sur l'air du temps qui là aussi impose la précaution, le politiquement correct et la parité. Bien moins machiste, et c'est tant mieux, il attire de plus en plus de femmes. À la fois aux analyses journalistiques et dans les tribunes. Le calendrier du Stade Français et l'érotisme sauvage d'un Chabal ayant largement contribué à cette émancipation. Les dirigeants de club, vieilles gloires aux oreilles en chou-fleur ont laissé la place à des chefs d'entreprise. Avant, le ratio de réussite était le nombre d'invités au cassoulet d'après-match. Aujourd'hui, il s'agit d'aligner le CA des sponsors à hauteur de la performance préétablie par le graphique de productivité. Alors, bien sûr, les pépés nostalgisent. On en voit même jeter leur béret basque de rage quand des prises de cols de midinettes ne dégénèrent pas en bagarres générales. Il est où le bon temps où un Spanghero amoché déclarait après un bourre-pif dévastateur ?

— Si j'avais pas eu le nez, je le prenais en pleine gueule !

On a passé le Kärcher. Nettoyé les scories. Les grandes gueules cassées qui titubaient les soirs de tournoi entre la rue de la soif et la rue Quincampoix ont rangé leur décadence joyeuse. Sur le terrain, on leur a collé des GPS. Pour fliquer les tire-au-flanc. La vidéo peut détecter la validité d'un essai au petit doigt près. La politique des résultats fait valser les entraîneurs au gré des actions en justice et des dédommagements pour licenciement abusif. Les clubs les plus huppés sont les seuls à pouvoir toucher le Graal. Mais ne boudons pas notre plaisir. L'ordre règne enfin et la popularité grandit. Les parts de marché à la télé sont spectaculaires. Alors, vive le XV d'aujourd'hui ! Et que le spectacle continue !

Un progrès donc. Même si les commotions cérébrales se multiplient. Même si dans l'avion privé qui les emmène au stade certains joueurs sont plus attentifs à lire le cours de la Bourse que *L'Équipe*. Même si, dans les grandes compétitions, on n'est pas très regardant sur les boosters de performances. J'aime beaucoup Clint Eastwood, mais son *Invictus* sur la Coupe du monde en Afrique du Sud comporte de sérieuses lacunes. Son ode justifiée à Mandela a passé sous silence bien des malversations. Pour des raisons de géopolitique tout à fait légitimes, il fallait absolument que l'Afrique du Sud soit championne du monde. Alors, on oubliera les arbitrages partiaux. Les All Blacks empoisonnés le jour de la finale. Et bien pire, ces héros triomphants qui, quelques années plus tard, ont payé le prix fort. Certains légumes sur des fauteuils. D'autres morts des séquelles d'une absorption contre-nature, dont même aujourd'hui certains continuent à nier la relation de cause à effet.

Mais bon ! Je continue à aimer le rugby du plus profond de moi. À admirer sans réserve ses guerriers sans cuirasses. Et surtout à célébrer le culte de nos mémoires dans la moindre des bodégas du Sud. Quand je croise des vieux cabossés de la belle époque, on refait nos guerres parfois en éclats de rire, parfois la larme à l'œil. Et ce passé-là n'enlève rien au présent. Parce que le rugby est une famille qui respecte autant les jeunes pousses que les vieux fourneaux. Il reste un modèle de société. Où les funambules étincelants des lignes arrière savent ce qu'ils doivent aux besogneux de devant sans lesquels ils ne brilleraient pas. Où le petit d'1 mètre 70 peut basculer le mastodonte de 120 kilos. Et où l'humour, qu'il soit délicat ou trivial, a toujours sa place.

Cet après-midi, en ouverture du tournoi, une équipe de France merveilleuse a passé 50 points à l'Italie. Mon pote Jean-Luc Reichmann m'a envoyé ce message : « Est-ce que la présence de l'Italie est bien nécessaire dans le tournoi ? »

Un autre que moi aurait débattu du bien-fondé d'un tel déséquilibre incompatible avec les enjeux d'excellence. Mais basta ! Chez nous le vaincu a autant de mérite que le vainqueur. Et tant pis pour l'économiquement correct. Je suis un ex-rugbyman nostalgique et gai. Fier de la lourdeur des coups qu'il a reçus autant que de la légèreté des caresses qui les ont soignés. Alors, en souvenir de mes troisièmes mi-temps chéries, je me suis contenté de répondre : « La présence de l'Italie nécessaire dans le tournoi ? C'est exactement ce qu'à dit un copain à sa femme en voyant rentrer Rocco Siffredi dans la boîte du Cap d'Agde !

## HORIZONTALEMENT

**I.** Le champ des baleines. Dégâts des os.

**II.** Pas toujours fans des tableaux de maître, mais bien obligés. Enceinte d'autres maîtres.

**III.** Elles terminent les fonds de vers. Poinçon. Une semaine pour le monde, Dieu merci !

**IV.** Mise en carte. *Hot* école pour politiciens chauds bouillants. Va après pour demander des nouvelles.

**V.** On en fait un paysan d'Amérique du Sud. Moins lumineux que le phare. Match à mort, sur le pré autrefois. Petite élue. Il sert parfois à passer des portes.

**VI.** Pot tyran. Froid pour un aigri. Cuivre. Café faible.

**VII.** Place de Paris, plus lumineuse qu'il n'y paraît. Préposition. Saint d'Amérique du Sud. Mauvais en anglais.

**VIII.** Porté à l'apéro. Humbles. Note.

**IX.** Se dirige. Amas. Sort après coup. Note.

**X.** En cet endroit. Taules. Média en Suisse.

**XI.** Il finit de faire le mur. Pape et sous pape.

**XII.** Fin de déviation. Coincée en croisant les bras. Entre Ile et France en capitale. A autant de coups que Jésus a eu d'apôtres.

**XIII.** Fourre-tout. La FM de grand-père. Petit, gris, pour Hugues Aufray.

**XIV.** Ah, la peau de vache ! Bol. Fais des remises de peine.

**XV.** Une bonne pâte et un cétacé pour le plus américain et le plus nul des calembours (2 mots). Élimée.

**XVI.** Article d'Espagne. Avec celui d'avant et rado après, on a un pays de rêve. Miasmes, miasmes ! Le pape.

**XVII.** Établis. Comme un rapport avec le 1 vertical. Bande de Canal+.

**XVIII.** Tenus à l'œil. Traverse le lit. Ravi Shankar était leur maître.

**XIX.** Laisse à distance. Volcan. Elle se tient souvent à carreau en hiver. Merci Parton !

**XX.** C'est l'histoire d'un mac ! Trahissons.

## VERTICALEMENT

**1.** Employées de maison jusqu'en 1946. Capitales pour saint Pierre.

**2.** Aigre dur. Le blanc de London. Hardy, mais beaucoup plus gros que Françoise.

**3.** Urbi. Alerte, et pas seulement à Malibu. Collisions de poids lourds.

**4.** Code 61000. Cornélien. Machine pour Brown.

**5.** Pissotière privée. Sorte de citron.

**6.** Article. Créée par le cerveau en phonétique. Coca. La troisième personne. Rugby et pruneaux.

**7.** Douée pour le calcul, hélas ! Frédérique, la blonde. Engage avec un club, mais pas forcément au golf.

**8.** Jourdain près de Toulouse. Le spectacle des enfants. Moyen pour un Libanais, grand pour un maçon.

**9.** D'ici à là. Professeur abrégé en lettres. Possède.

**10.** Tournent en voiture, même sans virages. Tout blanc, même quand il a une bonne mine. Chapeaux de valeur pour un guide.

**11.** On y fait les courses. Réfléchi. La coke donc, l'ecsta ou la marij. W, si on veut être complet, mais le plus souvent, on l'abrège en voiture.

**12.** Note. César de la meilleure bataille. Stade de France aussi, et pourtant, il y a de quoi y loger. Un de nos voisins. Amputée par le Brexit.

**13.** Avec TVA. Elle tisse les liens du cœur. Fatigue.

**14.** Pour les poissons, ça pourrait être le lac des signes. Complète le premier du XX horizontal en chambre.

**15.** Sorte de pouffe. Pronom très personnel. Monaco au foot, Clermont-Ferrand au rugby. Fête du jour.

**16.** Voie des voix. L'ami de Maupassant. Leurs intrigues sont bien difficiles à démêler. Molécule personnelle.

**17.** Manche ou prestation musicale si on la fait. Tissu de pompe. L'agent de Jean Dujardin. Mâle de tête... couronnée.

**18.** Mon abrégé familier. Poisson violent. Norvégienne.

**19.** Carambolages volontaires. Complétement raides. Belle au son.

**20.** Pour des nymphes, à l'eau quoi ! Quarts d'an. Les hommes heureux qui s'bécotent sur les bancs publics !

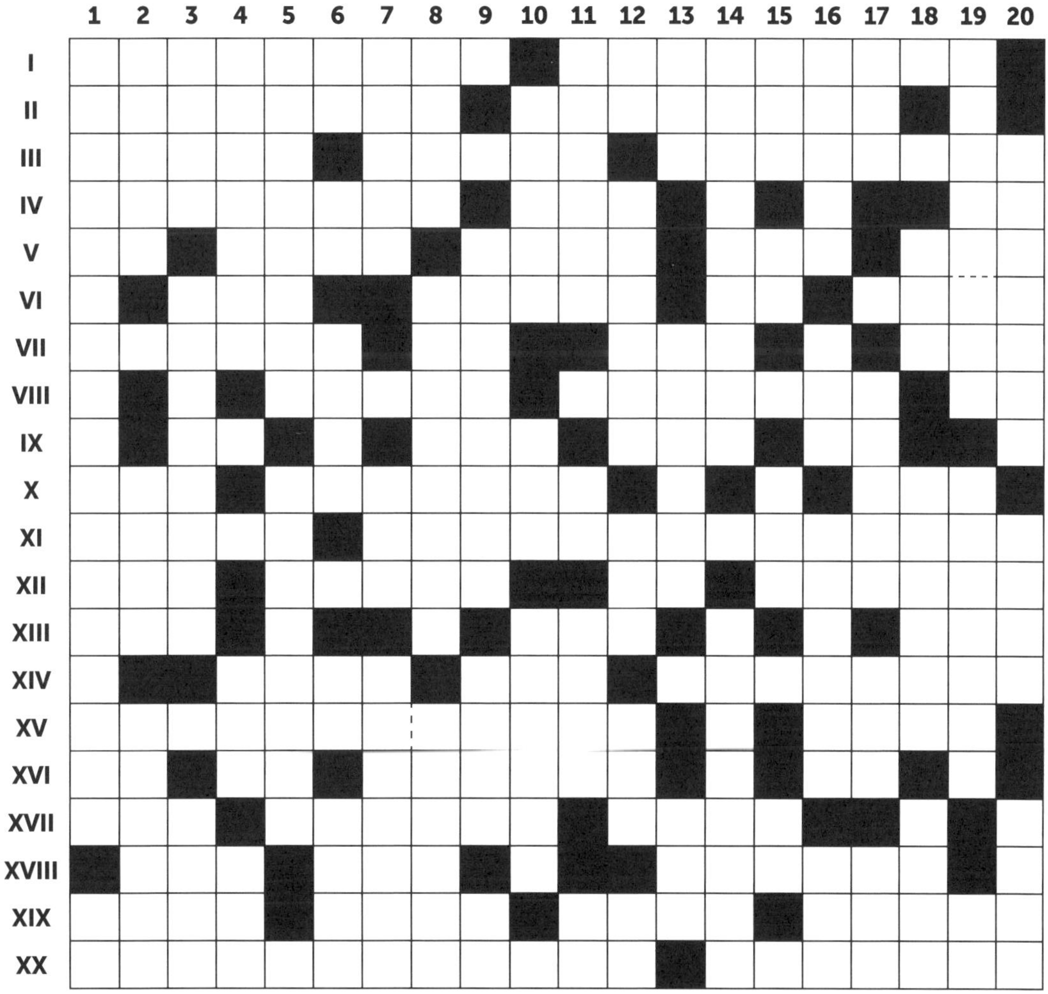


GRILLE

# N° 28

L'AIDE PAGE 227
LA SOLUTION PAGE 253

# DIVAGATIONS RÉFLÉCHIES À PARTIR DE LA GRILLE 28

En 8 vertical : « Le spectacle des enfants » : PESTACLE. Et voilà les gosses turbulents plantés devant un écran plat. C'est vrai que quand ça bougonne, quand ça pleure, quand ça trépigne, rien de mieux que de les coller devant une tablette ou une télé, les sales mioches. Et ce qui est merveilleux, c'est que ça marche aussi pour les adultes. On est passé du parc au canapé. Du hochet à la télécommande. Et du biberon à la tasse de café, voire à la cannette de bière. Le pestacle va pouvoir commencer dans le seul théâtre où les marionnettes sont dans la salle.

Et on attaque avec le programme phare : les desseins animés. Les ambitions politiques. Les projets électoraux. En cartoon vedette : Bip Bip et Coyote. Ou, si tu préfères, Manu Manu à fond de cale. Il file à tout berzingue, notre drôle d'oiseau président. De visites en visites. D'hôpitaux en usines. D'étables de campagne en crèches de banlieue. De Twitter en studio télé. Manches retroussées et increvable, il se zappe à la vitesse de l'éclair. Avec, au-dessus de la tête, Bribri, sa Fée Clochette qui le dirige et le protège à la baguette. Et à sa poursuite, Caliméronchon l'insoumis, le vil coyote. Le plus véhément de la bande. Il en faut bien un. Il tend piège sur piège. Mais, bien entendu, il ne gagne jamais. Le but, ce n'est surtout pas la victoire, sinon la série n'aurait aucun intérêt. C'est la poursuite qui fait kiffer. Et puis, c'est tellement touchant, en cas de perquisition abusive ou de blacklistage médiatique, d'entendre le poussin noir nous balancer sous sa coquille fêlée d'éternelle victime : « C'est trop injuste ! »

Irrattrapable le Bip Bip ! Il faut dire qu'il a de la réserve et de la protection. Sa cour, sa meute. Les 101 Dalmacroniens. Tous tachetés pareil. Clonés. La voix de leur maître quoi qu'il en soit. C'est trop marrant de les voir aboyer pour défendre leur gamelle. Même quand la pâtée a un sale goût. Quand les décisions gouvernementales sont indéfendables, ils assurent le service après-vente quand même. Bon, à contrecœur, mais en parfaits toutous. Parce que, même si la laisse serre un peu, il y a quand même un super-os à ronger. Une niche à l'Assemblée nationale, c'est nettement mieux que clebs errant. Pas de risque de se faire empaqueter et de se retrouver au dépôt des illusions. La où finissent les politiciens bâtards qui ont refusé de faire passer leur ego avant leur idéal. Par bonheur, il en reste.

— Les sloughis d'Afrique du nord, les loulous de Poméranie, les lévriers afghans, foutez-moi tout ça à la fourrière !

Ça, c'est Cruella. La sorcière officielle. La Marine à son ex-papa. Les enfants adorent la détester. Même s'ils n'iront pas jusqu'à lui donner la couronne de reine. C'est vrai qu'elle dit tout haut ce que beaucoup pensent tout bas, mais n'exagérons pas. On est dans un cartoon, pas dans la réalité. Du pestacle, encore du pestacle et toujours du pestacle ! Tu sais, comme quand le personnage explose dans un baril de poudre. Et qu'après avoir chuté dans un précipice de trente mètres, il se scratche et se relève sans une égratignure. Tu te rappelles le débat avant les dernières présidentielles ? Atomisée Cruella. Anéantie. Avec les onomatopées du « Comic strip » de Gainsbourg : « Zip, shebam, pow, blop, wizz ! » Siège éjectable. Elle ne s'en relèvera pas, qu'ils disaient. Penses-tu ! *That's All Folks* ! Rendez-vous au prochain épisode. D'ailleurs pour elle, pareil que pour Caliméronchon, la compétition d'accord, mais pas question de prendre vraiment la place. La série est tellement plus fun comme ça. Et de Tex Avery en Disney et autres mangas, les spectateurs les plus turbulents s'apaisent. Totalement infantilisés. Quand on est dans la merde, la couche-culotte est quand même plus efficace que le gilet jaune ! De toute façon, ne craignez rien, la police veille. On vient de coincer deux petits poucets qui, en guise de cailloux blancs, semaient des sachets de coke dans les cités. Ça fait toujours deux petits dealers de moins en liberté. Et les ogres alors ? Les chefs de réseaux ? Les intouchables ? Ne craignez rien, on vous dit. Le ministre de l'Intérieur est sur le coup. Comme la star des dessins de Morris. Ah, super ! Lucky Luke ? Mais non ! Rantanplan.

Mais bon ! Soyez rassurés. Les super-héros du quotidien ont l'affaire en main. Superman, Spiderman et Mythoman sont en mission. Même Marion Maréchal, la Wonder Woman à son papi, mettra au service de la vraie France tous ses super-pouvoirs pour nous débarrasser de Musulman. Et ne vous souciez plus non plus de la pandémie. Les apprentis sorciers de la Fantasia pharmaceutique sont en train de chasser le virus à coups de balai. Ne reste plus à ajouter à ça qu'un petit coup de Droopy Castex pour dire qu'on a la situation bien en main, et que ça roule. On a pris les bonnes décisions, tout est sous contrôle. *You know what ? I am happy !* La liste des héros de ces cartoons-là est sans fin. Picsou Lemaire et Blanche-Neige Schiappa. Popeye Jadot et Olive Duflot qui te vantent leurs boîtes d'épinards bio. Sans oublier évidemment « Les Téléteub ». Le feuilleton érotique. L'exutoire sexuel. Dominique Strauss-Kahn, Georges Tron et autre Benjamin Griveaux. Ah, là, on les tient, les coquins ! Et ils vont le payer cher, les trois petits cochons. Comme si la masturbation sur iPhone pouvait masquer le génocide en termes d'humain des délocalisations sauvages ! Je rêve.

Mais bon, tant qu'on parle des uns, on ne s'occupe pas des autres. Allez stop ! Ou presque. Parce qu'on ne va pas quand même refermer cette liste sans oublier les Rapetou. Les piqueurs dans la caisse, champions du sursis. Les Fillon, Cahuzac et autre Balkany. Avec une mention particulière pour ce dernier. Plus fort que tous les Dalton réunis. Condamné et recondamné, mais sorti de taule pour soucis de santé prémortels. Et à peine dehors, quelques pas de danse en guise de réanimation. Comme je l'ai dit dans une autre divagation, c'est ce qu'on appelle : « les tsoin- tsoin intensifs ». Mais ne soyons pas trop acerbes quand même. Il avait effectivement perdu des dizaines de kilos. Ce qui a fait dire à un pote admiratif : « Ils sont quand même balèzes chez Comme j'aime ! »

Ça tombe bien, c'est l'heure de la pub. L'entracte du pestacle. Alors, l'ouvreuse passe, la corbeille chargée à ras bord de voitures neuves, de lessives, de parfums, d'aspirateurs et de Sofinco. Pour continuer à essayer d'être heureux à crédit. Et les paupières des enfants se font lourdes, lourdes. Allez, il est temps d'aller dormir ! Mais on dormait déjà, non ? Absolument pas. Il ne faut pas confondre l'hypnose avec le sommeil réel. Alors, moi comme les autres, j'appuie sur le bouton « off » de la télécommande. Et vieille génération oblige, je me glisse dans mon lit avec comme dernière image subliminale le nounours sur un nuage blanc de ma télé d'enfance. C'était il y a longtemps. Obsolète, désuet. Sauf peut-être la pluie scintillante du marchand de sable. Celle qui aujourd'hui ne dégringole plus seulement au moment d'aller nous coucher, mais en averse continue. Alors, quelle que soit l'heure de la journée : « Bonne nuit les petits ! »

## HORIZONTALEMENT

**I.** Il avait toujours de bonnes notes quand il rendait sa copie (3 mots). Mise maximum au poker.

**II.** S'aventure. Parler en bas. On le sert Viet. Surnommé « le sinistre de la santé », virus oblige.

**III.** Pour convoler, dans le temps. Fait la paire au pluriel en un seul objet.

**IV.** Son arc ne tire aucune flèche. Le suivant bouleversé pour le prénom du père de Bond. Les séquences du téléspectateur. Lettres de départ.

**V.** Jacky, beau et con à la fois. Nomme à juste titre. X, Y ou farandole de fac.

**VI.** Marleen. Entre Eanes et Sampaio. Pour ce mot-là, j'ai pris un peu de recul. Mauvaise humeur.

**VII.** Simples corps-à-corps, ou l'amour avec un grand tas pour les libertins. Évita.

**VIII.** S'utilise souvent avec adresse. Font le bouquet à l'arrivée de la dernière étape.

**IX.** Morgane. Cow-boy show... et Juliette pour le calembour. L'enfant de Baden-Powell.

**X.** Il relie la rivière au lac. S'engagea sur une nouvelle voix. Muse... icale.

**XI.** La mère du cousin de ma sœur. Ça ne vaut rien à Venise. L'oiseau australien le plus grand après l'autruche.

**XII.** Souvent, suite de faits. Monsieur, madame. Pour les quatre boules de Nougaro.

**XIII.** Moi, je. Productrice de croissant. Vaut-il mieux vivre en lâche que mourir en lui ?

**XIV.** Action de choix. En anglais. Luxembourg légendaire. Trou.

**XV.** Tranche de seigle. Le son du départ. Pronom. Au début de l'alphabet.

**XVI.** Le château où Polnareff nous a invités au bal. Celui qu'on a descendu peut remonter dans la nôtre. Tiens, le voilà !

**XVII.** En plein rêve. Sont ou ont des revers. Kifkif. Conjonction.

**XVIII.** Évadé (2 mots). Civelle. Barbecue de Jeanne d'Arc pendant le procès et après.

**XIX.** Souffle divin. Marque de pompe. Donc, sa définition est inutile.

**XX.** Coupent la lumière, surtout en été (3mots). Cool.

## VERTICALEMENT

**1.** Maladie en sous-sol... avec des convulsions (3 mots).

**2.** Triplé en l'honneur du vainqueur. Une forme de rire. Amer. Deux comme lui, ça suffit pour faire la fête.

**3.** Le triangle des Bermudes l'est-il ? Rot. Faite dans les cours d'école.

**4.** L'accro *bath* des acrobates. Mange des couleuvres et bois des paroles.

**5.** Fais le malin. Bataille du rail à Paris. Habille.

**6.** Néo avec Visconti. Set en boulevard à L.A. Avant Longoria.

**7.** Les nôtres. Comme tout le monde, je m'en sers pour bisser. Un bout de Wiesel.

**8.** L'autre prénom d'Alizée. Une partie du globe mis en orbite. Majesté pour un crime.

**9.** De génie ou au café, va pour les deux si on est intelligent et gourmand. Format d'image. La vache des cruciverbistes. Dernier en anglais. Vedette angoumoisine.

**10.** L'occasion de se payer une bonne bière. Campagne de Russie.

**11.** Pluriel numéraire singulier. Bannière étoilée. Son Bazooka ne lui a pas été fatal, bien au contraire. Quartier à la sortie de Brindisi.

**12.** Note. Pronom. Précède les lettres d'un docteur. Alors, à vos souhaits !

**13.** Club dans la colonne de son département. Accrochés à la terre pour pêcher en mer. Bernées, mais pas forcément par Stéphane. Les « sans dents » de Hollande en sont privés.

**14.** Note. Fronde avec des pierres. Aller plus tard. Commune en 66.

**15.** Bien ou mal selon qu'on est apprécié ou déprécié. Il doit prendre garde à un œil. Le dernier jour de la semaine qui finit comme les autres.

**16.** Jeu d'échanges. Conspua. Se baisse pour arrêter les rayons. Tranche de mortadelle.

**17.** Surface au carré. Ça s'en va et ça revient. L'audacieux n'en manque jamais. Les bordures du golf.

**18.** L'avenir appartient à celui qui a des ouvriers qui se lèvent tôt. Lié à Valenciennes en affaire. Sans effets. En grains pour l'assiette, en poudre pour la mine.

**19.** Affectives privées. A popularisé le revolver oculaire en chanson.

**20.** Productrice de bottes. Vieille coupe de Chleuhs (3 mots).

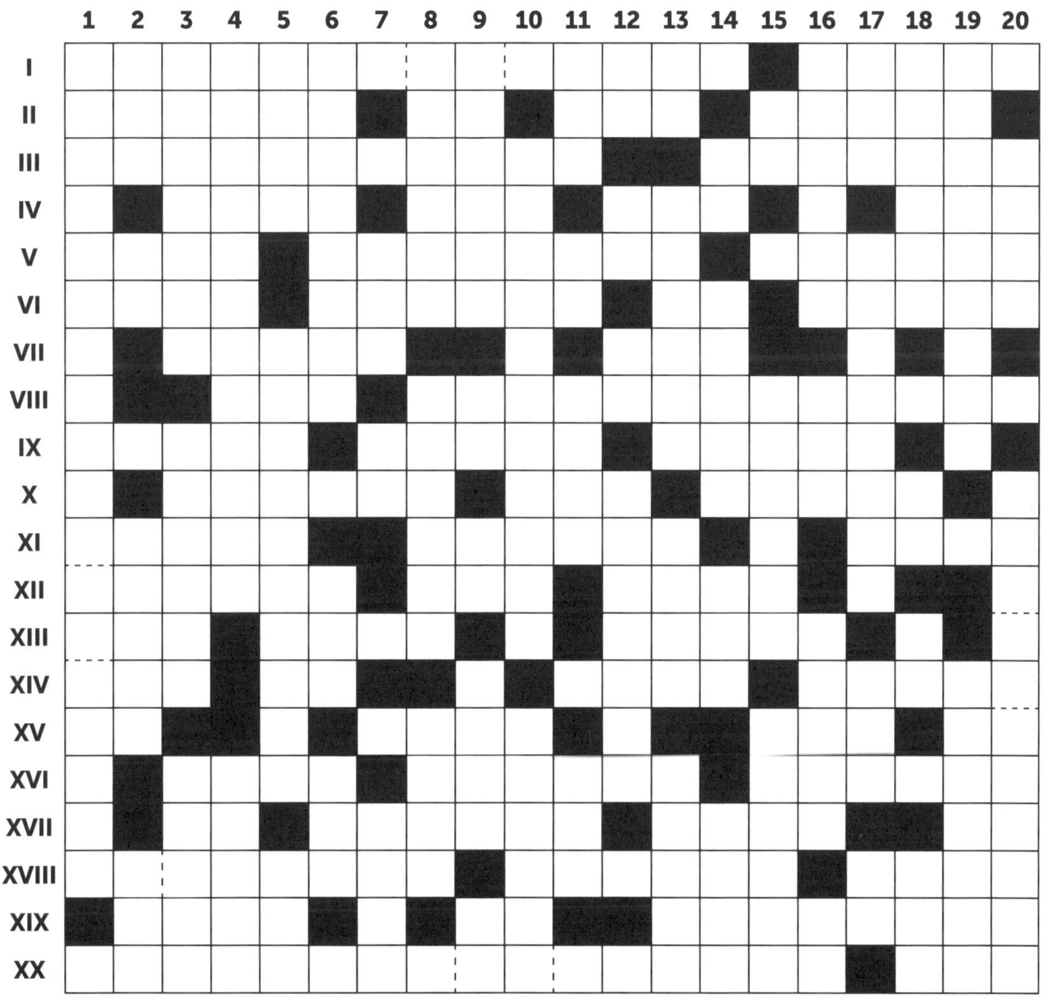


GRILLE

## N°29

L'AIDE PAGE 228
LA SOLUTION PAGE 254

# DIVAGATIONS RÉFLÉCHIES À PARTIR DE LA GRILLE 29

En 10 vertical : « L'occasion de se payer une bonne bière » : ENTERREMENT. Youpi ! Ne soyez surtout pas choqués par ce « youpi ». Il est sincère. Parce que l'enterrement est ma réunion familiale préférée. Loin devant toute autre fiesta commémorative. D'abord, pour l'unisson. En principe, la famille et les amis sont au complet. On s'étreint, on s'embrasse. La ola du stade en moins, il y a un petit côté supporter de la même équipe. « Tous ensemble, tous ensemble ! » Et puis, l'avantage par rapport aux mariages, aux baptêmes et aux anniversaires, c'est que le bougon ne peut pas faire tache. Il y en a toujours quelques-uns dans les fêtes gaies qui font la gueule. Qui n'aiment pas, soit le menu, soit l'ambiance, soit le voisin de table. Là, ils sont tous à égalité de triste mine. L'intrus est indétectable. Et même si, à l'inverse, l'un d'entre eux sourit ou éclate de rire, tout content que le mort le soit, il peut toujours argumenter : « Excusez-moi, c'est nerveux ! »

L'autre avantage par rapport aux plus festives de nos célébrations, c'est l'omniprésence de celui ou celle pour qui on se déplace. Il arrive qu'aux mariages et aux anniversaires on soit frustrés de ne pas passer assez de temps en tête à tête avec les principaux intéressés. Voire qu'ils s'éclipsent en cours de fête. Là au moins, coincée dans sa boîte, on est sûr de ne jamais perdre de vue la vedette du jour. Que du bonheur ! Et puis, à l'église, il y a la chaleur humaine, la convivialité réelle. Les cantiques. Bon, la bigote de service fanée soliste au milieu des grenouilles de bénitier en chorale désaccordée, c'est pas Aya Nakamura. Mais justement, même si ça ne déborde pas du buste en bonnet E, ça repose. C'est sûr que tu vas pas buzzer et retourner le prie-Dieu façon Pagny dans « The Voice ». Mais tu peux toujours t'amuser à transposer dans ta tête. Et pendant que les autres murmurent le « Notre Père », tu peux te chantonner du Vianney rien que pour toi : « T'es pas là mais t'es où ? » C'est pas l'original, mais l'idée se rapproche.

Bon, c'est vrai qu'après, au cimetière, la vision architecturale de la tombe, ça fait un peu visite d'appartement témoin. Même si tu as la vue sur le parc et que les couronnes font jardin fleuri, tu anticipes que ça va te changer sérieusement de ton F4 avec terrasse. Mais tu peux justement en profiter pour te faire une idée de l'aménagement personnel. Te faire ton petit Stéphane Plaza intime. De toute façon, l'observation en détail de l'assemblée présente reprend vite le pas sur l'immobilier. Quel pied d'essayer de détecter les petits secrets et les jalousies de chacun juste sur leur mine ou leur attitude ! On a tout le temps. Pas de fuite possible. On peut scruter et acquitter ou condamner à sa guise. On ne sait pas si le défunt aura droit au purgatoire ou à l'enfer. Mais au moment du défilé des condoléances, c'est de l'herpétologie de concours. Le paradis pour les langues de vipères.

— Ah, la veuve a déjà fait péter de nouvelles bagues ! Elle aura pas mis longtemps pour commencer à siphonner l'héritage. Remarque, tout le monde sait qu'elle n'était là que pour ça. La mécanique des fluides. Sanglots sur les joues, champagne à l'intérieur !

— T'as vu la secrétaire du veuf ! Elle est déjà dans la place. Collée juste derrière lui. Pour une fois que c'est dans ce sens-là !

— Tu trouves pas que le neveu au troisième rang a plus que des airs de famille ? La même tête de consanguin. Pour moi, y a pas photo, c'est son fils caché.

— C'est pas pour dire du mal, mais je pensais qu'il y aurait plus de monde. On avait annoncé le maire, il a dû être retenu. Quelle galère ! Tant pis. Pour le service que je voulais lui demander, j'attendrai un autre enterrement. Mais bon, le plus important, c'est que les vrais amis soient là. J'espère qu'ils ont prévu un casse-croûte après. J'ai une de ces dalles, moi !

Un régal, je te dis ! Sans compter que pour le célibataire en recherche, c'est l'idéal pour un plan drague. La tristesse de la mort est quand même le meilleur encouragement à profiter des plaisirs de la vie. Et on a tout le temps pendant l'interminable oraison pour les travaux d'approche. Le regard profond, l'accolade appuyée. Et puis l'occasion de laisser son 06 pour se souvenir, autour d'un petit café, de ce cher disparu qu'on aimait tant. Ça vaut largement Tinder. Avec un peu de chance, on retrouvera les mêmes pour le mariage un an plus tard. Et en poussant la malice jusqu'au bout, au cas où une fille naisse de cette union, on pourrait même entendre cette suggestion originale : « Et si on l'appelait Chrysanthème ? »

Allez, mettons de côté l'humour noir. Même si pour moi c'est une façon de dédramatiser. Juste pour une observation humaniste et sociale : l'échelle qui va du dénuement au luxe criard dans tout enterrement me dérange. Pour les uns, le bois noble, les poignées brillantes, le capitonné moelleux. Pour les autres, le sapin ordinaire, parfois même les échardes à deux doigts de la cagette. Le paraphe d'une vie de chance contre le paraphe d'une vie de merde. Je parle évidemment en référence aux enterrements de la religion catholique dans laquelle j'ai été élevé. Je sais que dans d'autres religions, même si l'apparat de la cérémonie diffère, l'enveloppe brute est parfois le même drap blanc, quel que soit le niveau social du défunt.

C'est pour cela que j'aimerais qu'une loi impose au moins une boîte égalitaire. Un cercueil standard aux frais de la communauté. Notre constitution prétend que les hommes naissent libres et égaux. C'est faux. Les lieux, les origines, la génétique en font des êtres les plus inégaux qu'il soit. Ce serait l'occasion de rétablir une parcelle d'équilibre. Une étincelle de dignité. Il ne s'agit pas d'égaliser au détail près chaque cérémonie mortuaire. Libre à chacun d'entourer cette célébration du faste propre à ses moyens ou ses envies. D'en imaginer le décorum à sa guise. Mais juste une enveloppe du même bois avec un intérieur unique serait pour moi un marqueur humaniste encourageant. Et qui sait si ce détail du mieux-mourir ne serait pas un signal encourageant pour notre mieux-vivre ?

Pour conclure, en vrai, je déteste les enterrements. Je les fuis. Évidemment, je pourrais prendre l'excuse farceuse que j'entendais si souvent chez les vieux de mon village : « Je ne vois pas pourquoi j'irais à son enterrement, il ne viendra pas au mien. » Non. Je n'aime pas ça, point barre. Lorsque, contraint, j'ai été obligé d'y assister, j'ai toujours eu la sensation d'être spectateur d'un film trop long et bourré de clichés. La tristesse obligatoire. L'encensement des mille qualités du défunt dont la plupart des participants en reconnaissaient bien moins. Et surtout un scénario dont je connaissais la fin. Et j'aime si peu les enterrements qu'il est fort probable que je n'irai même pas au mien. Je crois que je resterai devant la télé pour voir les enfoirés qui ont dit du mal de moi en dire du bien. Ce serait la plus jouissive des oraisons funèbres. Et là, il serait vraiment justifié, mon « youpi » du début, non ?

## HORIZONTALEMENT

**I.** Ancienne émission de télé à chats, entre autres (4 mots).

**II.** Note du règlement. Label de calice... désagréable à boire (2 mots). Motif de renvoi. Triple préférable à Longchamp pour figurer dans le triplé.

**III.** Directeur raccourci par ses élèves. Lutte internationale. Donné en début d'air.

**IV.** Pour la fille de Vinícius de Moraes. De justice, parfois de justesse. Le pied au cru.

**V.** Mort sur le coup. Le compagnon de Zaza dans *La cage aux folles*. Voiture qui vole, si son chauffeur est malhonnête.

**VI.** Corse. Apparente en jean étroit. France, ça c'est du vol !

**VII.** Acquis. Doublé pour un fou. Responsable d'une base de lancement. Troisième personne.

**VIII.** Pronom. Pour désigner un homme mais pas un mec. Humanitaire. Note sortie deux fois de la balalaïka. Dans la famille Klarsfeld, je demande le fils.

**IX.** Conjonction. As de cœur pour une réussite à deux. Heureux de naissance.

**X.** Après avoir passé la première. Il manque V pour le mettre en train. Arsenal, Liverpool, Manchester United en VO.

**XI.** Boucler. Le soldat Ryan. Gueule, même pour celui qui ne crie pas. Extrême droite étudiante.

**XII.** Pronom. Même les alpinistes chevronnés s'en font toute une montagne. Bis. Nuit.

**XIII.** Le sourire de Lady Di. Tête de Turc. Préposition.

**XIV.** Un tonton au cinéma. Pour anges de Californie en VO. Apparu comme le suivant. Né comme le précédent.

**XV.** Avec led du ciel, la nuit. Obi aussi en Russie. Être plus tard.

**XVI.** Négation. Elle contient 9 lettres ou une seule. Coordonne. Sous mi.

**XVII.** Avant Ulis. Man pour une course d'endurance. Un mardi pas comme les autres.

**XVIII.** Clean. Rat des goûts. Lancés au hasard.

**XIX.** Peut être blanche à la maison, même si elle est noire dehors. *United* pour des petits chanteurs. Toute à l'Eure.

**XX.** Une maille à l'endroit, une maille à l'envers (2 mots). Double vit.

## VERTICALEMENT

**1.** Le mois qui n'est pas au calendrier. Faste-food.

**2.** Note. Elle séjourne au fond du palais. Possessif. Prénom ou mauvaise alène.

**3.** Piles. Asocial volontaire. Il ménage la monture.

**4.** Modèle de peintre. Copie dessus. Bavardes de Poulenc. Pronom.

**5.** Fille de bal. Mine de sel. N'importe qui. Elle faisait sa valise plusieurs fois par jour.

**6.** Triathlètes. Chantée dans la « Traviata ».

**7.** Sorte de Cloclo révolutionnaire, pour le lieu du décès, seulement. Premier impair. Entre par effraction.

**8.** Coule en Alsace. Ça peut faire des trous dans la nappe. Il épice la conversation. Trois morceaux de bakélite.

**9.** Mangé pour la forme. S'attache au pin en cas d'incendie. Blé italien fauché depuis longtemps. Ainsi commence cette fin de prière (2 mots).

**10.** Article. Comme une lunule par un onychophage acharné. Long temps. Romano-italien célèbre.

**11.** Neurologue qu'on aurait pu surnommer « divan le terrible ». Presse en fin de semaine devenue mensuelle. Fit la noce.

**12.** Elle n'est pas du tout à l'ouest, bien au contraire. Il arrive à l'Eure. Nie tout en vrac.

**13.** Ne seront donc ni gagnants ni placés. Trouvetou.

**14.** Tire un coup juste avant la course. Perdit. Son maire, c'était Mamère.

**15.** Banana split a été son premier sucé... pardon, succès. Je suis de Londres ou ils sont de Marseille. Mis mal à l'aise. Break pour la campagne.

**16.** Suites de berges. Elle va à l'amer. Initiales personnelles ou bas de page. Roux sur les bords.

**17.** Elle m'appartient. Celle d'Étienne est la plus chantée à l'apéro. Il questionnait des champions. Conjonction.

**18.** Pronom. Stock d'autos. Sa prise est illégale. Bout de terre. Même très rapide, il ne peut pas se faire en moins de deux.

**19.** Vélo des années 1970. Flânera en un mot ou me fatiguera en deux. Dessous sans dessus qui met sens dessous dessus.

**20.** Leurs chenilles sortent-elles d'un cocon... comme la lune ? (3 mots).

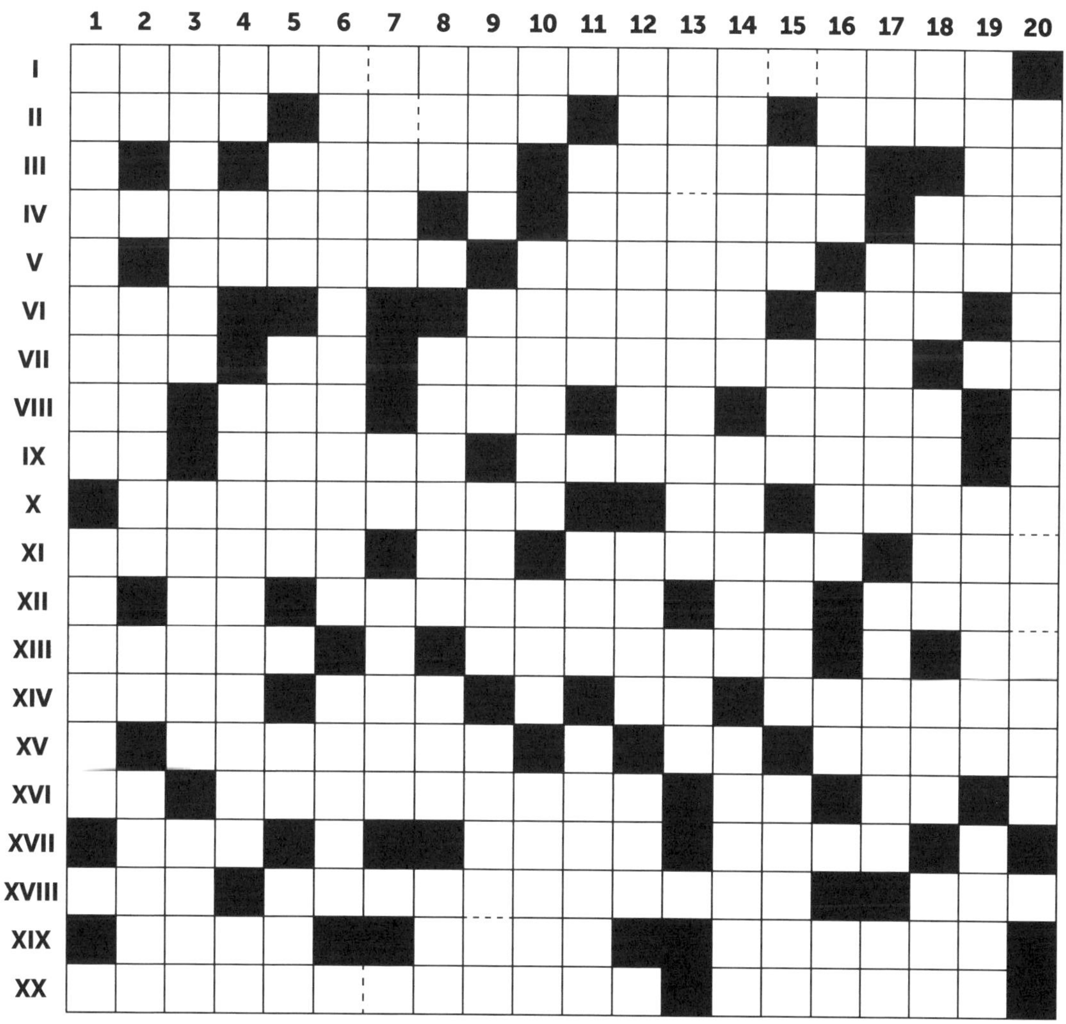


GRILLE

## N°30

L'AIDE PAGE 228
LA SOLUTION PAGE 254

# DIVAGATIONS RÉFLÉCHIES À PARTIR DE LA GRILLE 30

En XX horizontal : en fond de grille, comme quand il est caché au fond du tiroir, « Double vit » : SEXTOY. Le substitut. Le membre suppléant. Comme la calculette qui évite à l'homme de compter sur ses doigts, l'ersatz qui le prive de compter sur son sexe. L'arme de distraction massive de mesdames. D'ailleurs, dire « caché au fond du tiroir » est obsolète. De plus en plus, elles l'assument en public. Elles le brandissent en éten… dard de leur indépendance. Histoire de matérialiser l'air du temps ultraféministe qui leur fait affirmer haut et fort : « Vous voyez bien qu'on peut se passer de vous ! »

Le sexe à piles en a mis un sacré coup au sex-appeal. La demi-molle a trouvé son maître. Finies les explications bredouillées en cas de panne occasionnelle. La journée de travail harassante. Les soucis de crédit. La libido en berne parce que, soi-disant, la demandeuse ne ferait pas les efforts nécessaires pour la réveiller. Finies aussi les dissonances de planning. Quand l'envie de madame se réveille et que monsieur doit finir de travailler sur son dossier. Plus frustrant, quand il est hors de question de rater le huitième de finale retour de la Ligue des champions. Et pire encore quand, au moment où l'appel charnel est le plus bouillant, monsieur fait son Neymar : « Aïe, aïe, aïe ! Je crois que je me suis déchiré l'os de l'adducteur ! »

Avant, le match s'arrêtait là, faute de combattant. Aujourd'hui, pas de problème. Il y a du monde sur le banc des remplaçants. Et même pas la peine de mettre le couple en danger pour un substitut en chair et en os. Je veux dire un amant, avec tout ce que ça suppose de conditions de recrutement dans un mercato improbable. Sur Tinder, au cas où tu kiffes le coït à l'italienne, tu as plus de chance de tomber sur un pizzaïolo pervers que sur un as de la Juve. Non. Le vibrant attaquant est à portée de main. Planqué au vestiaire dans la trousse de maquillage. En cas de gamins fouineurs, on peut toujours le faire passer pour le masseur du club. Et pour en finir avec la métaphore footballistique, madame peut choisir l'attaquant de pointe selon ses aptitudes physiologiques. Ne pas être obligé de subir un Zlatan grand, sec et véhément. Préférer peut-être un Valbuena petit mais vif. Un Zizou grand seigneur estampillé champion qui a fait ses preuves. Voire un Mbappé pour le dépaysement et la performance.

D'un point de vue purement pratique, il faut admettre que ce doudou pour grandes filles, ce petit bonhomme en dur, offre de sérieux avantages. Dixit quelques copines célibataires ou épouses délaissées qui m'avouent y trouver les bienfaits du plaisir sans les inconvénients. D'après elles, d'ailleurs, un plaisir artificiel souvent bien supérieur au plaisir naturel. Ça, c'est pour la jouissance pure. Mais la satisfaction va bien au-delà d'un simple assouvissement des sens. Pas d'hygiène douteuse. Et, bien entendu, aucun risque d'être contaminé par des microbes en balade. Pas de chaussettes qui traînent ou de pantalon en vrac sur l'accoudoir du fauteuil du salon. De plus, une fois l'animal assouvi, pas de sommeil instantané avec ronflements intempestifs. Et, cela va de soi, une fidélité à toute épreuve. Comme la brosse à dents à usage personnel, peu de chance qu'il trahisse avec la meilleure amie. Sauf avec permission, auquel cas il ne s'agit pas d'un vol mais d'un prêt. Et, bien entendu, aucun risque pour la maîtresse régulière d'entendre l'offense suprême, une fois l'acte consommé :

— Excuse-moi, mais il faut que je ne rentre pas trop tard chez moi. Ma femme pourrait avoir des doutes. Allez tchao ! Oui, oui, je vais lui en parler. Ce n'est qu'une question de jours. Bien sûr que je vais la quitter. Mais là, elle est souffrante. Tu comprends bien que je ne peux pas lui faire ça dans un moment pareil. Je ne suis pas un salaud quand même !

Fidèle, efficace, anxiolytique parfois, les sextoys devraient être remboursés par la Sécurité sociale. Il faudrait décorer leurs fabricants de l'ordre du mérite pour la sauvegarde de l'intégrité physique de la femme à laquelle ils contribuent. Marlène Schiappa devrait en porter un mini, en pin's à la boutonnière. En symbole des violences évitées. C'est vrai, ça ! Combien de retours intempestifs de mari découvrant la femme adultère ont dégénérés en coups, et pire en meurtre ? Si l'amant est un sextoy, nul besoin de fuite précipitée ou de cachette dans le placard. Au premier signal de clé qui tourne dans la serrure, un mouvement de poignet, et hop ! le bienfaiteur retrouve immédiatement son nid, au fond du tiroir de la table de chevet. Il est rare que sa découverte déclenche un crime passionnel. Même si on m'a rapporté qu'au Japon (c'est véridique), un jaloux a assassiné sa femme pour l'avoir surprise à se donner du plaisir de cette façon. Un acte barbare et surtout stupide. Comme aurait pu dire un Christophe Hondelatte révolté : « Quel con ! Alors qu'il aurait juste suffi de lui confisquer les piles ! »

Je passerai sur tous les autres usages dérivés du sextoy pour quelqu'un ayant un tant soit peu d'imagination. Batteur à œufs pour un cuisinier inventif en quête d'originalité. Bouche-trou pour un maçon en panne de plâtre. Témoin à se passer dans une course de relais aux Gay Games. Arme d'autodéfense. Bon, ça ne vaut pas le cutter, mais un coup bien assené peut te sauver la mise. Surtout avec l'effet de surprise et l'éclat de rire de l'agresseur se voyant menacé d'un gode en caoutchouc. Ça peut t'offrir le laps de temps nécessaire à la fuite. Et puis, bien moins convenu, l'outil de rodage, de training.

Je vais développer, mais je préfère avertir avant. Les propos qui vont suivre n'engagent que moi. Tu les trouveras sans doute outrés, voire affreusement démagogiques. Mais j'assume. Tant le spectacle politique du moment renforce ma sensation de viol intime. Et, en l'occurrence, dans une circonstance bien particulière. Quinquennale. Je parle du soir de l'élection présidentielle. Quand, affalé sur le canapé, tu vois à la télé le vainqueur du jour te promettre qu'il fera tout pour être digne du scrutin en t'offrant le meilleur. Que le changement c'est maintenant ou que le bonheur est en marche, qu'importe. Et qu'à partir d'aujourd'hui tout va être pour le mieux dans le meilleur des mondes. Je te suggère alors d'aller chiper le joujou dans le tiroir de la table de chevet. Et aux premiers mots du discours officiel de l'introduire dans la partie la plus intime de ton individu. Puis de répondre à ta femme effarée qui te demandera :

— Mais qu'est-ce qui t'arrive, mon chéri ?
— Ne t'inquiète pas. Ce n'est pas un coming out officiel. C'est une précaution sanitaire pour éviter une blessure trop violente. Mais vu ce que j'entends, et ce que je pressens qu'il va nous arriver, je m'habitue !

## HORIZONTALEMENT

**I.** 4 fois 3 en 20 cases, il n'y a pas plus simple !

**II.** Il prend des coups sur la tête et ne s'en plaint jamais. Beaucoup l'ont été en signe de deuil. Emballé.

**III.** Détournement de vol. Assemblée en bois. Il se relève pour un défi.

**IV.** Note. Calcium. Tony le gitan.

**V.** Sans attendre (2 mots). Rayon de sommeil.

**VI.** Précède le fracas pour une expulsion. Elle se pointe, ou elle se tire au moment d'allonger les boules. Renouvelle l'atmosphère au son.

**VII.** Rapace, rapace et rapace encore, pour un inculte. Pierre à feu. Équivalence de fils.

**VIII.** Bases de charpente. Rébarba... tifs. Bobo, même chez les beaufs. Le roi d'Espagne. On y accorde le droit d'asile.

**IX.** Termine, en commençant. Club pour bronzés. Pronom. Un truc à la noix.

**X.** L'arrêt au milieu... de la route. En radioactivité en physique, en activité en politique. Pas de sape chez eux. Dans l'état (civil) de Virginie, l'actrice.

**XI.** Elle peut être battue avant qu'on joue avec. Casse les noix. Pour une balle perdue.

**XII.** Zemmour et Naulleau. La correspondance d'un sage. Lettres suisses.

**XIII.** Malgré son cœur de glace, il finit toujours par fondre (3 mots). Fêté le premier.

**XIV.** Déduite. Tente parfois. Hôtel de passe-passe pour illusionniste du pouvoir.

**XV.** Traditions. Brioul alors, puisqu'on dit aussi fioul ! Un lieu différent. Mac en rade.

**XVI.** Accessoire de dames. La crème des pâtissiers. Gay Pride qui défile en désordre.

**XVII.** Passe-temps à entendre, ceinture à lire. Lancée contre un infidèle. Un évier vidé de ses consonnes. Or.

**XVIII.** C'est bien fait pour s'épier. Des gens pris en compte. Oisienne.

**XIX.** Renart de roman. Pas décolorées mais platinées parfois. Un Paraná dedans, un parano à sa tête ?

**XX.** Pourquoi pas ? Quartier de Paris.

## VERTICALEMENT

**1.** Quand c'est dur, c'en est pas. Forêt de tapins (3 mots).

**2.** Donne des marques d'infection. Ils ont des cavaliers qu'ils peuvent mettre en garde. Éclusé.

**3.** Opportunités. Surplombe. À cons pour une élection, selon les abstentionnistes.

**4.** Flotte dedans et autour (3 mots). Capital pour la luxure. Tien.

**5.** Du feu, parfois à grande échelle. Conjonction. Sorte de « mouais ». Note.

**6.** Pronom. On n'y croyait plus. Bossa, pas forcément en musique. Eu les moyens.

**7.** Ainsi de suite. Collé au bouchon pour s'en débarrasser. Plein de lui. Classe.

**8.** Elles cassent la voie. Elle peut appartenir à la race des cougars. Bien en anglais ou collant en français.

**9.** Pour faire le plein en chiffres ou en litres. Une star américaine bien carrossée.

**10.** Mots croisés familiaux force 2 avec souvent une solution à l'horizontale (3 mots). Première dame.

**11.** Ou café, ça dépend des goûts. Conjonction. Adorent. Entre dans un jean.

**12.** Radium. Plus à la télé. Réfléchi. Mise en jambe.

**13.** Un mot qui va droit au cœur. Couarde.

**14.** Juste après l'entrée du village. Menu. Symbole de méchanceté.

**15.** Grimace qu'on n'apprend pas aux vieux. Tiens, voilà mon job !

**16.** Aspira. Omar à l'américaine avec Spielberg. Bas de gamme. Dans d'ailleurs. Souvent grand en château.

**17.** Il fait des courses tous les jours. Poil au menton ! Lyonnaise de Paris.

**18.** Pierre irisée. Jazz, soul, etc (3 mots).

**19.** Elle pour homme. Quand avant d'être agent secret, Roger Moore n'était que chevalier. En plein été. Le Napoléon qui a eu des éclairs d'Eugénie.

**20.** Sportif souvent au bout du rouleau. Ils prennent des coups sans les rendre.

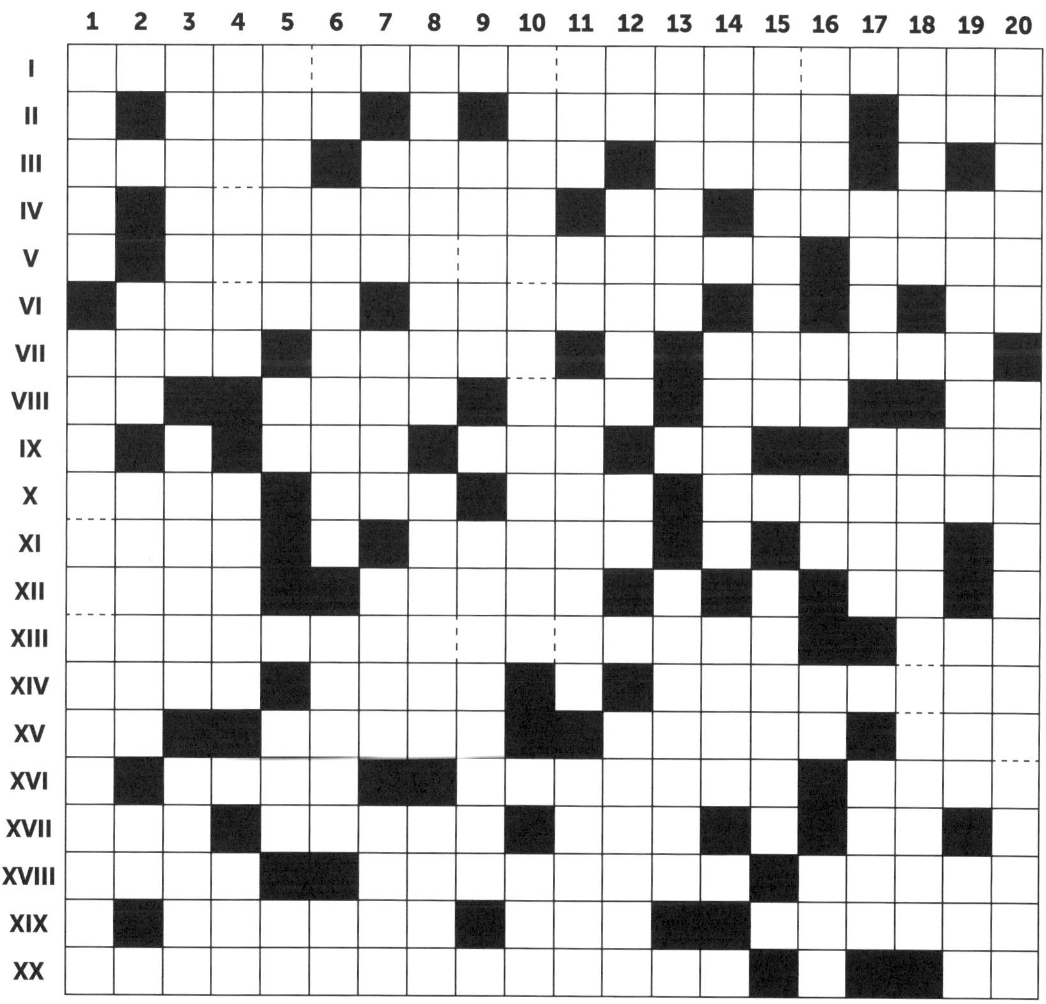


GRILLE

# N°31

L'AIDE PAGE 229
LA SOLUTION PAGE 255

# DIVAGATIONS RÉFLÉCHIES À PARTIR DE LA GRILLE 31

En 1 vertical : « Forêt de tapins » : BOIS DE BOULOGNE. Et, bien sûr, tu t'imagines que je vais t'embarquer dans un plaidoyer scabreux. Que je vais te vanter les mérites forestiers de la fête à Nœud Noeud. Le rendez-vous nocturne cosmopolite des pervers en goguette et des Sud-Américains en bas résille. Que je vais t'aligner une énième tirade nostalgique. Quand le bois de Boulogne des années 1970-1980 était le rendez-vous des nuitards le plus festif d'Ile-de-France. Quand les allées débordaient de prostituées aimables, de clients pas pressés et de baraques à frites. Quand même les cars de touristes japonais en faisaient la visite la nuit. Eh bien, non ! Pas de trivial, pas de douteux. Je te le promets sur l'honneur. Je veux juste à l'occasion de ces divagations te faire l'éloge le plus poétique possible de nos forêts.

Eh oui ! Moi le môme de la campagne, je suis attaché viscéralement à mes arbres. Ce n'est pas que je n'aime pas les villes, mais il me manque toujours quelque chose. Les parures des feuillages alignées sur les saisons. Les éclosions du printemps. L'ocre ambre d'octobre. Les squelettes de Noël qui nous enseignaient la patience du provisoire. Tout refleurit toujours. Bien utile en ces temps de virus qui a effeuillé nos habitudes. Nos branches de vie paralysée sont nues, laides, tristes. Au point qu'aucun oiseau n'a le droit de s'y poser pour égayer un peu. Les rossignols ne sont pas essentiels. Mais il me suffit de regarder mes arbres pour que je croie à l'après. Je sais que ce n'est qu'un entracte. Tout refleurit toujours.

D'où j'écris, dans mon antre, je vois, à travers la baie, mes hêtres tanguer au rythme des bourrasques de fin d'hiver. Ça me rassure. C'est mon placenta. Mon enfance *ad libitum*. Le bois est pour moi la matière la plus évocatrice. En forêt d'abord, quand, en amoureux débutant, j'allais graver des cœurs sur les écorces. Quand je tirais des fourches des branches pour fabriquer mes lance-pierres. Quand avec mes potes bâtisseurs de rêve, on empilait des bûches dans les ruisseaux minuscules pour en faire des barrages de castor. Quand on dévalait les pentes dans des boîtes à savon. Quand on construisait des cabanes sans trois mois de loyer de préavis. Et puis, quand je passais des heures à regarder le sabotier du village commencer à la vrille et finir à la rainette. Parfois, il lâchait une phrase que je ne comprenais pas. Parce que je ne savais pas que la galoche industrielle lui avait déjà grignoté la part de marché.

— Quand il n'y aura plus de copeaux, les sabots n'auront plus d'âme… les gens non plus peut-être !

De l'enfance à la fin, je dois au bois mes plus beaux souvenirs. Les bûches dans la cheminée qui crépitaient au rythme de mes grand-mères conteuses. Le bois des prie-Dieu qui mâchaient les genoux autant qu'ils réconfortaient l'âme. Le bois du pupitre d'écolier que je tatouais au compas des prénoms de mes espérées. Celui de mes premiers lits, de mes premiers émois de chair. Et puis, bien sûr, les planches des scènes. Le radeau des médusés. Des émerveillés qui m'ont comblé de leurs applaudissements. Tous, des bois de plaisir, de survie. Il en manque un, évidemment. Le dernier. Et ces paroles de Brassens qui tournent dans ma tête chaque fois que, pour y voir plus clair en moi, je m'enfonce dans les sentiers sombres d'une forêt épaisse : « Est-il encore debout le chêne ou le sapin de mon cercueil ? »

Je suis sûr que si tu ne connaissais pas la phrase, tu dois te dire : « Tiens, c'est vrai ça ! » Et que tu ne regarderas plus jamais un chêne ou un sapin de la même manière. Alors, pour mon ultime coffrage, surtout épargnez-moi la sépulture en alu. Je ne veux que du tronc qui hier encore servait de perchoir à mes oiseaux. Du chêne, du hêtre, du noisetier, du cocotier, qu'importe. Et même du séquoia, au cas où un fonds de pension canadien ait fait main basse sur les pompes funèbres corréziennes. Je veux que ça sente encore la sève, le cèpe ou la truffe qui naît dans la même terre que ses racines. Que les parfums des lichens m'escortent jusqu'à la porte en acier sécurisé du paradis que je n'ai pas mérité. Quand les videurs me diront « ça va pas être possible ! », et que j'irai directement en enfer. Au moins, au moment d'y cramer, la fumée me rappellera le goût poivré des sarments de vigne sur mes plus belles entrecôtes au gril. Et, avec un peu de chance, je garderai aux lèvres la saveur incomparable que donne aussi le bois de son fût à la plus merveilleuse des lumières bues, le Château d'Yquem.

Les arbres m'ont toujours rassuré. Et, paradoxalement, même les plus anxiogènes. En pleine nuit, je me sens beaucoup plus en sécurité dans une forêt inconnue que dans un quartier de Paris. Mon cœur bat, bien sûr, mais ma peur est seulement fantasmée. Le moindre craquement me fait envisager une bête cruelle, voire un fantôme des sous-bois. La belle adrénaline ! Mais pour de faux. Alors que l'autre, la vraie, celle des villes, me tenaille vraiment. Parce qu'un dingue qui n'a rien d'un ectoplasme peut à tout moment me tomber dessus. Et puis, dans ce monde d'espionnage perpétuel, la forêt reste un des rares espaces de liberté en plein air. Un endroit où tu peux n'être précautionneux d'aucun de tes actes, puisque même un observateur du ciel ne pourra en repérer le moindre geste. Le touffu reste pour l'instant l'ennemi numéro 1 du drone. Pourvu que ça dure !

Pour en revenir au bois, la matière, il reste pour moi le symbole de la vraie convivialité. Surtout celle des tables de famille épaisses où s'agglutinent les amis qui restent. Le vestige muet des soirées interminables avec ceux qui sont partis. Ces socles, témoins de tant de drames, de joies, de confidences. Ici, une tache de vin qui s'est incrustée. Là, l'entaille d'un couteau planté. L'a-t-il été de plaisir ou de rage ? Parfois je m'assois seul, la nuit, à la mienne. Elle trône depuis quarante ans dans mon antre. C'est la reine de ma maison. Et dans le silence absolu, elle me parle. Elle me raconte Maman, assise au bout, en patriarche. Mes enfants encore minuscules dont le menton touchait presque la nappe. Les plus fugaces de mes amoureuses qui l'ont abandonnée en même temps que moi. Elle, elle est toujours là. Solide. Irremplaçable. En toute autre matière, on l'aurait assainie à chaque coup de torchon d'après dîner. On lui aurait enlevé sa mémoire. Par bonheur, Alzheimer n'aura jamais l'occasion de s'y asseoir.

Et pour terminer en poète accompli, moi le fumeur, je ne remercierai jamais assez ce matériau dont je viens de faire l'éloge pour son apport en fourneau aux plus belles volutes de mon vice le plus agréable. Eh oui ! Comme dit Pédro, avec la voix de Maria Luisa et un délicieux accent brésilien : « C'est quand même dans le bois de Boulogne qu'on fait les meilleures pipes ! »

Je sais, j'avais promis. C'est fou comme autant, dans la vie, je ne renie jamais ma parole, autant j'ai du mal à tenir mes promesses littéraires !

## HORIZONTALEMENT

**I.** Quand Carlos préparait un attentat... à la pudeur (4 mots).

**II.** Sexe en bois avec élan, par exemple. Utile au plat, mais aussi au saut d'obstacles pour un cavalier. Font passer à l'intérieur.

**III.** Elle est entièrement dans son foie pour le plaisir des gourmets. Entrée salée. Changea les portefeuilles.

**IV.** Sont vénères. Les grandes gueules sur RMC. Facilite le swing. Conjonction.

**V.** Toubib or not toubib, enfin pas encore vraiment. De son plein gré pour Virenque. Démonstratif.

**VI.** Question de temps. Up contre le sida. Pôle position.

**VII.** Il rit à gorge déployée. Pisse chaud. Piaf qui chante pour rien ou pour bonbon.

**VIII.** Des morceaux du décor. Celui de Guichard en chanson. Bord d'eau... en Aquitaine ou ailleurs. Tête de corps.

**IX.** Glisser. Mise en couches.

**X.** Atahualpa. Mollet de poule. Espace pour surfer. Lunghini, mais on connaît surtout son prénom en chanson.

**XI.** Un petit bizuth. Interjection. Taupe modèle.

**XII.** Fissure. A reçu un coup de pas gai. Son caca pour kaki.

**XIII.** Vienne en partie. Pronom. Mobile homme de vacances. Le précédent peut profiter de son île.

**XIV.** Quelle que soit sa dictée, les majuscules de Bernard Pivot. Forme de patate. Pronom. Elle peut se brosser !

**XV.** Mienne. Littéralement *black gold*. Été dans un temps futur. Deux fois dans la queue. Ajoute toujours.

**XVI.** De propreté, privées. Sur Seine ou Marne.

**XVII.** Fera long. Au milieu du chemin ou à moitié. Un argument de poids. Frère d'Italie.

**XVIII.** Prêtés en retour dans une revanche. Elle est toujours dans le cou. Traite des cracks.

**XIX.** Garde-barrière en mers chaudes. Sans limite.

**XX.** Dans la plaidoirie d'un avocat de la défonce. Voisine de l'atlas.

## VERTICALEMENT

**1.** Celui-là est né sous le signe du Cancer. Elle panse, donc elle est.

**2.** Elle est à l'écoute. Décorées. Comme avant.

**3.** Les huttes servaient-elles à ces Indiens homonymes ? Comme un crédit en banque. Contrefait.

**4.** Rossi... gnol corse au chant mélodieux. Tableau peint souvent au feutre.

**5.** Les débuts de Napoléon, plus loin dans Bonaparte. Chichon sans H. Elle extrait des racines.

**6.** Érodant. Lancer de balle. Scène de crime dans l'affaire Dominici.

**7.** En pour plusieurs. Maison de ver. Supprimait. Un morceau de samba. Calcium.

**8.** Shoot. On peut dire : département infidèle, puisque sa moitié va aussi au lit du Maine et au Cher. Claudine à la mercerie.

**9.** Acrimonieux comme Faf Larage ? Toile à gratter.

**10.** Retenu et parfois bouclier. Iras au bout de ta patience.

**11.** En mineur pour la cinquième de Beethoven. Initiales d'ancien. Ho d'abord pour soulever. Rue de Rome.

**12.** Masculin dans le potage, c'est qu'il y a un problème. La France de droite, en haut quand on la regarde en face. Jupe écossaise.

**13.** Deux rails pour y être en deux mots ou en un seul parfois pour se le donner. Il a eu la pire des sorties en mer, et la meilleure en salle.

**14.** Sont en basse fréquence. C'est du feu. Une, première. Vague d'enthousiasme.

**15.** Œuf avec des moules. Précise. Il a habité Auteuil.

**16.** Un nom pour la reine d'Angleterre. Questionnée par l'institut. Préposition.

**17.** Ibra. Pour feu de bois ou de mitraillette. Sous-sol.

**18.** Née par le siège. Précède un hiver anglais en chanson. Plateforme en séries principalement.

**19.** Conjonction. Gueule. Tellement anglais. Payés à rien faire. Reine hindoue.

**20.** Enceinte de Johnny en 1998 (3 mots). Plus gros chez les noirs que chez les autres.

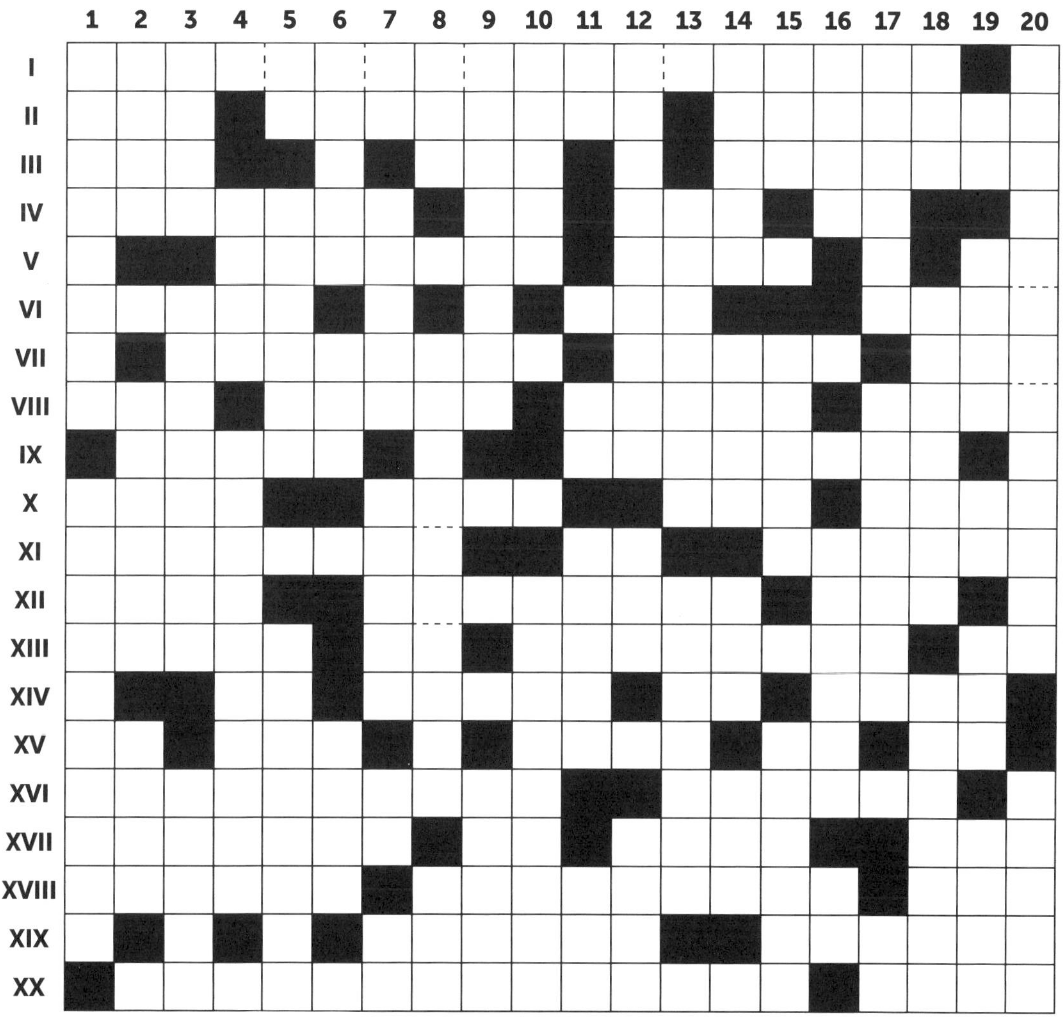

GRILLE

# N°32

L'AIDE PAGE 229
LA SOLUTION PAGE 255

# DIVAGATIONS RÉFLÉCHIES À PARTIR DE LA GRILLE 32

En 1 vertical : « Elle panse, donc elle est » : INFIRMIÈRE. La sainte femme. L'exemplaire. L'accompagnatrice de nos voyages désorganisés. Parfois, le dernier sourire à nos yeux avant qu'on ne les ferme définitivement. Actualité oblige, première au classement de la compassion des Français. Comment peut-on avoir si peu de considération pour cette essentielle ? Pour cette dévouée sous-payée qui ne compte ni ses heures ni les séquelles d'une vie passée à absorber les souffrances des autres. Pas la peine d'en rajouter, tout le monde est d'accord. C'est surtout l'occasion pour moi de m'arrêter sur une hiérarchie bien particulière qui aujourd'hui formate nos consciences : le classement des indignations à la mode. Quelle est la cause qui remportera le trophée de la plus grande compassion ? Le grand prix de la pitié. La statuette qui récompensera la meilleure interprétation du pire scénario de vie.

Alors, comme pour le classement des personnalités préférées des Français dans le *JDD*, je crois qu'il est temps de communiquer celui de l'apitoiement obligatoire. Une numérotation qui aura sans doute bien évolué au moment où tu liras ces lignes. Matraquage info oblige. N'oublions pas que toute indignation n'est pas inscrite dans une prise de conscience réelle. Elle est malléable au gré de sa représentation médiatique. Il suffit d'un caillassage de pompiers, surmédiatisé en banlieue pour que la famine au Darfour disparaisse des radars. Et que même on entende :

— Mon beau-frère est pompier. C'est intolérable de se faire agresser comme ça. Et ça, c'est chez nous. Ça nous concerne directement. Alors, arrêtez de nous bassiner avec des anorexiques du bout du monde qui viennent nous couper l'appétit au journal de 13 heures ! OK, c'est triste, mais s'il y a le feu à ma baraque, je vais pas faire le 18 au Soudan !

Donc, aujourd'hui, février 2021, c'est l'infirmière qui est première du top. Logique, on s'y intéresse autant en période de Covid qu'on s'y intéressait peu en période de cancer ordinaire. En numéro 2, entrée fracassante dans le classement de la « victime d'inceste ». Merci, Olivier Duhamel ! Merci, Richard Berry ! C'est-y pas malheureux, ma brave dame ? D'un coup, ces pauvres petits dont on a massacré la vie. D'un coup ? Comme si ça datait d'aujourd'hui. Comme s'il suffisait de braquer un projecteur pour que les choses existent. Mais la parole est libérée, et c'est tant mieux ! Il était temps ! Et puis, ça va permettre de créer quelques associations à but lucratif bien dissimulé. Ces opportunistes avides qui sont dans les starting-blocks au moindre scandale. « protègetonneveu.com », ça va en faire de la thune fraîche, un bureau tout neuf et des occasions de passer à la télé !

— Non mais dites donc ! Espèce de salaud ! Vous n'avez donc aucune conscience pour faire peser sur nous une telle suspicion ? Vous préférez l'indifférence peut-être ? Pas nous. Et si nous avons besoin de fonds, sachez que vos dons serviront en priorité à éradiquer le mal. À financer des thérapies. Même si on ne peut pas faire grand-chose pour que ça n'arrive plus, hélas ! Mais ce n'est pas plus mal non plus. Parce que si cette ignominie disparaissait totalement, notre association serait obligée de mettre la clé sous la porte. Faut pas déconner ! On a des crédits sur les locaux. Mais bon ! Apparemment, vous êtes totalement étranger à la gravité du sujet. Cela sous-entendrait-il que vous même n'êtes pas complétement blanc-bleu dans cette abomination ?

Et voilà la vilaine culpabilité qu'on te colle sur le dos au cas où tu aurais l'outrecuidance d'hésiter à monter dans le train de l'indignation du moment. Donc, par précaution d'image sociale, il est hors de question de fuir le sujet ou de montrer une indifférence suspecte. Et, par ricochet, tout cela accouche de dîners où l'on surfe entre deux vins sur la vague de la compassion du jour. Vous reprendrez bien un peu de handicapés après votre saumon ? Je vous sers un peu de harcèlement scolaire ? Ou préférez-vous attendre le dessert pour que nous évoquions ces malheureuses victimes de tournantes dans les cités de non-droit ?

Pour en revenir au classement, notons que le harcèlement sexuel se maintient sur la troisième marche du podium. Normal. Depuis MeToo, il n'est pas un jour sans une accusation nouvelle. Avec, là encore, le pire et le meilleur. Le meilleur, c'est la libération réelle pour des femmes humiliées, bafouées, blessées au plus profond d'elles-mêmes que la peur avait condamnées à la souffrance éternelle. L'occasion, en dénonçant leurs bourreaux, de poser enfin le fardeau insupportable. Le pire, c'est une fois de plus l'opportunisme. La vieille star oubliée en quête de renouveau à laquelle il revient soudain en mémoire un tripotage de gamine dont elle ne se souvient pas vraiment des circonstances. Mais c'était terrible. Bon, l'avantage, c'est que l'accusé est mort depuis longtemps. Aucune chance qu'il donne sa version.

— Une fois de plus, vous osez semer le doute ! Vous êtes vraiment un ignoble personnage. Parce que même à supposer que ce soit faux, le simple fait d'ajouter un témoignage de plus ne peut qu'encourager les victimes réelles à briser le silence.

Qu'est-ce que tu veux répondre à ça ? Allez, on reprend le classement. On peut noter la forte progression de l'inondé d'Aquitaine pour cause de crue exceptionnelle. Grosse progression aussi pour le professeur menacé pour avoir tenu des propos anti-islamistes. En revanche, on remarque le net recul des sans-abri par rapport au classement de l'hiver dernier. Il y en a toujours autant, voire plus. Mais bon, on ne peut pas faire rentrer deux litres dans un litre. Les éditoriaux sont assez chargés en vaccins qui n'arrivent pas, en variants et en couvre-feu discutables. Désolé, mais c'est comme pour les loger dignement : on n'a pas la place ! Quant aux migrants, ils ont carrément disparu du classement. On a d'autres chats à noyer ! Pourtant, ils continuent à couler en mer. De quoi faire une belle photo à la une. Le jour où il y aura la place, bien évidemment. Le jour où une star lanceuse d'alerte remettra cette indignation-là au goût du jour. À l'occasion de la promo de son dernier CD ou de son dernier film.

Tu la vois la photo ? Un radeau chargé à ras bord de migrants promis au naufrage, qui croise la croisière Costa. La minuscule coquille de misère au pied de l'immense paquebot de luxe. Et, sur le pont, le coucou de la main des vieux riches à des enfants pauvres qui n'auront pas la chance de l'être. Pas riches, simplement vieux. Le symbole de deux mondes que, de toute façon, aucune indignation, même très bien classée dans le Top 50 des injustices, ne parviendra à rapprocher. Pour résumer, une question : la compassion existe-t-elle pour venir en aide aux douleurs des autres, ou seulement pour atténuer la culpabilté de notre propre conscience égoïste ? Je te laisse y réfléchir. En y ajoutant la citation d'un grand philosophe : « La misère du monde n'est pas de dimension humaine. »

Ce n'est ni de Voltaire, ni de Kant, ni de Platon. C'est de Coluche.

## HORIZONTALEMENT

**I.** Travaille pour Air France sans toucher de salaire (2 mots).

**II.** Il a toujours le bon mot. 1900 à Rome. Bouffe sur un plateau. Fit des trous, des p'tits trous, encore des p'tits trous.

**III.** Grecque. Avance ventre à terre. Barrer, après avoir reconnu ses fautes.

**IV.** A précédé Alphonse François de Sade. Elle s'applique à ce qui donne du moût. Pour les accrocs au je.

**V.** En fuite avec des enfants. Direction Bayonne. Nom de roi.

**VI.** Élections ou pas, elle est toujours en campagne. Ne dépendent plus de l'assistance publique.

**VII.** Dame dans la rue. Il peut mener le comédien au trou. Elle est dans la tête même quand on l'a derrière. Midi.

**VIII.** Noircit parfois avec du blanc. Bois de justice pour saint Louis. Numéro des Carpentier dans les années 1970. Note.

**IX.** En ordre de marche. On lui a dit : « Va te faire empiler ! », elle y est allée. Napoléon pour Bonaparte.

**X.** Enfouraillés. Le siège de Constantinople, à l'origine. Eut de la peine.

**XI.** Roue à gorge. Une autre forme de sexe. Sert à l'union d'un chou-fleur et d'un croque-monsieur. Tonitruer en partie ou complètement.

**XII.** Une découverte. La fête du père ou de Mamère. Le zèbre l'est-il tant que ça ? Expositions de mannequins.

**XIII.** Est allemand. Fondue ou branlée. Zéro est arrivé. Négation.

**XIV.** Elle s'allonge sur le trottoir. Vers latin. La ligne à garder si on veut bien tirer. Envoyé spatial.

**XV.** Américain pour nous. Ils en font, des bannières. Trèfle à une feuille. Marco intime à la télé.

**XVI.** The avant en anglais, ou à la place en français avec un accent. Monsieur stéthoscope. Aber.

**XVII.** Pour anglais avec un intérieur français. Baguenaudai. Incorruptible.

**XVIII.** Un morceau de macaron. Ceci n'est pas Magritte. L'assassin de Kennedy au début. Louis XIV égyptien.

**XIX.** Asexué. La fille de Charlemagne la plus connue. En face de tout le monde.

**XX.** S'il est interdit, il nous force à circuler sans arrêt. Saint.

## VERTICALEMENT

**1.** Ne sert plus à rien quand il est au bout du rouleau (2 mots). Tout va bien.

**2.** Palindrome fluvial. Lésé. Le droit d'user. Faire au présent à plusieurs.

**3.** Note. Rigides dont on fait des saletés si on leur ajoute de l'or. Gardons en partie. Royaume unique en Polynésie.

**4.** Ile double en Polynésie. Évente. Tacot voiturage moderne. Conjonction.

**5.** Ta mère seulement pour JoeyStarr. Madiba de Mvezo (2 mots).

**6.** Dort avec en. Indien américain. Deux lettres au Père Noël. Avec le masochisme, c'est la cruauté totale.

**7.** Mal poli. Games in the city... du Nevada (2 mots). Notre meilleur rami ?

**8.** Petit morceaux de flûte. Une terre comme Ré, mais plus bas (3 mots).

**9.** Tape pour conclure. Il fait partie des bêtes. Terminus du rail.

**10.** Une pièce collective avec beaucoup de scènes de travail. Nuit ou gâteau du jour.

**11.** Personnel. Où les instruments de travail portent le mieux leur nom. Elle est parfois dans la plus grande des tresses.

**12.** Raide. Monte en Corse, brille en Italie. Sympa tic, ou pas.

**13.** Un début de tarentelle. Dans toutes les histoires de cru, évidemment. Haut lieu de la côte d'albâtre. Conjonction.

**14.** Goulée de canon. Il suit le bobo. Poil aux yeux.

**15.** Elle ne fait jamais défaut. Elle voit passer des voiles de marins et de mariées. Tas de glace.

**16.** On l'a toujours dans le postérieur. Une forme de pouvoir. Le gros du pied, entre autres.

**17.** Il valut des livres puis des francs. Préposition. À l'article de la mort. Appris.

**18.** Gros temps. Préposition. Vous et moi. Espérance de vit.

**19.** Incontournable dans une traversée du désert. Française, allemande et anglaise quand même. Pour les dentistes, c'est la crise.

**20.** Peuvent-ils prédire l'avenir de l'OM ? (3 mots).

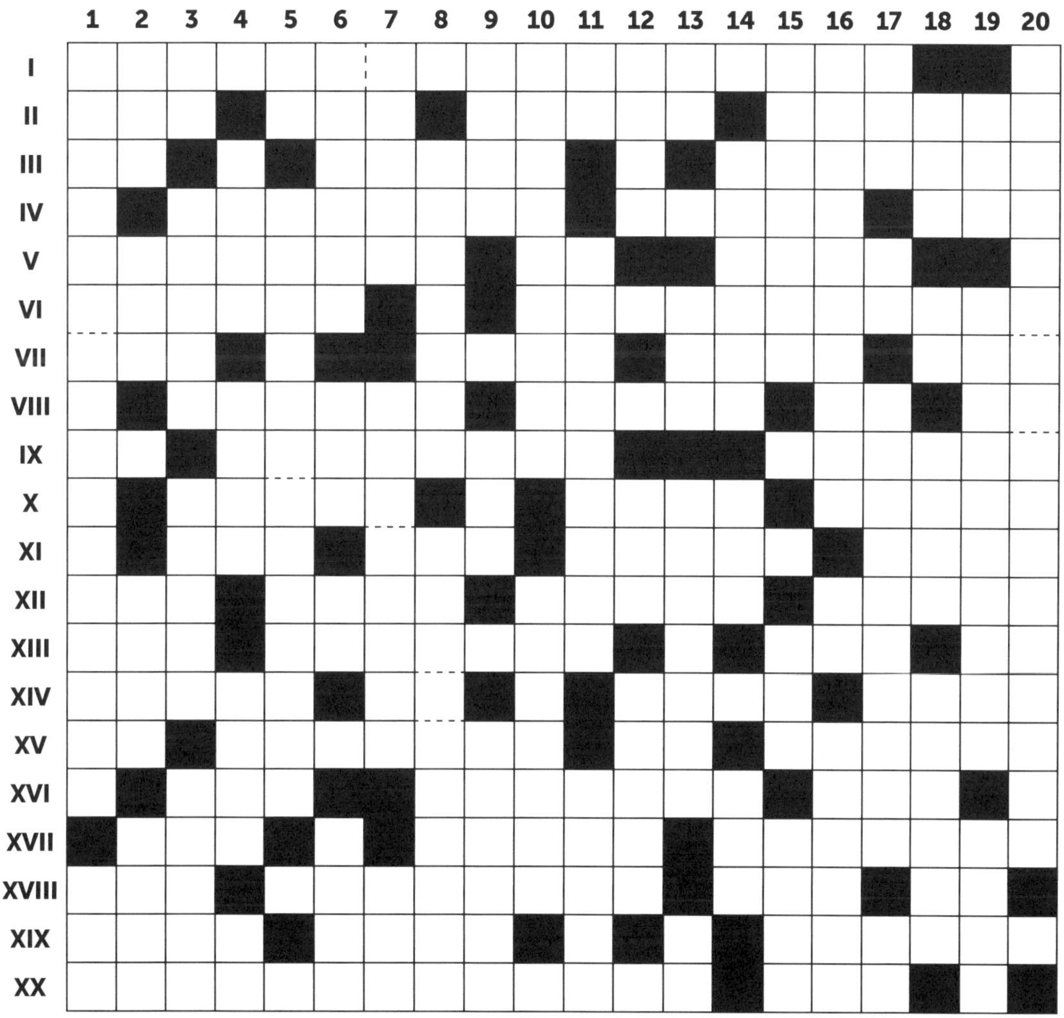


GRILLE

**N°33**

L'AIDE PAGE 230
LA SOLUTION PAGE 256

# DIVAGATIONS RÉFLÉCHIES À PARTIR DE LA GRILLE 33

En 20 vertical : « Peuvent-ils prédire l'avenir de l'OM ? » : TAROTS DE MARSEILLE. Ah, les sciences divinatoires ! Lire dans les cartes, les astres, les lignes de la main, le marc de café. Et même la calligraphie. Je connais un voyant qui peut te prédire des mois de galère juste en décryptant ta lettre de licenciement. Balèze, non ? Tu comprends que je vais être sans doute un peu sarcastique. Je ne rejette pas en bloc l'astrologie, les horoscopes, les arcanes de toutes sortes. Parce qu'il y a des charlatans, bien sûr, comme partout. Mais il y aussi des professionnels aux prévisions parfois stupéfiantes de justesse.

Et puis, quelle importance ? Celui qui consulte vient plus souvent chercher un soutien moral qu'une vérité. Mal aimé, endetté, inquiet pour sa propre santé ou celle d'un proche. Alors, même si au premier retournement d'arcanes apparaissent la « Faucheuse » ou le « Pendu », la voyante aura les mots qu'il faut pour adoucir le tirage. Elle avouera que ça sent un peu le sapin, mais que, si on prend en compte le « Chariot » d'à côté, ça veut dire que ça roule. Et si, au bout de trois tirages supplémentaires, apparaît « La roue de la fortune », elle pressentira la possibilité de gagner à un jeu télé. C'est la moindre des précautions professionnelles. Il ne manquerait plus que le client sorte déçu :

— Quelle connasse, cette voyante ! Que des mauvaises nouvelles. D'après elle, mon compte en banque va se vider. En même temps, c'est bien vu. Ça a commencé avec les cent euros que ça m'a coûté. Elle est pas près de me revoir !

La prévision indiscutable, soit ! Mais pas au risque de plomber le chiffre d'affaires. Et puis, si le pratiquant de cet art divinatoire a de réelles visions, la manière de présenter la chose peut à la fois dévoiler une vérité et la maquiller. Quoi de plus agréable pour le célibataire en attente d'une liaison d'apprendre qu'il aura une rencontre inattendue avec une femme superbe ? Et que c'est dans un lit que se poursuivra l'histoire. Le voyant n'est pas obligé de préciser que la femme superbe, c'est la conductrice de la voiture qui va le cartonner au prochain carrefour et l'envoyer à l'hosto pour six mois. La prédiction n'était pas tout à fait vraie, mais pas totalement fausse non plus. Ce qui, malgré mon ironie chronique, corrobore le fait que j'accorde, malgré tout, une certaine crédibilité à cette activité.

Alors, oui ! Je le reconnais. Il peut arriver que la science divinatoire mette dans le mille. Surtout si ce mille est en euros pour celui ou celle qui la pratique. Oui, on peut lire dans les boules ! Et pas seulement dans celles du client si on est prostituée pour évaluer le tarif de la passe. Oui, on peut lire dans les cartes ! Sauf si on s'appelle Bruel en tournoi de Hold'em, et qu'avec un full aux valets on n'a pas vu venir le carré de dames d'en face. Oui, on peut lire dans les lignes de la main ! La trace d'une gifle de la secrétaire sur la joue du patron prédit à coup sûr qu'il vaudra mieux, à l'avenir, éviter de la peloter sous peine de plainte pour harcèlement. Oui, on peut lire dans le marc de café ! On peut y voir des rentrées d'argent astronomiques. Demande à Clooney. *What else !* Donc, malgré une ironie certaine, tu peux constater que je reconnais une véritable utilité à ces marchands de futur. Par précaution, surtout. Il est hors de question que je me mette à dos tout un corps de métier.

Il manquerait plus qu'ils se liguent contre moi pour instiller à leurs clients les plus crédules que mon influence est maléfique. Que le simple fait d'écouter « Les Sardines » peut altérer leurs rentrées d'argent ou les priver de l'amour de leur vie. Non, je préfère rester prudent.

Les chatouiller un peu sans remettre en doute la réelle efficacité de certains. Mais je suis bien obligé de sourire quand je frappe à la porte d'une voyante extra-lucide qui sait tout du présent et du futur le plus insondable, et que j'entends : « C'est qui ? »

Si tu étais si forte que ça, tu l'aurais deviné, ma grande ! Je plaisante, bien sûr. Comme il m'arrive de plaisanter sur les horoscopes. L'attrape-gogo par excellence. Détesté d'ailleurs par les astrologues. On ne mélange pas les torchons et les serviettes. C'est vrai qu'avoir Mercure dans la maison de Pluton au sextant de Mars en parallèle avec Vénus, ça a de la gueule ! Ça claque quand même plus scientifique que « Capricorne, risque d'indigestion », à l'avant-dernière page de ton quotidien. Surtout que si tu regardes bien, quel que soit ton signe, l'horoscope du jour est toujours raccord. Fais l'essai et tu verras que ce qu'on promet à la Balance peut parfaitement cadrer avec ta personnalité de Lion. C'est l'interprétation de chacun qui rend personnelle l'analyse du jour. Et parfois même, les choses arrivent juste parce qu'on a lu qu'elles allaient arriver. Raymond Devos avait synthétisé l'absurdité infantile de ces prévisions journalières dans un sketch magnifique :

— Dans mon horoscope, j'ai lu : « Risque de dispute et de brouille dans votre ménage ». Je suis allé voir ma femme, je lui ai dit : « Qu'est-ce que je t'ai fait ?  Elle m'a dit : « Rien ». Alors, je lui ai dit : « Pourquoi discutes-tu ? » Depuis on est brouillés.

Allez, cadeau ! L'horoscope pour les Poissons qui sont nés un 4 avril : « Pensez à vous évader ! » Un encouragement pour Frédéric Lopez, né ce jour-là, à s'envoler vers une terre inconnue. Une tentation bien moins morale pour Michel Fourniret, né aussi ce jour-là. Moi, je suis Scorpion. Comme le prince Charles, JoeyStarr et Stéphane Bern. Pas sûr qu'un conseil de prudence au sujet de l'hygiène dentaire, si préventif soit-il, soit suivi de la même manière. Pour moi, ce serait une visite chez ma chère stomatologue. Pour Joey, certainement un rendez-vous au garage voisin pour un coup de ponceuse. Mais je doute que Stéphane renonce à laisser ses jolies incisives rayer le parquet d'époque de la salle des fêtes de l'Élysée. Mais bon, si c'est pour la protection du patrimoine, ne soyons pas mauvaise langue !

Pour résumer, je te conseille de ne pas attacher plus d'importance que ça à des divinations qui parfois tiennent plus du bonneteau pour pigeons que de la science infuse. En tout cas, de ne prendre pour argent comptant que celui qu'on verse aux oracles des Temps modernes en acompte d'un futur hypothétique. Parfois même totalement à l'opposé de ce que nous proposera la réalité, hélas ! Le 15 juillet 1990, mon fils s'est tué en moto. Par curiosité, un jour, je suis allé consulter ce que l'horoscope disait de la journée de ce Sagittaire né un 5 décembre. J'ai lu : « Voyages favorisés ».

C'est véridique. Tu comprends mieux pourquoi je ne suis pas vraiment convaincu ?

## HORIZONTALEMENT

**I.** Mari, couche-toi là ! (2 mots). Faim de course pour un cycliste.

**II.** Selfie médical, en quelque sorte. Dégâts des eaux... de mer. Meurent-elles avec le corps ?

**III.** Le sourire de Chaplin en musique. L'union qui peut faire la farce au théâtre en cas d'adultère. Gardien de la paix. Dans nos êtres et dans nos hêtres.

**IV.** Fait partie des minimes. Nécrophages rigolardes. Fit paraître.

**V.** Pour rouler des patins. Réservoir alimentaire.

**VI.** Article allemand. Fait du goutte-à-goutte. Mettent en joug.

**VII.** Du matin. Pour eux, un empereur du foot, c'est Juve César. Frappe fort.

**VIII.** Bases de pensées. Il dessert la couronne. Les dossiers de l'écran. Pour un numéro avec adresse.

**IX.** Un demi-Mojito. Avant la sixième. Coupa la route. Attraper ou coincer avec les doigts.

**X.** La groupie du pénis. Outre en Allemagne. Voyage de nuit.

**XI.** Vieux pas de cour. Louise, ex-miss Penn. Conjonction.

**XII.** Euskadi Ta Askatasuna. Ci-devant pour un parti. Bâton de verger.

**XIII.** À nous. Les quatre saisons de Vivagel. Arme de vampire. À supposer que.

**XIV.** Il manque de tenue. Nicolas au pinceau, Germaine au crayon. Et 7 pour James. Canto, pas le footballeur, le chant.

**XV.** Lettres de Grimm. Mas en couleurs (4 mots).

**XVI.** Siège rigolo ? Fin de déviation. Nouvelle adresse. Prend de haut.

**XVII.** Elle servait dans une vieille chanson. Elle a toujours les points serrés. 7 portugais, dieu du stade.

**XVIII.** Au milieu du suivant. Faire le malin. Négation. Pour une descente complète au bar (2 mots).

**XIX.** Réduit les statistiques. Mise en carte. Aller en ordre.

**XX.** Pirouette d'enfant. On monte dessus pour faire des tours de ma... neige ?

## VERTICALEMENT

**1.** Militaire enflammé (3 mots). Parfum animal.

**2.** Ville avec, pour la maison du diable. Au choix. Pâte à l'italienne.

**3.** Grand succès d'abats. Avec elles, même si les paroles s'envolent, les écrits ne restent pas. Dieu à Westminster. Au son, ça suffit !

**4.** En bateau sous un pont. Note. Gaz part... prout ! Morte à Barcelone.

**5.** On les reconnaît à vue de nez, si l'on peut dire. L'eau de vie de van Beethoven. Une quinte bien agréable.

**6.** À moitié fini. Balle perdue. Flasque. Sortie d'office. On y tombe mal.

**7.** Un artiste qui en jette... et qui en rattrape. La pièce d'en haut, ou pour voir la pièce d'en haut au théâtre.

**8.** Casse les oreilles. Il n'y a pas plus nul. Peut faire des éclats.

**9.** Le pène est son voisin. Le Perse y habitait. On en prend pour son grade. Connu sur le bout du doigt.

**10.** Cantal l'a dessous. Inscrit au livre des reports. Première.

**11.** Note. Il fait vivre, paraît-il. Pressé au son. Résident.

**12.** Précède parfois l'avenue si elle est nulle. Le vin du peuple. Frisé. Pronom.

**13.** Bouche de gourmet. Minimum vital. On le met aux arrêts. Ligne blanche dangereuse à dépasser.

**14.** Ça n'a pas raté. Parasol sur la Côte d'Azur. Donc, possédé à plusieurs. Pronom.

**15.** Un dernier coin de paradis. Faculté pour inventeurs. Initiales de bahut.

**16.** On est esclaves de leurs chaînes. Premier impair. Fort en charpente.

**17.** Poissons ou retenons. Y a-t-il plus de coqs sur cette île que sur une autre ? En anglais. Au fond du château.

**18.** Avant de dire deux mots à un comte (2 mots). Donnée à heure régulière dès la naissance. Porteurs d'eau.

**19.** Souvent à la traîne. Elle est à cran. Pour une histoire, c'est paraît-il, la meilleure.

**20.** Monte en marches. Brosse une robe.
D'école, il est exemplaire.

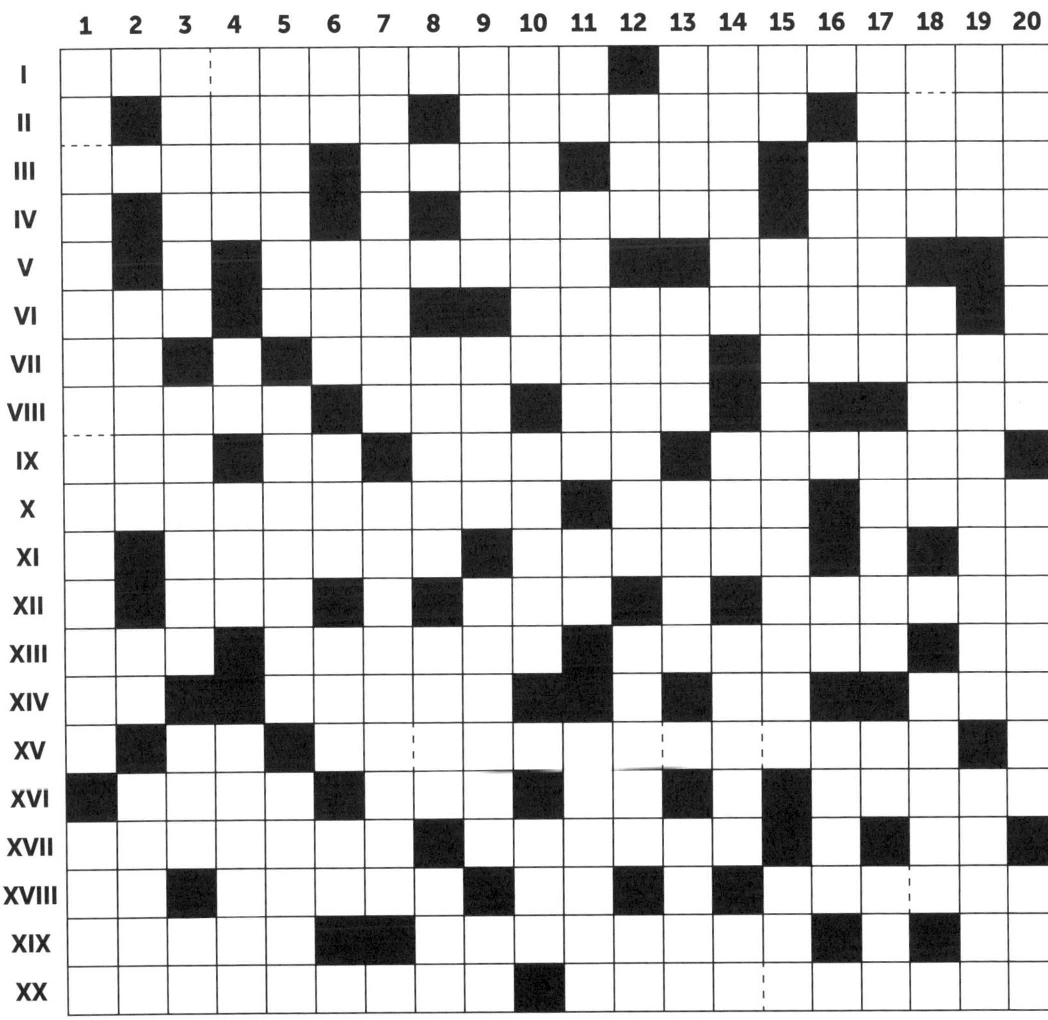

GRILLE

# N°34

L'AIDE PAGE 230
LA SOLUTION PAGE 256

# DIVAGATIONS RÉFLÉCHIES À PARTIR DE LA GRILLE 34

En I horizontal : « Mari, couche-toi là ! » : LIT CONJUGAL. Aux dernières estimations, le linceul de l'amour. Un divorce pour trois mariages. Sûr que l'Épéda multisoupirs doit y avoir sa part de responsabilité. Encore la société nouvelle. Pas celle des marchands de matelas. Celle des marchands d'illusions. Tu sais, ces contes défaits modernes qui commencent toujours par « Il était une fois », mais qui finissent de plus en plus souvent par : « Ils se marièrent et eurent beaucoup d'enfants de lits différents en garde alternée. »

La faute à qui ? La faute à quoi ? La marche du temps, bien sûr. L'émancipation, par bonheur. De plus en plus out, la bobonne, bombonne et bonne à tout faire. Celle qui était prisonnière bien plus que d'un anneau au doigt. Enchaînée à un quotidien sans sursis. Sans sursaut. Des générations de femmes d'intérieur. De femmes déco. Un meuble de plus entre la table de cuisine et le frigo. Voire pire. Animal de compagnie. Avec surtout interdiction d'aboyer, sous peine de recadrage du maître-chien : « Non, mais dis donc, qui c'est qui rapporte la thune à la maison ? Je travaille, moi. »

Parce que cuisiner, balayer, torcher, c'était pas du boulot ? Bon, ça existe encore, mais madame a fini par se libérer de la laisse. Elle aussi, elle travaille. Elle aussi a ses soirées entre potes. Elle a enfin compris la simultanéité des doigts de la main. L'alliance à l'annulaire n'empêche pas son voisin le majeur de se dresser bien droit. Alors, au premier gros clash, à la première suspicion d'y perdre sa vie, elle dégage. Allez, tchao ! Les avocats feront le reste. Pareil pour le mec. Le maître n'accepte pas la révolte. Il a tellement peur d'y perdre sa dominance héréditaire. Et puis, lui aussi a des envies d'ailleurs. C'est pas de sa faute si les grossesses ont fait sharpeï le gentil caniche du début, non mais ! En principe, le signal d'alarme, la déclaration de guerre, c'est l'engueulade avec montée de ton incontrôlable. Deux phrases du tac au tac. Les gouttes d'ego qui vont faire déborder le vase :

— Tu me parles pas comme ça !
— Je te parle comme je veux !

C'est la fracture ouverte. Et comme la chirurgie de la justice a fait de gros progrès, l'opération est immédiate. Pas de longue liste d'attente comme dans le temps. Salle de conciliation, bloc, billard, bistouri. Et voyez caisse ! Vous êtes libres. Libre de tenter une autre fracture ailleurs. Pas grave, on a une mutuelle ! La mutuelle des corps, la mutuelle des cœurs, la mutuelle des gardes d'enfants résiliable à n'importe quel moment. Et on se recompose à défaut d'avoir voulu composer. Parce qu'aujourd'hui, à la première baisse d'intensité amoureuse, on commence à penser à s'oublier plutôt que d'essayer de se réapprendre. Nos anciens patientaient, supportaient, se laissaient une chance. Était-ce mieux ou moins bien ? Franchement, je ne sais pas. Les mieux recyclés te diront que oui. Quand on s'ennuie, on s'en va. On ne s'enfuit pas, on vole. Les autres te diront qu'on ne perd rien à laisser du temps au temps. Qu'on a vu souvent rejaillir le feu d'un ancien volcan qu'on croyait trop vieux. Sardou ou Brel. Choisis ton camp !

Et le lit conjugal, alors, dans tout ça ? Bon, il n'est pas la cause de tout, mais il y est quand même un peu pour quelque chose. Le nid d'amour pour les plus romantiques, le champ de tir pour les plus triviaux. Quoi qu'il en soit, le baromètre du couple. Paradoxal. Puisque c'est quand il y a avis de tempête que ça secoue le moins. Au début, la nuit, on s'y allonge en chiens de fusil, collés serrés. Et puis, au fil des habitudes, c'est chacun sa niche. Chacun son côté. Le « bonne nuit mon ange ! » perd son ange et le « bonjour mon cœur » ne s'accompagne plus du baiser doux. Et encore moins de la chevauchée du matin. Celle des débuts. L'indispensable au réveil. Le raisonnable prend le pas sur le fougueux. On froisse moins les draps. On espace les cavalcades. Exceptionnellement, un grand galop une nuit de Saint-Valentin, mais sans plus. Le « pas ce soir, j'ai la migraine » s'est fait bouffer la part de marché par le jeu vidéo sur tablette et la nouvelle saison de *Casa de Papel*. Et puis, les minots qui peuvent débouler à tout moment. Finie aussi l'étreinte surprise sur la table de la cuisine. Manquerait plus que la petite dernière ait une fringale de Nutella ! Alors, lentement, la libido s'étiole. Pas besoin de consulter un sexologue. C'est une loi de la nature : « La sexualité fait des enfants. Les enfants défont la sexualité. »

Et bien au-delà de ce détail important tout de même, il y a cent causes au fait qu'on se sépare presqu'aussi vite qu'on se rencontre. L'urgence de vivre. Vu la dinguerie de ce monde, il vaut mieux profiter avant l'apocalypse. Et puis, il y a aussi l'exemplarité du parfait. Les médias nous montrent tant de paradis sur terre qu'on ne va pas laisser passer une chance d'y accéder. Le super-canon des magazines, la bombe des clips. Mais c'est pour moi, ça ! Et nous voilà embarqués dans un saute-mouton sentimental. Le jeu star des récrés d'adultes. Fini la marelle où on prenait le temps, case après case, pour arriver au paradis. Fini la balle au prisonnier puisque personne, et c'est tant mieux, n'accepte d'être l'otage de l'autre. Et fini « 1, 2, 3 soleil ». Pas question de compter jusqu' à 3. On veut le soleil tout de suite.

Et surtout, on en est arrivé à l'éparpillement pour une cause qui surclasse toutes les autres : l'exigence. Les critères de sélection. On a trop vu les aînés souffrir d'une liaison boiteuse. D'une loterie perdue pour un mauvais tirage au départ. Alors, avant de se décider, histoire de ne pas passer à côté du gros lot, comme au marché, on tâte le fruit. On vérifie la traçabilité, on compare les prix. Pour l'homme, il faudrait qu'il soit plutôt beau, fort mais pas brute, tendre mais pas mou, intelligent, travailleur, attentionné, pas trop fan de foot, mais pas rat de bibliothèque non plus. Pour la femme, plutôt jolie, intelligente, ordonnée, pas dépensière, cuisinière, courageuse, sensuelle mais pas nympho, avec du caractère mais pas trop. Et bien sûr, toutes ces cases à cocher. S'il en manque une, ça annule les autres. C'est le garage tous services : lavage, vidange, graissage, vérification de la pression des pneus. Je vous mets un petit coup sur le pare-brise ? Et au moindre raté du moteur, décote à l'Argus. On va aller voir s'il y a une meilleure occase sur Leboncoin. Ben, voyons ! Allez, je m'y mets aussi : « Vend vieux modèle. Pneus usagés. Carrosserie d'époque. 67 bougies, mais batterie comme neuve. Consommation minimum pour cause de sobriété. Musique exclusivement années 1980 dans l'autoradio. Accoudoirs et sièges couchettes en parfait état. Levier de vitesse opérationnel. Un coffre large rempli de milliers de souvenirs délicieux. Sympa et sincère. »

Si ça se trouve, j'aurai de la demande !

## HORIZONTALEMENT

**I.** ... Et après trois petits tours, elles s'en vont (4 mots).

**II.** Excès, dont Francis Blanche disait qu'il lui préférait le vin d'ici. Sera inéluctable, donc.

**III.** Une pensée pour elle. Khan, mais pas Strauss, même s'il a de belles pouliches. Des pour beaucoup.

**IV.** Monté au son. Démonstratif. Un îlot de rock dans le désert musical. En mode lombrics. Du désordre en moi.

**V.** Montée pour des cendres. Frère de Robin, mais pas de Muriel. Sportif intouchable. Il était Charlie, on l'est devenu pour lui, entre autres.

**VI.** Si elle attend des jumeaux, pour moi, on peut dire qu'ils sont dans la tante. Saint Sébastien de la bonne conduite. Bonjour à plusieurs à partir de trois verres.

**VII.** Justicier assermenté. Étincelle. Gros temps.

**VIII.** Conjonction. Tranche de viande. Production limitée. On laisse sa carte pour en avoir une, éventuellement. Capitales pour l'interprète d'Harry Potter.

**IX.** Fin joint. Espèce d'ordure. Fin d'infinitif.

**X.** Met l'oiseau sur la paille. Gît sans conjugaison. Trois pour faire un signe.

**XI.** Il saute en l'air. Or avec pour qu'il soit rangé. Théâtre romain aquatique où chacun peut lancer sa pièce.

**XII.** Saleuse de note. Il a été jugé dans un huis clos, entre autres. Donne une valeur.

**XIII.** Avec lui, Hollande a fait un tabac. Ile de la fête ? Pronom.

**XIV.** Mi-août. Adoptée en assemblée. Pousse les menuisiers à travailler au noir. Éclat de rire.

**XV.** Ordre des juges (3 mots). Serveuse collée au bar.

**XVI.** Sienne. Salles à bandes. Les autres. Tchatche ou provoque.

**XVII.** *Not out*. Donnent le jour. Grand patron à l'hôpital. Couches parfois dans un canapé.

**XVIII.** Elle déplace le bar. La bosse des voyages pour le randonneur (3 mots).

**XIX.** Chant glorieux. Yusuf Islam ex-Cat. Agit au pif.

**XX.** Le seigneur des anneaux célestes. Bresse people. Ellen à Dallas.

## VERTICALEMENT

**1.** Franchissement d'un col à l'arrivée. Des tapis, des râteaux, des sabots.

**2.** Elle se casse au milieu du repas. Aller en ordre. Pomme, pays.

**3.** Sodium. Une nuit sans fin. Lit haut. À plusieurs en station, à 27 en boisson.

**4.** Elle est dans les transmissions. Elle ne risque pas d'écouter aux portes.

**5.** Cliché quand elle est reçue. Polaire bleu. Deux gouttes de cacao.

**6.** On peut le trouver sur le chemin de la gare. Sans aucun motif. Bon choix madame, bon choix mademoiselle, bon choix monsieur !

**7.** Quand les aficion... adorent ! Autant de merveilles que de mercenaires. Il fait des mots croisés à tout bout de chant.

**8.** Un gnome comme un autre. Un RER sans Express. Elles sont dignes des loges.

**9.** L'autre Castro. Chut en Corse. Sape. Note de la rédaction.

**10.** Le flacon italien qu'on boit jusqu'à la lie. Sorties de leurs gâchettes. Morte en Israël.

**11.** Aimer avec une souris. Conjonction. En fin de journée. Cale.

**12.** Préposition. Il s'applique à la tâche. Elle vagabonde en tête.

**13.** De chaque côté de rata en musique. Les trois lettres d'un boulot de peine. Note qui feule attachée au précédent. Ils font grand bruit.

**14.** Mère de paris nationale (3 mots). Il surveille l'écran.

**15.** Christique clavier à Notre-Dame. Ancienne monnaie de pape. Poudres d'écorces. Note.

**16.** Démentis. File amant. Rodrigue.

**17.** Petit écran encore plus petit. Démonstratif. Monta un bateau. Matériel de musiciens.

**18.** Bas d'eaux. Nouvelle en vie. Bien élevées en montant.

**19.** Pour éviter de tomber de haut. Néanmoins ou céréale à tréma. Mu juste avant.

**20.** Creuse autour. Accusé de déception...

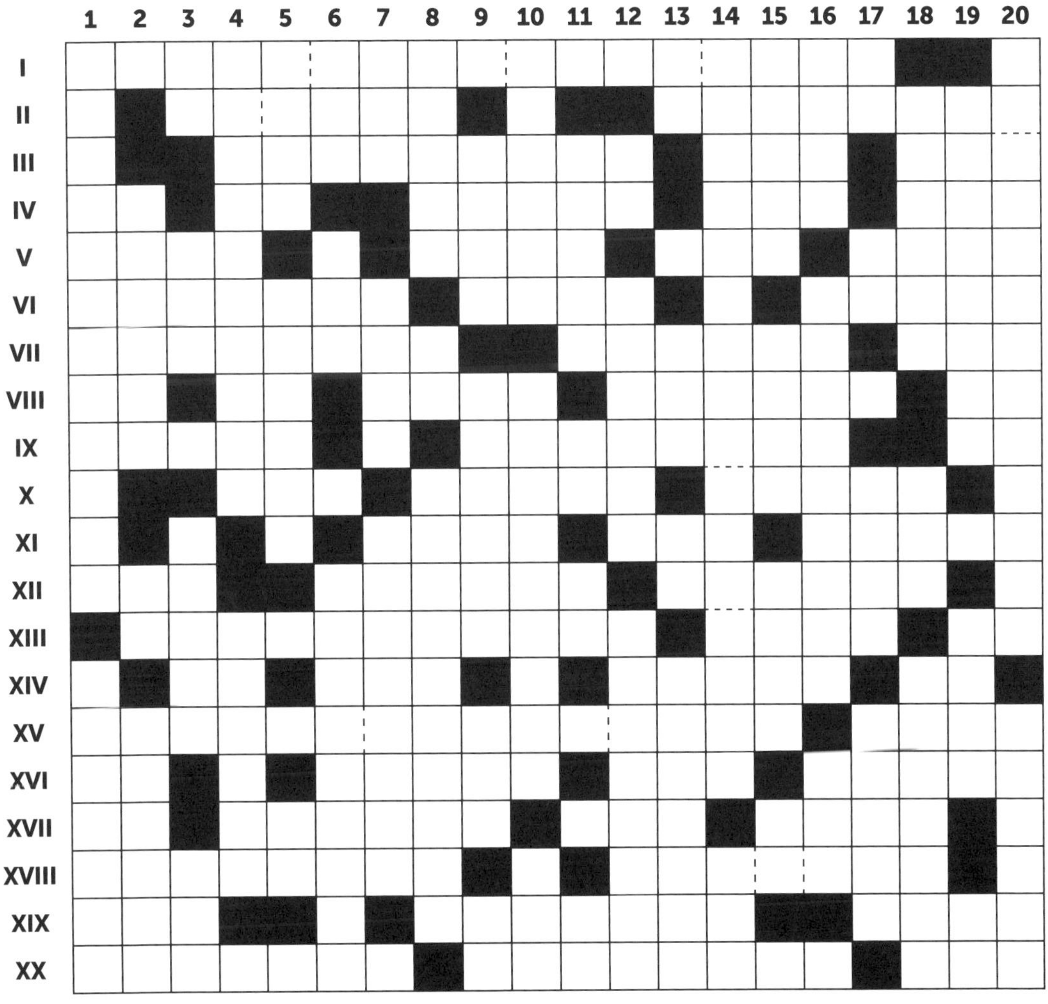


GRILLE

# N°35

L'AIDE PAGE 231
LA SOLUTION PAGE 257

# DIVAGATIONS RÉFLÉCHIES À PARTIR DE LA GRILLE 35

En XV horizontal : « Ordre des juges » : ACCUSÉS LEVEZ-VOUS ! » Et en croisement, en 10 vertical : « Sorties de leurs gâchettes » : DÉSARMÉES. Désarmés, c'est ce que nous sommes tous devant le tribunal permanent qu'est devenue la nouvelle société. Un tribunal où nous sommes tous présumés coupables. Parfois sans l'ombre de la moindre preuve. Juste sur des délibérations. Celles des jurés des tribunaux officiels des médias. Télé, presse. Celles des réseaux sociaux. Et celles de la vie ordinaire. Le verdict de la rue, du bureau, du voisinage. Avant même l'audition des témoins, on est le beauf grossier, l'intello suffisant, le riche infect, l'ouvrier cossard, la putain, l'idiot. Et parfois pire. Le curé pédophile, le zonard dealer, le mari assassin. Et ça, juste sur la mine. Ou sur une attitude, une allure, une façon de parler, un mot qui nous a échappé. Jonathan Daval a avoué avoir tué sa femme. Et ce, après l'avoir pleurée en public aux yeux de tous. Quelle ignominie ! Une autre femme disparaît quelques semaines plus tard. Alors, bien sûr, du banc des jurés du tribunal populaire monte : « Je suis sûr que c'est le mari. Il est trop triste pour être innocent. »

Coupable. Absolument coupable. Il manquerait plus que ce soit juste un accident. Ah non ! Et comment on remplit la case chaîne info de direct live en analyses criminelles ? Et la case faits-divers dans la presse ? Et la case psy de service pour décrypter le pourquoi du comment ? Et surtout on nous prive d'un beau sujet de conversation. On en fait quoi du petit Hercule Poirot qui sommeille en nous ? Du Colombo de bistrot ? Du Maigret des dîners en ville ? Celui qui prouve par A plus B la culpabilité certaine sur la base d'un ressenti. Il nous faut un coupable. Et même quand il est fort possible qu'il n'y en ait pas.

— Je suis sûr que Coluche, c'était pas un accident. Il dérangeait.

Combien de fois m'a-t-on demandé mon avis sur la question. Je réponds chaque fois que pour moi, c'est malheureusement juste un accident. Une erreur de pilotage. Bien sûr que beaucoup auraient bien aimé se débarrasser du trublion génial. De l'empêcheur de soumettre en rond. Mais je persiste et je signe. Pour moi, pas la peine de fantasmer. Ce n'était, comme il en arrive tous les jours, qu'un tragique accident. Et je sens comme une déception. Zut, alors ! Alors on n'aura pas une sale gueule à mettre à la une pour défouler notre colère, notre manque de lui ? Pourtant, il avait plein d'ennemis. Les politiques, des cathos intégristes, des milices d'extrême droite qui voulaient lui faire payer ses idées de gauche ? T'es sûr, Patrick ?

Alors, pour rester fidèle à l'humour de mon pote l'enfoiré, je rentre dans le jeu, juste pour le fun. Et si c'était un piège de ses enfants pour toucher l'héritage ? Marius, le fils de Coluche, avait 10 ans. Lætitia Hallyday, 11. Peut-être qu'ils ont fomenté le traquenard dans une cour d'école. Ou alors, si le commanditaire, c'était Étienne Mougeotte ? Blessé qu'on ait détourné son nom pour en faire le Papi Mougeot du « Schmilblic »… Et si le chauffeur du camion avait été payé par un collectif de patrons d'hypermarché ? Les Restos du Cœur leur bouffaient quand même un peu du chiffre d'affaires. D'ailleurs, on a des preuves. On a vu au mois de juin dernier ce chauffeur dans un centre Leclerc profiter d'une remise de 19 euros sur une boîte de raviolis. Tiens, tiens ! Des raviolis, un plat italien comme lui. Le mois de juin comme celui de sa mort. Et le 19 comme le jour. Ça fait quand même pas mal de hasards ! Allez, stop ! Et si c'était juste l'histoire d'un mec qui avait eu un passage à vide ? Parce qu'il revenait d'un déjeuner en bord de plage avec des potes joyeux. Du rosé et des pétards plein la tête. Moi, ce que j'en dis ! Mais bon, ça aurait été tellement plus kiffant, un véritable attentat plutôt que cet accident banal qui aurait pu nous arriver à tous. Et j'en viens à la vraie question de cette divagation réfléchie. Pourquoi avons-nous tant besoin de coupables ? De quelqu'un sur qui défouler notre dégoût, notre rancune. N'est-ce pas tout simplement pour nous dédouaner de nos propres culpabilités ? L'assassin, le violeur, le braqueur de banque ne matérialisent-ils pas nos pensées les plus secrètes et les plus inavouables ? Qui n'a jamais eu envie de tuer son prochain ? Qui n'a jamais eu un instinct sexuel contre-nature ? Qui n'a jamais eu l'envie d'exploser un coffre-fort ? Personne ? Ben oui, forcément. On ne va quand même pas avouer l'inavouable puisque la morale nous a empêchés de passer à l'acte.

— Vos propos sont ignobles. Pour vous, nous serions tous des monstres refoulés ?

Pourquoi pas ? Mais, par bonheur, nous sommes suffisamment évolués pour ne pas mettre à exécution ces infamies. Mais ceci explique peut-être cela. Le coupable, lui, a osé. Il a fait ce que nous avions à peine envisagé dans le silence absolu de notre intimité la plus profonde. Ouf ! Ça soulage notre bonne conscience. Ces pensées malsaines pourraient nous rabaisser à un état primaire inacceptable. Heureusement que le passage à l'acte du coupable nous normalise. Le malade, c'est lui. Le méchant, c'est lui. Le pervers, c'est lui. Le diable, c'est lui.

— Strauss-Kahn, quel salaud ! Et moi qui croyais avoir commis un péché impardonnable en matant les fesses de ma femme de ménage ! Ma pénitence consistera à continuer à imaginer une suite interdite, en me satisfaisant qu'un autre l'ait fait et se soit fait prendre. Quel vicelard quand même ce type ! Et, en plus, il paraît qu'il passait ses nuits en boîte libertine. Quand des amis viendront dîner, je pourrai continuer à fantasmer une soirée qui dégénère sans l'ombre d'une culpabilité. Merci, Dominique !

Ces coupables-là sont les conditions extrêmes de nos délivrances. Mais au quotidien, pour des exactions bien moins sordides, nous nous abreuvons de la culpabilité des autres. En exutoire de nos propres travers non accomplis. Les acteurs incultes des téléréalités nous dédouanent de nos stupidités. Les gouvernants incompétents de notre incapacité à assumer certaines de nos responsabilités familiales. Le chauffard assassin de nos excès de vitesse. La star déchue de nos excès de confiance.

— Le coupable idéal est celui que nous ne serons jamais, mais qui est indispensable pour nous faire accepter le pire de ce que nous sommes.

À titre personnel, ça fait cinquante ans que je suis coupable de grossièreté, d'humour gras et de beaufitude. N'est-ce pas, de la part de ceux qui m'en accusent, l'exutoire parfait à leur trivialité enfouie ? Pas de soucis. C'est cadeau ! Si ça peut les apaiser. Et tant pis pour les insultes, le mépris, la caricature. Tant pis pour les rabaissements qui me blessent évidemment, mais qui blessent aussi mes proches. Mes mômes, surtout, qui se retrouvent non pas fils de ce que je suis mais de ce qu'on en dit. Soit ! J'accepte le verdict. Condamné à une image de clown insignifiant à perpétuité. J'accepte la peine sans faire appel… En revanche, je ne pardonnerai jamais celle qu'on a faite à mes enfants.

## HORIZONTALEMENT

**I.** Clope de fin (3 mots).

**II.** Même dans l'ombre, il peut être éclairé. Trompe avec un insecte. Poste de commandement.

**III.** Elles se mettent en quatre pour plus de franchise. Elle a des goûts de chiots. Arbitre sur écran.

**IV.** Abrège. Fera payer cher. Bagnole.

**V.** Au lif de l'eau, donc (2 mots). Grosse colère.

**VI.** Allonge trop l'apéro. Il cherche du goulot.

**VII.** Fait tout au pif. Prince monseigneur. Elle porte des bâts.

**VIII.** Fin d'infinitif. Pas volée. Raser de près.

**IX.** Des lumières à Lyon. Supplément d'âme pour chacun de nous. Elle peut se faire doubler avant la sortie.

**X.** Ils grandissent à longueur de temps. La plus grande tristesse des gays. Suis souvent l'histoire en cours. Condition américaine.

**XI.** Installé. Influenceur puissant de personnalité. Cassai une pipe ou une roue.

**XII.** Autopsys. Attaché.

**XIII.** Aller avec, c'est renoncer. Il y en a un qui pleure au bois de Boulogne. On le voit entrer dans un café, mais il disparaît dès qu'il est à l'intérieur.

**XIV.** Pourcentage. Sorties en salles, et pas seulement le mercredi. Pour les deux Alexandre Dumas.

**XV.** Le vainqueur du tour. Le filet qui ruisselle à l'envers dans la source. Entre Quantum et Solace pour Bond. Évita en nom propre.

**XVI.** Haut lieu gastronomique pour herbivores. Enchaîné par grand froid. Quitta son corps sans autorisation.

**XVII.** On peut dire criminel de guère pour cet homme de peu. En colo avec des trouducs ? Il hausse la note.

**XVIII.** Sorti d'une enceinte. Pas de vice, c'est comme ça qu'il évitera une mise à l'écrou.

**XIX.** Elle fait sortir du lit. Trou... peau ? Une autre forme de flingue. Balance à la mer en bateau.

**XX.** Camions avec des rails. Camions avec des rails.

## VERTICALEMENT

**1.** Pierre des proches pour Pierre Desproges ? (3 mots). Cheffe de gare.

**2.** Croise son semblable en IV. Salve de prières. Produit lambeau I, lambeau II, lambeau III, et ainsi de suite.

**3.** Bébés bleus. Propriété exclusive des précédents. Finit en sueur.

**4.** Le meilleur, c'est le plus proche. Objets de conscience. Pas tout à fait le RSA. Faire le roseau.

**5.** Totalement flétri. Ce serait un blasphème d'y chanter : « *Allahu akbar* un p'tit coup à la maison ! ».

**6.** L'indien de Joe. Assistant visuel de conduite. Forme de pouvoir.

**7.** Tiens. Expression libre raccourcie. Arbre à came.

**8.** Pronom. Elle s'est écrasée violemment. Marquera un essai.

**9.** Fin d'infinitif. Mi-août. Avant la voix Ferré. Après Tchi sur Canal+. Une tranche de désert.

**10.** Moteur à infection. Renvoie d'office. Celui d'avant en plus expéditif.

**11.** Poe a fait tomber sa maison. Le paradoxe d'un résultat médical qui n'encourage pas à l'optimisme. N'est pas fondu de cinéma en fin de séquence.

**12.** Protections rapprochées. Mis en bouche avant de monter. Papillon de soirée.

**13.** *Eleven* au cinéma. Étain. Première mondiale. Cogner fort.

**14.** Refus. Elle est ainsi pour moi si c'est toi qui la possèdes. Les nègres ont disparu de l'enquête, mais le nombre est resté.

**15.** Est endormi, paraît-il. Monté au son. On dit que c'en est une si c'est une pointure. Manque de vitesse pour être complet en train.

**16.** Sont anglais. Radié des cadres. Oh, oh, oh, jolies poupées ! Quand il y pleut, on peut parler de saucée béarnaise.

**17.** Chaise haute. Nouveau ici. Lettres d'enregistrement. Conjonction.

**18.** Assurance mort en immobilier. Paradoxalement, c'est dans sa rue qu'il y a peut-être le moins de misérables (2 mots).

**19.** Rente en plan. Par. Pension élémentaire. Toujours premier.

**20.** Faite. Hôtel pendant le festival de Kahn. Déposées en paix.

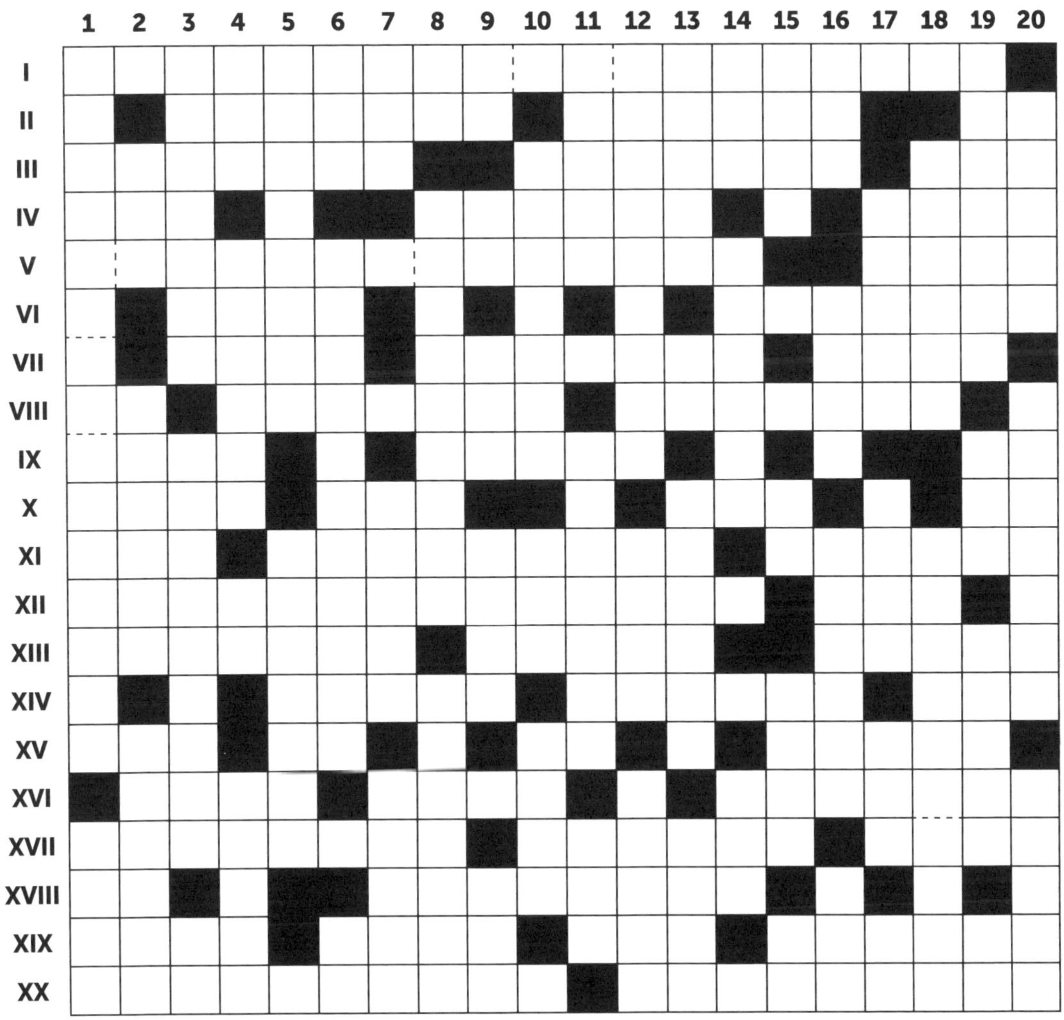


GRILLE

# N°36

L'AIDE PAGE 231
LA SOLUTION PAGE 257

# DIVAGATIONS RÉFLÉCHIES À PARTIR DE LA GRILLE 36

En 6 vertical : « Assistant visuel de conduite » : RÉTROVISEUR. Dans cette divagation réfléchie, je vais assumer totalement ce que je t'impose en filigrane depuis le début. Ma nostalgie chronique. Le temps d'un long coup d'œil dans le rétro. Dans une voiture, on y voit la plage arrière. Plage, ça tombe bien. Quand je repense aux années 1970-1980, j'ai la sensation qu'on était toujours en vacances. Libres. Ensoleillés du dehors et du dedans. Des rires. Des fêtes. L'insouciance. Sans les mille épées de Damoclès de la bien-pensance au-dessus du crâne. Et puis, sans les interdits qui aujourd'hui pleuvent des hallebardes. Quel sale temps, quand même ! Heureusement que mes souvenirs font essuie-glace.

— Tu n'exagères pas un peu ? Tu as peut-être cette sensation idyllique parce que tu étais tout simplement jeune.

Aussi, certainement. Mais quand même. Allez ! Malgré mes réticences d'une divagation précédente, je vais te le faire, l'horoscope : amour, travail, santé. En commençant par nos relations intimes. La révolution de 1968 avait tout déshinibé. L'homme allait vers la femme. La femme allait vers l'homme. Lui, un peu macho, frimeur, elle un peu allumeuse en mini-jupe sur cuisses dévoilées haut. Et chacun y trouvait son éveil. Sans la méfiance instillée aujourd'hui par les suspicions officielles de danger pour l'un et pour l'autre. Nos sites de rencontres étaient des baloches, des discothèques. Des bars enfumés qui, d'accord, faisaient bosser les pneumologues, mais bien moins les cabinets de psy. Fumer tuait. Boire aussi. Mais on crevait bien moins de solitude. Tu sais, ce mal de vivre dont les statistiques officielles se gardent bien de donner le décompte mortel. Ce qui fait dire aujourd'hui à mes amis les plus épicuriens : « C'est sur les couveuses qu'on devrait écrire : vivre tue ! »

Nos approches amoureuses étaient sans trop de précautions. D'un côté comme de l'autre. Monsieur proposait, madame disposait. On appelait ça la « drague ». Le jeu du chat et de la souris. Sans qu'au premier « vous êtes très jolie », la souris en question hurle au sexisme. Et s'il arrivait qu'une main s'égare en caresse, elle était gentiment remise en place. Sans menace d'étalage sur la place publique d'un abominable crime sexuel. Au pire, à la place des mille clics des réseaux sociaux, une claque suffisait. Et le mufle demandait pardon. Je sais, je vais faire bondir les nouvelles Jeanne d'Arc qui veulent bouter tous les hommes hors de leur royaume de séducteurs. Mais l'autre Darc, la Mireille, personne ne l'a forcée à appâter le chaland avec la robe à mi-fesses ? Le harcèlement, non. La prise de force, surtout pas. Mais pourquoi vouloir aussi pénaliser le désir ?

Question boulot, il y en avait. À condition bien sûr d'accepter de trimer dans ce qui se présentait. Et pas d'attendre en geignant le job où on en fait le moins possible et qui rapporte beaucoup. Tu sais, les acharnés de la com, du management, de la glande en ligne. Parce que sur ton blog, ça en jette même plus qu'apprenti plombier. Appelle un plombier ! Tu verras que le gros lot est plus facile à toucher avec le tirage de chasse d'eau qu'avec le grattage de trois thunes dans l'assistanat de photos de booking.

— Oui, mais au moins ça me fait des *followers* en plus !

D'accord ! Mais moi, avec un bac philo et deux années de fac, j'ai fait déménageur, peintre en bâtiment, massicotier et pour finir représentant en encyclopédies. Et tu sais quoi ?

C'est là que j'ai appris le plus de la vraie vie. Ça va te paraître fou aujourd'hui, mais c'était génial de parler aux gens en vrai. Le sourire d'une rencontre, là tout près, à fleur de dentifrice du matin, ça réchauffait plus qu'un émoticone jaune. Et puis, mon openspace était vraiment open. Open à la blague du jour. Open au dialogue, au partage, aux étreintes en vrai. Et ça, ça nous a prolongé la belle enfance bien au-delà de l'adolescence. Je ne veux pas dire de mal des consoles de jeux, ma fille me haïrait. Mais on a moins usé de canapés en combats virtuels en gueulant de rage qu'en réelles batailles de coussins à hurler de rire.

Et puis la santé, bien sûr. Celle dont on ne faisait pas une obsession quotidienne. Ah ça, on en a chopé des grippes, des fractures, des gueules de bois, et même des maladies dont on a jamais su le nom ! Mais on a évité la pire. Celle de tomber malade d'avoir peur d'être malade. La somatisation des Temps modernes. Celle qui, à force de vouloir t'éviter de mourir, t'empêche de vivre. On ne contrôlait régulièrement ni le cholestérol ni les gamma GT. On se tapait des casse-croûtes antidiététiques au possible. On ne se formalisait ni des trois kilos en trop ni du spleen passager. Tu sais, celui qu'on te fait combattre à l'antidépresseur. À la moindre contrariété. À la moindre heure de sommeil ratée. Alors, oui, on était des cons !

Aujourd'hui, on taille la route en chauffeurs blasés. De mélancolie en mélancolie, on voudrait bien s'arrêter dans un fossé. Et faire du stop à l'envers. Le pouce tourné vers d'où on vient. Ne serait-ce que pour y retrouver nos musiques bariolées. Sans ségrégation de prétendue qualité. J'ai regardé récemment « Les Victoires de la musique ». Trois millions de téléspectateurs. Un prétendu succès. Tu parles ! Ça veut surtout dire que Benjamin Biolay et la musique urbaine ont fini par faire la peau aux soixantre-trois millions qui aiment autre chose. Et pas question de renauder. C'est le progrès, et puis c'est tout. Alors, fermez-la ! De toute façon, vous n'avez pas le choix. Et suivez bien notre conseil :

— Fuyez les chemins vicinaux, jeunes gens ! Ne baguenaudez surtout pas. Ne vous arrêtez pas en route pour admirer un paysage non autorisé, vous régaler dans une auberge pour bons vivants, faire l'amour sans précaution dans un champ non assermenté par l'agriculture biologique. On vous a construit une autoroute toute neuve, bien droite. Sécurisé. Péage à l'entrée, péage à la sortie. Aire de repos avec poubelle pour vos déchets sélectifs. Bien sûr, au moindre écart sur la voie de sécurité, à la moindre tentative de prendre une bretelle pour vous échapper de l'itinéraire préétabli, les caméras de surveillance nous le signaleront et la police fera son devoir. Mais, on vous le redit encore : c'est pour votre bien !

Je m'aperçois, d'un coup, que j'avais décidé de ne parler que de ce que je voyais dans le rétro. Mais je suis sans arrêt revenu à aujourd'hui. Au pare-brise dans lequel je vois s'approcher l'avenir. C'est terrible toute cette brume. À moins que ce soit mes yeux qui se sont embués. Heureusement, au bout de 67 ans de mauvaise conduite où je n'ai jamais vraiment respecté les stops, les sens interdits et les excès de vitalité, la voix de mon GPS me signale : « Vous êtes presque arrivé à destination. » C'est vrai. Et tant mieux. J'ai encore tout mes points. Surtout celui d'exclamation qui ferme une phrase qui ne te surprendra pas : « Putain, c'était quand même mieux avant ! »

## HORIZONTALEMENT

**I.** Le choix de Sophie en décembre 1997 (4 mots).

**II.** Comme Negra est incorrect, il ne resterait que ça. Partie de combat de coqs. Sur une haute branche l'arbre.

**III.** Aida ou mit en joue. Elles sont de la revue. Bosse fort.

**IV.** Un tiers de Ricard en apéritif. Les pique-sous de Picsou. Reine d'Espagne. Matière de noces.

**V.** Il pour les mariés de Rappeneau. Manuscrit rempli de pages à tourner. En fin de matinée. Brame pour un cerf.

**VI.** La Belle au Bois y dormait. Entre Villeneuve et Avignon. Tissu de secours.

**VII.** Protège bébé ou Jessica. Géré. Au contraire du téléphone, ne peut exister sans fil.

**VIII.** Ajouté à. Dormis ? Comme des mouchoirs, ou des rasoirs. Sont dans Sissi et étaient proches de la mère de celle qui l'a incarnée.

**IX.** An vacances. Annonce une entrée. Possessif.

**X.** Calcium. Il s'épanouit à fleur d'eau. Bien touché.

**XI.** Elle repousse, la vilaine. Quartier de Modène. Chez Castro, y a tout c'qu'il faut !

**XII.** Mis à la porte. Sortant. Retira.

**XIII.** Est anglais. Avec trois A ou deux, ça ne change rien à ce géant des mers. Embrassa ou plus si affinités.

**XIV.** Pile de l'autre côté. Mercure de France. La banque de l'église.

**XV.** Pour lui, c'est toujours un mal pour un bien. Roulement de tambour. Symbole d'arme de crime pour Agatha. Le prix d'un livre.

**XVI.** Indue gestion. Démonstratif pluriel. Pouffes ou abats.

**XVII.** Petit, il a déjà 52 dents. Porte-voix. Suspicions de grossesse en règles. L'élu du jour.

**XVIII.** Bien dirigées. Haut-parleur selon la taille du perchoir. Le chien de Tyson ?

**XIX.** Il fait peau neuve. Quand on a la cote, c'est un plaisir d'y grimper !

**XX.** Un bon plat de pattes (3 mots).

## VERTICALEMENT

**1.** Des vertes et des parures. Il fait notre richesse. Michel bronzé quand même.

**2.** Parfois chasseurs après avoir été chassés. Sales de travail à l'atelier. Seuls, ils font mal.

**3.** Fabrique de cadres. Possessif. L'été, au soleil, il peut se prendre avec ou sans eau. Elle crie : « Patriiiick ! ». Forme de stationnement.

**4.** Poursuite ou poursuit. Est entrée dans Paris en deuxième. Confondues et dévoilées.

**5.** Lance l'eau à Genève, pour Lancelot à Camelot. Foly douce. Décathlon en partie, ou pour y aller les faire.

**6.** Elle aide à être bien élevé. Dans. Accompagne Luc dans le Var.

**7.** Valeur sûre. Préposition. Fils de Lilliput. Donnes des frissons.

**8.** Ses années préférées sont dans le calendrier de l'avant. Mot d'appel. Entre rock et roll.

**9.** À régler. Marie la forêt aux alentours. Dans les hauteurs de l'Amérique. Le bout du tunnel. Senna romain.

**10.** Emmerdes poliment. Il appelle à témoins. Partie de tennis.

**11.** Rigolade de SMS. Ile de France. Il a fait tomber la neige même en été. C'est pas bêta, mais c'est pas loin.

**12.** Pan. Quand tout va mal, c'est elle. Peut servir au chauffage par le saule.

**13.** Lettres de boîte. Nancy en Amérique, autrefois à la Maison-Blanche. Maîtres d'autel. Son tour est douloureux.

**14.** Numérique ou touristique. Vaut rien. Réussit la transformation. Galette des rois... de la musique. Mika l'accompagne pour jouer avec des baguettes.

**15.** Payés à ne rien faire tous les jours. Saint normand. Manque d'Air pour trouver un appartement. Belle marocaine. Abusé.

**16.** Passée de la paye à la paille. Pommes fric. Couleur de robe.

**17.** La princesse n'a pas vu le bout de son tunnel. Satanique noire. Lettres d'examen médical. Rend-elle ivre de musique ?

**18.** Arrivée. Base de château. Son jus de pomme, c'est de l'eau. Taille grand.

**19.** En complets festons. Corse pour un vin.

**20.** Quand on interroge quelqu'un en espérant qu'il va passer à table (4 mots). Victimes de burnes out.

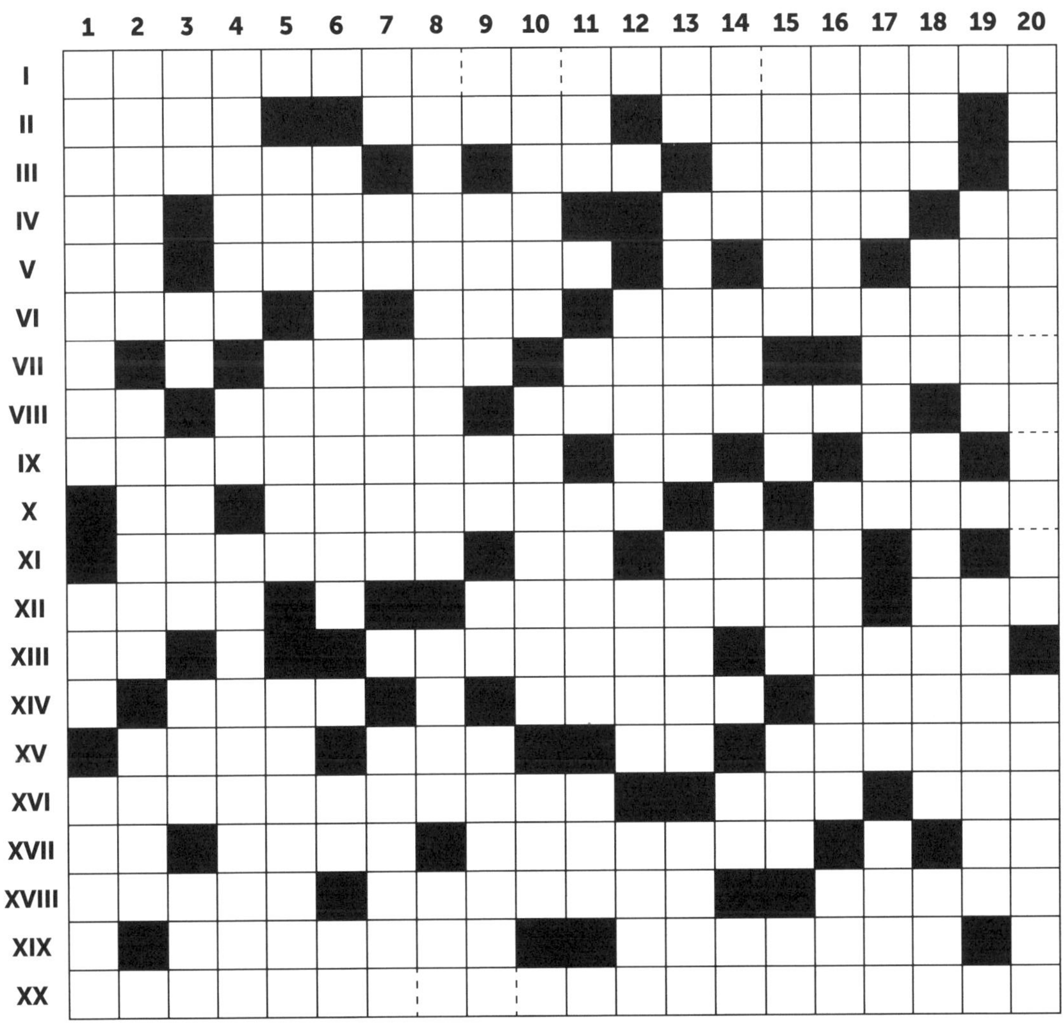

GRILLE

# N°37

L'AIDE PAGE 232
LA SOLUTION PAGE 258

# DIVAGATIONS RÉFLÉCHIES À PARTIR DE LA GRILLE 37

En I horizontal : « Le choix de Sophie en décembre 1997 » : ÉLECTION DE MISS FRANCE. Sophie Thalmann, Miss 1998. Et à la télé pendant des années, des succès d'audience formidables pour le plus célèbre des concours de beauté. Surtout que la plupart du temps, le programme était aligné volontairement sur la diffusion du « Téléthon ». La belle affaire ! Carton garanti. La compassion contre la concupiscence. La triste réalité contre le rêve merveilleux. Le stress contre les strass. Y a pas photo !

D'un côté, les myopathes. L'injustice génétique. La maldonne du destin. Les grands yeux tristes des mômes en fauteuil, éclairés par le sourire d'un instant magique. Le plan de caméra pleins feux sur une vie à contre-jour. Pauvre gamins, rois d'un soir sur des trônes à roue. À en chialer. Plus la générosité du tout venant. Des gosses qui cassent leur tirelire. Des fauchés qui grattent quand même dix euros, comme ça, juste pour le bonheur d'aider. Le vide-grenier du cœur de la France profonde.

Et de l'autre côté, la brocante du superficiel. La femme réduite à sa seule apparence. Objet de désir et mannequin boutique. Brossée, lustrée, lissée pour la circonstance. Parfaite de la croupe à l'encolure. Ah, le joli défilé de foirail ! Ah, les belles bêtes ! Et du régional en plus. Du bien de chez nous. De la limousine, de la charolaise, de la blonde d'Aquitaine. Plantées sur leurs sabots dorés, elles passent et repassent. Pour être bien sûr qu'on ne rate pas un seul détail de l'entrecôte, du faux-filet ou de la bavette. Et le président du jury qui pense sans oser le dire : « T'as vu la poitrine ! Ça, c'est de la belle laitière ! »

C'est vrai que, pour tout humaniste, l'indignation est facile. Le concours de larmes contre le concours de charme. L'important contre le futile. Bravo, Patrick, quelle lucidité ! Quelle grandeur d'âme ! Ben, voyons ! Quelle démagogie surtout. Parce que ça, c'est de la critique bien manichéenne. De la caricature de féministe outrée. D'aigri incapable de prendre en compte la part de rêve. De ne pas voir dans ce moment féerique, non pas une compétition d'animaux mais l'accomplissement de vraies femmes qui n'ont commis le péché que d'être belles. Et qui de plus, au-delà de leur charme, ne véhiculent que des messages d'humanisme, d'espoir et de réconciliation. Alors, inversons les griefs. Oublions le prêcheur de bonne conscience et laissons la parole au cynique immoral :

— Qu'est-ce qu'ils viennent nous emmerder avec leurs petits malheureux qui nous plombent le moral ! Et début décembre en plus. Quand on se les gèle et qu'on est fracassés par une année de boulot. Et ils osent nous demander du pognon ! Désolé, mais ça, c'est le job des labos pharmaceutiques. Seulement voilà, pas assez rentable l'affaire ! Il vaut quand même mieux investir dans le Doliprane, y a plus de clients. Et puis, je veux pas être soupçonneux, mais depuis des années qu'on finance des chercheurs, il serait peut-être temps qu'ils trouvent, non ? Tu m'étonnes que ça marche pas en audimat ! Quand il fait un temps pourri et que je rêve de vacances à la mer, j'ai plus envie de regarder *Les bronzés* plutôt qu'un documentaire d'Hulot sur la disparition des coraux et le massacre des baleines. C'est humain.

Et pour bien enfoncer le clou, l'éloge à la reine d'un jour :

— Moi, j'adore le concours Miss France. Et on va pas se mentir, je l'attends avec impatience, le clou du spectacle : le défilé en maillot. Ils ont beau me bourrer le mou avec le cerveau aussi bien fait que la cambrure, faut pas être dupe. Qu'est-ce qu'on en a foutre du master de communication et de la paix dans le monde ? Sympa de leur mater le QI, mais y a une lettre en trop ! Et pareil pour nos nanas. Elles fantasment en secret. Pas sur les costumes, sur la liberté. Elles se projettent, sans que leur mec à côté soupçonne. Tu crois qu'elles pleurent de joie au succès de la gagnante ? Rêve, donc ! Elles jalousent grave. Dedans, elles se disent que si elles l'avaient, la couronne, comment qu'elles te le planteraient là, leur monsieur train-train. À elles la thune, la gloire, les teufs, les plus beaux mecs, le luxe, et bye bye le canapé à crédit ! Et c'est l'autre gourde, qu'est pas si belle que ça, qui a gagné le pompon ? Connasse, va ! D'ailleurs, t'as remarqué que, la plupart du temps, ta femme en aurait élu une autre ?

Allez, on se calme et on philosophe un peu. D'un côté, la souffrance des perdants de la vie, de l'autre, les éclats de joie des privilégiés. La synthèse d'un monde injuste. Le nôtre. Auquel il faut bien ajouter la part de rêve pour qu'il soit supportable. Le rêve d'accord, mais une fois les projecteurs éteints, le soir de ce face-à-face cathodique entre les rires et les larmes, pas sûr qu'il soit toujours du côté que l'on croit, ce rêve. La gagnante du concours explose de joie sous une pluie de confettis. Mais derrière, ouistiti ! Les perdantes sont obligées de sourire. Horriblement déçues, mais bonnes joueuses. C'est écrit dans le contrat. Elles savent déjà qu'elles traîneront toute leur vie, en sourdine, la frustration d'être passées si près de l'absolu.

Quant à la Miss, c'est parti pour une année inoubliable. Avec quand même les contraintes qui vont avec. Inaugurations, dédicaces, dîners. Serrer des mains moites. Courir. Poser. Être aimable même à contrecœur. Même à contre-peine. Œil du cyclone. Avec obligation d'eye-liner sans bavure. Et surtout, ma belle, n'oublie pas, ton nouveau métier ça va être : « selfie ». Puisque la phrase que tu entendras le plus avant même qu'on te dise bonjour sera : « Je peux faire une photo ? »

Côté Téléthon, aucune frustration, aucune obligation. Bien au contraire. Les minots fragiles et leurs parents garderont au cœur toute leur vie le souvenir d'une lumière divine. D'un piédestal, fugace, certes, mais essentiel et féerique. On les aura aimés, aidés, consolés, reconnus. L'argent récolté leur aura donné, dans le secret de leur pharmacie intime, un vaccin imparable : l'espoir. Ils auront existé vraiment. Sans perdants. Tous gagnants.

En 2000, j'ai été parrain du Téléthon. Mis à part ce soir-là, je n'ai jamais raté une cérémonie de Miss France. Eh oui, je ne suis pas parfait ! Comme pour beaucoup, le plaisir des yeux l'a emporté sur l'allégement officiel de la conscience. Honteux ? Même pas. Nos choix nous dessinent tels que nous sommes vraiment. Imparfaits. Pas forcément tordus, mais friables. Parce que l'exemplarité officielle s'accommode mal de nos envies les plus secrètes. Alors, que perdure cette concurrence déloyale cathodique d'un soir de décembre. Concours de beauté contre concours de bonté. Parce que cela symbolise mieux qu'un long discours la nature humaine. Nos façades publiques et nos arrière-boutiques privées. En espérant que cet étalon de l'indifférence élégante ait au moins une vertu : accepter nos imperfections. Et surtout, nous pousser le plus souvent possible à l'indulgence pour celles des autres.

## HORIZONTALEMENT

**I.** JO Bassin (2 mots). Petit poids de combat.

**II.** Appartient à la majorité des dépités. Pas d'oc. Toujours le dernier informé, dit-on.

**III.** Grecque. Paradoxalement, il sert surtout la nuit. Il pique dans le plat.

**IV.** Jeu de mains. Des femmes qui pèsent. Conjonction. Cacha.

**V.** Toujours en règle dans un contrôle de peau lisse. Premier en Italie. Échassier hôtelier. La MacGraw de McQueen.

**VI.** Souris aux Américains. Blanches à pains. Canal entre la France et l'Allemagne.

**VII.** Avec lui, on est sûr d'attraper un coup de sommeil. De l'aube à midi. Hazard du sport.

**VIII.** Pierre à feux. Verbe pour l'impôt sur le revenu ou le pot pour le prévenu.

**IX.** La clé du dossier. Quand on coupe le téléphone. Ferai un appel aux dons.

**X.** Possessif. Pour une mésange, mais pas pour une hirondelle. Vierge. Fatiguera le poisson et le mettra en filet.

**XI.** Appris. Assistant social numérique. Pèze ou pèse en Orient. Dans ses rues, on numérote ses rabattis.

**XII.** Bien serré. Cuites à l'eau. Unité étrangère. Pour César, mais pas pour Fanny.

**XIII.** Préposition. Coupe-faim. Sécurité sociale aujourd'hui, insécurité sociale pendant la guerre. L'être anonyme.

**XIV.** Celui de cordum faisait la blague. *My name is Band, Jazz Band* ! Le César des rappeurs.

**XV.** N'importe qui. Même par grand soleil, ajouta des perturbations au temps prévu. John versus jaunes.

**XVI.** Fait boum ou fait shit. Tranquille comme bâtisse.

**XVII.** Plat au sud. La consécration pour l'inventeur. Saoulent.

**XVIII.** Saint-Étienne, c'est où est né Lavilliers, mais c'est exagéré pour cet autre chanteur. Bouts d'alphabet. Vira.

**XIX.** Fer. Deux zéros en plus pour elle. Fragrance marine.

**XX.** Pression, et pas seulement au bar. Point commun.

## VERTICALEMENT

**1.** Libérations conditionnées (3 mots).

**2.** Mec, zig, gus. Dans la poche d'un rat. Mon paraphe.

**3.** Plastiques tressés des années 1960. Le Montand de Manon.

**4.** Hérétique. Voisine éternelle de Sofia. Fin d'infinitif.

**5.** À qui on est bien obligé de dire : « Tu peux toujours courir. » On préfère toujours le sien à celui des autres.

**6.** Huile indienne. Pronom. Enrouleur de pompiers. Des triomphes qu'on trouve de moins en moins dans les cafés.

**7.** Mendes ou bien pour le calembour. Un vêtement comme un autre. Madame de Beaumont. Avances.

**8.** La télé de pépé. Fait entrer la musique au pantalon (2 mots).

**9.** Fuck news sur Canal+ (4 mots).

**10.** Avant le car dans la mnémotechnique des conjonctions (2 mots). En remplacement si on veut offrir des vacances aux échelles.

**11.** Il donne la laine fraîche. Manche. Pressé au son. Ordi.

**12.** Il fait encore plus mal. Durcie en glace. D'hier, filées ou délavées. Blonde pâle.

**13.** Pronom. N'atteint pas forcément Ajaccio, mais fait trembler l'écorce. En plein dans les fesses. Plus connu que Philippe Chapuis dans les cours d'école.

**14.** Pépin... le gros. Voyage stupéfiant. Conjonction.

**15.** Elles mettent tout le monde d'accord. France en FM.

**16.** Encore. Atchoum !

**17.** Encore une fois et huètes. Se donnera un air nouveau. Couche de glace.

**18.** Taillé par un jugement. Pas gaie à contre-courant d'une cascade de rire. Pronom impersonnel.

**19.** Cache ou secret. En se mettant à table. Roule sur la piste.

**20.** Chacun de nous le trouve suffisant, vu que c'est avec lui qu'on juge (2 mots).

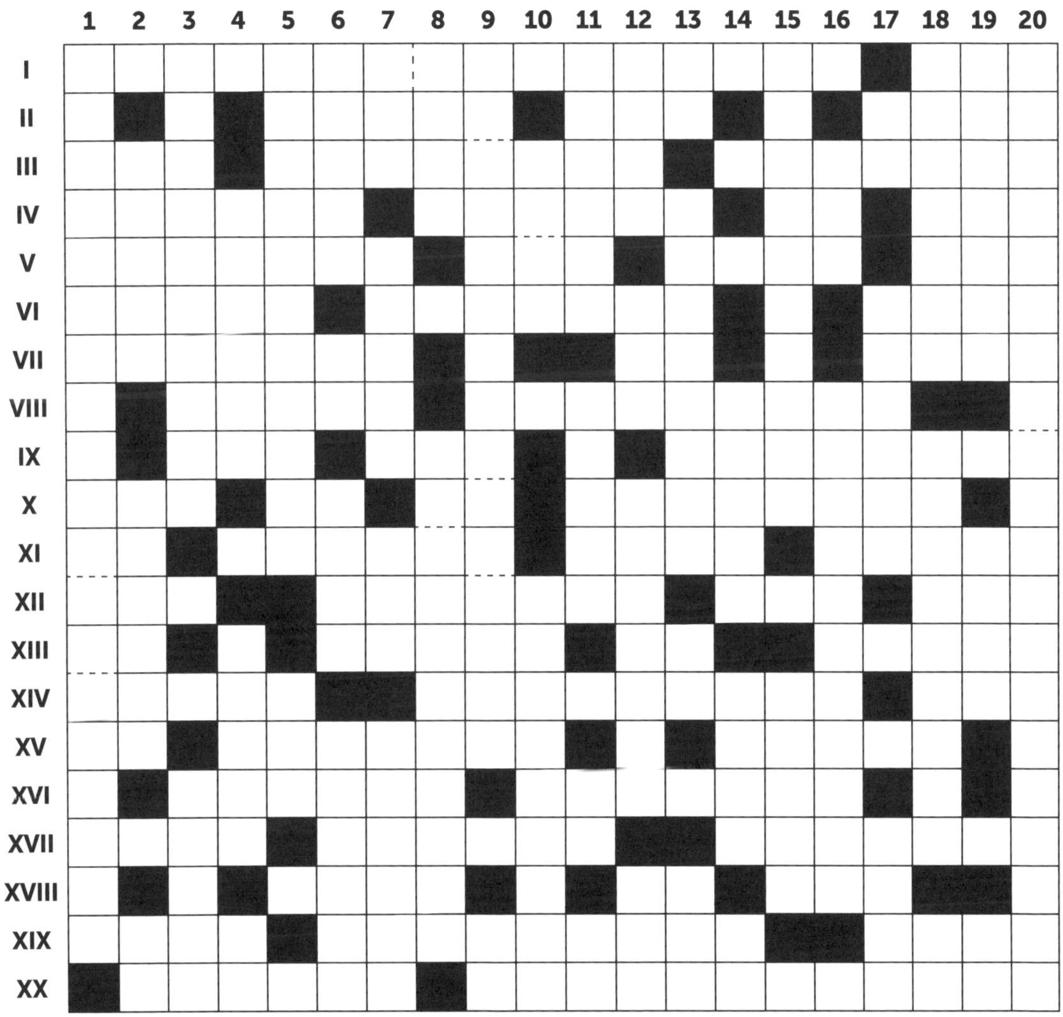


GRILLE

# N°38

L'AIDE PAGE 232
LA SOLUTION PAGE 258

# DIVAGATIONS RÉFLÉCHIES À PARTIR DE LA GRILLE 38

En I horizontal : « JO bassin » : PISCINE OLYMPIQUE. Et comme n'avait pas tout à fait dit Coubertin : « L'essentiel, c'est de partir pisser ! » Ben oui ! Parce que, vu les performances inhumaines, ça doit bouillonner sévère dans les éprouvettes. Faudra peut-être penser à remplacer le Pyrex par du Kevlar. Tu verrais pas que la miction fasse exploser le récipient aux testicules du contrôlé ! On serait obligés d'embaucher des chirurgiens bijoutiers pour extraire les éclats des bijoux de famille à la pince à épiler. Bonjour le travail d'orfèvre !

Bon, ça, c'est juste histoire de rigoler un peu, mais je ne t'apprends rien, bien sûr. Parce qu'une grande compétition sans dopage, c'est comme le gigot sans ail. Ça nourrit, mais ça régale pas. Il nous faut des records, de l'incroyable, du stupéfiant. C'est le cas de le dire. Un truc à ranger le dernier numéro de *L'Équipe*, non pas sur la pile des magazines du salon mais sur l'étagère de l'armoire à pharmacie. Parce que, comme disait le philosophe Coluche à propos des coureurs du Tour de France : « Sans dopage, pour arriver le 14 juillet, faudrait qu'ils partent à Noël ! »

Le cyclisme a souvent été en première ligne à la barre des accusés. Pas forcément à juste raison, mais il faut bien un bouc émissaire. La partie émergée de l'iceberg. Parce que tous les autres sports pompent largement à la source illégale. Comme dit mon garagiste : « Quand l'haltérophile soulève deux cents kilos avec le sourire, c'est pas parce qu'il a mangé un cric ! » Et la nageuse russe, clone de Schwarzenegger, c'est peu probable que ce soit à cause d'un accident de stérilet. Bon, c'est vrai qu'Armstrong a profité de son homonymie avec l'astronaute pour nous prendre pour des cons… comme la lune. Malin le Ricain ! En tout cas, plus malin que les autres. On s'en doutait bien qu'il y avait un truc. Tout le monde en Clio, et lui en Formule 1 dans les cols, ça sentait la gourde au sans plomb 98. Moi, je rêvais qu'il s'arrête pour pisser sur le bord de la route et que ce soit un lapin qui gagne l'étape ! Mais, bon ! Il a mis des années à se faire prendre. Comme quoi celui qui gagne, ce n'est pas celui qui se dope le plus. C'est celui qui se dope le mieux.

Le problème, c'est que le sport est devenu une vaste entreprise lucrative. Autant pour les organisateurs que pour les acteurs. Et si la cupidité n'a pas de limites, le corps humain en a, lui. Il lui faut du booster haut de gamme. Dieu a créé l'homme à son image et Jésus a bouclé son numéro de gym aux anneaux avec une croix. Mais c'était le fiston, shooté au surnaturel. Et puis, pour tenir, il y avait des clous. C'est autre chose pour l'humain ordinaire de rester debout sans attache sur un poteau de « Koh-Lanta » ! Y a pas de miracle. Si on veut de la perf, il faut du lourd. Alors, de plus en plus on innove. Il paraît même, et c'est authentique, que des chercheurs projettent de greffer des logiciels d'endurance dans le cerveau des athlètes. La puce antidouleur pour démultiplier la volonté. On n'y est pas encore, mais ça menace. En attendant, on progresse dans le chimique violent, mais indétectable. Finis la Laroscorbine effervescente ou même le Guronsan de papa. Tout ça, c'est du pipi de chat. Le but, c'est de fabriquer des tigres. Après l'énergie des vieux fossiles, il faut de l'énergie renouvelable. Alors, on fait dans le brutal. Comme aurait pu dire le tonton flingueur :

— J'ai connu une lanceuse de poids polonaise qui en prenait au petit déjeuner !

Et ce n'est que le début. Vu la vitesse à laquelle ça progresse, on n'en est qu'aux prémices du plus haut, plus fort, plus loin et surtout plus souvent. Je pressens des marathons de cinq cents kilomètres en moins de vingt-quatre heures non-stop. Des combats de boxe en vingt-six rounds. Des matchs de Ligue 1 tous les deux jours. Dommage, Mediapro aurait dû patienter un peu. Le 100 mètres en six secondes. Par bonheur, dans ce cas, il y a quand même une impossibilité butoir qui limitera le « toujours plus » : les coureurs ne pourront pas arriver avant d'être partis.

Alors, bien sûr, il y a les dommages collatéraux. On ne compte plus les overdoses, les AVC, les maladies dégénératives, les suicides. Avec en oraison funèbre : « C'est bien triste, mais c'était sa volonté ! » Le mythe d'Achille. Le choix entre une vie longue et monotone ou plus courte mais glorieuse. Tu prendrais quoi, toi, à gabarit égal ? Pour quelques années seulement, le succès, l'admiration, la couverture des magazines, les shoots d'adrénaline, les palaces avec le salaire de Neymar ? Ou alors, pour des années interminables, le train-train, l'anonymat, l'ennui, le trois-pièces cuisine avec le salaire du jardinier du Parc des Princes ?

— Oui, mais pour vivre heureux, vivons cachés !

Ben non, justement ! C'est la lumière qui attire les compétiteurs en nage papillon. Les apprentis boxeurs préfèrent nettement les sunlights du Madison Square Garden à l'éclairage hésitant du boxing club de banlieue. Il vaut quand même mieux être à la une de *Gala* qu'à la page recherche d'emploi de *Métro*. C'est humain. Et tant pis s'il faut passer par la créatine et l'EPO. Et tant pis pour la carcasse qui le paiera forcément un jour ou l'autre. Comme disait Loana en sortant de la piscine après sa brillante prestation aux jeux olympipes : « C'est mon corps, j'en fais ce que j'en veux ! »

En fait, ce n'est pas le dopage, le fléau. C'est l'âme humaine. Et là, on ne peut pas lutter. On peut tenter tous les contrôles du monde, on ne déterminera jamais le taux d'orgueil, d'ambition et de vanité dans le sang. Et puis, de toute façon, quelle importance ? Et pourquoi jeter la pierre aux seuls sportifs. Surtout que s'ils ont pris un fortifiant en ossature, ils peuvent te la renvoyer en pleine gueule d'un coup de tête. Tout le monde se dope. D'une façon ou d'une autre, on cherche tous par des médications rajoutées à améliorer nos performances de vie. Du plus ordinaire au plus connu. Le clodo qui se shoote au pinard ou au joint pour oublier sa déchéance. L'étudiant qui se bourre de Captagon pour venir à bout des heures harassantes de sa prépa. Même le candidat à la présidence. Quand, après quatre jours de meetings non-stop, il va serrer des louches et peloter les pis de vaches pendant six heures au Salon de l'agriculture. Même le bon sens du paysan le plus crédule le remarque :

— Eh ben, dis donc ! Quelle pêche pour un mec de l'ENA qui en jamais foutu une. Sûr qu'il doit pas tourner qu'aux rillettes et au muscadet !

Allez, c'est pas que je m'ennuie, mais je te quitte ! Je ne veux pas rater la finale du « Super Bowl ». Six millions, le spot publicitaire. Ça fait quelques milliers de dollars pièce la commotion cérébrale. Un bon rapport qualité prix pour voir des survitaminés s'entrechoquer. Histoire de se préparer en vue du championnat des Parkinson, dans quelques années.

## HORIZONTALEMENT

**I.** La grand-messe de la religion cathodique (4 mots).

**II.** Mettait en greffe sans préavis. Deux lettres pour réclamer de l'argent à une société. Près de Londres. Article. Deux signes de Zorro.

**III.** Mit de la coke dans un album de Tintin. Ça nous gonfle un peu quand on travaille trop de nos mains. Diode.

**IV.** Elle s'attrape et se transmet par la queue. Paso au Texas. Il prive d'une moitié.

**V.** On le devient sans mal. Foire pour soldes de tout compte. Clé barre.

**VI.** Elle rend menu son homonyme. Soldat de cinéma. Terre pour les enfants de la poterie. Chiche qu'on en mange un !

**VII.** Préposition. Va avec Roméo mais pas avec Juliette. Dura à Rome. Dévalorisa.

**VIII.** Mange anglais. Caisse de Citroën. Emprunts en nom propre.

**IX.** Refusera de refuser. Ail, ail, ail ! Premier lit français.

**X.** Il pratique la pire façon de jouer à saute-mouton. Dans la famille Drucker, je demande la nièce. Sport d'été aussi, sur l'eau.

**XI.** L'union fait leur force. Le prix de la santé réglé avec du liquide dans les poches.

**XII.** Gueule en bois. Comme les rugbymen du calendrier. Force de caractère. Scandin... avide et malfaisant.

**XIII.** Fin d'infinitif. Organise un enlèvement. Chauffeur-livreur qui travaille souvent pour de l'argent. Bien ouverte.

**XIV.** Pronom. Le meilleur de la crème. Emmerde aussi, avec une case en moins.

**XV.** Eut Hue avant, pour le faire avancer. Chiffrer une valeur. Grecque. Douce de Breffort.

**XVI.** Un grand du golfe. Canal pour abonnés. Mort au son. En plein rêve.

**XVII.** Keuf reuvé. Trafique surtout dans la vente à emporter. Porte-plumes colorés.

**XVIII.** Carne. Il a toujours le dernier mot. Le corniaud.

**XIX.** Mis en couche. Convoyeur de joujoux à Noël. La saison des glaces.

**XX.** D'après le titre du film, sa bande originale serait en fa (3 mots). Démonstratif.

## VERTICALEMENT

**1.** Certains commencent les bras ouverts et finissent sur la paille, lui c'est le contraire (3 mots). Il a une ligne de conduite.

**2.** Avoir à plusieurs. Bourg dedans. Rage dedans qui éclate dehors. Vive l'arène !

**3.** Rêve parti. Des cours et des cours. Blanc pour laver, vert à manger.

**4.** En fit toute une histoire et ne se priva pas de le dire. Quand les cheveux se cabrent. Monte devant en quittant sa prison.

**5.** Marque d'une virgule. Les seuls animaux dont BB ne veut pas qu'on prenne la défense. Pressé.

**6.** Héros de Chateaubriand. A besoin de l'énergie renouvelable. La vache, encore elle !

**7.** Ils ont pris un râteau, c'est évident. Jeu de pistes.

**8.** Gauche. Par en Angleterre. Les choses latines. Le meilleur du spectacle. Abrège le sacré.

**9.** La gitane sans filtre du parvis. Humide... et Chandon pour le calembour. Poussé en forçant.

**10.** Vols de gamelles souvent. Descente de gosier. Treize à la douzaine pour les congés payés.

**11.** Enfant d'Harmonie. Comme une culotte de bon roi (3 mots). Direction Bruxelles.

**12.** Jusque-là sans emploi. Avec Rico en VO. Tchao !

**13.** Entre-t-on dans ce magasin en disant : « Nous voilà » ? (2 mots). Héros de l'aviation.

**14.** Machine à lever. Ancien. Un homme très au Coran. Excès réservé.

**15.** Cale. Presque nu chez les Grecs. Roi du théâtre. Les Saint-lois y habitent.

**16.** La grande dame du jazz. Billy tué par Pat. Quand on tire, à lui la couverture. Délai post mortem.

**17.** Au bout de la digue. Ciné Cheeta pour Tarzan. Au. Il ne peut pas s'empêcher de se répéter.

**18.** Ile pour elles. Prendre un ton en fat. Introduit un associé.

**19.** Col en Côte... d'Azur. Arrêt au stand du circuit Ricard pour les fêtards qui veulent faire le plein. Chant des Blacks en phonétique. Article. On attend parfois son ordre pour être chevalier.

**20.** Bouteille de gaz. La guerre des nefs (2 mots).

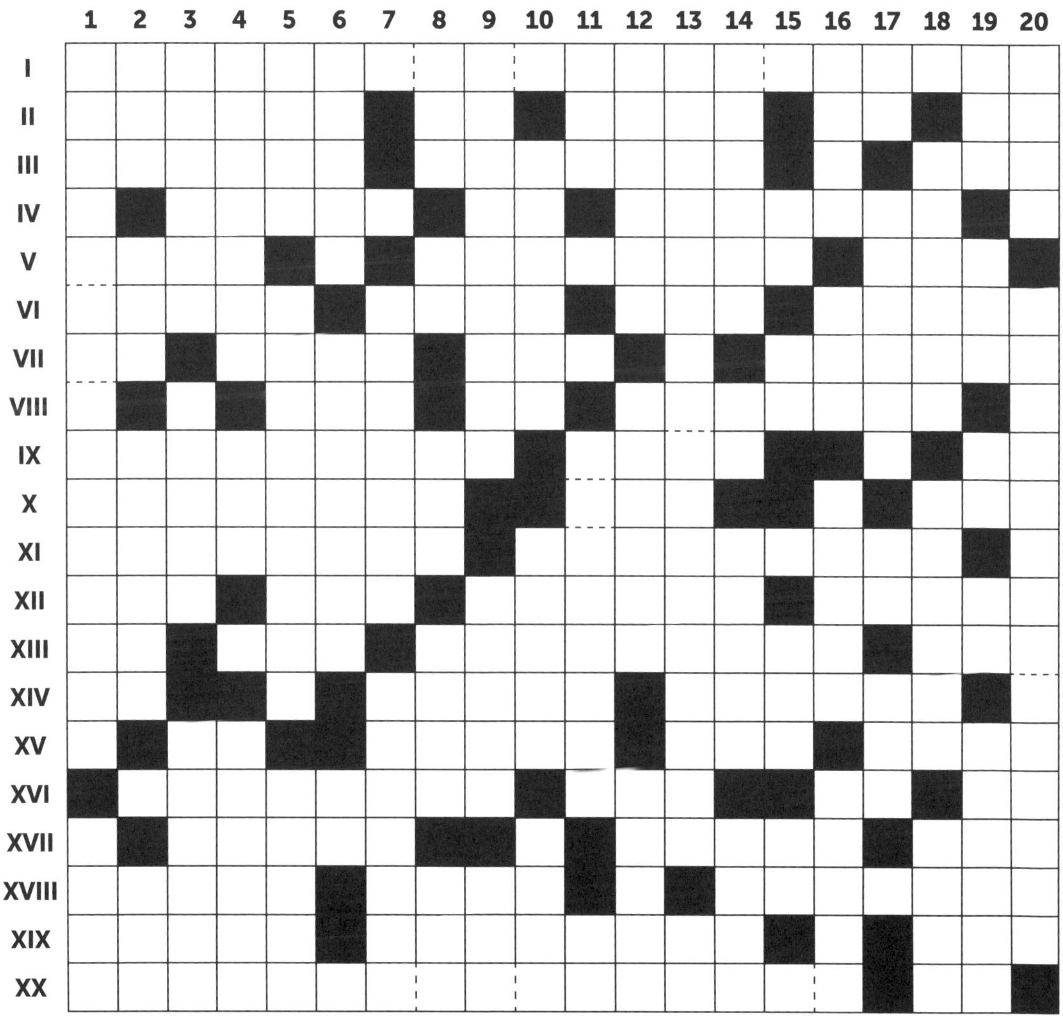

GRILLE

# N°39

L'AIDE PAGE 233
LA SOLUTION PAGE 259

# DIVAGATIONS RÉFLÉCHIES À PARTIR DE LA GRILLE 39

En 18 vertical : « Ile pour elles » : LESBOS. Les femmes qui aiment les femmes. Et, par extension, les hommes qui aiment les hommes. L'homosexualité officialisée. Et tant mieux. En défenseur de la liberté d'être ce que l'on veut et non pas ce qu'il faudrait qu'on soit, j'applaudis des deux mains. LGBT *for ever* ! Et c'est justement là que le sujet devient passionnant. Parce que cette redistribution des rôles de la nouvelle société va bien au-delà de la simple reconnaissance. Après des siècles de cache-cache, enfin la belle lumière du jour. Bienvenue, mais aveuglante. Au point de jeter la suspicion sur l'hétérosexualité. Comme dans toute libération, ce n'est pas le progrès qui achoppe, c'est l'intégrisme.

— Tu n'as jamais eu d'expérience homosexuelle ? Alors, pose-toi des questions. Parce que là, tu retardes grave.
— Peut-être, mais franchement, c'est pas mon truc.
— Alors, c'est que soit tu refoules, soit tu es homophobe.

Accusés, cachez-vous ! Vous persistez dans le vieux schéma papa maman ? Quelle ringardise ! C'est d'ailleurs, d'après les profs, un questionnement en plus en plus courant dans les cours d'école. Et même un passage à l'acte presque obligatoire à l'adolescence. Un peu comme la cigarette de notre époque. Histoire de faire comme les autres. Ce qu'on appelle la génération pansexuelle. On n'aime plus un garçon ou une fille. On aime un être humain. Moi l'humaniste, tu penses bien que ça me touche et que ça m'émeut. Mais où cela me dérange, c'est quand ça tourne à la ségrégation. Quand, à l'écart du troupeau, les pauvres hétéros moutons noirs ou brebis galeuses sont pointés du doigt. À presque ranger dans la catégorie de ceux qui ne croyaient pas à l'électricité. Quand, d'une société de martyr, on glisse lentement vers une société d'inquisition. Torquemadame et Gestapoil ! Si vous n'avouez pas une homosexualité au moins latente, ça va très mal se passer pour vous ! Bon, ne nous emballons pas non plus. Comme le disait Talleyrand : « Tout ce qui est excessif est insignifiant ! »

Mais quand même. On est passé en quelques années d'un rejet injuste honteux à ce qu'on est bien obligé d'appeler une mode. La société du spectacle y a beaucoup contribué. À travers les divers films et séries où le cahier des charges impose d'intégrer le couple homo. Avec le long baiser sur la bouche en gros plan. Et la scène de sexe au cas où juste un regard d'amour sincère ne suffirait pas. Faut souligner gras. La preuve par le corps. Au détriment parfois de la genèse de cette union : l'attirance des âmes. Pas sûr que ce soit le meilleur moyen d'ancrer la tolérance dans la tête de l'homophobe de base. Je pense même que ça produit souvent l'effet contraire. Mais ce sont les dégâts collatéraux de toute indignation nouvelle. Comme la traque au pédophile, par exemple. Au-delà de son réel effet salutaire, je suis persuadé, même si ça peut choquer, qu'elle a certainement, malgré elle, suscité des vocations. Mais même si le vacarme de la parole libérée provoque des réactions à l'envers du but recherché, c'est l'intention qui compte. Et cela vaudra toujours mieux que la plus assourdissante des expressions : le silence. Autre cause de cette éclosion de pansexualité, il y a la loi. La punition en cas de mots déplacés. L'humour interdit. Pénalisable le « Gode Save The Gouine ! » du macho lourdingue.

Mise à l'amende du « Florian Philippot, c'est comme l'accélérateur dans la bagnole, la pédale de droite ! » Un bienfait pour les implacables de la rhétorique bienséante.

Ceux qui accusent les mots de tous les maux. Avec, là aussi, un effet contraire. L'exclusion d'une caste de tout sujet de plaisanterie la marginalise de fait. Pas vraiment un bon signal quand on aspire à la normale.

Et puis, ce qui a surtout mis un sacré coup au tabou de l'homosexualité, ce sont les coming out des people. Pas un jour sans une confession nouvelle. Avec quand même une étrange suspicion d'étalage opportuniste. Ce besoin de déballer du très très intime justement à l'occasion de la sortie du dernier CD ou du dernier film. Transparence, vérité ou tête de gondole ? Réel besoin d'une délivrance publique ou promo cash, histoire de rester dans l'air du temps ? Si c'est une homosexualité avérée, OK ! Et puis ça fait avancer la cause. Mais je me souviens du temps où la normalité était à l'hétérosexualité farouche. Les attachés de presse montaient des histoires d'amour improbables. Combien de jolies filles a-t-on jetées dans les bras de mes amis Dave et Patrick Juvet ? Juste pour une photo de façade. La même filouterie aujourd'hui, mais à l'inverse, ne me surprendrait pas plus que ça.

— Qu'est-ce que tu peux être suspicieux !

Non, lucide. Et ça n'enlève rien à ma satisfaction de voir progresser la tolérance. Oh, c'est loin d'être gagné ! Les casseurs de « fiottes » et de « brouteuses », comme ils aiment s'appeler, sévissent encore. Et parfois avec une violence monstrueuse, hélas ! Et je sais que même certains de mes lecteurs qui me rejoignent sur bien des points ne me suivent absolument pas sur celui-là. Qu'importe ! Je persiste et je signe. Je soutiens à mille pour cent les nouvelles amours particulières. Autant que je réprouve que celui dont ce n'est pas l'inclination puisse en être blâmé ou culpabilisé.

— Et toi, alors, Patrick ? Tu marches à quoi ? Parce qu'entre ton soutien aux LGBT et ton image de soudard rabelaisien, pas facile de te mettre dans une case ?

Ne compte pas sur moi pour te révéler quoi que ce soit. Il est des intimités qu'en aucun cas je n'étalerais au grand jour. Les fleurs de mon jardin secret ne poussent qu'à la lumière du soleil. Celles des projecteurs les crameraient. C'est mon *coming in.* Mais je t'accorde le droit d'imaginer. Et même plus, de constater par toi-même. Par exemple, si tu es en couple, je veux bien accepter une invitation à ta table. Charge à toi de décrypter ma vraie nature. Selon que j'arrive avec des fleurs pour madame, pour monsieur ou pour les deux. Nous parlerons du sujet autour d'un bon repas. Peut-être auras-tu une réponse, si en fin de soirée je demande à m'isoler. Il se peut qu'excité par une conversation gourmande, j'éprouve le besoin d'extérioriser. Auquel cas il est fort possible qu'à l'abri des regards, je me livre à une séance de masturbation en règle. Cela ne répondrait pas à tes questions, mais correspondrait à ma priorité en ce domaine : l'indépendance. Et, surtout, je pourrais appliquer à la lettre l'adage favori des libertins égoïstes : « On n'est jamais mieux servi que par soi-même ! »

## HORIZONTALEMENT

**I.** Surveillant pénitentiaire en cheville avec un condamné (2 mots).

**II.** À la base du tronc. Quarante dont on se fout. Paradoxalement très rare parmi les animaux qu'on se fait tatouer. Somme de bêtes.

**III.** Elle prie pour avoir l'âme en pet ? Julien au micro, Gustave au pinceau. Ça ne l'aurait pas choqué qu'on lui dise : « Nique ta mère ! »

**IV.** Il ne dépasse pas le cinquante. Dévêtues au ciel ?

**V.** L'Élysée de Vladimir. Méchant docteur. Edward aux mains d'argent chez les Kennedy. Il fait partie des bêtes.

**VI.** Toujours d'un bon soutien. Lave à Hawaï. Lecture sans queue ni tête. Conserve ses fautes, mais corrigé quand même.

**VII.** Chérie du Prince Harry. L'hère de rien. Note.

**VIII.** Article espagnol. La moitié du 35. Familier de Brockovich. La moitié du précédent.

**IX.** Elle propulse l'air. Occulte, de l'autre côté du miroir. Assurais tout risque. Précis.

**X.** Pays de cochon. Possessif. Silencieux, Jodie n'avait pas besoin de leur dire : « Faut s'taire ! »

**XI.** Parce que c'était lui, parce que c'était elle. Sienne. Allez, on va faire un tour ! Pareil avant.

**XII.** Espaces urbains d'autos censures (2 mots). Chantilly, c'est sa crème.

**XIII.** Bis bis. Ça veut dire beaucoup. Pour un couple idéal.

**XIV.** Assommées à l'ancienne. Pronom. Le tube de *Flashdance* par Sembello.

**XV.** Fait un effet beuh en verlan. Peste ou qu'il change la couleur. On lui accroche une remorque pour en faire un poids lourd.

**XVI.** Connaît il par cœur : « Il pleut berbère » ? On lui fait parfois barrage pour la laisser en plan. States.

**XVII.** Se rendra. Mesdames, mesdemoiselles. Il sort du cuir. Mit une pression de bas en haut dans la baignoire d'Archimède.

**XVIII.** A plusieurs en place à Saint-Tropez. Possessif. Grillé sans arrêt. Sous dans la cave.

**XIX.** Seiche dans une cage. Se consomme cru et très salé. Négation.

**XX.** Bond dans le passé (2 mots). Accident de la circulation. Préposition.

## VERTICALEMENT

**1.** Elle n'accepte que les versements en liquide (3 mots). Arguments de poids.

**2.** Yoann à la télé ou île au large de Marseille. Gueule après pour demander le silence. Conjonction. Fabrique une étoile avec des sunlights.

**3.** On ne peut pas dire qu'il n'y a que le train qui ne lui est pas passé dessus (2 mots). Gitanes sans papiers.

**4.** Princesse pantouflarde. *Toy* sans sex au cinéma, heureusement pour les enfants.

**5.** Gros temps. Tout l'est quand quelqu'un nous manque. Quand on a des goûts de chiottes.

**6.** Au diapason. Tue-mouches, et pas qu'elles. Ils ne sont jamais dans le vrai.

**7.** Préposition. Brrr, comme il fait froid ! Réfléchi. Bête, en particulier du 22 juillet au 23 août.

**8.** Dieux latins. Fragment de la Longue Marche. Maîtresse officielle.

**9.** Il n'a que des « oh ! », jamais de « bah ! ». Bout de bois. Étain.

**10.** La rockeuse de diamant. Si les Dalmatiens de Disney avaient été romains. Elle évite les regrets et les remords. Conjonction.

**11.** Ils n'ont plus de jus. Font la majorité à 18. Le Jack Dawson du Titanic devenu le magnifique.

**12.** Avec. Arrière pour cabrer un cheval de fer. Une bonne qualité d'image. Locataires de la maison blanche.

**13.** Pour Cabrel, sarbacane en est un à double titre. Réponds à la provocation. Article. Hissés hauts dans Santiano.

**14.** La Carla de Nicolas II. Animal de compagnie anglais qui ne sent pas forcément mauvais.

**15.** En tient une bonne couche, mais peut-être pas pour longtemps, hélas ! Smack. Con fusion si elle est parfaite entre deux imbéciles inséparables. Sodium.

**16.** La mémoire du mouchoir. Épelée... et les garçons. Plus belle pour Adjani. Bien dirigées.

**17.** Souscrit à un embrun. Début de pèlerinage. Altérons.

**18.** Par ici le sorti. Nuit de cinéma pour des scènes de rues.

**19.** French cancan. Doit s'y prendre à deux fois pour une bonne percussion. Quand on part sur la route, c'est lui qui fait nos balises.

**20.** Fêtes des maires (2 mots).

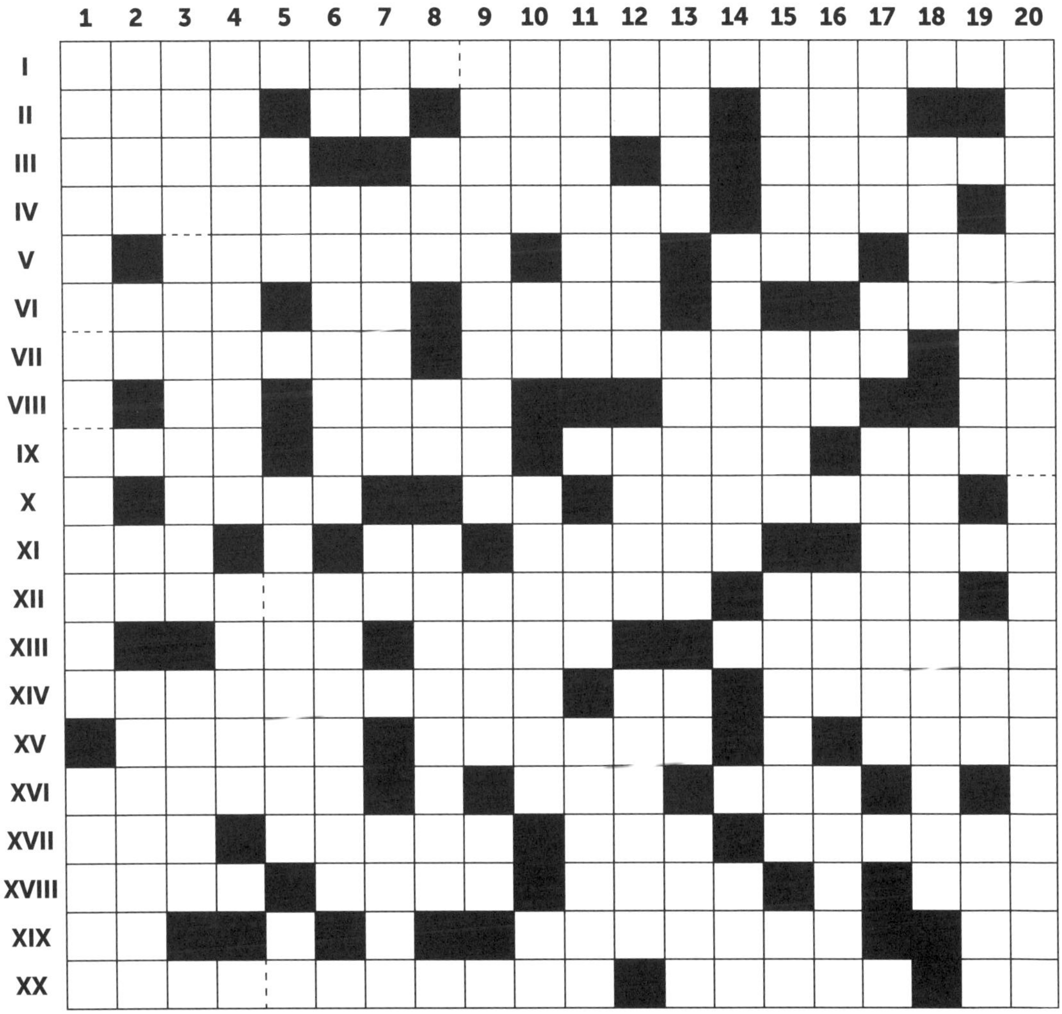

GRILLE

**N°40**

L'AIDE PAGE 233
LA SOLUTION PAGE 259

# DIVAGATIONS RÉFLÉCHIES À PARTIR DE LA GRILLE 40

En I horizontal : « Surveillant pénitentiaire en cheville avec un condamné » : BRACELET ÉLECTRONIQUE. Et si on parlait justice ? L'actualité de mi-février 2021 tombe à pic. Un député, Georges Tron, condamné à cinq ans pour tripotage sexuel de pieds et harcèlement. Un chauffard, Kylian Le Reste, condamné à cinq ans pour homicide involontaire d'enfant, avec conduite sans permis, sans assurance et délit de fuite. Il n'y aurait pas comme une incohérence ? Bon d'accord, le député va sûrement purger sa peine en semi-liberté avec bracelet électro (j'ai enlevé « nique » pour lui éviter une tentation de plus). Mais quand même ! Ça a du mal à passer pour le pékin moyen. D'accord, il y a crime des deux côtés. Mais l'échelle des valeurs, en l'occurrence, porte bien son nom. Il n'y aurait pas un problème de barreau ? En 2016, j'avais convaincu mon ami, maître Dupond-Moretti, de jouer dans un de mes téléfilms. À cette occasion, il avait rajouté cette réplique au dialogue original :

— La justice est une administration avant d'être une vertu.

Ce que Maman exprimait autrement :

— On est tous égaux devant l'injustice.

On est surtout tous ego. Il est bien rare qu'une sentence convienne à la fois à la défense et à l'accusation. Il n'y a pas plus personnelle qu'une estimation de jugement. Et d'une façon plus générale, la justice a ceci d'universel, c'est que chacun possède son propre petit tribunal. Un prétoire intime dans lequel il acquitte ou condamne, non pas sur des faits, mais sur une intime conviction très malléable. Au gré de ce qu'il reçoit des médias, bien souvent. Avec les poncifs populistes que je me garderais de développer ici : « Y a pas de justice ! » « Selon que vous soyez puissant ou misérable… » « On a aboli la peine de mort pour les coupables mais pas pour les victimes. » Des évidences de bar du théâtre. Ceux qui sont restés à l'apéro et qui jugent le spectacle sans y avoir assisté. Car il s'agit bien de spectacle.

À l'affiche aujourd'hui : procès pour meurtre aux assises. Le signal du début de la représentation est une sonnerie, comme au Châtelet ou à Marigny. On affiche complet. Depuis « Faites entrer l'accusé », on refuse du monde. Merci, Hondelatte ! En plus, CNews et BFM ont fait un teasing de folie. Les criminologues, les témoins à charge et à décharge, les avocats ont fait une bande-annonce hyperefficace. Le sondage sur la culpabilité présumée de l'accusé le donne coupable à 51%. C'est te dire si ça va être serré ! Avant le lever de rideau, l'assassin a frappé les trois coups. En l'occurrence, un peu plus. Trente-deux coups de marteau sur la tête d'une pauvre vieille. La pièce est en trois actes. Audience, délibération, verdict. Sur scène, les premiers rôles. Les juges et les avocats. Et puis les utilités : témoins et jurés. L'auteur est aussi l'acteur principal. Auteur des faits, bien sûr. Et, à la sortie, ce sera un succès ou un bide selon la hauteur de la sentence. Le public conspuera ou acclamera. Et le rideau tombera jusqu'à la prochaine représentation. Suspense, comédie, tragédie. Fiction de toute façon. Parce que, dans la réalité, les seules planches qui comptent finalement, ce ne sont pas celles de la scène. Ce sont les quatre du cercueil de la victime, hélas !

Victime, c'est le maître mot. Le centre de tout. La posture qui aujourd'hui fait déborder les prétoires. Victime de harcèlement, de violence, d'agression, de vol, d'insultes, et parfois seulement même d'intentions. Avec un curseur qui passe allègrement des noms d'oiseaux dans un embouteillage au massacre à la tronçonneuse. Ça tombe bien, il y des lois pour tout. Les lois, c'est quand des hommes décident de ce qui est bien ou mal à ta place. Bon, dans l'ensemble, ça régule bon an mal an la bonne marche de la société. Il manquerait plus que ça ! On en fabrique à la chaîne. Normal, il faut bien que le député de la république justifie la virée à Paris. Entre le casse-croûte au restaurant gastronomique et la maîtresse qui attend dans la garçonnière, faut assurer le prétexte pour l'épouse restée en province.

— Excuse-moi, « moumoune », j'ai pas eu le temps d'appeler ! J'étais en séance pour le vote de la loi sur le droit d'utiliser un fil de pêche recyclable pour le goujon de moins de dix centimètres dans les rivières de Basse-Loire ! Et, en plus, je préparais un amendement pour la loi sur l'interdiction d'appeler « ticket de métro » la coupe des poils pubiens. La RATP a saisi le Conseil constitutionnel pour dénigrement. Je vais proposer « ticket de parking ». La sortie de garage, ça symbolise mieux l'arrivée des bébés par le tunnel de la vie qui est juste en dessous, non ? Toi qui bosses dans l'obstétrique, t'en penses quoi ?

Un problème, une loi, c'est l'équation gagnante. Même si la plupart du temps, on sait bien qu'elle sera peu ou pas appliquée. Mais c'est le tampon justificatif de l'utilité publique. Et c'est pour ça qu'on croule chaque jour sous des monceaux de paperasses qui étouffent nos libertés. Pour ça que les interdits, les directives, les contraintes nous font valser à en attraper le tournis. Et, encore une fois, le maître de ballet, c'est l'ego. Parce qu'une fois au gouvernement, pour l'élu du peuple, il faut absolument laisser une trace. Le must, c'est la loi qui porte son nom. La reconnaissance éternelle. Une loi qu'il va aller défendre au journal de 20 heures. Et à peine sorti du plateau, il téléphonera à « moumoune ». Pas pour s'enquérir si cette loi, d'après elle, fera faire un vrai progrès à la société. Non. Juste pour lui demander : « J'ai été bon ? »

Oui, mon gars, t'as été bon ! Ne te fais pas de souci, ta loi sera adoptée. Elle portera ton nom. On t'a gardé une demi-page au *Journal officiel.* Elle rejoindra celles qui nous tissent de plus en plus un carcan irrespirable. Au nom de la sécurité, de la santé publique, de l'économie, de l'écologie. Ces lois qui justifient tous les fichiers génétiques, les caméras de surveillance pour soi-disant l'efficience de leur application. En fait, un flicage de plus.

Pendant ce temps, un pauvre policier arrête une racaille qu'un juge va remettre au plus vite dans la nature. Et, bien sûr, le poulet rue dans les brancards : « Pourquoi on les arrête puisqu'il faut les relâcher aussitôt ? À quoi ça sert de faire des lois ? » Ça sert à équilibrer les plateaux de la balance de la justice. Comme Lhermitte dans *Les bronzés* qui estimait ses conquêtes au kilo. Ou, si tu préfères, pour tenir le compte régulier du nombre de fois où on se fait baiser.

— Quelle vulgarité ! Quelle honte ! Vous savez que contre ce genre de propos, il y a des lois ?
— Je sais, Monsieur le juge, je sais.

## HORIZONTALEMENT

**I.** Les grands gagnants de la bourriche. Participe à la route du Rhône.

**II.** Evente au son. Chaque fois qu'il voulait prédire l'avenir, il prenait un bide. Septième de Beethoven... le film.

**III.** Attachée à l'école libre. Grand, en principe, pour la stature du commandeur.

**IV.** Des ormaies. Préparerons une récolte du blé. Le premier de l'œuvre de Proust nous a entraînés du côté de chez Swann.

**V.** Kaunas pas loin de son lit. *Tempo de Madness*. Champion. Réussir son tir chaque fois qu'on bute.

**VI.** Sous X en secret. Note de la rédaction. La réponse logique à Vianney quand il demande : « T'es pas là, mais t'es où ? »

**VII.** Passera tout seuil. En général, à la fin. Pour Grégoire, c'est plus moi. Coupai court.

**VIII.** Renruoter donc, si on l'applique au mot qu'on cherche. Teutons flingueurs sur les toits à la Libération.

**IX.** Girls en groupe. Revient à chaque moi. Zone en ville, ou ailleurs. Bas creux.

**X.** Couchant. Son coup n'assomme pas, bien au contraire. Voulut le bien d'un autre.

**XI.** Elles tombent du ciel par gros temps. Tout à fait sûre.

**XII.** Article. Une histoire de famine dans les années 1970. Convoyeur d'espèces. Son pied, c'est d'attendre.

**XIII.** Moulin policier (2 mots). Sa valeur attend le nombre des années. Ah ça, pour être fiers, ils sont fiers !

**XIV.** Gallium. Marque de pompe. Quelqu'un lui a dit.

**XV.** Cerveau lent. Air force pour Joe. Coups de mains.

**XVI.** Enlevée d'une plante pour soulager. Comme Yquem, le seigneur du château. Réfléchi.

**XVII.** Encorné de la mer, mais pas encornet. Compte en Suisse, uniquement en liquide. C'est entendu.

**XVIII.** Pompes à essence (3 mots). Pays bas. Arrière sur un bateau, il a le vent en poupe.

**XIX.** À défaut de montagne pour Pierre Bachelet. Vieille au son. Mot de passe à l'autel pour accéder à la chambre nuptiale.

**XX.** As de pics. Couverture de tuiles.

## VERTICALEMENT

**1.** À la tête des sans-culottes (2 mots).

**2.** Lézard à ménager, on ne sait jamais ! Commune en PO. Gisèle ou Lucienne pour rire.

**3.** Cette année encore, elle va se mettre en quatre. Le coyote ne le fait pas ralentir, bien au contraire.

**4.** Était-il aussi bête que celles qu'a embarquées son père. Si tu fais ça quand j'avance, comment veux-tu... ? Précède une date.

**5.** Avoir imparfait, et au subjonctif en plus. Coupe dans la forêt en passant par le haut. Passé tout près.

**6.** Avec une particule pour jouer dans le *Casino* de Scorsese. Pierre des pauvres. Un italien qui a de la bouteille.

**7.** Manita de Platoche en chiffre. Or symbolisé. Mini-gus. Mets des coups d'épée dans l'autre.

**8.** Abat jour. Même si on n'a pas envie de la prendre, on est toujours content de la toucher. On ne l'invite pas au théâtre par superstition.

**9.** Des jumeaux, ça lui fait une belle paire de marcassins. Big Mach servi en avion. Donne du courant à tort et à travers. D'estoc et de taille.

**10.** Commune dans le 13. L'anarchiste monégasque de la chanson (2 mots). Alzheimer, d'accord, mais son prénom, vous en souvenez-vous ?

**11.** Un éclair dans une baignoire, mais qui n'a rien à voir avec Cloclo. S'aventura. Un début de roucoulade qui finit en bouche-trou. Pronom.

**12.** Dégraderait, et pas forcément des militaires. Pronom. Montes en encenseur.

**13.** Lettres en trop. Saint des manchots. Pour une nouvelle prise de conscience. Un.

**14.** Panneaux surtout. Suite d'oignons.

**15.** Avec des pieds qui gonflent. Conjonction. Fin du voyage. Commun.

**16.** Première au bal. Miction impossible, en cas de prostate. Demander instamment. Conjonction riche.

**17.** Piège à cons littéraire. Refoula.

**18.** Responsable de tous nos mots. Juliette, Roméo, l'Adige, etc. Décrété par ordonnance.

**19.** Bosse fort. L'arabe de la groupie lepéniste. Il obtient le total des voix.

**20.** Arrivées du train en piste. Il fait toujours partie du milieu.

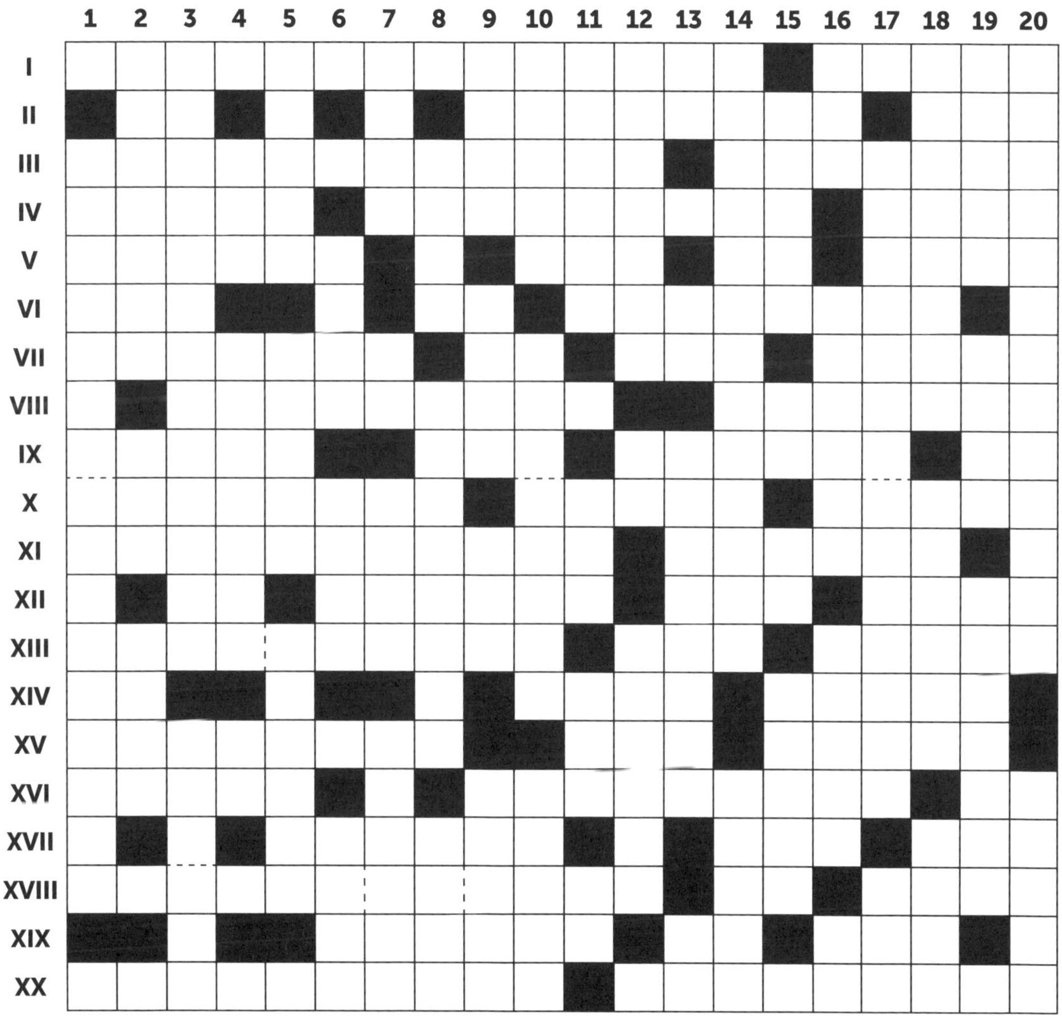


GRILLE

## N°41

L'AIDE PAGE 234
LA SOLUTION PAGE 260

# DIVAGATIONS RÉFLÉCHIES À PARTIR DE LA GRILLE 41

En 1 vertical « À la tête des sans-culottes » : BONNETS PHRYGIENS. Alors, cette révolution, elle arrive ? Non, pas ce soir, y a PSG/Barcelone ! Et puis pas jeudi non plus, j'ai piscine ! On va attendre un peu. Il faut bien peser le pour et le contre. Comme me disaient mes amis sans culottes du Cap d'Agde : « L'échangisme c'est bien, mais on sait ce qu'on perd, on sait pas ce qu'on trouve ! » Et pourtant dans la France profonde, ça râle. Ça gueule, ça dit que ça suffit, que ça va pas tarder à péter. Mais quand il s'agit d'allumer la mèche, il n'y a plus grand monde pour mettre le feu aux poudres. En même temps, c'est normal. Vu la mini-goutte d'eau qu'on met dans le Ricard, elle n'est pas près de faire déborder le verre.

Et surtout, on préfère la révolution virtuelle. Celle des réseaux sociaux. Dans le canapé, on ne risque ni les lacrymos ni les coups de matraque. Pourquoi aller couper des têtes pour les mettre sur une pique, alors qu'on peut faire la même chose d'un simple clic ? Enfin, s'en donner l'illusion. L'anonyme balance du « Macron tête de con ! » à tout va. Un autre anonyme lui répond qu'il a raison et, ça y est, on se prend pour Danton. Oui, mais Danton quoi ? J'en ai même fait une chanson. Ça lui suffit, à pépère, pour se prendre pour un révolutionnaire. Et au moins, il est sur place pour faire réchauffer sa pizza en attendant le match de Ligue 1 de ce soir. On ne peut pas être au four à micro-ondes et Camille Desmoulins ! Tu verrais pas qu'un retard de métro lui fasse rater le premier but. La révolution d'accord, mais le foot d'abord !

Bon, il y a quand même quelques velléités de rue. La nouvelle promenade du samedi. On se fout du motif de la manif. On n'est pas là pour la cause, on est là pour les effets. À Paris, on va aux Champs comme avant on allait au parc. Distractions garanties. Course de fond. Lancer de barrières. Tir au poulet en guise de tir au pigeon. Barbecue de bagnoles et démontage d'Abribus. Comme si ça allait emmerder le ministre qui voyage en Renault à cocarde avec chauffeur. Et encore moins le Président. Même si ça gueule : « Hey, Manu, tu descends ! »

Aucune chance qu'il entende. Quand il va à la Bastille, c'est pour écouter la *Traviata*, pas *l'Internationale*. De toute façon, il est bien loin de ça. En résidence secondaire à Versailles pour le week-end. Le seul point commun peut être avec le « ça ira » de la vraie révolution : les aristocrates à La Lanterne. Et puis, quoi qu'il en soit, on ne va pas leur couper la tête à lui et sa Bribri. Pas la peine, ils dégageront d'eux-mêmes. Tranquillous. Un cacheton d'ex-Président pour solde de tout compte. Et comme les autres, un bouquin par an, des conférences et merci les mutins. On laisse la galère à un autre et on part en croisière !

Pour le reste, c'est vrai que ça bouillonne partout. Et pas seulement chez les manants. La noblesse, le clergé et le tiers état. Chacun son ras-le-bol. Le tiers état, c'est logique et c'est de tout temps. Le talon d'Achille de la démocratie. Le peuple d'en bas connaît forcément les bonnes décisions à prendre puisque c'est le premier concerné et le premier asservi. Seulement voilà, on ne peut pas lui donner le pouvoir. Parce qu'il n'y pas plus mal placé que le peuple pour commander le peuple. C'est une loi de la nature. Y a ceux qui pondent les lois et ceux qui les avalent. Ce serait comme demander aux poules de faire des omelettes, non ?

Côté clergé, ça renaude pareil. Bon, tout n'est pas la faute du gouvernement. L'omerta pédophile a espacé les prie-Dieu. « L'autelerie » manque de clients. Mais où ça cristallise à mort, c'est sur les permis de construire des mosquées. Avec leur mixité à la con, voilà que le thé à la menthe prend le pas sur le vin de messe ! Et même sur les cantiques. Le « Plus près de toi mon Dieu » est sorti du Top 50. Et on est obligé de subir l'inévitable : « *Allahu akbar* un p'tit coup à la maison ! » Alors, une bonne révolution, et ça repart comme en 33 avant J.-C. D'ailleurs, on a déjà le slogan : « Jésus revient… ou à la limite Christine Boutin ! »

Côté noble, ça proteste aussi :

— Vous vous rendez compte qu'ils ont osé augmenter le tarif de l'A13 pour aller à Deauville ! Et en plus, ils veulent nous empêcher de délocaliser. Et je ne te parle pas de leur justice de gauchos qui taquine notre Balkany pour un ryad de rien du tout et un petit paradis dans les îles. Mais enfin, le détournement de finances publiques, c'est le savoir-faire français. Pour une fois qu'on exporte !

Ça, c'est pour les révolutionnaires amateurs. Côté pro, c'est du Robespierre Perret. Les jolies colonies de vacances. Ah, la belle bande de scouts ! Mélenchon, l'insoumis en chef. Le leader minimo. Che débarras ! Le vide-grenier des soixante-huitards. Fidèle Casto. Chez moi, y a tout c'qui faut ! On va éradiquer les riches. Quels que soient les dommages collatéraux. La révolution des œillères, quoi ! Surtout que derrière Méluche, y a du lourd. Rien que le second à bord du Potemkine, Alexis Corbière. Un nom de pinard en plus. Si c'est pour remplacer la fête de la musique par la fête des vendanges, bonjour le progrès social ! Je plaisante évidemment. Je caricature seulement pour le plaisir de la vanne. Ils sont sincères. Ils y croient. Je la respecte, leur colère légitime. Mais ne pas porter de cravate à l'Assemblée, je trouve ça un peu léger comme symbole de la rébellion populaire.

Il y a aussi les philosophes véhéments. Finkielkraut, Onfray, Levy, Zemmour. Ils l'ont tous, la potion magique contre le ras-le-bol. Le problème, c'est qu'on est tous des Obélix. On est tombés dans le réfractaire quand on était petits. Si c'est pour nous expliquer ce qu'on sait déjà avec des mots qu'on ne comprend pas, ça va, on est au courant ! Quant aux solutions, ça patauge trop dans la semoule de couscous pour Zemmour et dans le sac de riz pour Bernard-Henri. Il y aurait bien Jean-Pierre Pernaut. La France profonde. Mais le Conseil des ministres dans une ferme normande sur des chaises en rotin tressées à la main, je le sens pas trop.

Et puis, les comiques engagés, bien sûr. Tellement impressionnés par la farce de Coluche qu'ils rêvent tous d'un remake. Alévêque, Nicolas Bedos, Bigard. Tous des amis. Mais, tu vois, comme beaucoup de ceux qui l'aiment vraiment, je préfère mon Jean-Marie chéri grossier que colérique à l'excès. Je partage ses révoltes, ses dégoûts, ses soupçons de corruption planétaire, mais je crains que la possibilité de bousculer tout ça, ce soit comme sa chauve-souris enragée. Une chance sur dix millions. Alors, la révolution attendra. Le dernier Che populaire, clown de pacotille, a envolé sa salopette il y a déjà presque quarante ans. Il m'a transmis un message d'espoir quand même : « Toute marionnette qui veut être vraiment libre trouve toujours un jour la force de couper ses fils. Allez, tchao pantins ! »

## HORIZONTALEMENT

**I.** Les magasins réunis (2 mots).

**II.** La première ve... nue. Extrait d'une chanson de piaf. En quelque sorte, franchir la ligne d'arrivée pour Armstrong. Le gagnant du tour.

**III.** La grande maison dans la prairie. Elle donne un mal de chien. Marquer un stop.

**IV.** Son mari met des jupes. Service de table à domicile (2 mots).

**V.** Bouchée. De chaque côté de la raie au milieu. Estrosi, maître d'hôtel à Nice.

**VI.** Note élevée. Se servait. Lhermitte dans *Les Bronzés*. Fait la gueule les lendemains de fête.

**VII.** Pièce dont les représentions à travers l'Europe se sont arrêtées en 1995. Fermé pour cause de remplissage. Le commissaire Jordan pour Bébel.

**VIII.** Si on nous l'a rendue comme ça, c'est qu'on a du pain (noir) sur la planche. Fox de terrier. Un tiers d'armada.

**IX.** Pris une entrée au restaurant... ou ailleurs. Au début du suivant. À la base de l'ampoule.

**X.** Pour vivre dans la Drôme et mourir à Londres. Pronom. Corrézienne. En paix quand la conscience est bonne.

**XI.** Conjonction. Fenêtre sur ciel. Il balance à la mer. Pronom.

**XII.** Rusé en diable. Pour la petite histoire. Bel donc, s'il est le seul étudié à l'école.

**XIII.** Pronom. Coupent les ardeurs. Se mit contre, mais pas tout contre.

**XIV.** Lancés au hasard. Remercia impoliment. Négation. Marque de pompe.

**XV.** Tous les cardinaux ou un seul roi. Con battant pour les pacifistes. En fin de journée. Pour faire ce qui nous plaît.

**XVI.** De la musique plein les yeux. Arsenic. Le préfixe du souvenir.

**XVII.** Pour des oreilles attentives. Il joue cartes sur table. Encore un pour Goldman.

**XVIII.** Un associé de Fiat bien connu. Clone François pour le Rouve de *Podium*. Montent en température.

**XIX.** Être avec vous dans le passé. Attrapée par les oreilles. Meule triviale.

**XX.** Mate à mort. En pleine répétition. Palindrome possessif.

## VERTICALEMENT

**1.** Ramassées en tombant. 9 à 15, quel que soit le score (3 mots).

**2.** Cuivre. Paris, Pékin. Note.

**3.** Pour lui, le loir est cher. Couche à l'œil. Par terre ou dans les airs. Numéro du soleil.

**4.** Ont pris le large en haut du col... de la bouteille. Pronom. Mort à sa fin. Un morceau de paréo.

**5.** Généraux dégradés par Sarkozy. Horse de Paris.

**6.** Abrège cela. L'être anonyme. Deux sous le par.

**7.** Un espace pouvant accueillir 32 pièces pour deux propriétaires. Fernandel aurait pu la définir : je suis là... et ici, aussi !

**8.** Retenu. Celui qui les garde est pour les délinquants le sinistre de la justice. Référence de taille. Conjonction.

**9.** Elle s'offre des dîners au chandail. Interjection. Insoumis chronique. D'où partent les premiers rayons.

**10.** Comme des chandelles dues. Négation. L'ennemi du bouc.

**11.** Elle peut se casser pendant le service, mais c'est rare (3 mots). Petite sainte.

**12.** Contrairement à beaucoup, ils n'auraient pas aidé Hitler à sortir du bunker. Voie céleste. Pris avec un grand plaisir.

**13.** C'est dur de quitter un plateau sous elles. West au cinéma. Marie. Dans la peau d'un autre.

**14.** Les quatre saisons. Il nous sort par les yeux. Sang pour sang film d'horreur. Fait le lien.

**15.** Inséparable de son 06. Mac court. Il a le poil court mais le bras long.

**16.** Le rêve américain. Elles surveillent les sorties des cols.

**17.** Feutre en couleur. Papillon, et les autres.

**18.** Elle devrait réunir tous les députés même la nuit... c'est rarement le cas. Sodium. Une jambe plus courte que l'autre.

**19.** Article. Repaire de Fès. L'angle invisible. Il y est né dans la Somme, et il s'étonne après qu'on dise que c'est le président des riches !

**20.** Pierres à vœux en terre sainte (3 mots).

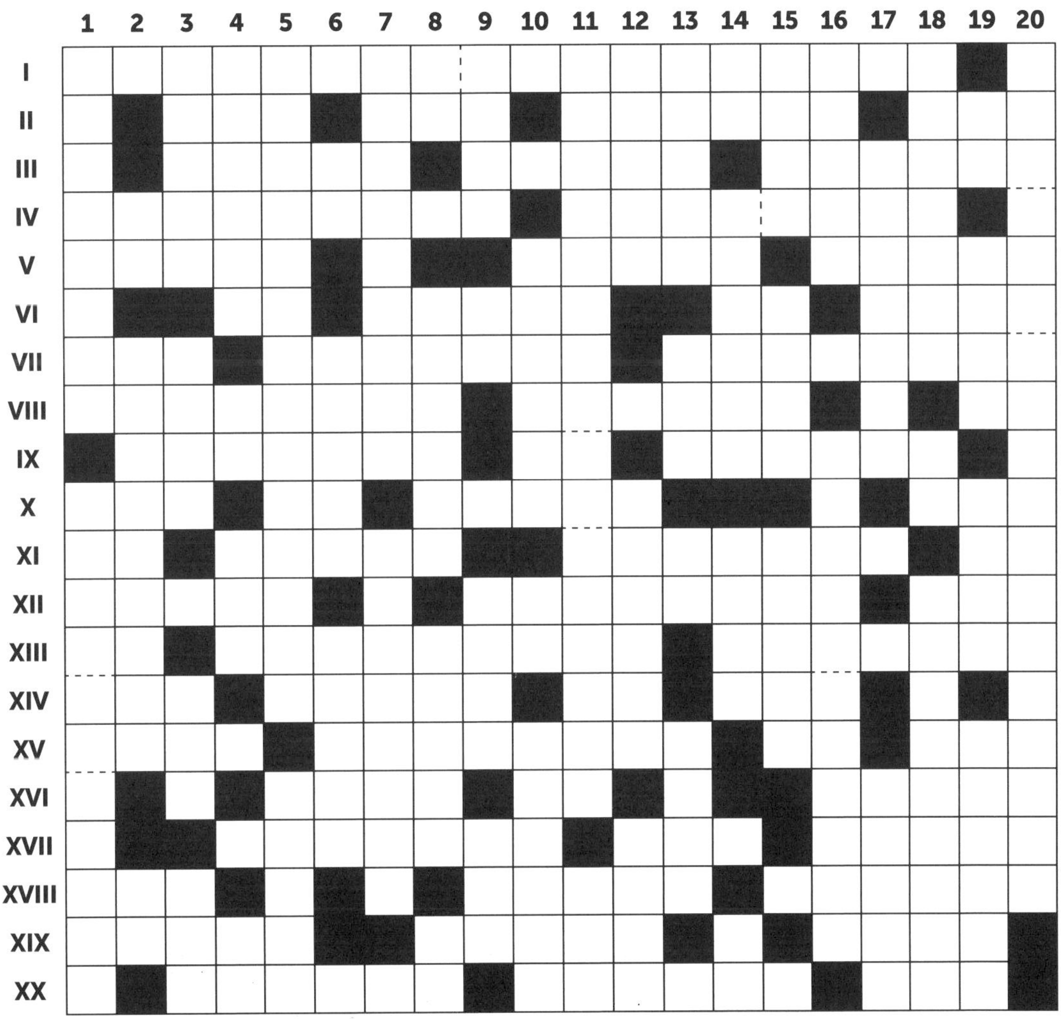

GRILLE

# N°42

L'AIDE PAGE 234
LA SOLUTION PAGE 260

# DIVAGATIONS RÉFLÉCHIES À PARTIR DE LA GRILLE 42

En XV horizontal : « Con battant pour les pacifistes » : GUERRIER. Et l'instinct qui va avec. Celui qui, de plus en plus, contamine notre ADN. En France, les vraies guerres remontent loin, au siècle dernier. Mais nous sommes en état d'alerte perpétuel. Une guerre sans ennemi officiel, sans uniforme, sans unité de combat. Mais avec une compagnie. Celle des autres. On se bat pour exister ou pour survivre. Pour trouver un travail ou ne pas le perdre. Pour bâtir son couple ou pour éviter qu'il s'écroule. On se bat pour des choses aussi futiles qu'une place de parking ou des chaussures en soldes. Bataille, défense, offensive. C'est bien une guerre.

Bien sûr, cet instinct ne date pas d'aujourd'hui. Il est viscéral. Mais la violence qu'il entraîne est chaque jour un peu plus pesante dans notre quotidien de paix relative. Elle explose en lutte de classe, de caste, de profit, de pouvoir, d'intérêt, d'ego comme depuis toujours. Mais même si elle fait moins de dégâts de masse, elle reste omniprésente. Finies les armadas, les tueries des champs de bataille. On est passé du général au particulier. Les escarmouches des campagnes militaires ont cédé la place aux altercations des villes. Là où on se battait pour l'honneur d'une patrie, on s'étripe pour un doigt à la portière. Austerlitz n'est que le théâtre d'agressions de racailles en wagon ou, sur le quai, de chicanes entre syndicalistes et non-grévistes. Et la Saint-Barthélemy se résume, par bonheur, à un échange d'insultes et de pignes entre participants et opposants à la Manif pour tous. C'est déjà, ça !

Il est quand même intéressant de constater à quel point, aujourd'hui, une foule de messages apparemment innocents nous incite à exacerber cette violence. À commencer par notre vocabulaire. Sans qu'on y prenne garde, les termes guerriers sont partout. Par exemple, on pourrait dire que les ultras d'un club de foot ont exprimé leur mécontentement. Que la star a été importunée par des photographes. Qu'à l'occasion des soldes, les clients se sont rués. Qu'un film a été éreinté. On entendra parler plutôt du putsch des supporters marseillais. On rapportera que la star a été mitraillée par les paparazzis. Que le magasin a été pris d'assaut. Et que le film a été descendu en flammes. Un détail, bien sûr, mais il y a dans ces expressions une accoutumance subliminale, peut-être bien plus influente qu'on pourrait le croire.

Le vocabulaire guerrier a envahi le sport. On met les barbelés en défense. Le gardien de but a été fusillé à bout portant. Dès que l'engagement physique se durcit un peu, c'est la guerre de tranchées. Les performances sont devenues des faits d'armes. Au point même qu'on va remettre la Légion d'honneur aux soldats de l'armée du général Zizou. Et si un joueur commet une faute grossière et impardonnable, il se fait assassiner par son entraîneur. En politique, on parle du combat des chefs, de la colère du peuple bombe à retardement, de l'électeur pris en otage. Notre quotidien le plus banal n'y échappe pas. Au bureau, untel a été bombardé chef. Au détriment de son concurrent déçu qui était en embuscade. Une réflexion déplacée a mis le feu aux poudres. D'ailleurs, nos métaphores passent souvent par les armes : le second couteau, le coup d'épée dans l'eau, l'argument massue. Et puisqu'il est toujours bon de caricaturer en souriant un peu, on notera aussi la prévision du fêtard du samedi : « Je vais m'éclater, en espérant trouver un canon pour tirer un coup ! »

Plaisanterie mise à part, cette omniprésence martiale développe chez chacun une agressivité latente. Pour rester dans le vocabulaire, on peut noter aussi que l'insulte de base a bien progressé. Ça éructe du lourd, du menaçant de concours. L'encouragement à l'inceste a blackboulé l'incitation à la sodomie. Le « va te faire voir chez les Grecs » a été détrôné depuis longtemps par le « nique ta mère » ! Bien plus inquiétant le « je vais te casser la gueule » a laissé la place à « je vais t'égorger ta race ». Le problème, c'est que les gestes sont de plus en plus raccord avec les intentions. Avec une banalisation parfois sidérante. Fini le blessé intouchable. On peut même tirer sur un drapeau blanc. Pas de pitié inutile.

Dans cet affrontement, l'ado rebelle est en première ligne. Vu sa tranche d'âge, c'est la guerre de 14-18. L'attaque des parents ne se contente plus de l'ultimatum : « Si j'ai pas ma barre chocolatée, je me barre de cette famille de cons ! » On m'a rapporté des témoignages de passage à tabac de maman pour avoir osé priver l'ex-révolté du Bounty de sa barrette de shit. Et puis, hors les murs, ça canarde sévère aussi. L'exemplarité des icônes du divertissement moderne fait le reste. Baston de rappeurs, lynchage de blogueurs. Alors, pour marquer le coup, on a droit pour chaque victime de rue à une semaine d'images en boucle. Et puis, les parents filent vite à « Sept à huit » reportage. Ils vont tenter de colorier leurs existences grises avec du bleu océan virtuel. En bavant d'envie et de frustration devant l'hôtel mégaluxe à 10 000 dollars la nuit. Il faut bien des exutoires à tout. Alors, ne nous alarmons pas. Et tant qu'il reste un peu de rêve, ne soyons pas trop regardants sur la réalité.

Mais quand même, je te plains, l'humaniste ! La guerre fait de plus en plus souvent la peau à l'amour. Le seul point commun qu'il leur reste, c'est que pour entreprendre les deux, il faut une déclaration. Ça fait mince comme espoir d'apaisement. Surtout que l'encouragement au combat est entretenu non-stop par la déferlante sur écran de la violence ordinaire. Il a été démontré qu'entre télé, portable, ordinateur, un enfant de 13 ans a déjà subi dix mille meurtres ou violences extrêmes. Le jeu à la mode, c'est Fortnite. On s'arme, on se pourchasse, on se flingue. Ne t'inquiète pas, je ne vais pas te ressortir mon couplet nostalgie : « Ah, c'était quand même mieux "L'île aux enfants", "Le manège enchanté" et "Bonne nuit les petits" ! »

Non. Faut pas exagérer ! Pousser nos minots à un peu plus de mesure, d'accord, mais quand même pas au suicide. Parce que le Bisounours en a pris un sacré coup dans la peluche. Si tu es attaqué dans la rue et qu'il faut viser les yeux, il vaut mieux une bombe lacrymogène qu'une poignée de grains du marchand de sable. Mais c'est ainsi. Et je ne vois pas comment ça pourrait s'arranger.

Heureusement, vu mon âge avancé, même si j'arrive à me planquer du mieux que je peux de la mitraille, je ne suis pas fâché d'avoir à quitter bientôt le théâtre des opérations. Tu ne me crois peut-être pas. Tu te dis qu'en Gaulois grognon chronique je dois en rajouter. Tu penses que j'ai abusé de la métaphore de combat ? Que j'ai surestimé l'importance des hostilités ? Qu'en prétendant que la vie était une guerre permanente, j'ai exagéré. Peut-être. En tout cas, il y a une formule qui tendrait à me donner raison. La dernière. Celle qu'on inscrit sur nos tombes : « Repose en paix ».

## HORIZONTALEMENT

**I.** Aurait pu commencer par : « Il était une fois dans l'oued » (5 mots).

**II.** Gardé dans la manche en réserve. Il sort d'une boîte pour aller au travail. Fit jouer des relations étroites.

**III.** Fermeture éclair s'il est automatique. Entrent dans la composition de tablettes. Faisons du goutte-à-goutte.

**IV.** Piaf à ses débuts. Fait bis. On y marque des buts à pieds joints.

**V.** Lu à l'envers. Scène de crime pour Agatha. Toile à gratter. Article. Capitales pour Francis Perrin.

**VI.** Un pont sur un plateau (2 mots). En fûts ou en fûts.

**VII.** Têtes de lits. À tous les coups, on se retrouve avec la mine des mauvais jours. Tempête en mer d'Irlande. Réfléchi.

**VIII.** Charcutières anglaises. Plus courts que des phallus, mais peuvent être aussi longs. C'est bien ça, l'homonyme de ce département, hein ?

**IX.** L'Europe l'est... en théorie. Français donc, comme un Schtroumpf grognon. Pouf creux. Pincée de peu.

**X.** Fait le Ksi aussi. En couple, provoque souvent le suivant. Massacre de la Saint-Valentin, en quelque sorte. Eisenhower.

**XI.** Hors interview. Aux quatre coins de l'hexagone en tous points. Dans une série sur la maffia, on pourrait dire : tranches napolitaines. Espoir de chercheurs.

**XII.** Star du cinéma en Virginie. Conjonction. Planche d'imprimerie. Bien entendu.

**XIII.** Un petit cube qui peut faire gagner beaucoup d'argent. Fonce en auto. Quand il est bon, c'est une belle espèce.

**XIV.** Dard piquant, mais sans venin. Ce qu'on fait après avoir dit : « Le rangement, c'est maintenant ! » Compte courant pour chacun.

**XV.** Repose-pieds naturel. Louis d'or ou Richard III. Blanc sur une page vide. Possessif dans les deux sens.

**XVI.** Information génétique sans acide. En force, rien ne l'arrête, et en plus le tabac le rend violent. Coupe fin. Matin.

**XVII.** Monté pour la pêche au ton. Elle crée des liens. Delibes ou Malet. Deux lettres d'amour.

**XVIII.** Quelle galère ! Flipper... le mot : fin. Rafales sur la base d'Istres.

**XIX.** Note. L'idole des jaunes dans les années 1960. Grand écran sur les boulevards. Seul. Daisy Duck.

**XX.** Réservoir bogues. Ils tombent en bruines.

## VERTICALEMENT

**1.** Cocotte de luxe (6 mots).

**2.** Belle à coucher dehors. Onomatopée de pif en bande dessinée. Championne au concours d'épines.

**3.** La première personne à sortir au présent. Mis en condition. Lider Maximo. Plantation de coton oscarisée.

**4.** Leurs meneurs portent-ils des gilets de sauvetage jaunes ? Un coup de rouge dans un pub anglais. Viré à coup de crosse sur la glace.

**5.** Même pour un écrivain de gauche, elle penche à droite. Question de grenouille ? Le Titanic en 2021.

**6.** Célèbres ou dessines. Vent doux. Note.

**7.** Le festin de bébé. On les avait souvent dans la peau autrefois dans le Tarn. Activité de peintre en bâtiment.

**8.** Siamoises dans la queue. Négation. Elle est toujours en froid. Elle est décotée à l'Argus.

**9.** Réduction de texte. 2 traits, 3 traits, 1 point, 1 trait, 1 point, 3 points, 1 point. Pronom. Fabienne de « Tournez manège ! ».

**10.** Couronne des Pie. Le meneur des Gaulois réfractaires. Attaché aux jambes à la place du sexe.

**11.** Révoltes ou percent dans un tube. Lettres d'outre-tombe. En Ré, majeure. Fin d'infinitif.

**12.** Pour égaliser. Barbaque à frites. La loi de César.

**13.** Russe lit. Ton remède, je m'assois dessus !

**14.** Au pif. Ballons de coiffure... crépues. Est petite au son. Ex-berlinois.

**15.** Amérique du Nord. Best de somme. La musique des lecteurs. Jolie, et jolie en plus.

**16.** Dans le 92, c'est bien là ! La voix de Bruel. Démonstratif. À toi.

**17.** À poil en groupe. Colle porteur ?

**18.** Lâchés de canards inédits. Baba. Marque de mousse. Écran rital.

**19.** Au beau milieu d'un urinoir. À condition. Un gâteau amarré dans la rade de Brest.

**20.** La maladie la plus courante. Bouche baies.

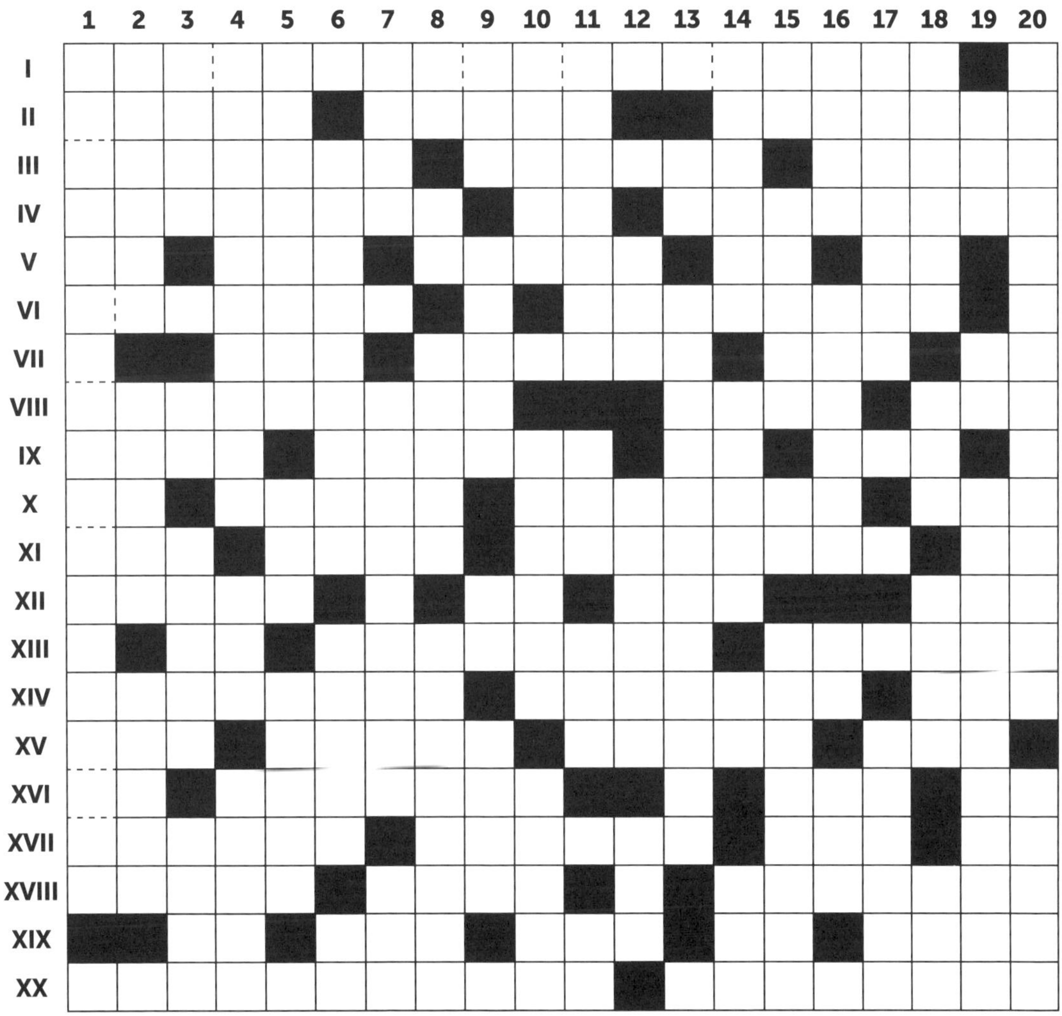

GRILLE

# N°43

L'AIDE PAGE 235
LA SOLUTION PAGE 261

# DIVAGATIONS RÉFLÉCHIES À PARTIR DE LA GRILLE 43

En 1 vertical : « Cocotte de luxe » : LA POULE AUX ŒUFS D'OR. Ah, toucher le gros lot ! Le big pactole. La fortune qui tombe du ciel ou d'un ticket de Loto. La Française des jeux claironne : « Tous les gagnants ont tenté leur chance. » Elle oublie juste de préciser que tous les perdants aussi. Et ils sont beaucoup plus nombreux. Il reste quoi alors ? Bosser comme tout le monde ? OK, mais pour le jackpot il faudrait plusieurs vies. Braquer ? Mais là, vu les performances de la flicaille moderne, on est dans le risque maximum de transformation de la matière. L'alchimie qui change l'or en taule. *La Casa de Papel*, c'est bingo. Mais seulement pour les producteurs de la série. Dealer ? Pourquoi pas ? Mais à condition d'être Escobar. Parce que revendeur sur la Canebière, tu as plus de chance de finir aux actualités de France 3 Provence-Alpes-Côte-d'Azur, mitraillé en scooter, que propriétaire terrien de 4000 hectares en Colombie. Trouver l'idée de génie ? L'invention mondiale qui fait sauter la banque ? Peu de chances non plus. Tous les jours, des millions de minots fantasment dans des start-up improbables. À la sortie, il y a un seul Bezos et beaucoup de baisés.

— Il y a bien une autre solution. L'escroquerie au sentiment. Le hold-up du cœur.

Voilà ! C'est ce que je disais au début. La poule aux œufs d'or. Ou encore plus fréquent, le coq aux œufs d'or. Je sais, les coqs ne pondent pas. Mais c'est pour l'image. Les deux catégories. Soit le gigolo qui se tape la cougar blindée. Soit la poulette qui alpague le richissime. Et là, c'est du tout légal. Bénéfice garanti. Sans impôt. On va développer. Mais je préviens, je vais être cash. Je sais que ça va faire hurler. Parce que là, on est dans la pute non déclarée. Oui, oui, j'ai bien dit « la pute ». Pas la laborieuse. Non, la sournoise, l'arriviste. Et côté gigolo, c'est de l'abus de faiblesse. Et si c'est du mec à mec, on est même dans la fiotte commerciale. Bien sûr, les bonnes consciences vont s'insurger. Gueuler que c'est de la suspicion de beauf. De l'avilissement pour l'image de la femme, de l'homophobie notoire. Alors une précision. Et je la détache dans le texte pour que tu imprimes bien le concept.

Il ne s'agit pas de toutes les femmes et de tous les hommes. Il s'agit de certaines et certains. Des tapins 2.0. Pas de problème, c'est le droit à disposer de leur corps et de leur conscience. Et puis, ça ne met pas en danger la société. Mais là où ça coince selon moi, c'est quand ça proteste en façade que c'est que de l'amour. Que c'est une ignominie de les accuser de pareilles manœuvres. Et où ça coince encore plus, c'est quand, pour ces dames, on a pondu un gosse coffre-fort. Un otage de sang. Une monnaie d'échange. Qu'on a enfanté dans le seul but de garantir les Porsche au garage et le 18 carats au doigt.

Délicat, le sujet. Tellement, que je ne vois jamais un reportage en profondeur sur cette arnaque. Avec les tenants et les aboutissants. Ce que tout le monde sait sans oser le balancer. Qu'est-ce qu'elle attend, la Lucet, pour une investigation qui porterait plus que jamais bien son nom ? Le tarif cash du service à la personne. Le ratio de la turlute d'entretien par rapport au bénéfice dégagé. Le détail des manœuvres d'approche. Comment la goulue a mis du pain sur son soutif à balcon pour attirer les moineaux, les pigeons. Comment se fait-il qu'on ait si peu de considération pour mes amies les prostituées ordinaires. La fille ou le mec du trottoir qui ramasse des amendes, des coups, des crachats. Et dans les étages, il y aurait impunité, alors ? Les frontières parisiennes de l'indignité s'arrêteraient à la levrette avenue Montaigne ? Brassens en avait fait une chanson : « Concurrence déloyale ». Ça va bien au-delà de ça. C'est un phénomène de société de plus en plus courant. Poitrine XXL pour ces dames et tablettes de chocolat pour ces messieurs. Les appâts de choc pour la pêche au gros. Si possible au très gros. On va ferrer la vieille morue. En principe, une héritière dodue. Tout faire pour écarter ses meilleurs amis, sa descendance. Exploiter ses faiblesses de cœur, sa santé qui décline. On va piéger le pauvre congre. Quelques danses de sirène, et hop ! harponné le plein aux as !

— Comment pouvez-vous avilir des gens à ce point ? Les comparer à des poissons pitoyables… Ils ont le choix de leur préférence. Personne ne les force. Ils peuvent se tromper, c'est humain.

C'est justement parce que j'aime le genre humain que ça me fait grimacer. La nymphomane de concours, le baiseur de fond juste pour le plaisir, cela ne heurtera jamais l'idée que je me fais de la dignité. Mais mentir du cœur à ce point pour une baignoire en or me fera toujours vomir. Surtout quand au milieu il y a, comme j'ai indiqué plus haut, la grossesse utile. Le placement placenta. Quand l'ADN devient BNP. Quand elle susurre, les larmes aux yeux :

— Pour sceller notre amour, mon chéri, quelle plus belle preuve de ma part que de te donner un enfant !

Non, pas donné. Prêté avec remboursement des traites et les intérêts qui vont avec. J'en connais plein des comme ça. Comme je connais aussi une foule de jeunes Adonis qui ont spolié des vieilles gloires en offrant leurs fesses de statues grecques. Le dieu de l'amour veillait sur eux. Il suffit de rajouter un « Z » devant ce vieil Éros pour avoir une idée des zéros du chèque sur le compte courant. Désolé, mais je ne m'y ferai jamais.

Tu dois te demander pourquoi cette colère, cette intransigeance. Surtout pour quelque chose qui existe depuis toujours. Des éphèbes de l'Antiquité aux groupies de pilotes de Formule 1 en passant par les courtisanes aux cours des rois. À dire vrai, c'est une divagation sur l'instant. Un coup de moins bien après avoir été jeté un œil dans la chambre de ma fille endormie. Pas ça, ma grande, pas ça ! Je sais l'importance de tes réseaux sociaux. Le pouvoir des influenceuses. La dérive des stars de la téléréalité. Toutes ces superficielles aux dents longues et aux fesses tendues. Beaucoup, après, se rangeront dans un quotidien digne. Mais quand on a goûté aux cocotiers et à la piscine en toutes saisons, ça formate. La tentation ne se réduit pas à une île. Sans études poussées, sans autre bagage qu'un sac à main Vuitton, sûr que ça titille pour poursuivre le rêve de s'asservir au mécène amateur de chair fraîche.

OK, la vie serait tout soleil, et peut-être même que tu serais heureuse, ma fille. Mais pas ça, ma grande ! Pas ça ! Un jour, après moi, tu liras certainement ces mots. J'espère que tu ne te vexeras pas que j'aie pu imaginer un seul instant ce cas de figure. Peut-être même m'en voudras-tu ? Je n'ai que l'excuse de t'aimer bien plus que toutes les autres femmes qui ont croisé ma vie. Parce que c'est comme ça, les vrais papas. Ils préféreront toujours une petite fille qu'on lève à une grande fille qu'on couche.

— C'est l'heure, ma puce ! Il faut te lever. Et surtout quand tu seras bien réveillée… fais de beaux rêves.

## HORIZONTALEMENT

**I.** Aéro drames (3 mots).

**II.** Engin de mors à l'atelier. Opéra et assista. Place de testicule en cas de problème. Jambon de Byron.

**III.** Article. Il peut toujours repasser. Ne manque pas d'R. Quand on est cuit, c'est pour elles. Se porte bien.

**IV.** Écran total. On les met sur la peau pour protéger ceux qu'on a dans la peau. Fin d'infinitif.

**V.** À voix hautes. Bas de gamme. Sert à sauter... et parfois sur les plus belles, en agent secret. Cent en cinquième.

**VI.** Un cuisseau souvent confondu en dictée. Sue. Une forme d'avoir.

**VII.** Terrain de je. Possessif. Une moitié de boudin pour un enfant. Amoureux réversible. Au début et à la fin de la scène.

**VIII.** Mis en route en bateau. Noire même blanche, et parfois même auvergnate. Petit gâteau de plaisance.

**IX.** A son liquide en Suisse. L'Occitanie du Gersois. Créer des liens solides.

**X.** Vallée dans le jurassique parc. Bourré. Premier du Goncourt. Fonça dans un tableau.

**XI.** Taxe au nom du fisc. Fabriquai une intrigue bien ficelée. Lettres de Macron en marche bien avant lui.

**XII.** Appelez-moi Uber, j'ai faim ! C'est la sienne. La définition, c'est maintenant ! Dans la bouche du marié de Venise.

**XIII.** Ter d'empereur. Il peut jouer tous les rôles. Une des reines des arènes en France.

**XIV.** Pour Adam, c'était le cadet de ses soucis. Avancer dans des conditions pareilles, quelle galère c'était ! Aux pieds de la star. Fin d'infinitif.

**XV.** Il est dans le courant ou le courant passe dedans. Unique et interdit, ça dépend de quel côté on le prend. Droit d'hauteur sur un guide gastronomique pour ruminants. Conjonction.

**XVI.** Assemblages de bougies. Il joue souvent dans un parc à Paris. Doublera.

**XVII.** Cache-misère. Capitales pour le réalisateur d'Oscar. Engagé dans la narine. Lopin de garenne. DC en plus pour Angus.

**XVIII.** Pronom. On les a sous les yeux, et pourtant on ne peut pas les voir. Elle prend du temps. Fit une boule ou une crasse.

**XIX.** George... what elle ! (2 mots). Canard gay.

**XX.** Il a aimé son actrice fétiche d'un amour Ardant (2 mots). Une grosse case en 3 cases.

## VERTICALEMENT

**1.** Abus de pouvoir de la police avec un portrait rebeu (3 mots). Note. Comme job.

**2.** Chaud time. Il suffisait de passer ce pont... mais hélas pour elle ! Boule et bile.

**3.** Possessif. Droits de Ness. Radium.

**4.** Guedin. Donne le choix. Réplique de cinéma pour la doublure. Passé en cas de réprimande.

**5.** Saintes de la Bible. Pronom. Triomphe à Paris.

**6.** Pas facile à trouver, mais vous allez y arriver quand même. En fin de courses. Il aime bien faire sa petite grotte... ou une grande.

**7.** Conjonction. Direction Cannes. Un bon 20 de Corse. Pré soir.

**8.** Duvet de plumes. Finit la répétition et commence Ionesco. Suite de perles. À l'attaque !

**9.** Il fait le mini-môme. « One » de U2. Elle est au chevet du monde. X moins III.

**10.** Le Sphinx a-t-il perdu son nez parce qu'il a trop tapé sur lui ? Anglaise de gauche. Harlem de France pour lutter contre le racisme.

**11.** Bouts de nappe. Père de ma femme pour moi. Âcre. Préposition. Ne nous cache rien.

**12.** Fidèle castré parfois. Rallume un feu. Il fait ce qu'il peut.

**13.** Exige un minimum de tenue. Désactivé par la Covid.

**14.** Quand on y est, c'est pas de la soie, c'est plutôt coton (4 mots). Grecque.

**15.** Suivent les berges. Donner son non. Agence pour envoyé spatial.

**16.** Machine à lave de marque italienne. Livre de conte parfois. Richard ou richard si on le fait bien.

**17.** Note. Jetèrent un froid.

**18.** Mon bateau le suit en chanson de Morena. Grand gagnant au tirage du lotus. Début février à New York.

**19.** Mena bien sa barque. Fin d'infinitif. Notre premier self-service. Sax toy.

**20.** Auto gnome. Cachent cash à l'étranger (2 mots).

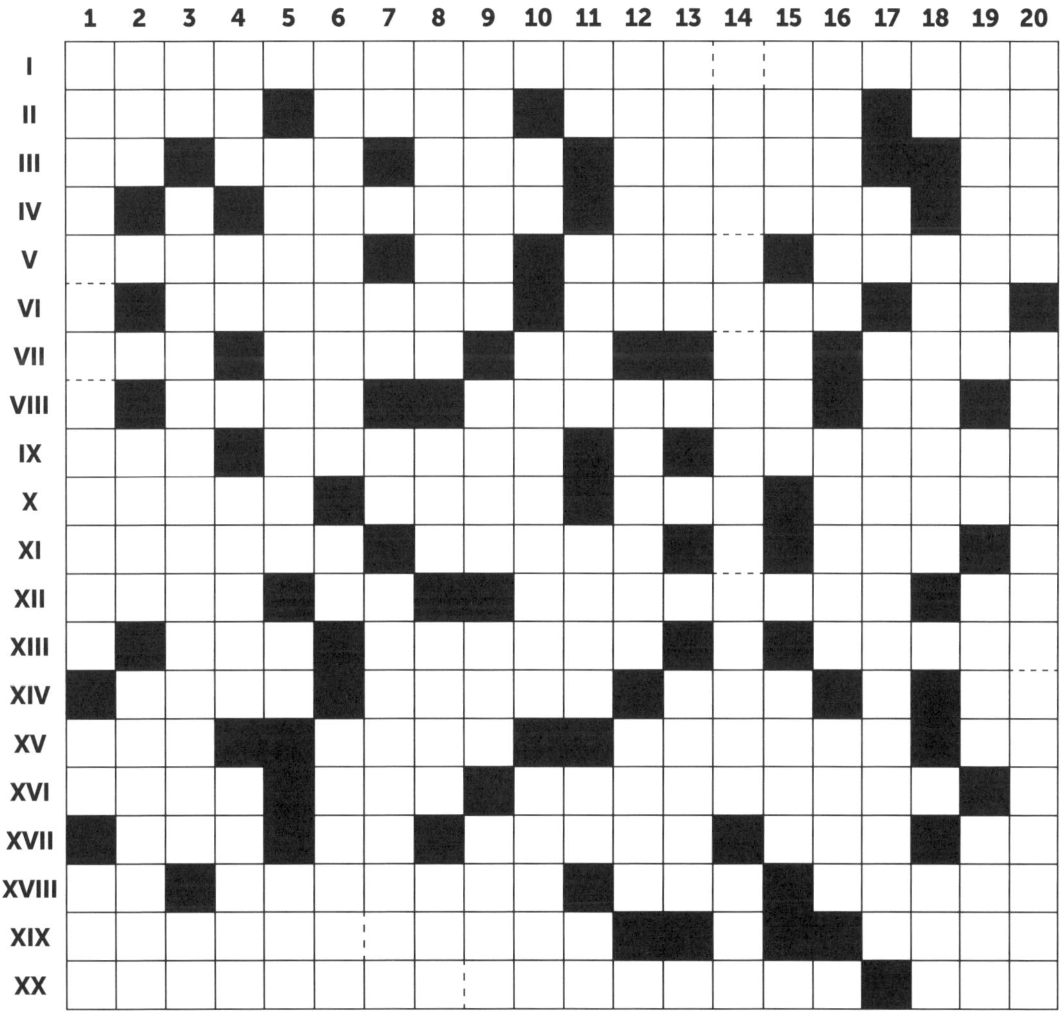

GRILLE

**N°44**

L'AIDE PAGE 235
LA SOLUTION PAGE 261

# DIVAGATIONS RÉFLÉCHIES À PARTIR DE LA GRILLE 44

En 1 vertical : « Abus de pouvoir de la police avec un portrait rebeu » : DÉLIT DE FACIÈS. Côté flic, il n'existe que pour les patibulaires. Les bronzés qui ne rentrent pas de vacances. Les gris de Boulaouane. Une suspicion entretenue par le nombre de leurs semblables en cabane. On ne va pas se voiler la face non plus. C'est vrai que la délinquance ordinaire tente plus la troisième génération des cités que les Gaulois des pavillons. Tu ferais comment, toi, dans une barre d'immeubles sans âme, sans job et sans vraies perspectives d'avenir ? Et quelle loi peut te pousser à renier tes gènes, ton identité profonde, tes traditions ?

— Quelles traditions ? éructe forcément le nationaliste pur et dur. Parce que tu crois que ça trafique du couscous et du mafé ? Non, ça branle rien, ça menace, ça ne respecte ni les flics ni les profs, ça trafique de la came et ça vient nous narguer dans des Mercos volées. Et en plus, ça va tout casser sur les Champs-Élysées quand l'Algérie gagne un match. Et comme si ça suffisait pas, ça dégueule la France. Alors, t'es bien gentil, mon gars, mais ton humanisme à la con, tu peux te le mettre où je pense ! Et le contrôle au faciès, moi je suis pour. On n'est jamais trop prudent. Désolé, mais rien qu'à la gueule d'un mastiff ou celle d'un caniche, tu sais tout de suite duquel il vaut mieux pas t'approcher. Et même si le plus menaçant des deux a un pedigree en bonne et due forme, tu sais que de toute façon, il te mordra un jour. Alors autant lui mettre une muselière avant !

Tout n'est pas juste, mais tout n'est pas faux non plus. Bien sûr, il y a les excès, l'impunité, les zones de non-droit, la colère, l'agressivité. Les dérives exemptées de condamnation par une gauche laxiste et Bisounours. Les outrances inadmissibles pour une droite décomplexée prête à lancer des milices de nettoyeurs. Mais est-ce qu'on ne récolte pas ce qu'on a semé pendant des années de lâcheté, d'indifférence et d'abandon ? Qui est vraiment coupable, qui est vraiment victime ? Parce que même si l'abandon ne justifie rien, il l'explique. Et tout ça parce que, des deux côtés, on passe plus de temps à se regarder le nombril qu'à regarder autour. Parce qu'on n'a pas assez bien expliqué qu'un Saïd, ça valait bien un Jean-François. Parce qu'on a pas non plus expliqué à Babakar que Jean-Michel n'était pas forcément son ennemi. Parce que c'est trop facile de se trouver des excuses. Et encore plus facile de se trouver des prétextes.

En tout cas, pour ce qui est des contrôles d'identité, le fait est là. Tu as nettement moins de chance de te faire emmerder si tes ancêtres étaient pêcheurs bretons qu'avec un grand-père à la casbah ou des cousins marchands d'arachide à Dakar. Alors, l'humaniste à la con que je suis continue à désapprouver ces contrôles-là. Sans pour autant cautionner, depuis le Black Lives Matter, tous ceux qui se répandent en accusation de racisme généralisé. De Traoré à Thuram, la France serait un pays de sales xénophobes obsédés par la norme blanche. Un ramassis de méchants pas beaux qu'on soupçonne de se passer en boucle « Le temps des colonies » de Sardou, en faisant des farandoles, le bonnet du Ku Klux Klan sur la tête. Des monstres nostalgiques de l'esclavage qui ne rêvent que de voir fleurir dans les rues des affiches quatre par trois où on pourrait lire de nouveau : « Y a bon Banania » ! Entre l'antiraciste intégriste et le raciste incurable, il y a une demi-mesure : la réalité.

La réalité, c'est que le racisme est partout. Il est viscéral, humain et universel. C'est la peur de l'autre. Et elle n'a pas de frontières. Cette crainte échappe à toute logique. C'est avant tout un jugement général a priori sans se donner la peine de connaître le particulier. Comme pour celui qui va écraser la tête d'une couleuvre parce qu'il a horreur des serpents.

— Tu ne risquais rien. La couleuvre, c'est inoffensif !
— Oui, mais mon cousin s'est fait mordre par une vipère. Un serpent, ça reste un serpent.

C'est ça, le délit de faciès. Un bon flic, bien de chez nous, échaudé par des attaques de racailles sur des collègues, qui surjoue la précaution. Mais cet excès de zèle doit-il induire que tous les Français sont racistes ? Et allez tant qu'on y est, antisémites aussi ? Certainement pas. Je pense même que tu risques bien moins noir à Passy que blanc à Harlem. Et puis, surtout, comment peut-on mettre au ban une nation de fans de foot qui on fait rois Platini, Zidane et Mbappé ? Un Rital, un Beur et un Black. Un pays qui au classement de ses personnalités préférées met sur le podium Goldman, Omar Sy, Jamel. Un pays qui adoube avec raison une flopée d'artistes nés de la mixité. De Tahar Rahim à Hanouna. De Kad Merad à Ibrahim Maalouf. Au point que quand un Auvergnat de souche arrive à se glisser dans la liste, c'est champagne au Puy-en-Velay !

C'est là aussi, même si c'est politiquement incorrect, que je voudrais me lâcher sur ce que j'appelle ironiquement : « le concours des ségrégations ». C'est presque à celui qui sera le plus discriminé. Moi, M'sieur ! Prem's ! Chacun veut sa part du ghetto. Noir, Arabe, femme, Juif, homosexuel, trop gros, trop laid, trop vieux, trop jeune. Avec tous les mots en « phobie » qui font fleurir des associations de circonstance. Xénophobie, islamophobie, grossophobie, afrophobie, homophobie. Et pourquoi pas Dhéliatophobie ? Pour les téléspectateurs qui insultent Évelyne parce qu'elle a annoncé un temps pourri à la météo de TF1.

OK pour la lutte, elle est essentielle. Mais un cri, ça alerte. Dans une clameur, tous les cris sont noyés, hélas ! On en est même arrivé à un déséquilibre remarquable dans le milieu des médias et du showbiz que je connais bien. Je suis ravi que ces minorités aient trouvé leur place. Pendant trop longtemps, elles ont été blacklistées. Demande à Nagui, qu'une chaîne a écarté au seul prétexte qu'il était arabe. Demande à tous ces acteurs noirs qui n'avaient que des seconds rôles de valets. Ces Maghrébins qui n'avaient que des emplois de petites frappes. Alors, même s'il reste beaucoup à faire, on est sur la bonne voie. J'applaudis des deux mains. Mais où j'applaudis moins, c'est quand tu es exclu parce que justement tu ne fais pas partie de ces minorités. Et là, le pigeon, le crétin, c'est toi !

— Ah bon, vous n'êtes ni homosexuel, ni juif, ni noir apparemment, pas maghrébin non plus, ni une femme, ça va être compliqué. On a nos quotas. Et je ne vous parle même pas des handicapés qu'il nous reste à caser.

-Alors, il reste quoi ? Monter une association de minorités pour lutter contre les minorités qui sont majoritaires. Pourquoi pas ? On l'appellerait : l'association des Citoyens Oubliés Non Ségrégationnistes. Tu adhères ? Super ! Et même si l'acronyme de cette association te rebute, je t'inscris d'ores et déjà sur la liste, et je te souhaite la bienvenue chez les C. O. N. S.

## HORIZONTALEMENT

**I.** Transmises par la dame aux chlamydias (2 mots).

**II.** Sonnette sur rails. Renaud ancien modèle. Des peaux dans un tipi.

**III.** Elle savait lancer le roc. Débits de poissons sur le port.

**IV.** Bon aussi pour un chien sur la route du Tour de France qui regarde passer la caravane publicitaire. Introduit l'espagnol. Pour le faire, il faut que l'intéressé ait été prévenu.

**V.** Sous marins. Dans. La deux fois pour le film.

**VI.** Plaqué au Pérou. Avec son pareil pour répondre vite. En instance de mariage. La saison des glaces.

**VII.** Comme dirait Arnaud, elles font partie de mon débours. Auguste ou Jean sur toile. Économise l'encre. Au bout du tarmac.

**VIII.** Palindrome en PACA. Demande à quel endroit ? Peut débuter la réponse au précédent. Ils font des piges dans notre journal intime. Trou.

**IX.** Illogique puisqu'il faut bien que quelqu'un lui monte dessus pour être utile. Récita haut et fort.

**X.** Provisions de bouche de maître d'autel. Pour bronzer à Coprahcabana ? Lu par un hébreu.

**XI.** Marceau. Une part de zarzuela. Prend un bus pour marcher à pied.

**XII.** Pour rouler une grosse pelle. *Arrivederci* Roma. Conjonction.

**XIII.** Singe de la planète en VO. Fit obstacle. Cathédrale enflammée. Voleur d'hôtel.

**XIV.** Le grand trésorier de la caisse allemande. Tête de canard. Sa ligne est en dérangement.

**XV.** Traces sur la route. Ce qui relève de la science naturelle. Two two dans le temps en claque.

**XVI.** Lasser. Personnel. On peut s'y réveiller, mais pas s'y endormir (en). Rot.

**XVII.** Grand gamin. Ils font peur à plusieurs. Voix de garage.

**XVIII.** Elles évoluent dans le cadre de saumure. Marc de l'empereur. Côte au soleil.

**XIX.** Déséquilibre en jambes. Gosse en capitale. François, à l'œuvre astronomique.

**XX.** Sexe à piles. Bataille de veau ou de poulet.

## VERTICALEMENT

**1.** Poisson à table dans un festin royal avec Louis XV (3 mots).

**2.** Doublé, ça fait mal. Pour y aller, il faut 25 kilomètres de Bagnols. Ça et là. Sur place.

**3.** Expression où ras-la-flûte conviendrait mieux que ras-le-bol (4 mots). Va à la mer à Valras-Plage.

**4.** Couches pipi. Capitales de l'État Islamique. Haute surveillance.

**5.** Marques du temps. Ouvre sans oublier de refermer. Article. Petite décoration.

**6.** Aller dans l'avenir. Aires de stationnement. Qu'il tienne chaud ou froid, c'est pour longtemps.

**7.** S'engage dans la narine, hélas ! Poulie d'or dans un course de bateau ? Possessif.

**8.** De paire inconnu. Ils ne fêtent pas la nouvelle ânée. Pour boire à l'endroit ou mâcher à l'envers. Comme des joyeux lurons.

**9.** Ne se fait jamais avocat de la dépense. Accouplements sans douceur dans la forêt.

**10.** John le chanteur, en statut de sir. Traite des planches.

**11.** Réfute. Bordée par des mers, sauf son île. Dénonce, mais pas forcément en en parlant à quelqu'un.

**12.** Préposition. Accouché. Introduire, pour l'homme des casernes.

**13.** Note. Ruts pour leurs homonymes. Courante au commissariat. Villa en Italie.

**14.** Les ritals de Verneuil. *El* d'abord, et lui après pour un pays de rêve. Tranche de jambon.

**15.** La grande vadrouille. Reno le plongeur. Ira.

**16.** Passagère à bord du Bounty (3 mots). À cause d'elle, pour les pouilleux, les œufs sont faits, rien ne va plus ! À l'avant de l'arrière.

**17.** Flopée. La preuve que Hollande a du bulbe. Réfléchi. Elle réduit les tentatives de vol.

**18.** Cotillard pour Chanel en 2020. Générosité de scout. Est avant sa conjugaison. Vert de terre maudit au cinéma.

**19.** Possessif. Même si je comprends ce qu'il y est écrit, pour moi, ça reste de l'hébreu. Macron pour ses potes.

**20.** Il choisit ses maux. Masqué, Covid ou pas.

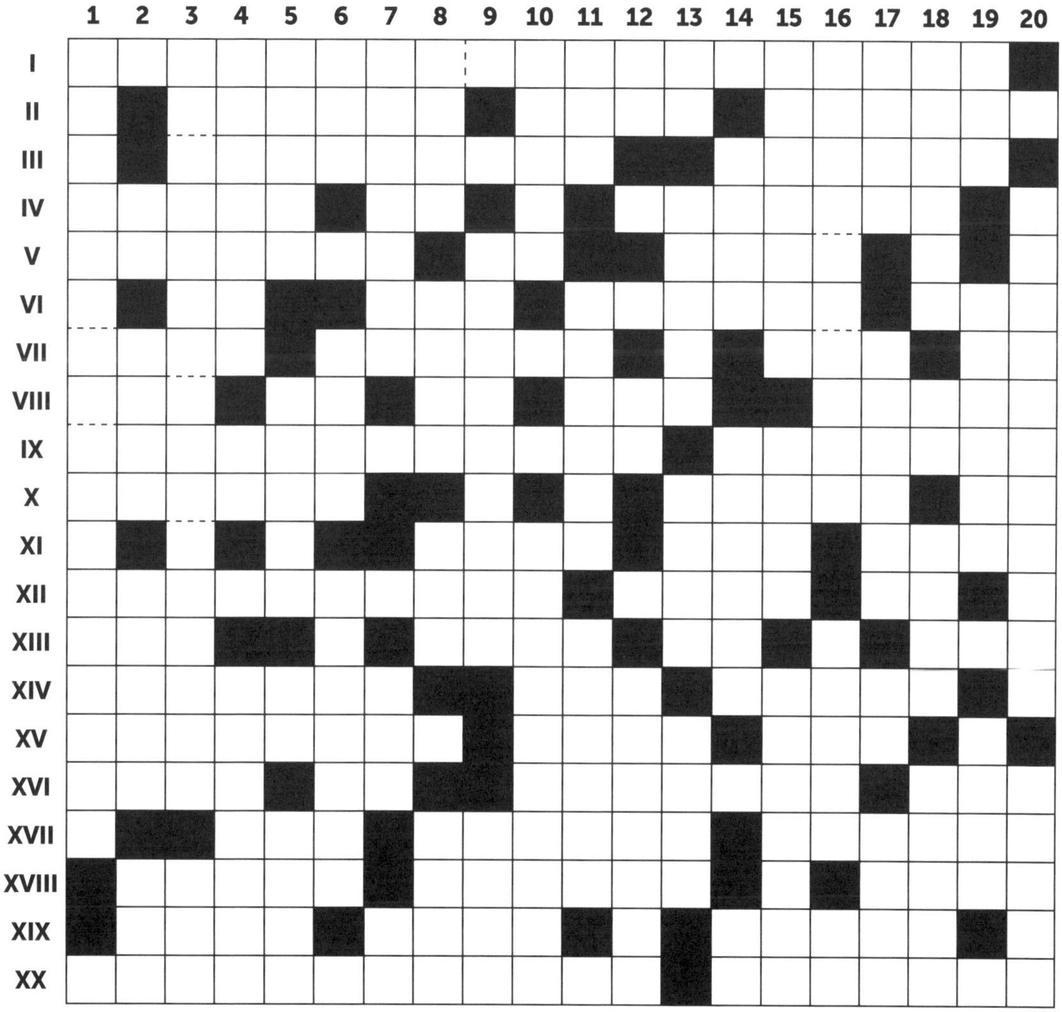

GRILLE

# N°45

L'AIDE PAGE 236
LA SOLUTION PAGE 262

# DIVAGATIONS RÉFLÉCHIES À PARTIR DE LA GRILLE 45

En 11 vertical : « Bordée par des mers, sauf son île » : FRANCE. Entre mes doutes, mes critiques, mes humeurs, mes saillies, tu pourrais croire que je ne l'aime pas, la France. Qu'en Schtroumpf râleur chronique, je mésestime profondément ceux qui la peuplent. Au point de rêver de retourner notre bel Hexagone, de le renverser pour en faire tomber ses habitants, et le reposer pour avoir enfin un pays convenable. Effectivement, beaucoup de choses me chagrinent. L'arrivisme et trop souvent l'incompétence de ceux qui nous dirigent. Notre manque de réactivité à l'abrutissement de masse. Au point que (souvenir de mes cours de chimie oblige), si on mettait du papier tournesol entre les fesses de chacun, il ne virerait même pas. Et puis la forfanterie. À l'image de son symbole de basse-cour, un peu trop dressé sur ses ergots de coq. Grande gueule, hautain, persuadé qu'il est un aigle. Au point que les plus moqueurs de nos voisins nous définissent ainsi :

— Si tu veux gagner de l'argent, tu achètes un Français au prix qu'il vaut et tu le revends au prix où il s'estime !

Comment peindre le Français moyen sans trop le caricaturer ni lui rajouter un pastel démagogique ? Mais en gardant le sourire, bien sûr. Allez, c'est parti ! Le Français moyen est cultivé, mais pas trop. En jachère de curiosité intellectuelle pour cause de match à la télé ou d'apéro avec les copains. Côté lecture, un peu de Musso, un peu de Goncourt, beaucoup de *Closer*. Pas vraiment inculte, mais dilettante. Avec une obsession : étalonner les autres à leur degré de connerie supposée. C'est ce qui le rassure le plus. La stupidité du voisin, c'est l'airbag de sa conduite auto. Autosatisfaction, évidemment. Cela a au moins l'avantage d'accoucher de jugements délicieux du genre :

— Celui-là, il est tellement con que s'il y avait les jeux Olympiques de la connerie, il finirait deuxième !

D'un point de vue social, le Français moyen jalouse toujours en secret la réussite des autres. À l'inverse d'un Américain, la mégafortune, avant d'être un rêve, lui met d'abord les boules. Celles du Loto, bien entendu. Parce que ce gros lot qu'il déteste tant chez ce salaud de riche, il n'a qu'une envie : le toucher à son tour. Dans le même ordre d'idée, le Français moyen se passionne pour la politique. Avec toujours le flingue à portée de salive pour dézinguer les concurrents. Ça argumente, ça juge et, bien entendu, ça condamne. La preuve, c'est qu'à peine après en avoir élu un, il lui fait battre des records d'impopularité dans les sondages.

L'inconvénient pratique, c'est que la politique est le sujet à éviter dans un repas de famille. Il n'est pas rare d'ailleurs que, le petit coup de pinard aidant, la table familiale se transforme en stand de tir social. Chez les un peu nantis, ça dégomme l'assisté, le Gilet jaune, l'émigré profiteur et Bercy qui tue les méritants à grands coups d'impôt sur la fortune. De l'autre côté de la mince barrière sociale, c'est « Bienvenue chez les p'tits ! » C'est toujours les mêmes Biloute qui passent à la caisse. Pas assez de boulot ou trop. Les crédits assassins. La galère pour gagner en un an ce que d'autres dépensent en un jour. Ce qui fait que, du haut en bas de l'échelle sociale, les imprécations quotidiennes justifieraient qu'on offre l'honneur de devenir hymne national à la chanson d'Alain Souchon : « Carrément méchant, jamais content ! » Allez ! Stop le délire. Non sans avoir précisé que je m'inclus évidemment dans le tableau que je viens de peindre. Un tableau virtuel seulement. Parce qu'en vérité, le Français moyen n'existe pas. Il y a ceux qui ont les moyens et ceux qui ne les ont pas. On ne peut pas réduire tant de particularités à une entité. Ce qui me donne l'occasion de te citer la phrase qui me fait bondir chaque fois que je l'entends. Elle sort de la bouche du politique en débat : « Les Français pensent que… »

Ça, c'est de la connerie de concours ! Du foutage de gueule XXL. Non Monsieur, non Madame, les Français ne pensent pas que… Certains le pensent, d'autres non, et la majorité s'en fout. Par contre, au niveau individuel, s'entendre dire ce qu'on est censé penser, ça coince. On est pas des Pinocchio ! Le jour où ces marionnettistes n'emploieront plus cette expression, ils auront fait un grand pas vers la crédibilité.

Mais revenons à la France. La terre d'asile. Avec l'anachronisme du double sens du mot : « asile ». Parce que ceux qui la choisissent sont tout sauf fous. Ils en connaissent les avantages, les protections. Ils savent bien dans l'empreinte de quelle histoire ils viennent poser leurs pas. Une terre de rois, de révolutions, mais surtout de démocratie. Et ça, c'est un vrai cadeau dans un monde asservi par tant de dictatures réelles ou masquées. Ne serait-ce qu'au nom de la sentence de Winston Churchill qui disait : « La démocratie est le pire des régimes, à l'exception de tous les autres déjà essayés dans le passé ! »

Alors, bien sûr, elle est imparfaite notre Marianne. Le brushing en haut et les sandales trouées en bas. Tantôt en Chanel, tantôt en guenilles. Pleine de vergetures, de cicatrices. Ses exclusions, ses injustices. Elle boite un peu du cœur, mais tu as vu comme à la moindre tempête, au moindre Bataclan, la solidarité lui fait prothèse. Malgré tout le mal qu'on peut en dire, moi, je la trouve encore belle. Accueillante, chaude, sensuelle. Sans trop d'excès topographiques. Mesurée. Du clapotis de la Méditerranée aux vagues larges de Biarritz. Des falaises d'Étretat aux murets des calanques. On y trouve des mégapoles qui ont quand même conservé des ruelles et des places bordées de petits restos chaleureux. Un terroir précieux, riche en mémoire. Je l'aime profondément. Ma claustrophobie en avion fait que je ne la quitte jamais. Avant que j'en sois atteint, je m'en éloignais parfois. À chaque fois, que ce soit du haut des montagnes du Cap, de la pyramide de Chichén Itzá ou du World Trade Center, le vertige était merveilleux. Mais il m'apportait aussi une douce nausée : le mal de mère. L'envie de retrouver au plus vite mon placenta, mon ventre chaud, ma terre, mon pays.

Pour résumer, je suis français et heureux de l'être. Avec l'incohérence que cela suppose, comme pour la plupart de nous : critiquer, râler, mais envisager l'ailleurs sans vraiment l'envie de partir d'ici. Ce que, pour terminer avec le sourire, mon ami Nicolas Canteloup avait très bien exprimé dans un sketch qui parodiait une Miss France. Il lui faisait dire cette phrase qui résume la sous-estimation bon enfant que nous avons de notre pays et le manque de logique dans notre entêtement de Gaulois réfractaires : « S'il y avait la guerre mondiale, je supporterais pas. Je crois que je partirais à l'étranger ! »

## HORIZONTALEMENT

**I.** Ce n'est pas parce qu'ils tapent des pieds qu'ils sont en colère (3 mots).

**II.** Réduit la définition à définit... Mise aux clous.

**III.** Une belle mer qui t'offre du caviar, c'est rare, non ? Rafraîchissant avec de la crème anglaise. Qu'on ne doit pas rapporter. Possessif.

**IV.** Ses ponts nous évitent de dormir dessous. Levée de bonheur en prison grâce à lui. Tellement. Quand elle est contre, c'est pour du faux.

**V.** Donner son non. N'y voyez rien de raciste, mais ça fait beaucoup d'arabes. Jonathan Livingston.

**VI.** Foyers ruraux. Deux ôtés de DIX qui font neuf. Washington, capital du cinéma.

**VII.** En anglais. Doublé par Kad Merad. Haute et orgueilleuse. Dans les bois et sous les bois.

**VIII.** Verbe, quand l'absence a quelque chose de lumineux. Ouverture de Mozart.

**IX.** Un mandat qui envoie aux postes. Zilberstein intime. Plus long que le CHU, plus court que l'hôpital.

**X.** Le cran que montrait Hitler au front. Dans les marron, plutôt clair. Gendarme. Henri de Navarre.

**XI.** Junon. Pif de Pif. Début de parcours.

**XII.** Comme la vérité du puits. Se mettent à la tâche, devins. Son coup est renversant.

**XIII.** Métro pool. Mets délicieux... parce qu'il le veau bien ? Mange anglais. Note.

**XIV.** Fait de la peine avant le procès. Moyen de locomotion d'Armstrong. Lettres de Tolstoï.

**XV.** Via. Saint en Amérique. Dans les hauteurs de l'Italie. Hyène, en phonétique.

**XVI.** Conjonction. Lancé comme un félon. Dures à cuir.

**XVII.** Lignes de la couronne. L'oiseau éternel.

**XVIII.** Saint Marin ne l'a pas protégé d'une sortie de piste mortelle. Sans son, mais pas Dalida, par bonheur. Pronom.

**XIX.** Ive, a-t-elle les feuilles en accordéon ? Loup pour lui. Contre danses, tout contre.

**XX.** Il a propagé une maladie wagnérienne. D'Adam, à poil. Aide à la transformation. Démonstratif.

## VERTICALEMENT

**1.** Permission de sorties, enfin ! Dans la famille des insectes, ou des incestes avec un tonton pervers.

**2.** Le plus invisible des animaux domestiques, hélas ! Article. Green, fille de Jobert.

**3.** À nous. Fin d'infinitif. Frimer ou creuser. Un ordre de décoration.

**4.** Carrefour. Il fait ses débuts chez les pros.

**5.** Pour Dupond-Moretti, mais pas pour Orsenna. Surtout pas ne rien laisser paraître, bien au contraire. Lala pour l'apparat. D'égouts dégoutent.

**6.** Toril avant d'entrer dans l'arène de la vie. Mesure prise par Mao. Apparaît avec évidence. Le début des emmerdements.

**7.** Jean de Montmirail. Plante, papier, voiture. Nomade, donc tous les chemins mènent à lui.

**8.** Pour l'instant, sa devise pourrait être : puberté, égalité, fraternité. Mère en sainte depuis 2016. Toujours premier.

**9.** Comme un jardin où les canards parlent anglais.

**10.** Tente au son. Il rêve d'étoiles derrière son piano. Mentholé marocain.

**11.** Quand Almodóvar emmenait les femmes au bord d'elle (3 mots). Après une expulsion de la rate.

**12.** Reficul, l'inversé satanique. « Y'aurait pas de la pomme ? », pleurnichait-il. Touché dans l'ordre ou remué dans le désordre.

**13.** Un bon coup de raquette. Infos. Préposition. Va aussi bien chez l'avocat que chez le notaire.

**14.** Pour faire bonne mesure, il nous prend la tête. Fuites de gaz dans tous les sens. Salan, Jouhaud, etc. Pronom. En cloque de la bouche.

**15.** Ovni venu d'Amérique. L'orgelet lui cause beaucoup de sous cils. Fin de célibat. Elle est toujours en chemin.

**16.** A créé le sommet du 7e à Paris. Pas entièrement fichu, puisqu'il reste 3 lettres. Provoque une paralysie provisoire.

**17.** Connu pour être souvent à poêle. Joue les casse-cou avec un couteau. Met sa caravelle à l'arrêt au port.

**18.** Pronom. Sophia intime, mais Maria la Divina pour tous. L avec pour une très grande taille.

**19.** Possessif. Hors d'œuvre, qui malgré son nom n'a rien contre l'apéro, bien au contraire. Il vaut mieux les éviter quand on est sans papier.

**20.** Entre souvent dans la composition du tabac (2 mots). En quatre pour en définir une seule.

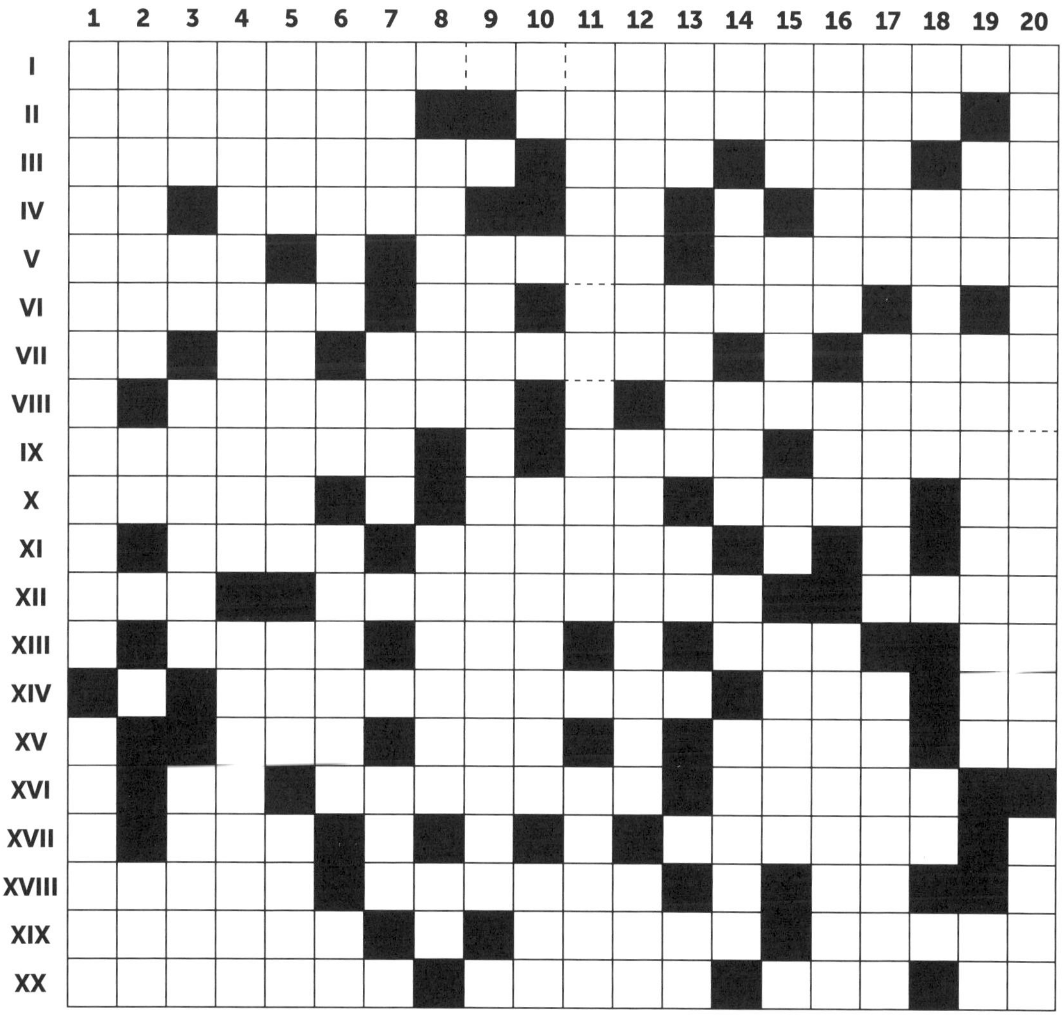


GRILLE

# N°46

L'AIDE PAGE 236
LA SOLUTION PAGE 262

# DIVAGATIONS RÉFLÉCHIES À PARTIR DE LA GRILLE 46

En 1 vertical : « Permission de sorties, enfin ! » : DÉCONFINEMENT. Confiné. En peu de temps, ce mot a balayé tous ses synonymes. Enfermé, cloîtré, enchristé. Un joli prétexte à calembour. Les « cons finis » pour ceux qui ont décidé de l'enfermenent. « Qu'on en finisse ! » pour ceux qui l'ont subi. Et la frustration ubuesque de ne plus pouvoir aller en boîte parce qu'on y est déjà. Une prison confortable, mais une prison tout de même. Et dans la tête de tout le monde, et même dans la bouche du Président, une guerre en temps de paix. Alerte info ! Tous aux abris ! Je me souviens de mes anciens qui, chaque fois qu'ils étaient témoins de nos mille relâchements de garnements et de nos plaintes sur les difficultés de la vie, lançaient : « Il faudrait une bonne guerre ! »

Et pour cause, ils l'avaient connue, la dernière grande. Celle de 39-45. C'est le premier point de similitude avec la guerre au coronavirus, quand comme moi, on aime s'amuser des mots. 39-40, c'est le degré de température au thermomètre au-delà duquel le virus commence à faire vraiment des dégats. Et, chaque soir à la télé, on peut contempler l'avancée de l'envahisseur. Comme quand nos cartes d'histoire délimitaient en zones rouges l'occupation allemande. Et comme dans les films en noir et blanc de l'époque, on peut voir les généraux dévoiler la stratégie de combat. Et les mots qui vont avec : progression, explosion et bien sûr couvre-feu. On peut y ajouter les contrôles d'autorisation de circulation. *Halt ! Ausweis ! Papiere, bitte !* Avec, bien sûr, les divers trafics de l'ombre. Les bars clandestins. Le marché noir. Revente de masques et de gel hydroalcoolique sous le manteau. Une nuance quand même concernant les collaborateurs et les résistants. C'est chez les francs-tireurs qu'on peut entendre : « Marion Maréchal, nous voilà ! »

La résistance s'affiche à la télé et sur les réseaux sociaux. Le maquis des Temps modernes. Les combattants anonymes. Ceux qui sous-entendent une solution finale orchestrée par les führers de la finance et des laboratoires. Une façon radicale d'éradiquer les improductifs qui coûtent de l'argent à la société sans en rapporter. C'est vrai que toutes proportions gardées, les EHPAD, si on en croit les chiffres, ça fait quand même un peu camp de la mort. Alors les hommes de l'ombre partent au combat. Ceux qu'en 1940, on appelait déjà les complotistes. Ceux qui tendaient des embuscades, faisaient sauter des ponts, dérailler des trains. Là, pas de faits d'armes notoires, mais des attaques au vitriol. Juste des raids de mots. On vise la Kommandantur à coups de phrases incendiaires.

Bon, les meneurs n'entreront certainement pas au Panthéon. Jean-Marie Bigard et Francis Lalanne, c'est pas Jean Moulin et Lucie Aubrac, même si ça part d'un bon sentiment. Et tant mieux pour eux. Ils auront plus de chance de prendre un bain dans un jacuzzi ou une piscine à l'île d'Oléron que dans une baignoire rue Lauriston. Quant aux collaborateurs, pas de surprise. C'est Oui-Oui à l'Élysée ! Quelques comédiens en mal de subvention. Ils savent bien que leur soutien à l'action de l'État bénéficiera à la libération d'un retour pour services rendus. Peut-être même que certains seront décorés. Il serait interressant d'observer la prochaine promotion de la Légion d'honneur. Et la France profonde, alors ? Eh bien, elle lutte à sa façon contre le régime de Vichy. Ricard, beaujolais, vodka, pétard. Il faut bien trouver des ersatz en attendant que ça passe. Radio-Paris balance en boucle ses messages de propagande, de conférence de presse en conférence de presse. Heureusement que le général de Raoult, sur Radio-Marseille, entretient la flamme de l'espoir avec son fameux : « Les Français parlent aux Français… de la chloroquine. »

Un détail intéressant toutefois. Pendant l'Occupation, les théâtres étaient ouverts. Et on se réunissait pour manger ensemble, rire et faire des fêtes pour oublier l'angoisse. Un coup à faire regretter le pas de l'oie aux intermittents, aux patrons de bars, de restaurants, de discothèques, et aux forains. Je plaisante bien sûr. Humour noir pour période grise qu'on peut développer en analysant d'un œil amusé ce confinement. Il nous aura au moins permis de prendre conscience de la souffrance de l'enfermement. De l'angoisse des sardines confinées dans leurs boîtes, des petits pois dans leurs conserves, des orteils dans les Louboutin.

Plus sérieusement cette fois, cet enfermement forcé nous aura peut-être aidés à comprendre un peu mieux la souffrance des animaux prisonniers d'une cage dans un zoo. Et va savoir si grâce à cette prise de conscience, des enfants ne suivront pas le conseil de Pierre Perret : ouvrir la cage aux oiseaux. Peut-être rendra-t-on leur liberté légitime à des chiens d'appartement ou des poissons d'aquarium. Un doux rêve qui va peut-être bien plus loin que tu l'imagines. Cette claustration a au moins eu l'avantage de nous faire mieux apprécier la liberté d'aller et venir à sa guise. On était tellement obnubilés par des contrariétés souvent bien plus minimes qu'on a eu tendance à l'oublier, cette liberté. Prévert avait raison : « On reconnaît le bonheur au bruit qu'il fait quand il s'en va. »

Quand il claque la porte. La porte a claqué. Quand elle se rouvrira, je pense que beaucoup auront une autre phrase dans la tête. Elle est de Paul Fort : « Le bonheur est dans le pré, cours-y vite ! » Il paraît que les divorces ont explosé à la suite du premier confinement. Je pense que ce n'est pas seulement la faute à une promiscuité obligatoire. Beaucoup se sont aperçus que c'était leur vie tout entière qui était confinée. Qu'il fallait faire prendre l'air à leurs envies. Que même avec l'autorisation de sortir, ils étaient piégés par la télé, Netflix et l'ordinateur. Les geôliers des Temps modernes. Qu'ils s'étaient autocondamnés à une perpétuité virtuelle. Alors, ils vont s'évader vraiment. À toute chose malheur est bon.

Aujourd'hui, au moment où j'écris, nous sommes encore sous couvre-feu. Pour moi, une arnaque. Avant 18 heures on s'entasse dehors, et après on s'entasse dedans. Pour le virus, c'est Bingo ! Ne crois pas que je le sous-estime, ce salopard. Au contraire, gestes barrières, distanciation, je fais tout comme il faut. Et je suis vacciné. Un vrai bonheur. Au-delà de la protection immunitaire, il me semble retrouver une nouvelle jeunesse au point qu'il me vient un soupçon. Pfizer fait aussi Viagra. Je me demande si un laborantin étourdi n'aurait pas mélangé les éprouvettes. Tant pis. Si je dois finir à l'hôpital, j'ai déjà l'explication pour l'infirmière au cas où le drap de lit évoque un chapiteau : le virus du cirque qui m'a permis de vous offrir tant de merveilleux « Plus Grand Cabaret du monde ». Ah, l'autosatisfaction !

## HORIZONTALEMENT

**I.** En vérité, une machine très efficace (3 mots).

**II.** À l'entrée d'un territoire occupé par des colons. Bombe à raser.

**III.** Il donne son nom à une femme. Envoyé balader pour information. Part, c'est ailleurs.

**IV.** Transformations. Paradoxalement, son droit ouvre des portes au lieu de les fermer. Réduire le port des voiles.

**V.** Gare autrement. Suppléments de service au restaurant. Plat au Mali.

**VI.** *Con* avec de l'eau pour un soda à Madrid. C'est leurre pour aller à la pêche. Il n'a rien sur les cailloux. Quand cet oncle-là est soul, il chante.

**VII.** Préposition. Muraccioli de Madagascar. Rares pour des gens exceptionnels.

**VIII.** Autostop en cas de coup de pompe. Abrégé ès sciences.

**IX.** Bis. Tête de liste. Données ou suivies. Début et fin d'escarmouches.

**X.** Des atouts pour jouer à la bataille. Des haricots qui ont les yeux noirs en groupe et en VO. 66.

**XI.** Pronom. Vu la région, aurait pu s'appeler Balkanie. La ville où marchait Nathalie.

**XII.** Conjonction. Poussé dans l'eau à Syracuse. Mesure de bol. Trompe ou révèle.

**XIII.** Planté dans le gazon. Elles font des manteaux pour l'hiver. Prise de tête pour des histoires de Sioux.

**XIV.** Amorce pour pêcher à deux... en amour. Bien, s'ils ont bonne réputation. C'est toi Gigi ? (2 mots).

**XV.** A respecté le stop. Bruce ou Cooper. Le papa des petits bleus.

**XVI.** Proviennent. L'appel de la mer pour des paumés. Impact de tir.

**XVII.** Auto risée, vu son état. Ça part du cœur. Division américaine commandée par Montgomery.

**XVIII.** Une grande partie du reste. Banque de France. Est-ce que le « pilou pilou » monte jusqu'à lui ? (2 mots).

**XIX.** Pour une bataille de cheveux. Filtre d'humeurs. C'est reparti comme en XIV, et toujours en 5 lettres.

**XX.** Pour les gourmands, c'est le pied ! (3 mots).

## VERTICALEMENT

**1.** En cas de charges abusives, le prix des réparations pour des ennuis de moqueur (3 mots).

**2.** Lara au cinéma, bien avant Croft. Au fond du château. Paris en papier ou base de paris.

**3.** Deux inconditionnels du bouche-à-bouche. Beau parleur. Se passera d'une formule à la gomme.

**4.** Elle a reçu des notes par courrier. Pour un ventre qui fuit (2 mots). Il est dans Borsalino, mais il ne jouait pas dedans, contrairement à Alain et Jean Paul. Blousé.

**5.** Démonstratif. Doublé dans Benigni. Il a une bobine à aller à la pêche. Initiales personnelles.

**6.** Non-dits. Il peut se retrouver au chômage par manque de peau. A eu des aventures avec Tintin. Pas bien élevé.

**7.** Mise sous clé. La danse de Carlos, le toulousain de Colombie.

**8.** C'est râpé. Marque qui facilite l'ascension. Si les Nippons en boivent trop, ils peuvent se retrouver aux Japonais absents. Australien de tennis.

**9.** Croc blanc. Simple avec un tréma.

**10.** Dessus de lit. Volant au bout du fil. Invité exceptionnel avec une star. Il est dans la crue, mais sans grande importance.

**11.** Aide à avoir bonne mine. L'une d'elles a été mise au poing en littérature. Cardinaux opposés. Celle ou celui d'avant.

**12.** Indispensable pour faire nos courses. Réunion. Top modèle. Parti de Hollande et arrivé à l'hôtel de ville de Paris. TV shopping.

**13.** Initiales présidentielles. Position derrière pour un étalage. Ils comptent un Indien parmi eux. Article. Chapman l'a faite veuve.

**14.** Retourné autour de Bourg-en-Bresse. Elles sont passées par une sélection. Marque de lunettes.

**15.** Jardins divers en ville. Mot creux. Très vieux.

**16.** Ils rident avec le temps. Défilé, et pas seulement à Ajaccio. Un petit coup de tabac.

**17.** Bains du 03. Hey, Jules ! Fait empereur. Musettes en voie de disparition.

**18.** Préposition. Leurs gardiens préféreraient ne jamais les voir en cage. Manu Negra ? On dit chiche !

**19.** Figure de l'Arc. Épis de derme. Shuman vivant ou enterré.

**20.** Ariel ou Stone. Pour descendre au plus près (3 mots).

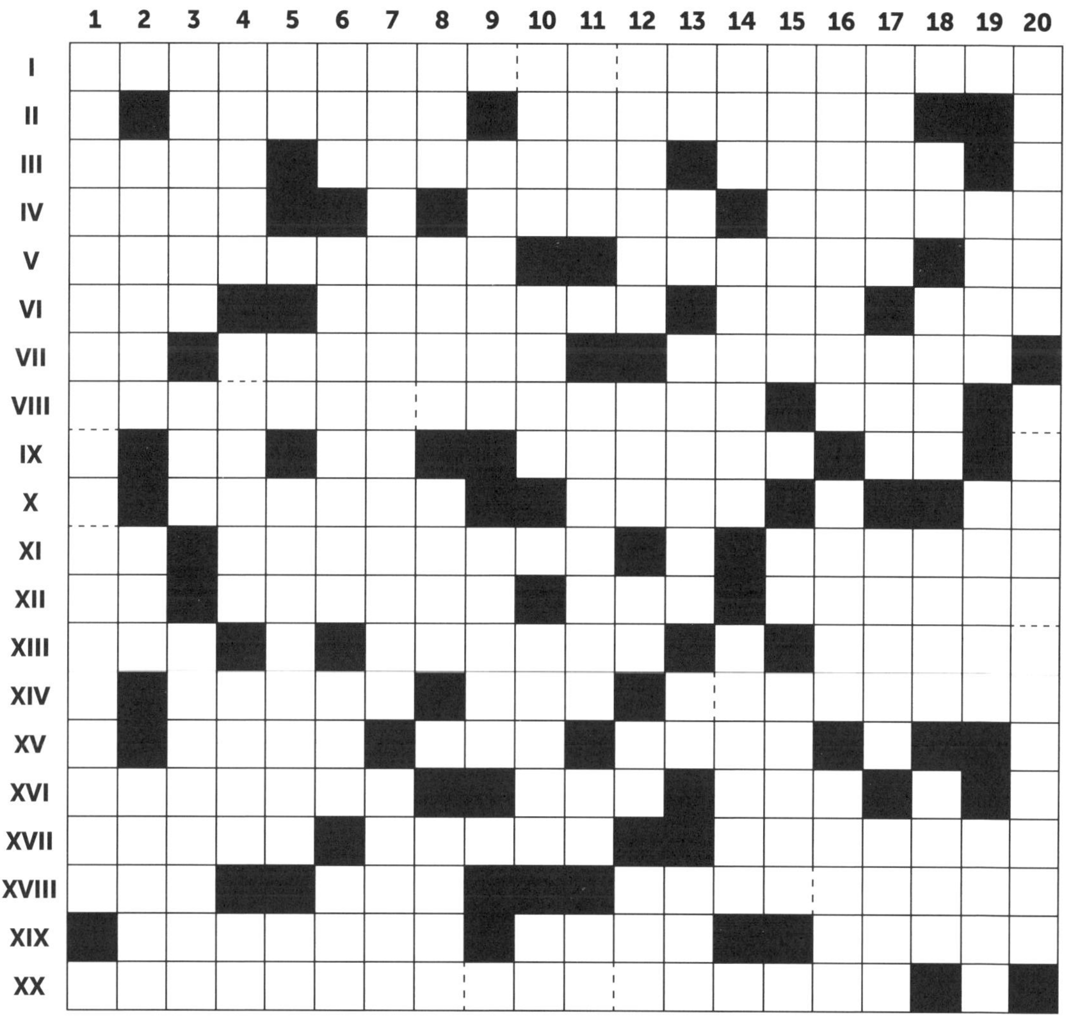

GRILLE

**N°47**

L'AIDE PAGE 237
LA SOLUTION PAGE 263

# DIVAGATIONS RÉFLÉCHIES À PARTIR DE LA GRILLE 47

En I horizontal : « En vérité, une machine très efficace » : DÉTECTEUR DE MENSONGES. Foutez-moi cette machine à la casse ! De quoi j'me mêle ? Lâchez-nous la grappe avec la vérité à tout prix. La vérité vraie, ce serait la mort des illusions. Imagine un « Cash Investigation » où Élise Lucet démontrerait que Noël n'est qu'une fête pour engraisser les fabricants de jouets lointains. Et, de plus, en exploitant dans des conditions sordides le travail des gosses du coin. Non, alors ! Et la part de rêve ? Vous imaginez le désespoir de nos enfants devant des cadeaux dont ils sauraient que pour les fabriquer on a massacré d'autres enfants ? Il vaut quand même mieux continuer à croire au Père Noël, non ?

Alors, même si ça me révolte, et quoi qu'il en soit, moi, je dis : « Vive le mensonge ! » Parce que, ne nous mentons pas, c'est le cas de le dire, sans le mensonge toute société serait invivable. Si on devait dire à chacun ses quatre vérités, le chiffre serait sous-numéraire. Entre les incompétences, les abus de pouvoir, les jalousies de voisinage et les infidélités, en une semaine, notre territoire deviendrait un vaste champ de bataille.

Rien que dans un couple, les dégâts commenceraient au réveil. Le « je t'aime » du matin, suivi du « moi aussi, mon minou » ne résisterait pas à un élan de sincérité : un mouvement net de recul dégoûté pour fuir l'haleine fétide. La vérité nous obligerait à ne pas garder pour nous les reproches concernant les ronflements de la nuit. Voire à faire les réflexions désobligeantes sur le visage fripé. Parce que, sans maquillage et avec la trace du drap sur la joue, le minou ressemble plutôt à un cocker abandonné. Non, mieux vaut s'en tenir à un saut du lit rapide sans commentaire. Parce que la chose est incontestable : la vérité est le pire ennemi du couple. Si on se l'imposait absolument, on en ferait quoi de l'excuse de la migraine pour échapper au devoir conjugal ? Du dossier à finir au bureau pour boire un coup avec les potes ? Du conte de fées pour endormir le petit dernier ?

— Écoute, Kevin, je t'aime bien, mais maman a bossé toute la journée et, en plus, elle a fait la bouffe. Alors, j'ai autre chose à foutre que te faire croire qu'ils se marièrent, furent heureux et eurent beaucoup d'enfants. Moi j'en ai qu'un, c'est toi, et aussi bien ton père que moi, il faut qu'on te dise la vérité : tu commences à nous les briser menu. Alors, tu arrêtes de nous gonfler avec tes histoires de fées et tu t'endors tout seul. Y a pas marqué Temesta !

Au boulot, dans les transports, dans la rue, heureusement qu'on ne s'encombre pas de cette satanée vérité. C'est parce qu'on ment aux autres et qu'ils nous mentent aussi qu'on maintient un équilibre viable. Il faut dire que nous y sommes fortement encouragés par ceux qui sont censés être nos directeurs de conscience. Nos références. Ceux que nous élisons pour représenter le meilleur de nous. Je parle des politiques, une fois de plus. Un homme politique qui ne ment pas, c'est comme un cavalier sans sa monture. Quelles que soient sa toque et sa casaque, il ne peut quand même pas passer le poteau d'arrivée en courant, sa selle sous le bras. D'ailleurs, pour rester dans la métaphore hippique, celui d'entre eux qui se rapprochait le plus de la taille jockey était un maître en la matière. Je parle de Sarkozy. Sa façon de désarmer la supercherie était un aveu imparable : « La vérité, j'vais vous la dire ! »

Quand on souligne à ce point-là, c'est que le subconscient est particulièrement inquiet de se faire démasquer. Un peu comme celui qu'on accuse d'antisémitisme et qui s'empresse de vous préciser qu'il a un ami juif. En politique, le mensonge c'est le ver de terre. Le leurre indispensable si on ne veut pas rentrer bredouille de la pêche à l'électeur. Il va même jusqu'à se nicher dans les appellations gouvernementales. Le ministère de l'Économie n'est pas là pour nous faire économiser. Il devrait s'appeler ministère de l'Endettement. De même que le ministère de la Santé devrait s'appeler ministère de la Maladie. Parce que si nous l'avions tous, cette santé, nous n'aurions pas besoin d'un ministre pour s'en occuper.

La liste des domaines où le mensonge est omniprésent est sans fin. Il faudrait un ouvrage de mille pages pour la détailler. Je voudrais quand même m'arrêter aux seigneurs, aux cadors. Les maîtres ès bourrage de mou. Ceux qui arrivent à mentir tout en disant la vérité. Une performance. Du grand art. Par exemple, le mari adultère qui n'a pas répondu à un appel de sa femme sur son portable parce qu'il était en cavalcade intime avec sa maîtresse.

— Excuse-moi, j'étais sur vibreur !

Quel talent ! Les soubresauts du matelas faisaient effectivement tremblement. Et il peut même le jurer sur la tête des enfants, sans mettre en danger sa descendance. On peut citer aussi l'ami d'un comédien, déçu à la sortie du théâtre mais obligé de donner son avis à l'intéressé sur sa performance. La phrase magique, le mensonge vrai tient, là aussi, de la pirouette de grande tenue. Il dira, tout sourire, ce que l'autre prendra pour un compliment :

— Je ne te croyais pas capable de ça !

Superbe ! Donc, pour résumer, le menteur est indispensable à notre bien-être. Alors gloire au médecin qui minimise la maladie. À l'ami qui passe sous silence ses propres douleurs pour ne pas les rajouter aux nôtres. À ce même ami qui, à la maternité, va confirmer que notre nouveau-né est évidemment le plus beau bébé du monde. Au conjoint qui nous jure fidélité éternelle. Et qui ment suffisamment bien pour que le coup de canif au contrat ne se transforme pas en coup de poignard dans le dos. Gloire aux faux jetons toutes catégories qui, en nous fardant la réalité de nos vies, nous la rendent bien plus supportable.

Et gloire à ma fille qui me jure qu'elle n'a pas fait son devoir d'histoire parce qu'elle avait mal au ventre. Ne pas connaître la date de Marignan ne devrait pas trop la handicaper dans la vie. Par contre, son entraînement à abuser de la naïveté d'autrui pourra lui être d'un grand secours. J'espère juste qu'elle conservera ce don de mystification le plus longtemps possible. Au moins jusqu'à quelques secondes de mon dernier souffle, pour me dire :

— Demain, je fais des pâtes au roquefort. Avec, tu préféreras un Gevrey Chambertin ou un château d'Yquem?

Il vaut quand même mieux mourir avec l'eau à la bouche qu'avec la peur au ventre, non ?

## HORIZONTALEMENT

**I.** Soutiens de famille en cas de disparition (2 mots).

**II.** Va avec l'habit neuf, mais pas avec le costume neuf. Elle est dans les rayons. Boîte d'écolier.

**III.** Associatif. Grâce à Delacroix, elle est devenue guide au musée. Vaincus par les Romains.

**IV.** Est-il vraiment plus drôle qu'une guenon, ou qu'un chimpanzé ? Prénom en Bretagne. Foule.

**V.** Ça défrise. Papas en Grèce.

**VI.** Au centre de la préfecture du Calvados. Une conversation sur une conversation.

**VII.** Fait peur à plusieurs. Elle n'arrête pas de se faire léser.

**VIII.** Non russe. Elle jouit, c'est déjà ça ! Préposition.

**IX.** Il en trans. Ville de Dordogne. Présentes pour mon nez, absentes pour monnaie, d'après l'adage.

**X.** Assemblage de tuiles ou de polars (2 mots). SN, c'est lui.

**XI.** Longs temps. Attachent-ils leur caravane à une Bohème W ? Résumé de parcours.

**XII.** Passe le pas. Forte du coût. Fit à Carnot le mot suivant.

**XIII.** Supprima. Elle a attrapé un coup d'effroi. Partie de tennis.

**XIV.** Public redoutable, surtout pour le numéro 1. Elle protège ceux qui sont à poil. Il prend parfois un micro, ça dépend du temps.

**XV.** Contrairement à son homonyme, sa grosseur n'a aucune importance pour un marin. Canine de chiens. Modèle.

**XVI.** Pour le cheval de Richard III. 8 cases pour la sienne (2 mots). Déplacé de droite à gauche.

**XVII.** Berge. Le passereau de Montmartre. Réfléchi. Carroll lui a posé un lapin... blanc.

**XVIII.** A-t-elle été apportée par une cigogne ? Chante en Belgique, cours en Italie. Préposition.

**XIX.** Pleine d'illibériens. À partir de son vrai prénom, Liane en a fait une Foly.

**XX.** Chambre avec vue sur la Seine (2 mots).

## VERTICALEMENT

**1.** Elle grimpe le long d'un tronc (2 mots).

**2.** Ne s'est jamais entendu avec personne. Pronom. Bourbon hors d'usage à partir de 1848. Note.

**3.** Quand on se retourne. Tuche à tout, dans le métier artistique (2 mots). Fêtés chaque fois qu'ils sont neufs.

**4.** Bas de l'aine. Pronom. Deux fois pour le stakhanoviste. Bourrées de limousines, parfois.

**5.** Adresse urbaine. Possessif. Si c'est pour le plaisir de rester des enfants, on peut dire qu'ils jouent aux erseaux.

**6.** La crème du couvent. Tif rétif. Fit peau neuve.

**7.** Elle est au-dessus de tout, et pourtant elle a ses tireurs. Romanov qui ne faisaient pas rire Lénine. Même si créa est son anagramme, il préfère ce qui existe déjà.

**8.** Il découpe dans un bloc. Une belle cochonnerie pour Kennedy en 1961. Maréchal de France en lien avec son anagramme.

**9.** Même si elle entretient un rapport étroit avec le pêne, elle peut servir à la musique arabe. Grossit ou lèse. Tronçonnèrent au son. Il joue sur du velours.

**10.** Retourné au bord de la manche. Le strapontin est au bout. Forcément à l'intérieur. Dément.

**11.** Agglomération de sites. Lots de consolations. Arnold le barbare.

**12.** Commençait dos à dos, finissait face à face dans un pré. Pour les pieux qui sortent. Pour les pieux qui entrent. École de Hollande.

**13.** Conjonction. A sa gare à Paris. Triplé dans un film de guerre... dans le Pacifique, pas à Jérusalem. Défauts de fabrication à la naissance. Conjonction.

**14.** Sous-titrée parfois. On s'y rend sans se déplacer. Un acte manqué.

**15.** Elle fait sa première avec succès. Il avait le Don pour être son écuyer. Grande ou Bravo.

**16.** Débutent dans les lettres. Épuisée ou engagée. Eau d'Évian.

**17.** Tortillée du cuir... chevelu. En place sur les hauteurs de Paris. Un bout d'Italie. Montes dans un film.

**18.** Italien délicieux à boire, mais à une lettre près il est très, très ennuyeux. Possessif. Sissi impératriste.

**19.** Possédasse. Pronom. Palindrome de lieu. Une carte qui, malgré son nom, n'est pas faite pour les chiens (2 mots).

**20.** Saint refait… en plus petit. Au diable, le diable !

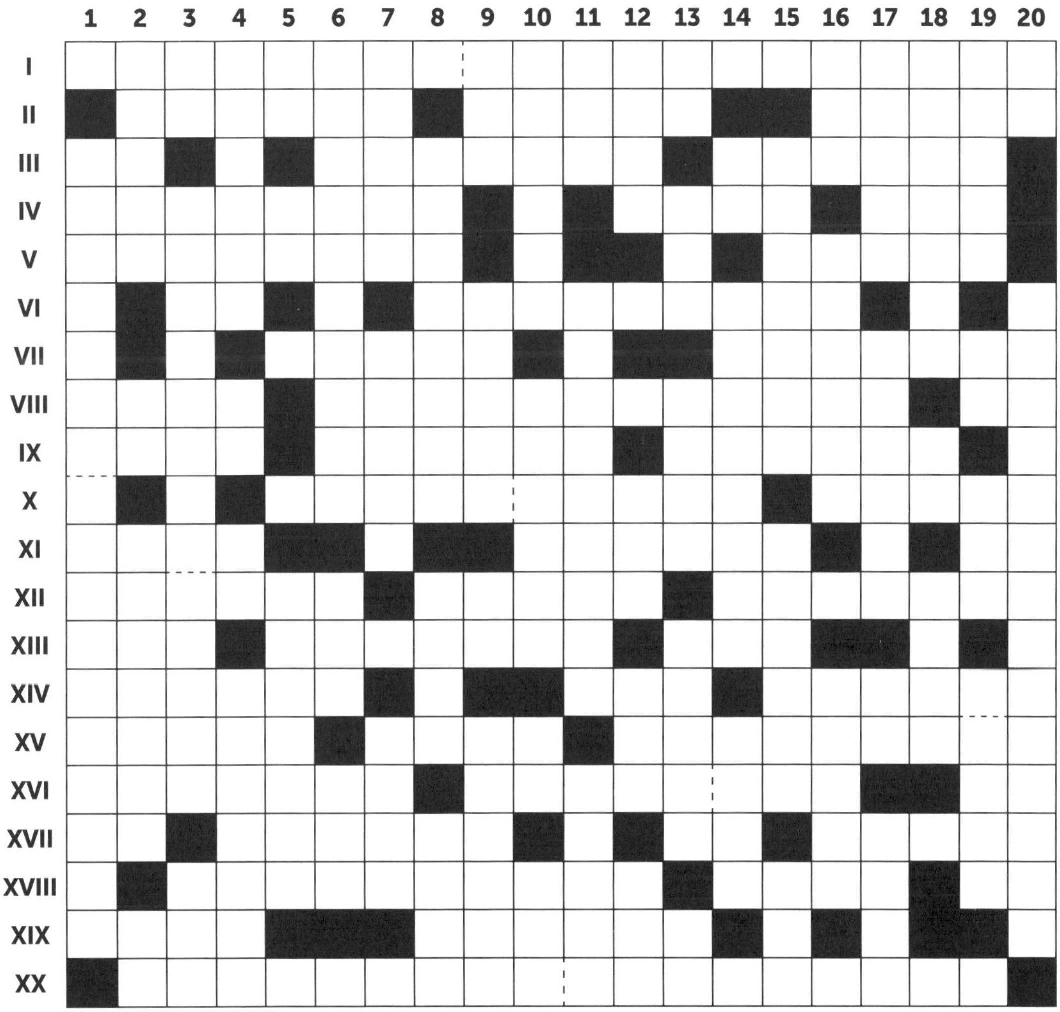


GRILLE

# N°48

L'AIDE PAGE 237
LA SOLUTION PAGE 263

# DIVAGATIONS RÉFLÉCHIES À PARTIR DE LA GRILLE 48

En 18 vertical : « Sissi impératriste » : ROMY. De son vrai nom Rosemarie Magdalena Albach. En en retirant 12 lettres, on peut écrire « gloire » et « damnée ». Prémonitoire. Romy était iconique. Sublime et incandescente dans son rôle le plus cruel. Celui de sa vie. Avec la dichotomie parfaite de l'excessif. Le plus beau des rêves et le pire des cauchemars. La princesse idéale. Sissi, idolâtrée par les petites filles. Lumineuse, solaire. Virevoltante dans des robes aux tissus nobles. Et Romy, l'actrice massacrée par le destin. Cramée aux projecteurs. Le cœur en haillons. Son fils mort empalé sur une grille en jouant. Et l'ignominie du photographe déguisé en infirmier pour voler le cliché de l'enfant mort. Les plus insensibles des fatalistes diront :

— C'est le revers de la médaille. La rançon de la gloire !

Belle expression ! Nous serions donc tous des kidnappeurs impunis ? Suffisamment cruels pour faire payer à ceux qu'on aime intensément le prix le plus fort ? Je crains que oui. Mais qui est vraiment coupable ? Celui qui adule ou celui qui s'expose ? Et au moment de choisir l'arc de triomphe, ne faudrait-il pas anticiper la violence des flèches ? Star est un métier dangereux. C'est un feu à consumer avec modération. Un bûcher. Les braises sont des flashes qui crépitent à la moindre apparition publique. La traque. La chasse à courre. Au son du corps qui, pour tenir le coup, doit se bourrer de substances plus ou moins illicites. Même sans ça, la plupart meurent de toute façon d'une overdose de succès. Addicts aux héros, aux héroïnes. Et les cadavres jonchent le « Walk of Fame ». Jackson, Morrison, Joplin, Marilyn. Plus près de chez nous, Diana, Dalida, Dewaere et Romy bien sûr.

Ceux qui échappent à la curée sont rares. Surtout depuis que le portable a officialisé le droit de s'insinuer dans toute vie privée. Les tabloïds étaient déjà harceleurs. Les paparazzis sur iPhone ont démultiplié la meute. Oh, bien sûr, il y a bien plus grave dans la vie ! Tant d'autres occasions de geindre que sur l'intimité volée de privilégiés riches et couverts de gloire. Et puis, ça fait partie du deal. On va voir tes films, on achète tes disques, il est logique de te réclamer un minimum d'appartenance. Pas la nue-propriété, mais au moins l'usufruit. Ce que m'a très bien expliqué, un jour d'été, un couple de touristes intrus qui baguenaudaient sur la terrasse de ma maison. Je leur ai demandé poliment ce qu'ils faisaient là. Ils m'ont répondu qu'ils visitaient. Et quand j'ai essayé de leur faire comprendre que la moindre des politesses était au moins de demander avant de s'installer, leur explication a été sans appel :

— Vous z'avez qu'à pas être connu !

Bon, j'avoue que quand je t'ai dit que j'avais demandé poliment, j'ai adouci ma réaction. En fait, je les ai traités de tous les noms. En aboyant non seulement leur impolitesse mais aussi leur connerie. Et je les ai virés sans violence mais avec suffisamment de véhémence pour leur passer l'envie de revenir. Ce qui fait qu'éternellement, je resterai pour eux le symbole du malséant. Celui qui prêche la bienveillance sans l'appliquer. Et, le jour de ma mort, j'aurai droit à l'épitaphe : « Bien fait pour sa gueule, quel connard ce type ! »

Je t'ai cité ce petit exemple personnel pour équilibrer les responsabilités. On ne peut pas s'exposer à la lumière intense sans risquer le coup de soleil. Les brûlures. Les cloques. Surtout que, dans ce cas-là, l'écran total ne protège pas. Il amplifie. Il n'empêche que je vomirai toujours les chasseurs de primes. Les infects du sensationnel à tout prix. Ceux qui ont photographié Coluche à la morgue, la tête enrubannée, et qui l'ont publié le lendemain à la une du journal local. Va voir sur ton Google, la photo y est encore. Pas loin d'autres photos. Celles des cadavres de Mickael Jackson, Marilyn, Kennedy sur la table d'autopsie. Un site entier est dédié à cet étalage morbide. Je sais bien qu'en disant ça, j'alimente le sordide. Parce qu'il y a peu de chance que tu résistes à l'envie d'aller jeter un œil. C'est là où est le vrai problème. Comme disait Coluche à propos des disques de Mireille Mathieu : « Il suffirait que les gens arrêtent de les acheter pour que ça ne se vende plus ! »

C'est la demande qui crée l'offre. Alors, à qui en vouloir vraiment ? À l'exhibitionniste ou au mateur. Ou, finalement, n'est-il pas mieux de se résoudre à n'en vouloir à personne. Parce que la nature humaine est ainsi. Il est là le vrai sujet de cette divagation réfléchie. La culpabilité de l'offre et de la demande. Qui est blâmable ? Le junkie ou le dealer ? Le footballeur surpayé ou son sponsor ? La prostituée ou le client ? Et dans le cas des stars harcelées, effectivement, et même si au premier abord ça a l'air primaire, pourquoi ne pas se contenter de dire : « Elles n'ont qu'à pas être connues ! » Par extrapolation, on peut aussi ramener ça à tes rancunes quotidiennes. Tu pourfends le ou la responsable de ton chagrin d'amour, mais personne ne t'a forcé à te mettre en couple. Tu geins tes enfants ingrats et sources de soucis permanents, mais personne ne t'a obligé à les faire. Et pour finir sur une note joyeuse, tu commences à être saoulé par ma philosophie de comptoir, mais personne ne t'a contraint à me lire !

Pour en revenir à Romy, quel chemin de croix quand même ! Je la revois recevoir son César d'honneur. Le symbole de toute vie d'acteur. Une compression. Le ramassis de ce qu'on joue et de ce qu'on est. Scrute-la bien, cette cérémonie des César, elle est la synthèse extraordinaire de notre ordinaire. Beaucoup d'appelés, peu d'élus. Sur le podium, les vainqueurs triomphants. Dans la salle, des méritants aussi et qui repartiront les mains vides. Souriants obligatoires. Bons perdants. Et presque imperceptibles à l'œil mais si présentes en ondes, la jalousie et la frustration. Comme tous ceux qui font mine, au quotidien, de se réjouir de la réussite de l'autre. Qu'est-ce qu'elle est belle, votre maison ! Tu as gagné au Loto, je suis bien content pour toi ! Ta fille fait de brillantes études à New York, c'est génial ! Et puis le jour où le drame arrive, on s'apitoie. Quelle tristesse, cette pauvre Romy détruite par le chagrin ! Et dans notre subconscient le plus secret, on en fait un pansement à notre plaie de ne pas avoir eu la chance de briller aussi. Mais chut ! Ça ne se dit pas.

Je suis un humaniste alternatif, comme mon maître Frédéric Dard. J'aime autant l'humanité que parfois je la déteste. J'ai toujours dans un coin de ma tête la phrase fétiche de mon vieux complice Paul Préboist. Tout jeune, il avait assisté au lynchage des femmes volages après la guerre. Celles que tondaient, au nom de la morale, beaucoup des lâches de l'Occupation devenus courageux à la Libération. Il disait toujours avec aigreur ou lucidité, à toi de juger : « Saleté de gens ! »

## HORIZONTALEMENT

**I.** Un siège pour le candidat en attendant le siège de député (2 mots).

**II.** Groupe de voyages. Un verre, ça va pas, dans son métier, il lui en faut au moins deux.

**III.** Baba cool and the gang. Le Benjamin du cinéma. Deux gouttes de sang au bar de l'aérodrome, c'est raccord.

**IV.** Chef étoilé dans l'armée. Bardot, dans sa gamme de produits.

**V.** On croise un regard dans la rue. Son jambon n'est même pas fabriqué chez elle, *che trucco* ! Excédent de blé.

**VI.** Marque de cachet. Jacques, le plus célèbre des garçons de café. Elle vit hors champs, à part les Élysées.

**VII.** Suit par la rive. Droite qui a presque disparue. Pour que.

**VIII.** Augmente le prix des courses. Benêts de nuit... et de jour aussi. Diode.

**IX.** Tu sors ! Du silence en italien. Ne sera jamais privé de désert. Un bon bout de temps.

**X.** La Mayer dans sa catégorie (2 mots). Bien connu. Elle fait beaucoup dans le futur.

**XI.** Mineure de fond en Turquie. Dépôt de vents. Connu pour son âme, mais est-elle vraiment plus propre que celle d'un autre ?

**XII.** Si peu entre sa vie et sa mort. On n'y croyait plus !

**XIII.** Pronom. Animal contre la libération de la flemme. Perdue en Khmer. Fait l'ici aussi.

**XIV.** Loto stop. Palindrome normand. Il dirige les opérations.

**XV.** Eco nommé. Finir son voyage sur l'Atlantique par exemple.

**XVI.** Article allemand. Ils se laissent de plus en plus pousser les couettes. Où Hercule s'est cramé.

**XVII.** La cafét' de l'ouest, dans un western. Passe un habit. Leur devise, c'est « rien à foutre ! ».

**XVIII.** Précisé avec adresse. Un bijou pour payer du bout des doigts. Hollande l'a plaquée. Unité de SS.

**XIX.** Dégouttait. Un talus sans ses bords. Flotte pure d'agneau. Fin de soirée.

**XX.** La ferme ! (2 mots).

## VERTICALEMENT

**1.** On peut y prendre le T à n'importe quelle heure (2 mots). Doublé pour une bête de somme.

**2.** Ils sont dans les transmissions. Elles entrent à l'œil. Qualité très demandée à Plaza pour un appartement.

**3.** Pour abattre une cloison... et là, Plaza ne peut rien y faire. Fils d'arabe. Ça nous fait le CD à 50 cent.

**4.** Possessif. Monnaie bien de chez nous. Trou là, trou là itou, elles ont eu ça en tête. Pronom.

**5.** Garçon manqué. Lundi pour mardi. Accessoire de salon annuel.

**6.** Loana devenue Mouskouri. Moteur à abjection, selon les sites nauséabonds. Comme.

**7.** Comme dirait sa maîtresse : « Allez, on enchaîne ! » Pour Fellini avec le suivant. À moi. Engagé dans la narine.

**8.** Victimes de vol... du bourdon sur des fleurs. Passa les bornes au volant.

**9.** Solution. Tablettes musculaires en abrégé. Complément d'alimentation avec un sucre (2 mots). Surface d'essais dans un stade.

**10.** Obtenu. Un Deschiens. Précède toujours le lundi de Pâques.

**11.** École des profs. Membres suppléants pour mesdames. Envie de pointer. Aide-soignante internationale.

**12.** Ambassadeur romain... de la marine pour le calembour. Jeter un froid. Il avait le Sancho... sur lui. Pronom.

**13.** En plus. Articles funéraires. Maux d'amours. Sodium.

**14.** Interdite de séjour, mais pas pour Puyi. En Sibérie, ça ressemble à l'amour mais en plus long. Initiales de chef de boîte.

**15.** Pronom. Com pour une série. Ils peuvent se dire : « Mais où est passée la première compagnie ? » Hot voix.

**16.** Conjonction. Broche à dents.

**17.** Nous a fait tomber la chemise. Œuf en œuvre. Aires de repos. 10 en avion.

**18.** Plus que pote. 22 long. Fin d'infinitif. Elle ne sert pas seulement à l'écriture bâton.

**19.** Conducteurs d'entêtés. Complément de chevaliers pour des éclats de lance.

Complément de chevaliers pour des éclats de rire.

**20.** Position couchée qui n'est pas réservée qu'aux chasseurs (4 mots). Lichen.

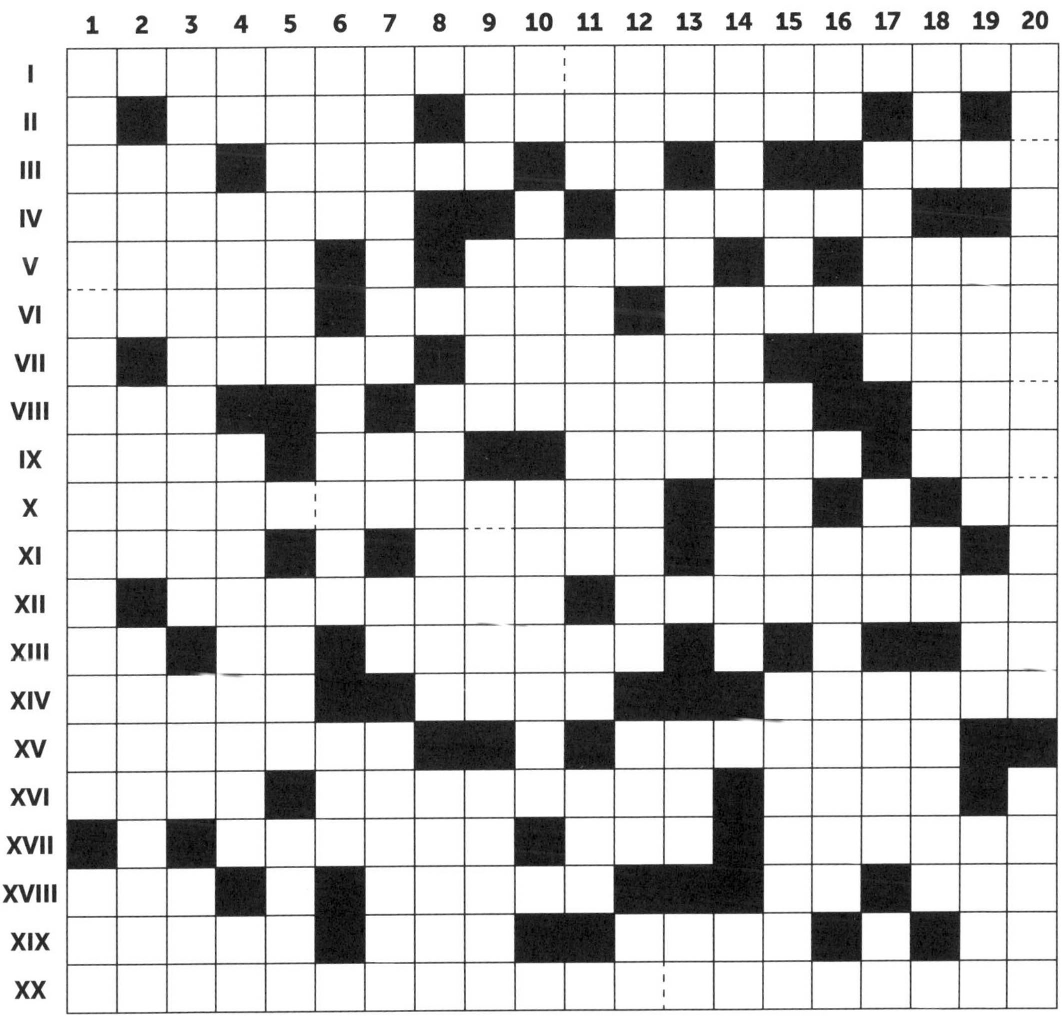

GRILLE

# N°49

L'AIDE PAGE 238
LA SOLUTION PAGE 264

# DIVAGATIONS RÉFLÉCHIES À PARTIR DE LA GRILLE 49

En XX horizontal : « La ferme ! » : EXPLOITATION AGRICOLE. Les paysans. Les ploucs. Les bouseux. Ceux qui, il y a tout juste un siècle, représentaient les deux tiers de la population active. Quand la terre nourrissait son homme. Avant que les hommes nourrissent la terre. En y plantant des immeubles. En semant des parkings au sous-sol. En la sillonnant de routes, d'autoroutes. Comme dans la chanson de Ferrat, ils ont quitté un à un le pays en rêvant du Formica et du ciné. Et puis, ils ont fini par presque tous prendre la clé des villes.

La photo sépia est passée, mais je revois par cœur les fermes de mon enfance. La grande pièce commune autour de la table en bois lourd. Quand l'écran plat était une cheminée. Le « cantou » comme on disait chez nous. Les animaux étaient partout. Dans les étables, dans la porcherie, dans la basse-cour. Quelques poules s'égaraient parfois sur une chaise mal tressée ou sous une commode bancale. Les survivantes du papier collant à mouches taquinaient les chiens de porcelaine. Et tout ça au son du tic-tac régulier de la grande pendule qui était plus vieille que la plus vieille des grands-mères. Le tempo de la vie était presque monacal. La Sainte-Trinité. Travailler, dormir, manger. L'introït de la messe du soir tenait en deux mots : « À table ! »

Trois générations, parfois quatre, s'entassaient autour de la soupe au pain. Le père était taiseux, la mère servante et les enfants dociles. On ne s'attardait pas. Après au moins dix heures de travaux pénibles, on ne cherchait pas le sommeil. La fatigue faisait Mogadon. On rejoignait les couettes profondes dans lesquelles on se noyait plus qu'on s'y allongeait. Une bougie pour ne pas gâcher l'électricité. Pas de salle de bains. Une cuvette pour se laver à l'eau froide. Un pot de chambre. Et la nuit tombait épaisse. Tranquille. On se relevait parfois pour accoucher un veau. Sans se plaindre du sommeil perdu. Sans jamais se plaindre, d'ailleurs. Sauf peut être au bon Dieu de la grêle ou des doryphores. Et le jour d'après était le carbone du jour d'avant. Quelques distractions quand même. La chasse, la pêche. Enfin, pour les hommes. Les femmes avaient trop à faire. De temps en temps, une fête. Pour les moissons ou un mariage. L'ivresse, les chansons, les danses. Et puis quelques bâtards faits à la va-vite dans la meule de foin derrière la grange. Les ancêtres des citadins d'aujourd'hui.

Pas très emballante, la photo de ces serfs du xx^e^ siècle. Les gueules brutes des hommes. Les femmes sans fard. Les habits épais et mal seyants. Les yeux et les mains usés par trop de soleil ou trop de gel. Et pourtant, j'ai vu récemment un documentaire sur cette époque qui m'a touché profondément. Moi qui aujourd'hui possède beaucoup de ce qu'il n'y avait pas dans ces fermes d'un autre temps, j'ai eu la sensation qu'il me manquait quelque chose : l'essentiel peut-être. Je ne devais pas être le seul parce que ce documentaire a fait un carton d'audience à la télé. Comme si à vous aussi, et même à ceux qui n'ont pas connu cette époque, il manquait quelque chose d'impalpable, malgré la précarité apparente. La famille unie peut-être. L'air libre. La simplicité. À l'heure où tout le monde se cherche, de psychanalyses en tranquillisants, la thérapie du repère. Le courage d'avoir du courage. Même quand le patriarche essuyait sa grosse moustache après le chabrot du matin, en marmonnant : « Vivement ce soir qu'on se couche ! »

Aujourd'hui, évidemment, cette photo-là ferait hurler la horde des loups de vertu de l'ordre nouveau. Les féministes d'abord. Avec raison, je le reconnais. Pour se dresser contre l'exploitation de la femme bonniche et ventre. Pondeuse obligatoire, laveuse, repasseuse et cantinière. Les associations de protection de l'enfance. Pour dénoncer le mâle dominant, rustre et parfois violent, qui forçait sa descendance au travail. Les ligues antispécistes, pour cause de gigot. Mais avait-on vraiment le choix ? L'inspection du travail pour les métayers sous-payés, les heures de repos négligées. L'inspection de l'hygiène pour les toilettes au fond du jardin. Et pour sourire un peu, la SPA pour oser chaque année tuer un cochon sans lui demander son avis. Et aussi la SACEM pour les droits non déclarés des airs à l'accordéon à la dernière fête des moissons.

Plus les contrôleurs de toutes les illégalités d'aujourd'hui. Les granges inflammables sans issues de secours. La pipe fumée dans la cuisine sans alarme incendie. L'alcool consommé sans aucune modération. L'instruction publique bafouée par des absences à l'école les jours de cueillette ou de vendanges. Et tant qu'on y est, le harcèlement sexuel suspect sur des vaches, dont il a été prouvé qu'on leur triturait les seins pour soi-disant en tirer du lait. Et peut-être même que ces irresponsables auraient droit à une mise à l'amende par la secrétaire d'État à l'Élégance, Cristina Cordula, après une première mise en demeure :

— Ces habits sont infâmes, mes chéris ! Ce n'est pas parce qu'on est pauvre que ça excuse le manque de goût. Excusez-moi, mais cette façon de s'habiller est totalement inesthétaïque !

Nous avons tous dans notre arbre généalogique une famille de paysans. Des hommes et des femmes qui ont travaillé sans relâche pour nourrir leurs enfants. Des braves, des vrais. Des héros, puisqu'ils faisaient la guerre à l'ennemi le plus redoutable et le plus imprévisible : la nature. Ils se sont voûtés sous le vent, la neige, la chaleur pour donner à manger à tout un pays. Et puis un jour, ils ont quitté leurs sabots pour des chaussures de ville. Pour l'argent des villes. Pour le confort des villes. Pour les valeurs des villes. Quel merveilleux progrès social ! Quel grand pas de l'homme moderne vers un avenir propre et responsable !

N'empêche, je garde au plus profond de mon cœur les grands-mères conteuses au coin des chenets. Elles m'en ont plus appris sur la vraie vie que toutes les chaînes d'infos réunies. Je garde la rudesse des mains calleuses de mes amours de barrière plus douces à la caresse que n'importe quelle main manucurée de mes conquêtes de sofa. Je garde surtout les mots rares, l'autorité, la valeur morale, le don de soi, l'acceptation de son sort. Et surtout la solidarité d'hommes et de femmes à l'image de leur terre. Durs, résistants, authentiques. Et tant pis si j'ai oublié le dénuement, les abus de toutes sortes, l'âpreté des sentiments convenus et la lourdeur des secrets parfois inavouables.

— C'est donc ça, la nostalgie des campagnes d'avant ? Effacer les ornières d'un chemin chaotique et boueux pour ne garder en mémoire que la vague élégante du vent dans le champ de blé qui les borde.

— C'est ça. Cette nostalgie, ce sont les relents d'une étable qui finissent toujours par être balayés par le parfum d'une haie d'hortensias. Celle où sont encore nichés ma plus belle enfance et mes plus beaux oiseaux.

## HORIZONTALEMENT

**I.** L'effet salaire pour le client du magasin (3 mots). Le son et l'image.

**II.** Mot de sortie. Sorte de rata. Avant que le garagiste fasse payer les pots cassés.

**III.** Mettre au passé. Ils montent avec les couleurs. Fit le plein.

**IV.** Pré à l'entrée des Préalpes, par exemple. Ancienne majesté. Il met fin à un combat sur le tapis. Pronom.

**V.** Article. L'OM de TOM. Montre son goût pour les esquimaux.

**VI.** Il fait un effet bœuf dans l'assiette. Sous le signe de ZZ en Espagne. Opéra à la télé. Pronom intime.

**VII.** Gentleman ou libertine. Il suit son cours, ou on y reste pour éviter d'y aller. Où s'emmêlent les crayons.

**VIII.** Au milieu du précédent. Là où le bât blesse. Autant à Napoléon qu'à Bonaparte. Bien, pour celui qui le fera en dernier. Préposition.

**IX.** Passe partout dans un fort. Signe d'alliance. Peignai avec un effet grossissant. Dans un berger ou dans un désert.

**X.** Dans. On compte sur lui pour faire notre devoir. Troupe de marcheurs. Servi parfois dans lui.

**XI.** Les bourgeois décalés. Pour un cheval en colère, ou pour un hareng fumé, ça dépend du sens. Un extrait de la pièce. Suites familiales.

**XII.** Elle se traverse parfois en char. Aussi graves dans un procès que dans une pièce. Le suivant sans la tête. Un raccourci pour aller se faire soigner les bronches.

**XIII.** Dieu, qu'il est excitant ! Une première personne à avoir. « Sale flic ! » ou « Mort aux vaches ! », c'en est. Note haute.

**XIV.** McQueen, champion de poker de l'Ohio (3 mots). Conjonction.

**XV.** Colombo fashion. Dans un voyage en absurdie. Pronom.

**XVI.** Parc pour BB. Crie comme Clémenceau ? Résidence post mortem. Crevé.

**XVII.** De Niro l'aurait conduit en Turquie. Courses à obstacles. Pour avoir des bons plants.

**XVIII.** Ils ont quand même un emploi après avoir perdu leur zob. Pour du faux. Stop phonétique.

**XIX.** Le petit chapeau rond rouge, c'est pour lui. Il écoute aux pores.

**XX.** Colle. Possédés. Cache noisettes ?

## VERTICALEMENT

**1.** Agence de voyages pour un aller simple (2 mots). Réserve au restaurant.

**2.** Pareil à entendre. Il a des fourmis dans le nez. À l'entrée d'Ipanéma.

**3.** Château féerique. Ile renversée. Paris, c'est capital pour eux.

**4.** VTT pas fini. Choré du sud. Un slip auquel il manque une pièce. Midi.

**5.** Montée sur scène. Indice en photo. Ce que je passe mon temps à faire ici.

**6.** Pronom. Ça nous casse les bourses. Noir à cheval. Débutante.

**7.** Tape-cul américain. Si elle l'est avec du blanc, c'est un comble. Arbuste qui pousse beaucoup dans un Scrabble.

**8.** Un caïd. Avis de déchets. Un gros morceau de la queue. Prend l'addition à son compte.

**9.** Dans les à-côtés d'un discours. Plat de chaînes. Un Espagnol qui vient de loin.

**10.** Militaire qui a fait un tabac. Roule à plusieurs sans obtenir satisfaction en groupe. Beaucoup d'épais dans l'os.

**11.** Il soutient le regard. Canards trempés. Pronom.

**12.** Saint Bernard pour les Marseillais, pitbull pour les Parisiens, il n'a quand même pas eu une vie de chien. Ça fait pan ! Est en désordre.

**13.** Des femmes dans chaque porc. Les pierres précieuses de Bretagne. Retire.

**14.** Viré sans ménagement avant ré-emménagement. Richard, même si ce n'est pas son prénom. Tombé ou on y va après être tombé.

**15.** Appartient au primaire. Clay d'origine. Lances africaines. Carpe.

**16.** Même amputé, il continue ses recherches. Comme une onde d'agneau. Le grand châle.

**17.** Jeremy doublé par lui-même dans *Faux-semblants*. Petit... laie ? Barbeaux.

**18.** Si c'est de lui, flûte alors ! Canard people. Se passe en tête avec un cheval.

**19.** Sans faute, c'est 20/20. Juve comme adversaire, et pourtant il gagne toujours. Grecque.

**20.** Ils n'ont pas besoin qu'on leur souhaite bon appétit pour qu'il soit aiguisé (3 mots). Chapuis, pour finir la grille… et après, « Tchô ! ».

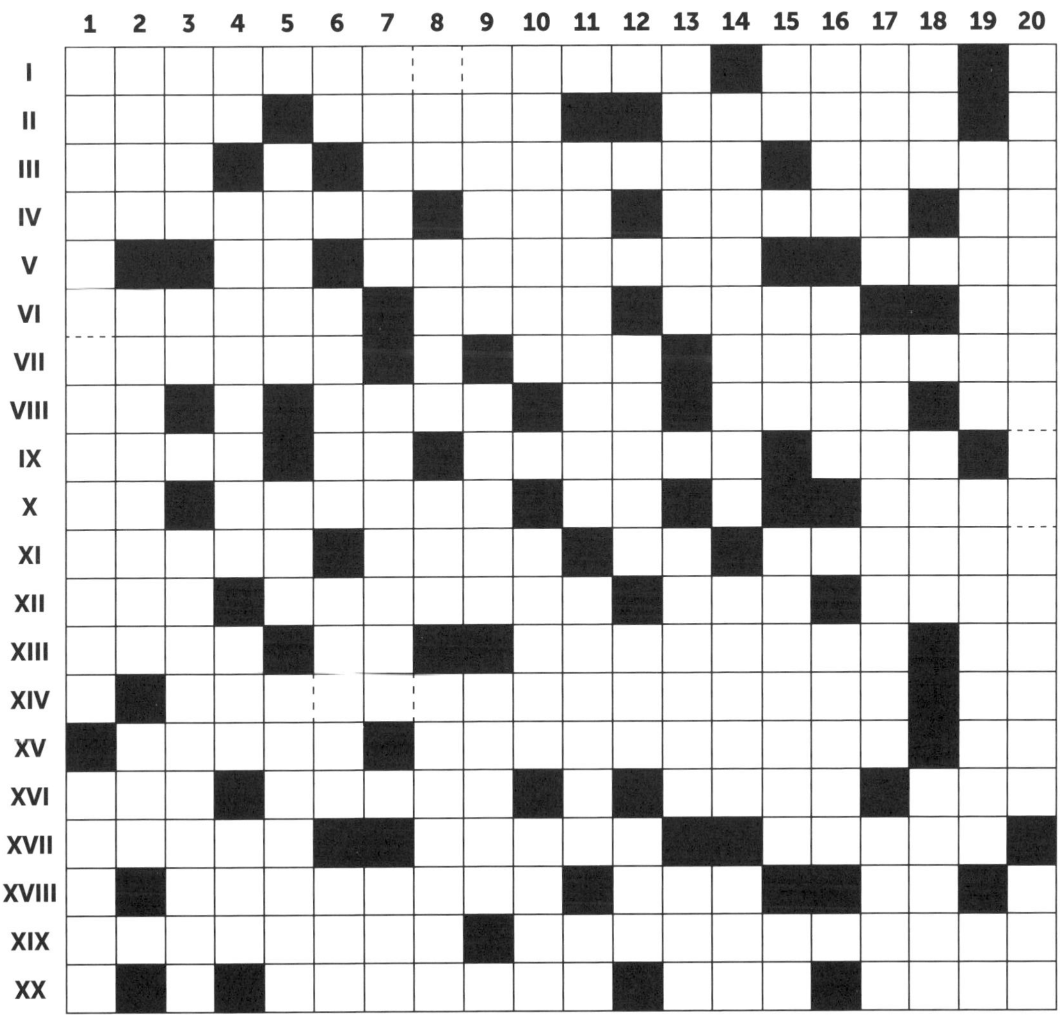


GRILLE

# N°50

L'AIDE PAGE 238
LA SOLUTION PAGE 264

# DIVAGATIONS RÉFLÉCHIES À PARTIR DE LA GRILLE 50

En 1 vertical : « Agence de voyages pour un aller simple » : POMPES FUNÈBRES. Ces pompes funèbres que j'aimerais remercier par avance. C'est vrai, ça ! Le principal intéressé n'en a jamais l'occasion. Dans une course en taxi, un covoiturage, même un voyage en avion, la politesse l'engage dans la foulée à exprimer des remerciements. Là, non, évidemment. Je profite donc de cette ultime divagation réfléchie pour dire en amont toute ma gratitude aux organisateurs de mon *last show*. Ainsi qu'aux participants. Si toutefois mes dernières volontés sont respectées à la lettre. C'est-à-dire : les porteurs, les fossoyeurs, le chauffeur du corbillard habillés en clowns. Mes remerciements sincères aussi à l'ébéniste qui, selon mes vœux, aura sculpté sur le bois de mon cercueil un ultime hommage à ma grivoiserie légendaire : une bosse à hauteur du sexe. Et je remercie le prêtre, bien entendu, qui pour une fois pourra dire sans soupçon à l'enfant de chœur tenant l'encensoir : « Secoue-le bien, mon enfant ! »

Sans oublier évidemment mes musiciens, mes potes de bistrot, les plus fidèles de mes fans et mes danseuses chéries. Quelques joueurs de rugby et des transformistes, avec l'éventualité, hélas, qu'après leur carrière sportive les uns soient devenus les autres. Quelques politiques et des amis taulards en liberté conditionnelle pour la circonstance. Avec la certitude cette fois que les uns seront forcément devenus les autres. Je parle des politiques devenus taulards, et non l'inverse évidemment. Hors-la-loi officiels, d'accord, mais on a sa fierté quand même ! Un grand merci également à mes amis gitans, pour le requiem joyeux qui m'accompagnera. Si en plus de mettre une ambiance de feria, ils pouvaient innocemment transformer « Bamboléo » en « Bande de blaireaux », mon insolence en serait ravie. Et comme je les aime énormément, je voudrais leur donner quand même un conseil. Une précaution pour les décourager par avance de tenter le moindre retour de nuit près de mon caveau avec une lampe électrique.

— Ce serait inutile et bêtement risqué, mes frères. Les poignées de mon cercueil ne seront pas en vrai cuivre !

Je remercie également par avance tous les artistes présents, évidemment. Avec toute ma gratitude pour ceux qui seront là pour la mémoire. Et sans rancune pour ceux qui seront là pour la photo. À ce sujet, je conseille aux photographes de la presse à scandale de s'initier au krav maga avant la cérémonie. Vu les instructions que j'ai laissées à mes amis les plus athlétiques en cas d'intrusion de ces hyènes du Nikon, cela pourrait leur être d'un grand secours. Il y aura aussi mes maîtresses les plus chevaleresques, humides, mais seulement des yeux, une fois n'est pas coutume. Et les maîtresses que j'ai déçues, un sourire aux lèvres, de dépit que ma raideur éternelle soit arrivée un peu trop tard. Ma famille proche élargie d'éventuels enfants illégitimes et de cousins opportunistes que je n'ai jamais vus de ma vie. Et, bien entendu, le sculpteur de mon épitaphe. J'en profite pour lui rappeler par précaution grammaticale qu'un verbe du premier groupe prend un « z » à l'impératif. Ceci pour qu'il ne mutile pas le texte prévu en écrivant : « Si vous m'aimez, fermer vos gueules ! »

Je tiens aussi à remercier mon notaire pour les mille astuces qu'il lui faudra déployer pour expliquer à mes héritiers, le lendemain, les tenants et les aboutissants de mon testament. Les réactions pourraient être imprévisibles. Je ne suis pas certain que ma volonté de laisser une partie de ma fortune à l'amicale des clubs libertins et à la réfection des allées du bois de Boulogne soit du goût de mes plus proches. Si j'y ajoute un legs important à un couvent pour équilibrer ce qu'il y avait en moi de trivial et de vertueux, ça risque d'enflammer les choses. D'autant que je m'appliquerai à partager ce qu'il restera à chacun en parts totalement disproportionnées. Avec une injustice volontaire. Juste pour le plaisir post-mortem de les voir se foutre sur la gueule. Du haut de mon nuage, je pourrai enfin découvrir l'avidité des uns et la sincérité des autres. Le révélateur absolu du vrai chagrin et de la compassion jouée. Rien que pour ça, ce sera un plaisir de passer l'arme à gauche pour démasquer les larmes adroites. Je précise au notaire que j'ai prévu une petite enveloppe supplémentaire en cas de violences immédiates pour couvrir des dégâts matériels de son étude.

Je remercie donc tous ceux qui auront pris sur leur temps précieux pour organiser la cérémonie ou y assister. Par contre, il me serait désagréable de compter dans les rangs de mon dernier public des gens plus âgés que moi au moment de mon départ. Ce serait une sorte d'offense à l'ordre des choses. Surtout qu'au vu de la médiocrité et de la méchanceté de certains, qu'ils puissent me survivre serait pour moi une aberration absolue. Au point que, si c'était le cas, dans un dernier sursaut de lucidité, je serais bien capable de remettre en doute la justice de Dieu. Ce qui, au moment de me présenter à la porte du paradis, pourrait être fortement préjudiciable. Les vigiles pourraient m'en refuser l'entrée au seul prétexte que j'ai osé mettre en doute la bonne tenue de l'établissement. Ainsi soit-il !

Voilà. J'arrive au terme des divagations réfléchies de ce premier volume. Parce que j'espère de tout cœur qu'il vous aura suffisamment plu pour envisager un deuxième volume. Même si je sais très bien que celui-ci a très peu de chance de devenir un best-seller. Pour un succès flamboyant, il aurait fallu que je sois, non pas un simple amoureux des mots mais un politique mis en examen, un violeur repenti, un trafiquant de drogue de réputation internationale, une *escort-girl* pour chefs d'État, etc. Hélas ! Je n'ai pas toutes ces qualités indispensables à un déballage littéraire mégalucratif. J'aurais pu aussi vous dénoncer les compromissions, les corruptions et les bassesses de tous bords, y compris au plus haut de l'État, qui m'ont valu mon éviction de la télévision. Ça, ça aurait fait du buzz. Mais non ! En aucune façon. Et puis, ça changerait quoi ? Toute vérité est bonne à dire, mais seulement dans le cas où elle est bonne à entendre. Et, en l'occurrence, elle ne l'est que pour moi. Donc sans intérêt public.

Juste une ultime confidence peut-être. Une vraie, je le jure : moi le paillard, l'étalon du mec à l'ancienne, j'aurais adoré être une femme. Eh oui ! Sincèrement. Une femme, une vraie. Pour la sensibilité, le courage, la douceur, la loyauté, la détermination, la beauté d'âme. Enfin, toutes ces qualités qui, pour moi, dessinent l'image de la Femme majuscule. Cette envie m'a caressé pendant soixante ans. Jusqu'à ce que ma route croise celle de Delphine Ernotte, la patronne glaciale et indéboulonnable du service public. Le jour où je me suis aperçu qu'une femme pouvait aussi être « ça », cela m'a définitivement consolé d'être un homme.

On ne se refait pas. Question de géométrie corporelle. La peur de me faire taper sur les doigts ne m'empêchera jamais de dire ce que j'ai sur le cœur… À bientôt !

# LES
# AIDES

# AIDE GRILLE N° 1

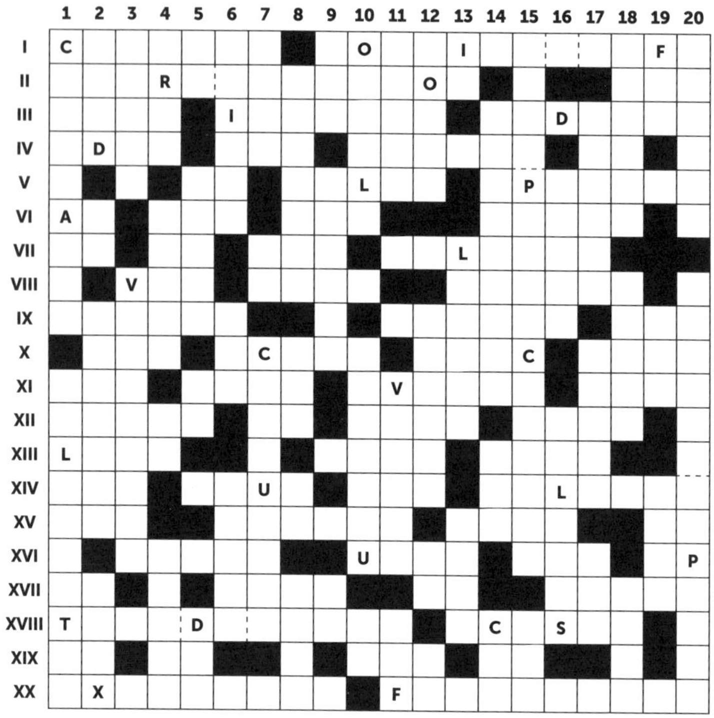


# AIDE GRILLE N° 2

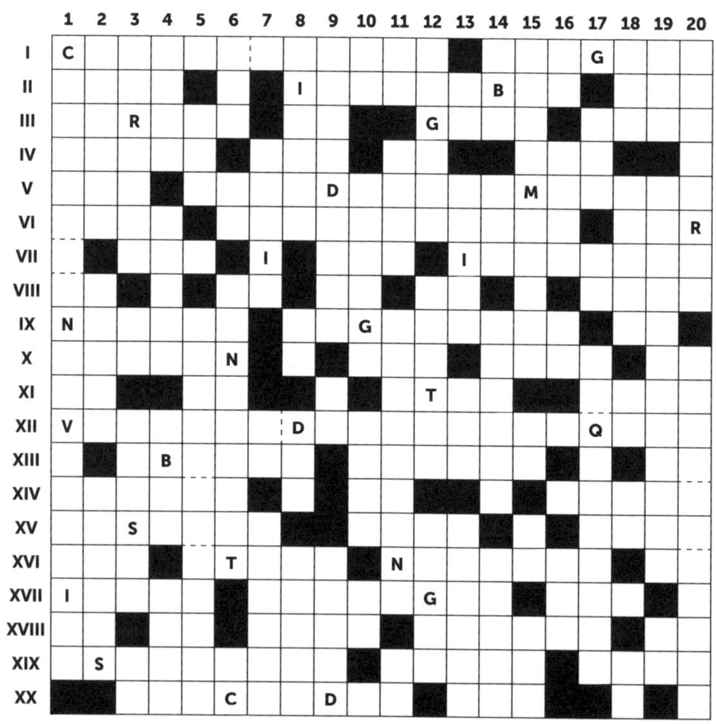

# AIDE GRILLE N° 3

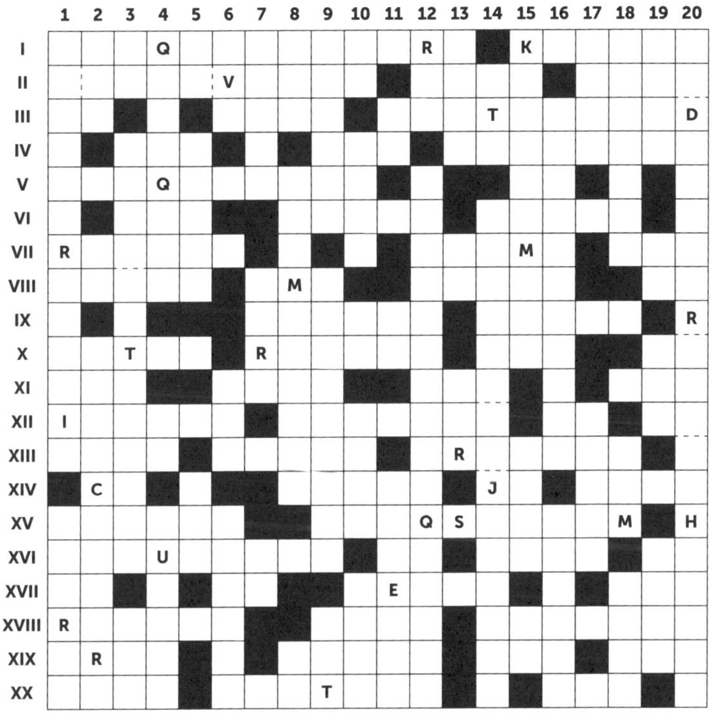


# AIDE GRILLE N° 4

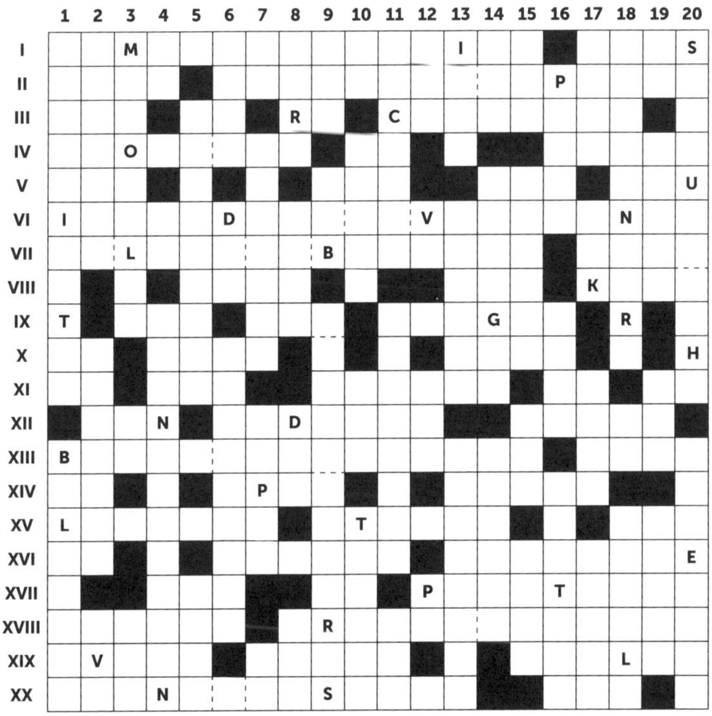

# AIDE GRILLE N° 5

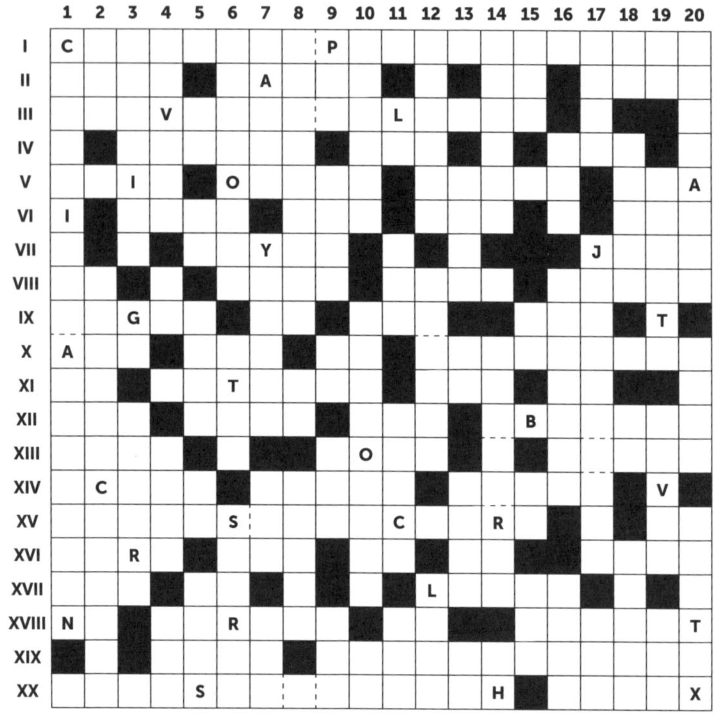


# AIDE GRILLE N° 6

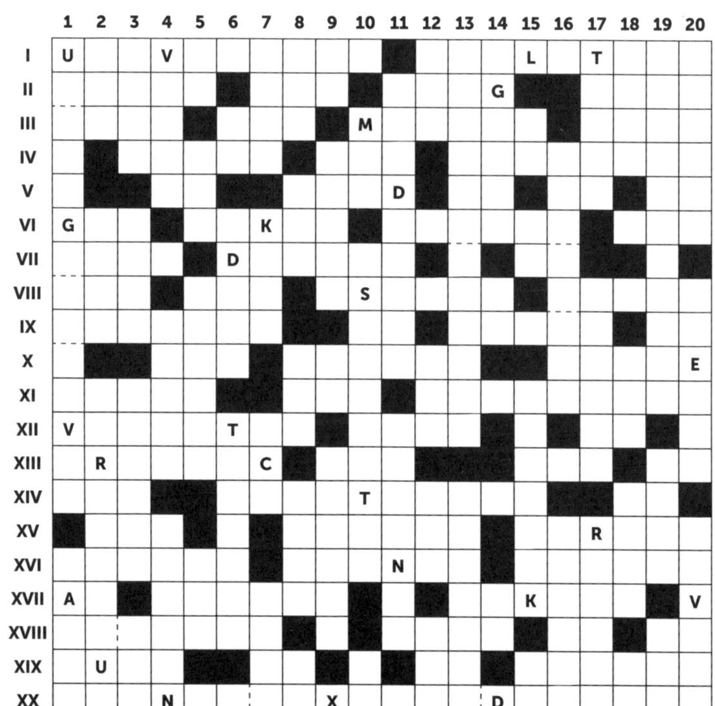

# AIDE GRILLE N° 7

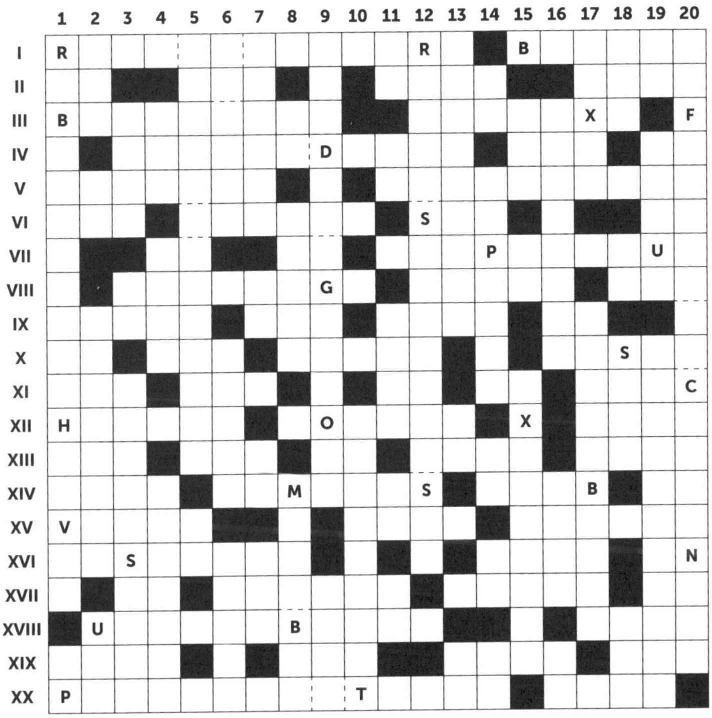


# AIDE GRILLE N° 8

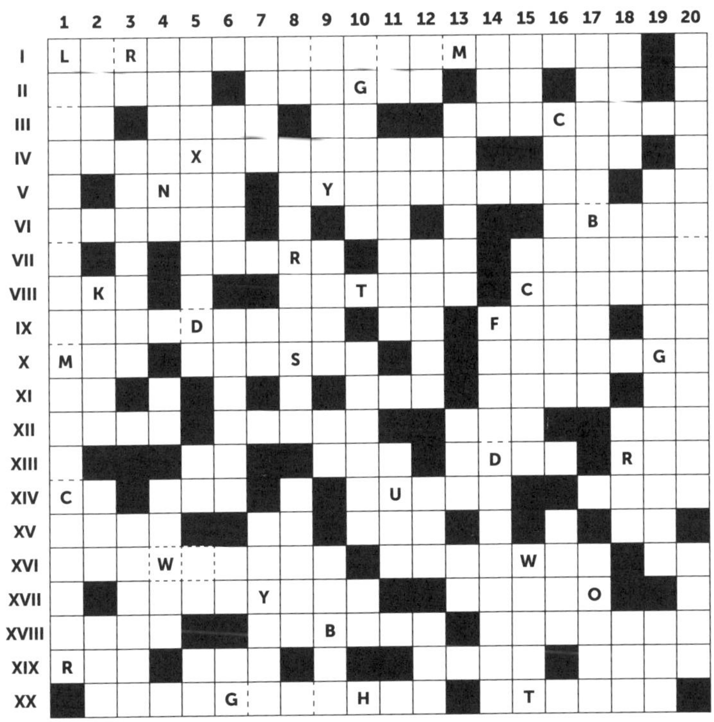

# AIDE GRILLE N° 9

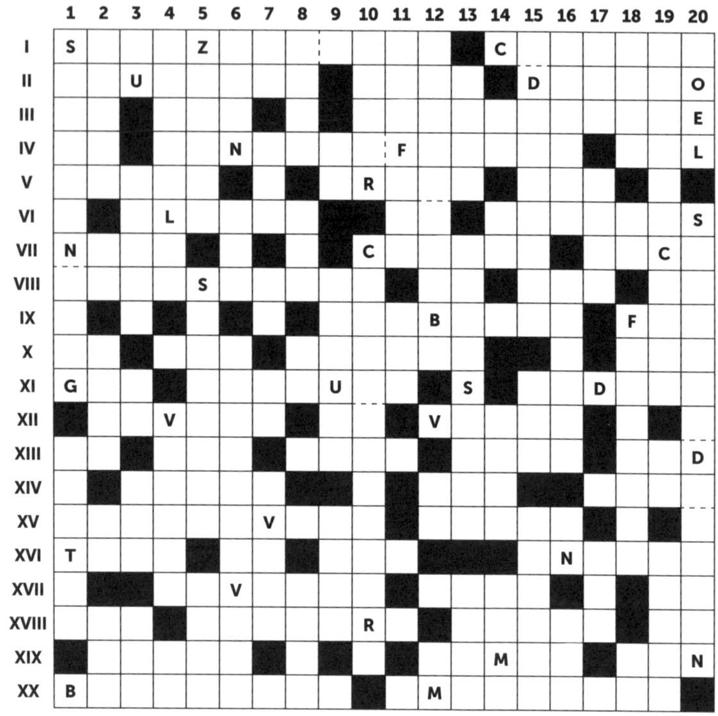


# AIDE GRILLE N° 10

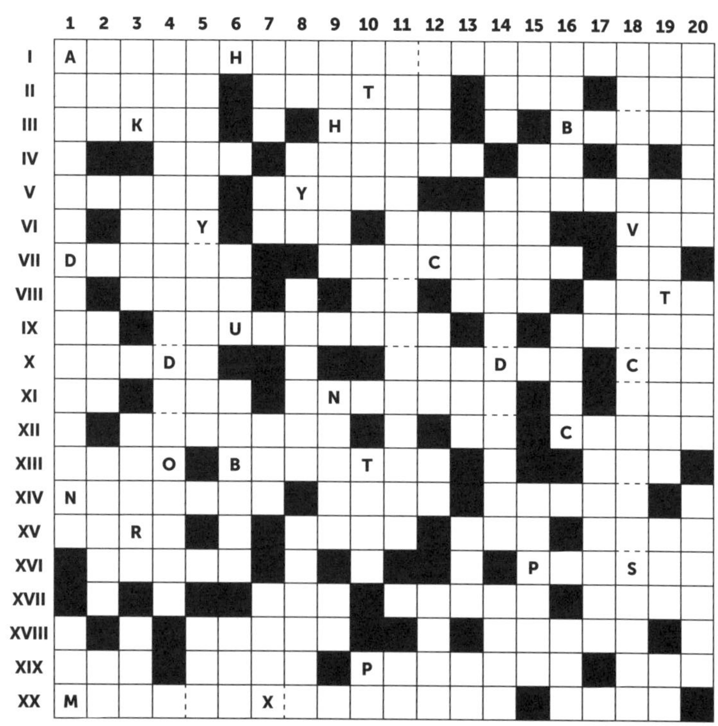

# AIDE GRILLE N° 11

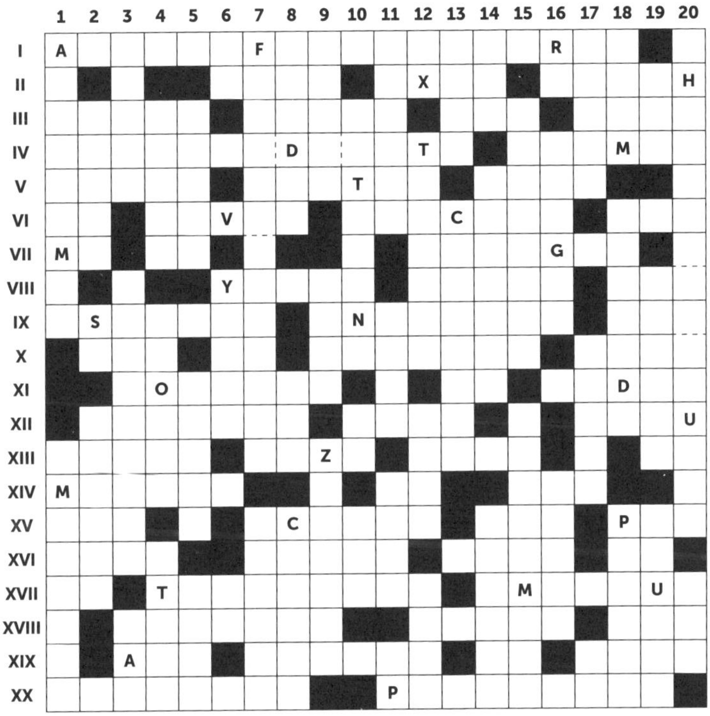

# AIDE GRILLE N° 12

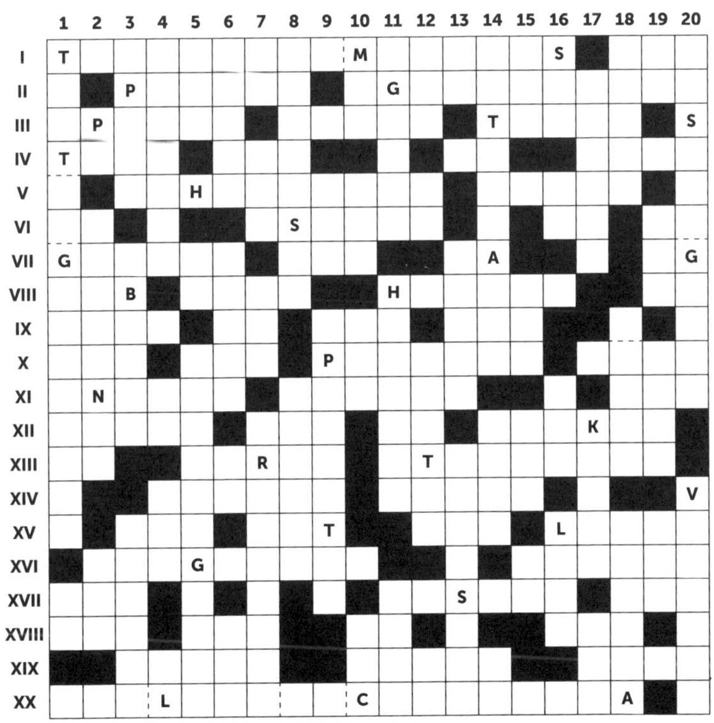

# AIDE GRILLE N° 13

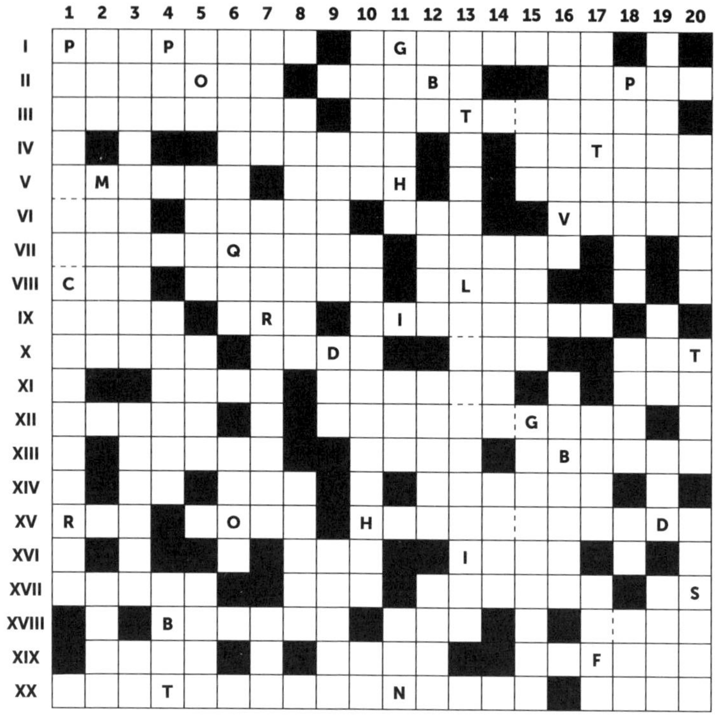


# AIDE GRILLE N° 14

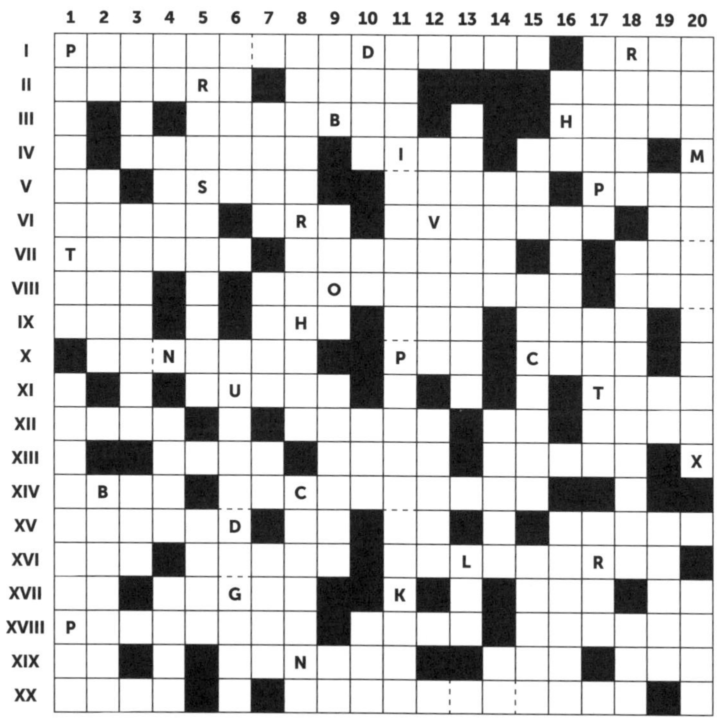

# AIDE GRILLE N° 15

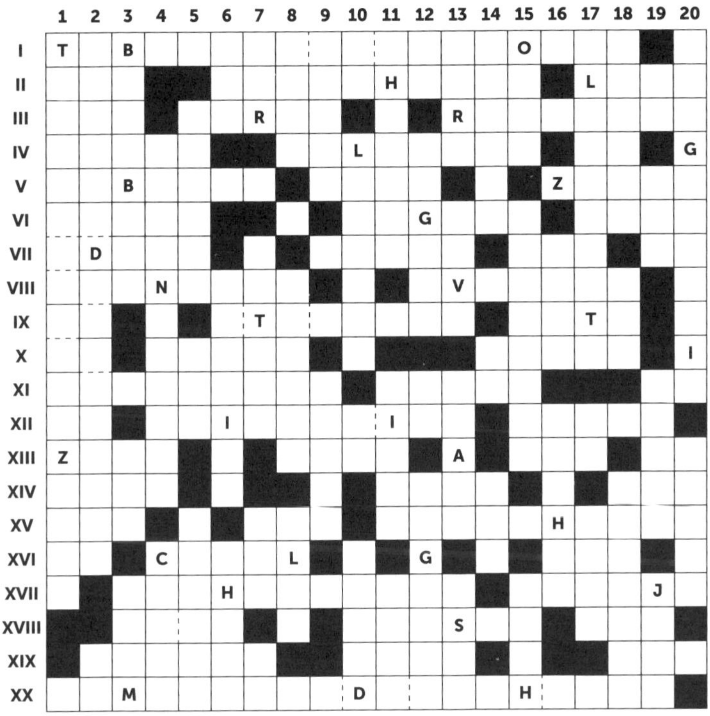

# AIDE GRILLE N° 16

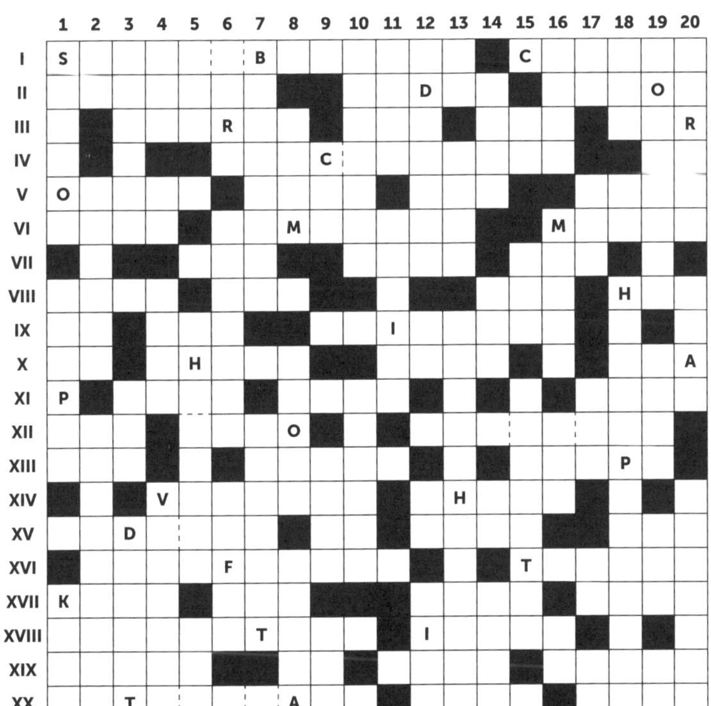

# AIDE GRILLE N° 17

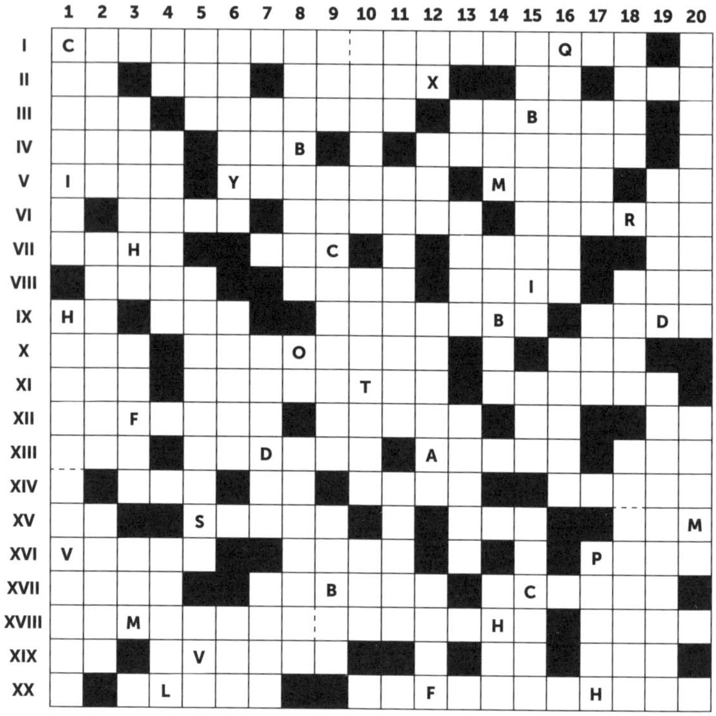


# AIDE GRILLE N° 18

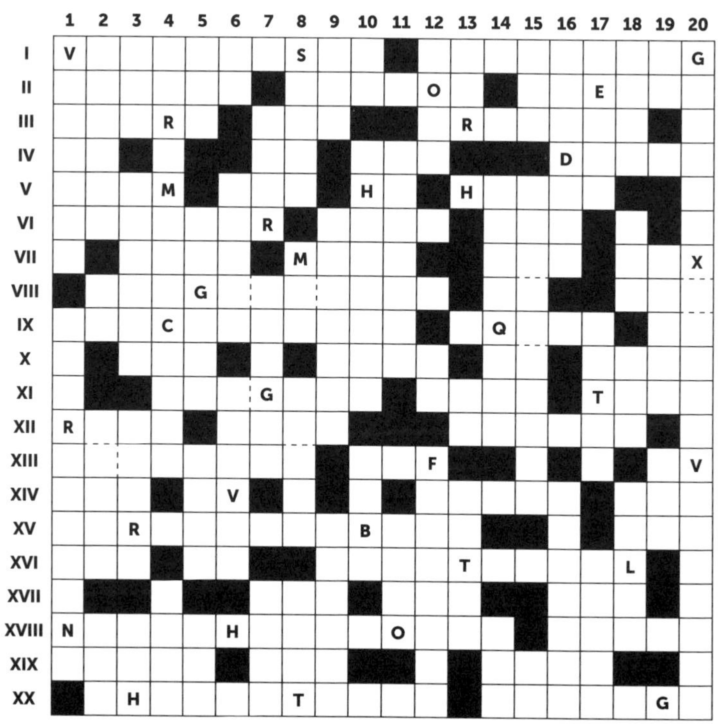

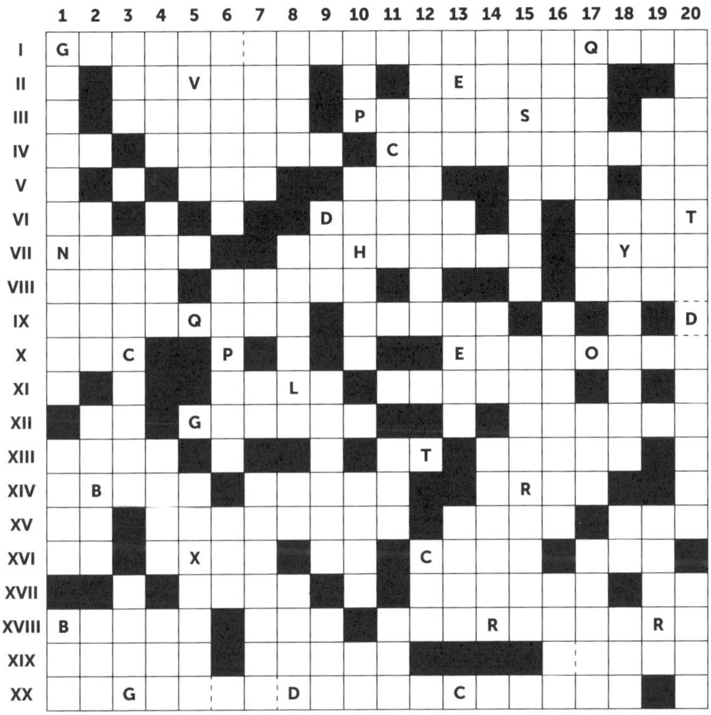

# AIDE GRILLE N° 19

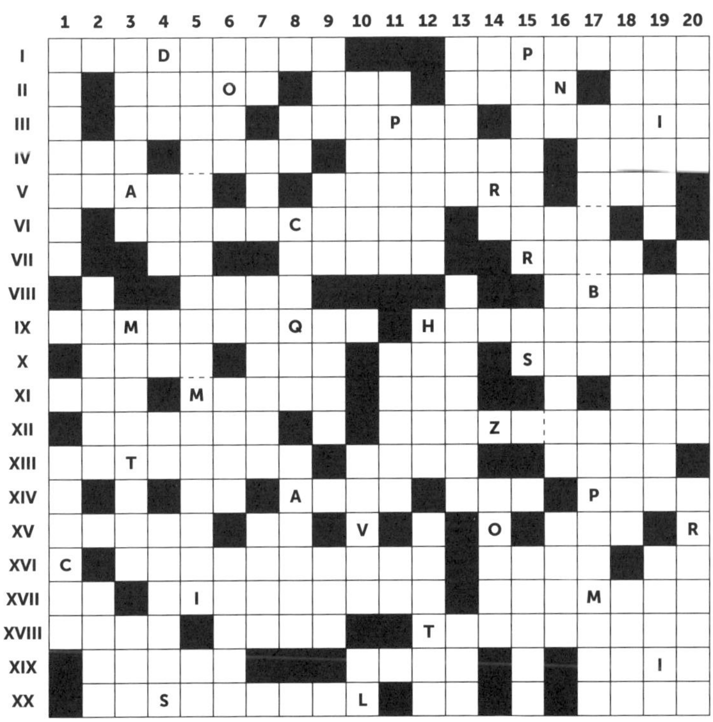

# AIDE GRILLE N° 20

# AIDE GRILLE N° 21

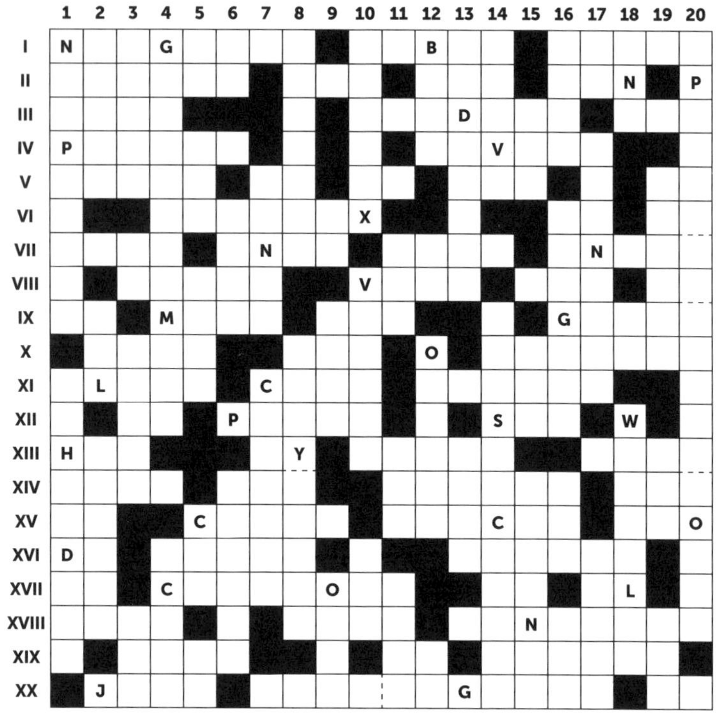


# AIDE GRILLE N° 22

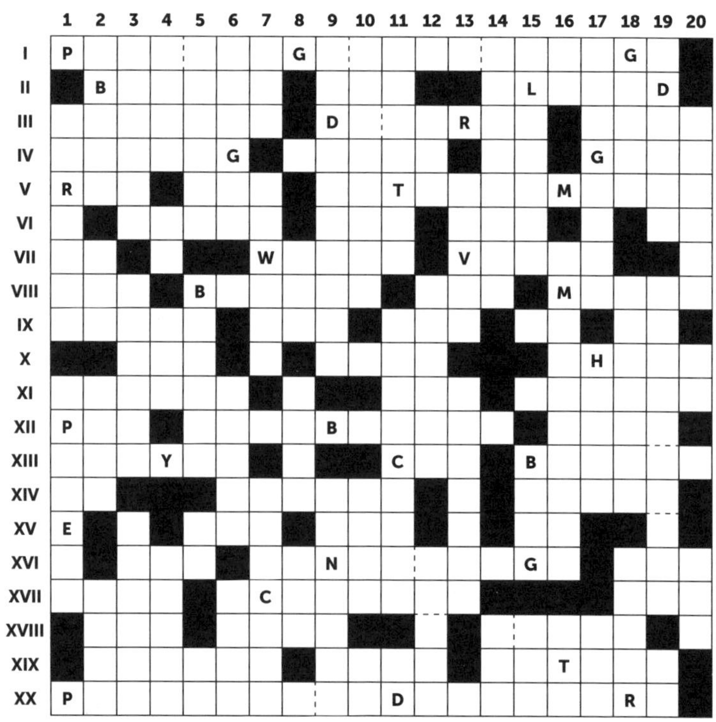

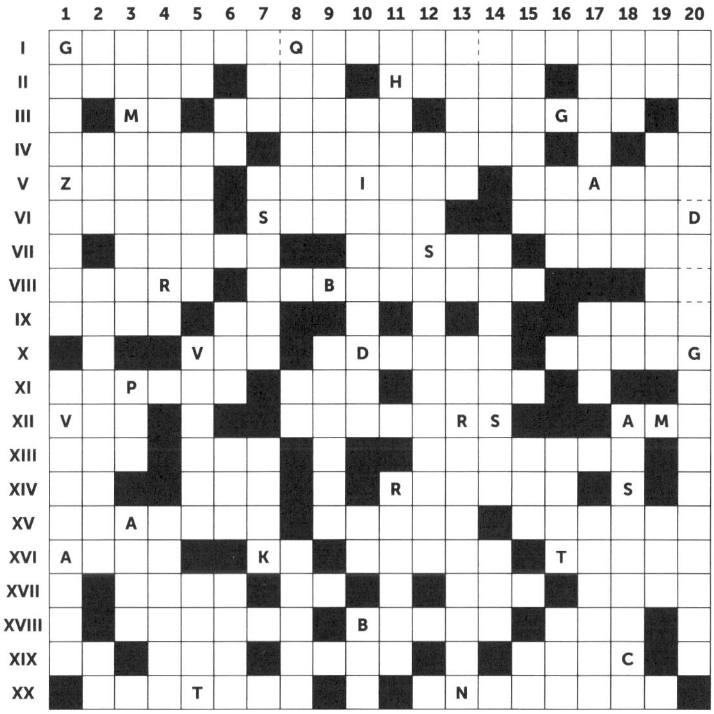


# AIDE GRILLE N° 23

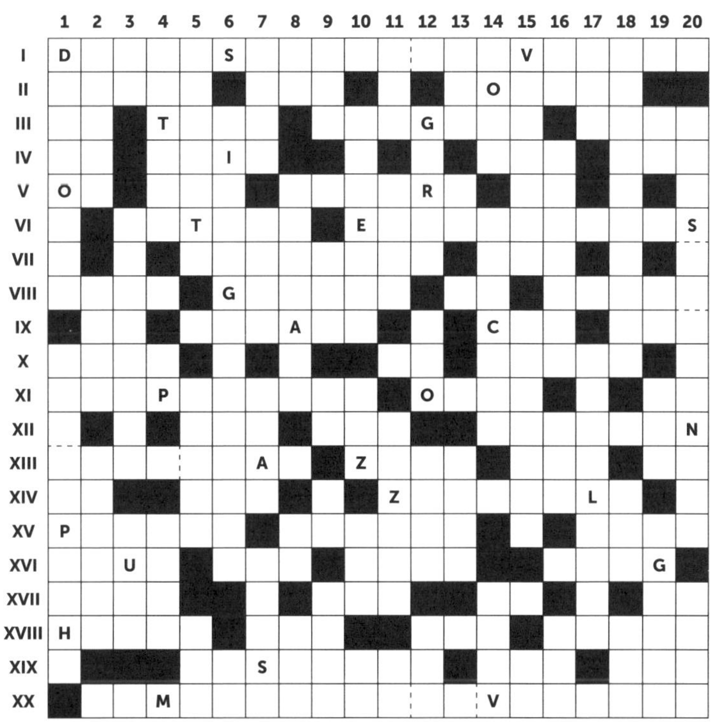


# AIDE GRILLE N° 24

# AIDE GRILLE N° 25

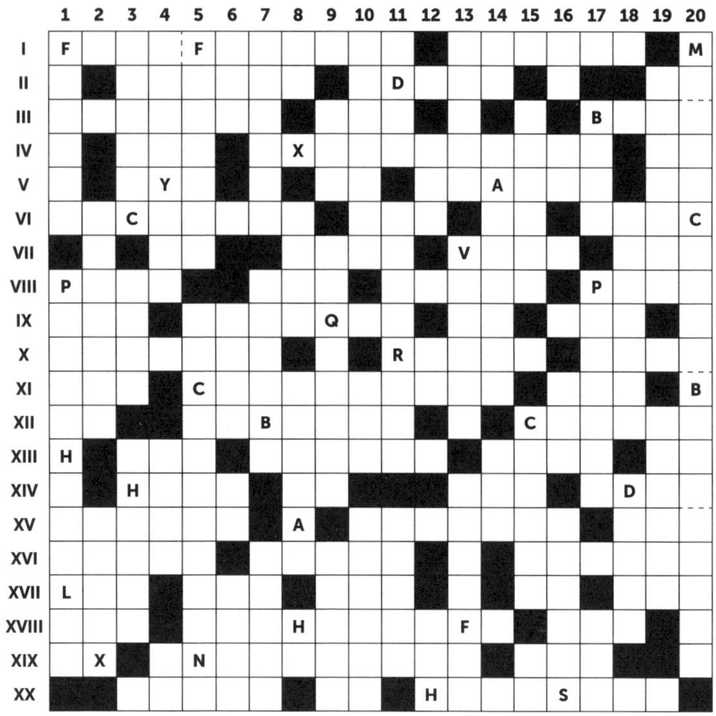

# AIDE GRILLE N° 26

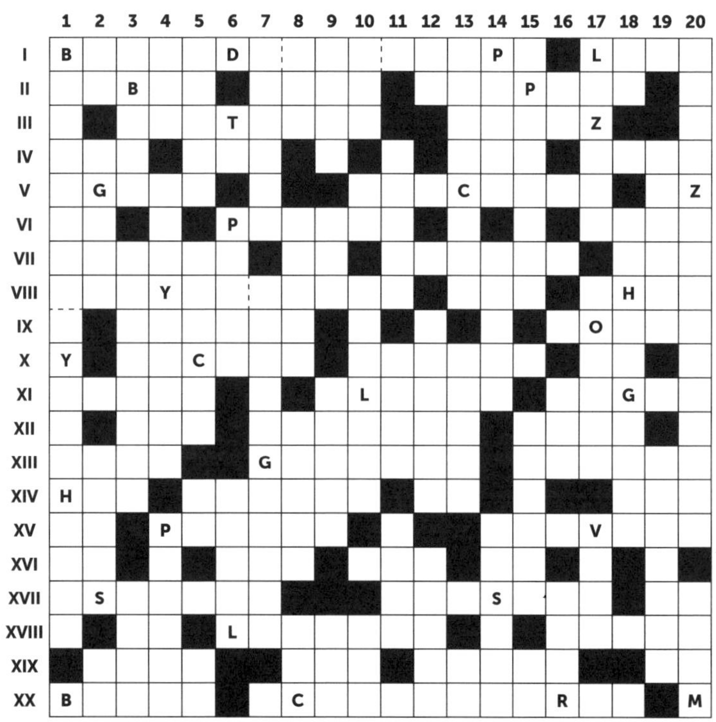

# AIDE GRILLE N° 27

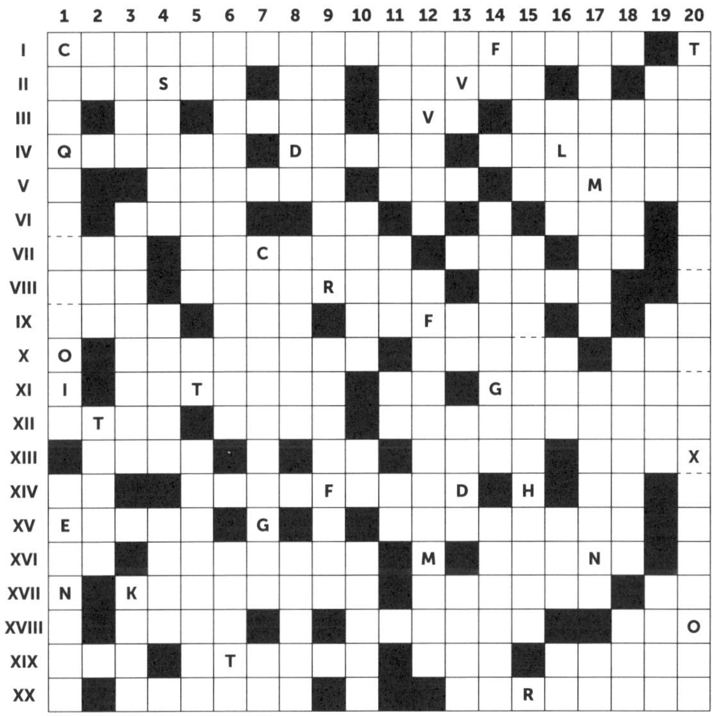

# AIDE GRILLE N° 28

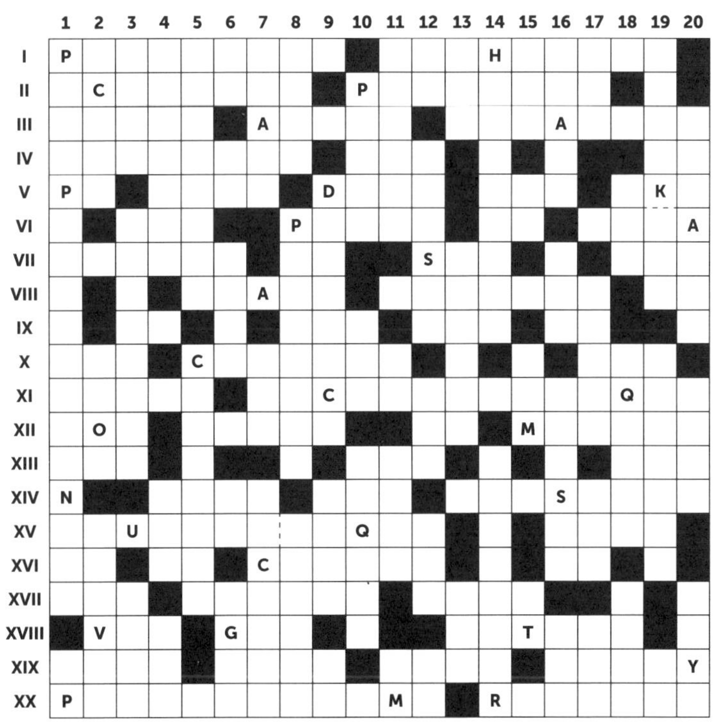

# AIDE GRILLE N° 29

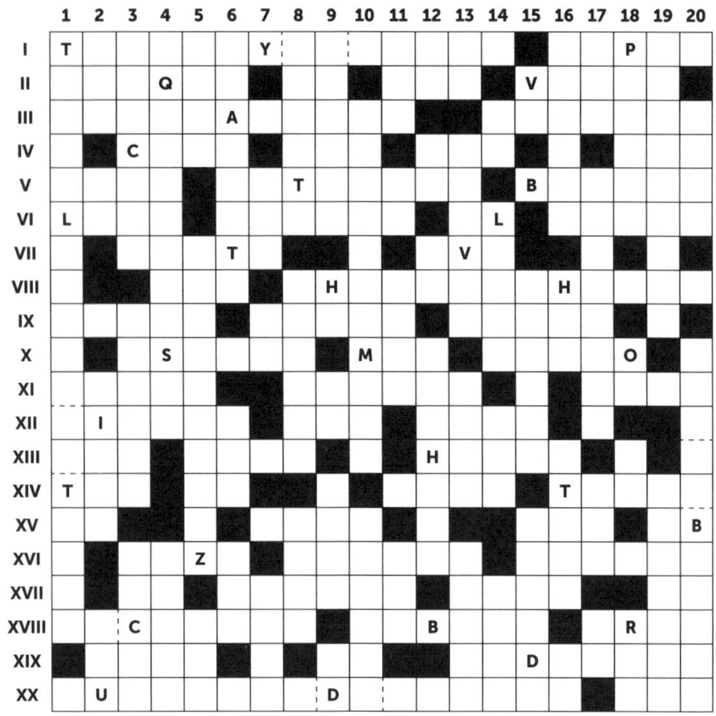

# AIDE GRILLE N° 30

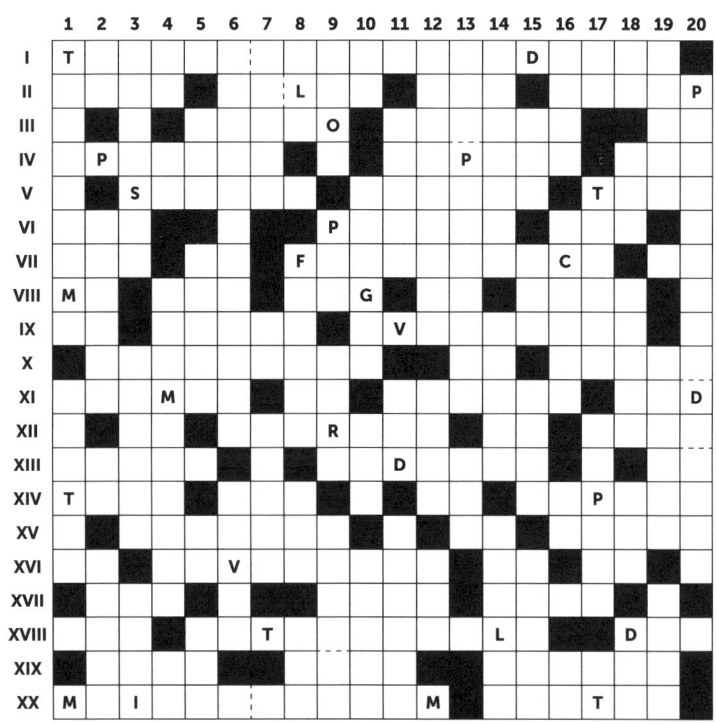

# AIDE GRILLE N° 31

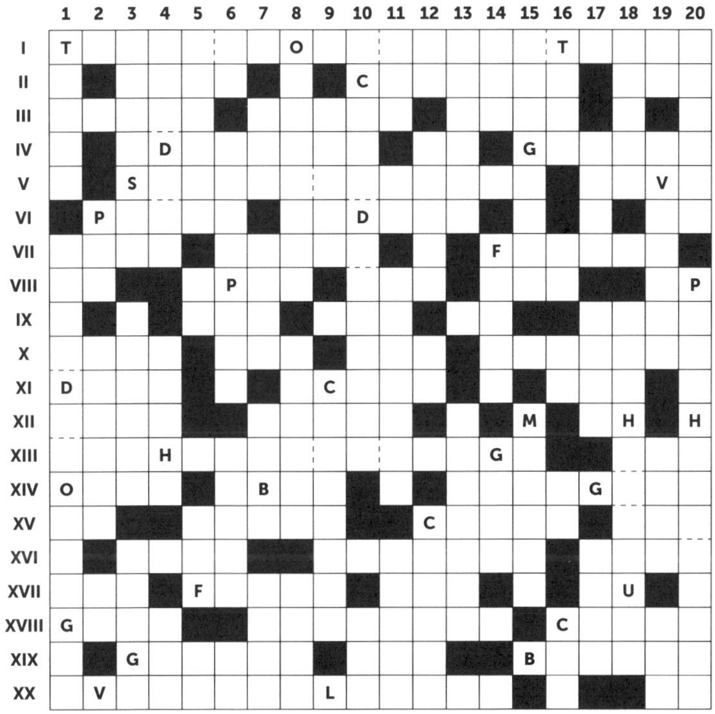


# AIDE GRILLE N° 32

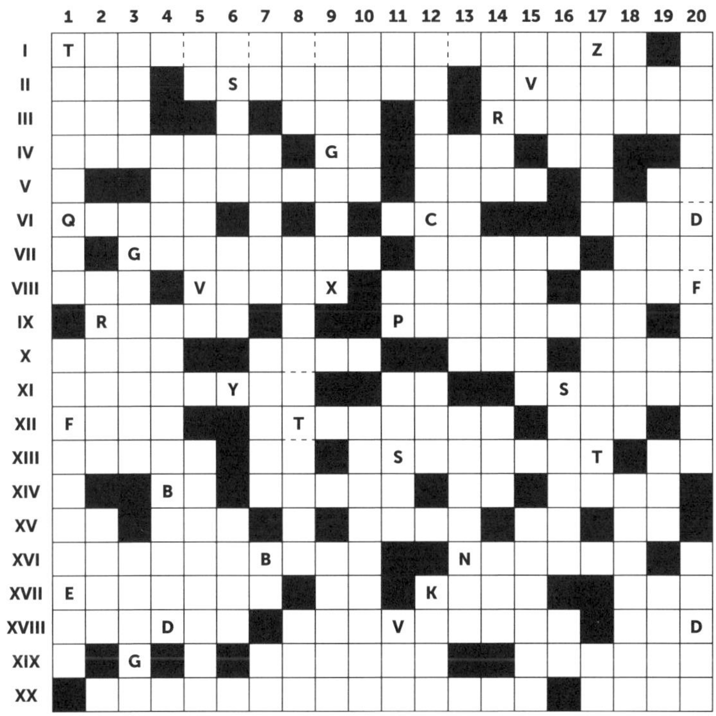

# AIDE GRILLE N° 33

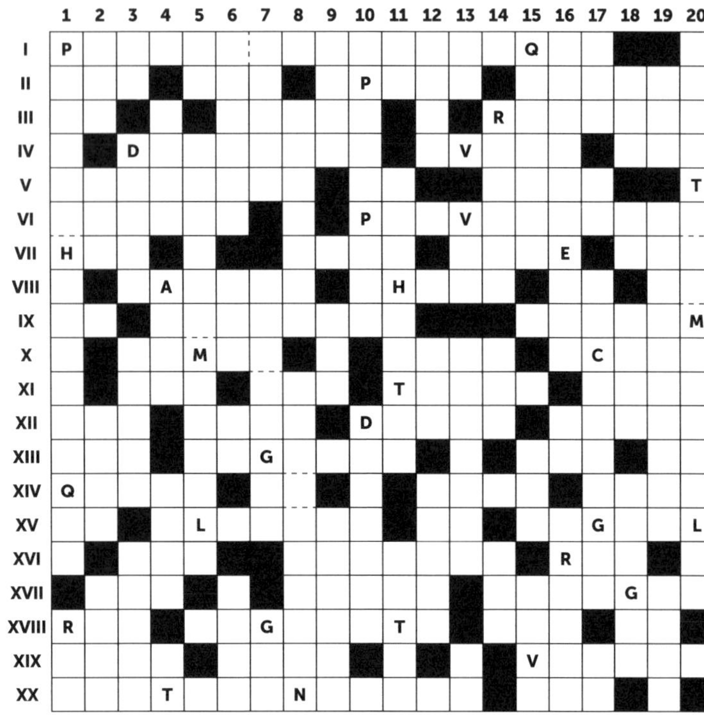


# AIDE GRILLE N° 34

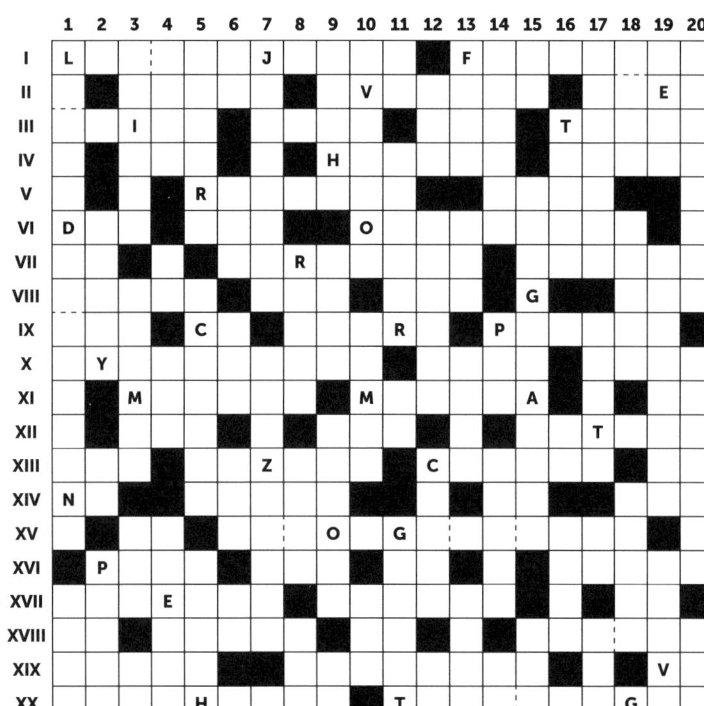

# AIDE GRILLE N° 35

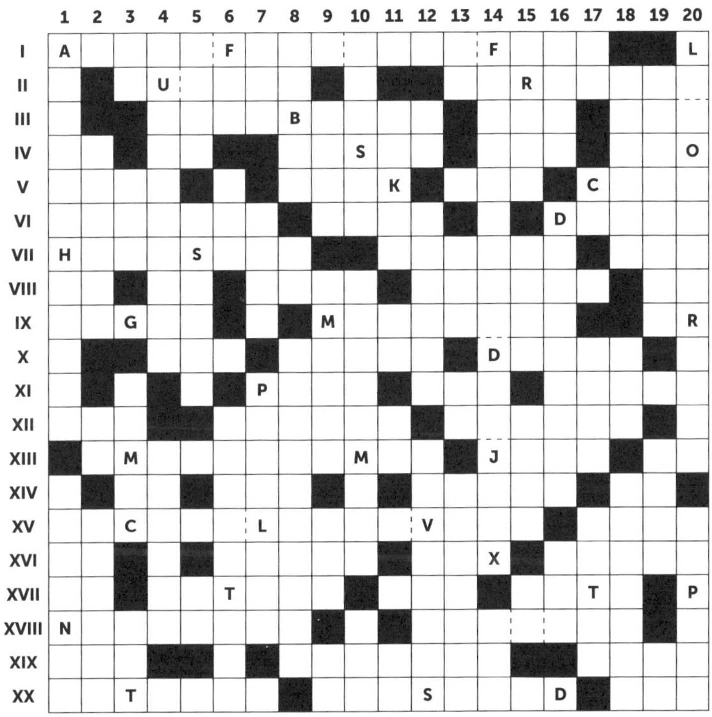


# AIDE GRILLE N° 36

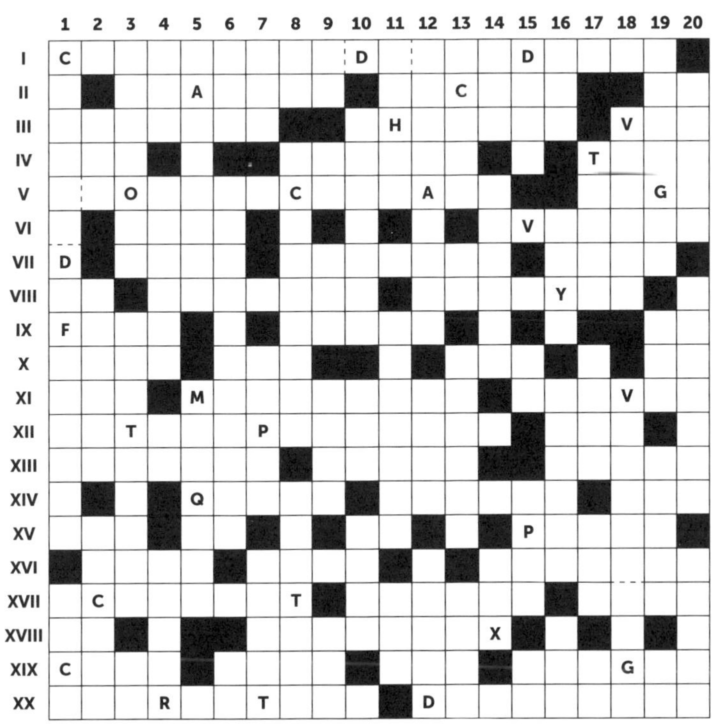

# AIDE GRILLE N° 37

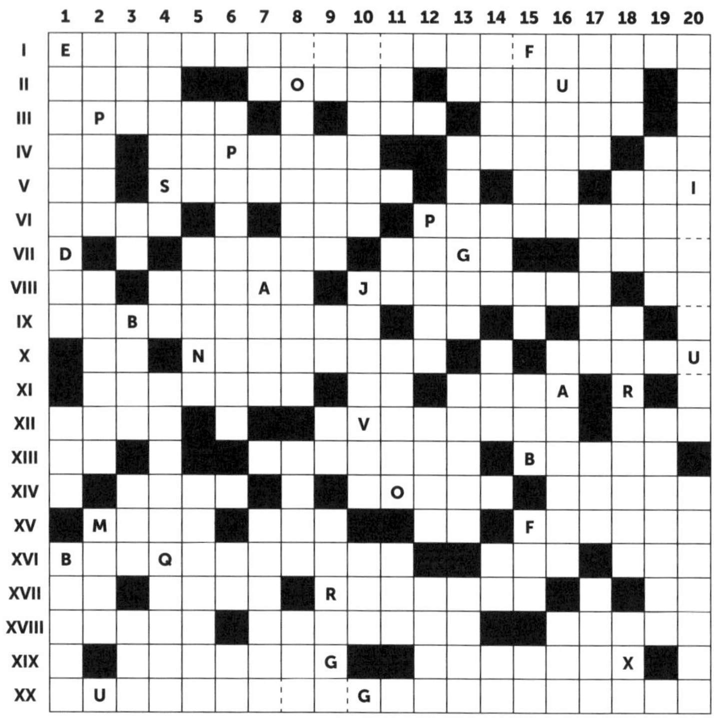

# AIDE GRILLE N° 38

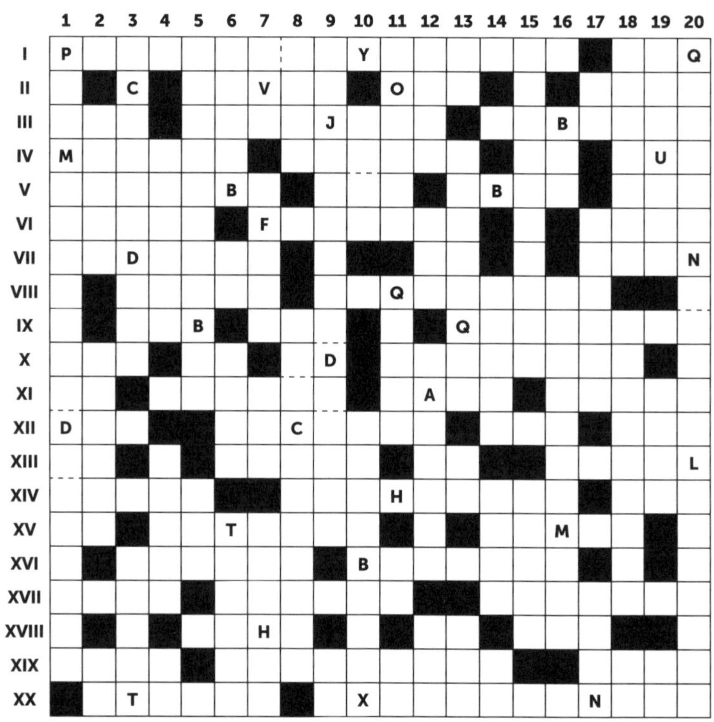

# AIDE GRILLE N° 39

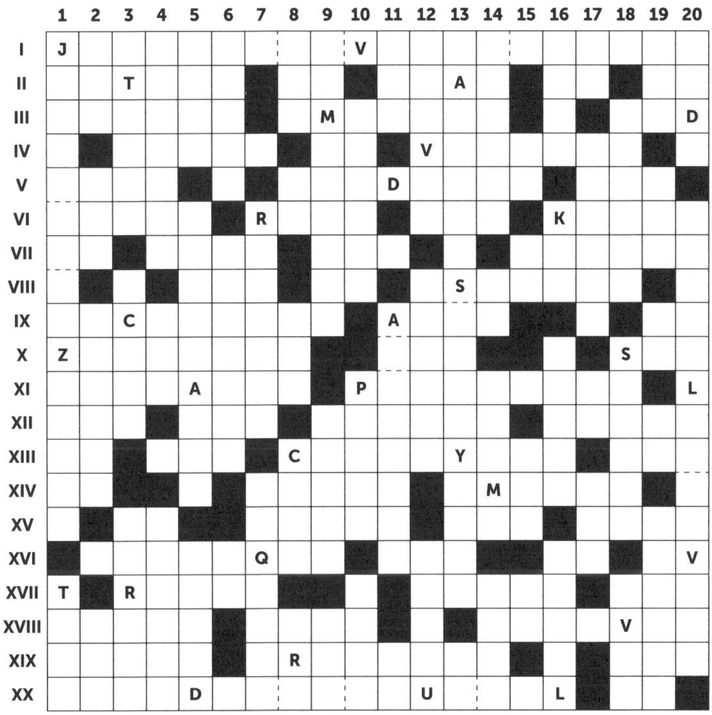


# AIDE GRILLE N° 40

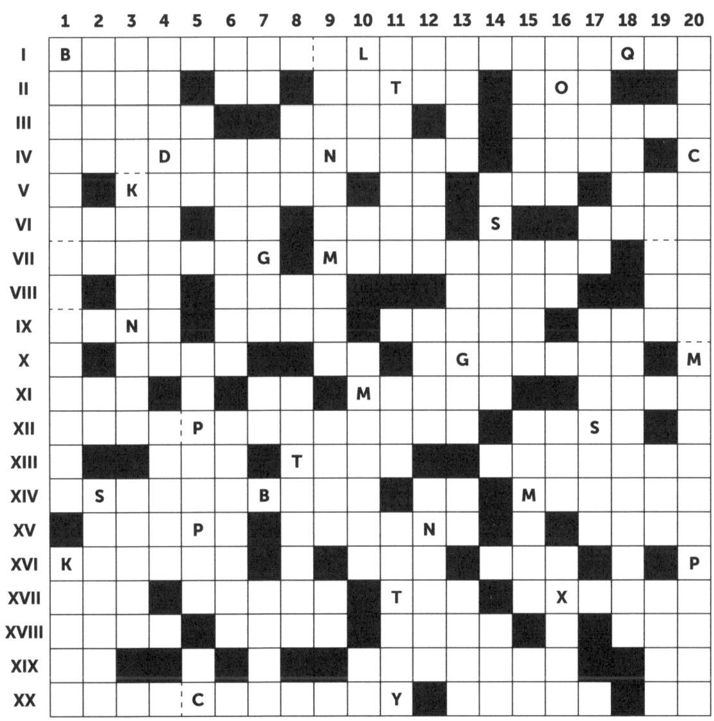

# AIDE GRILLE N° 41

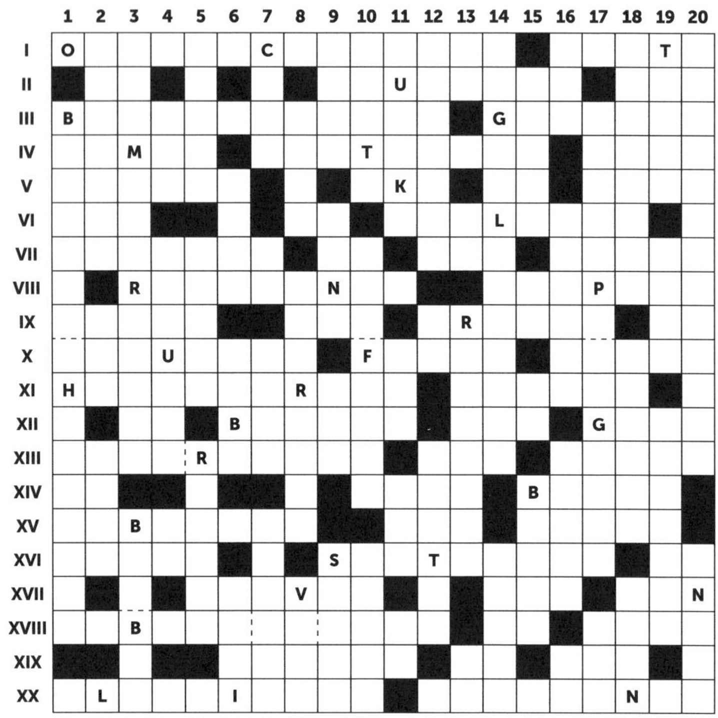

# AIDE GRILLE N° 42

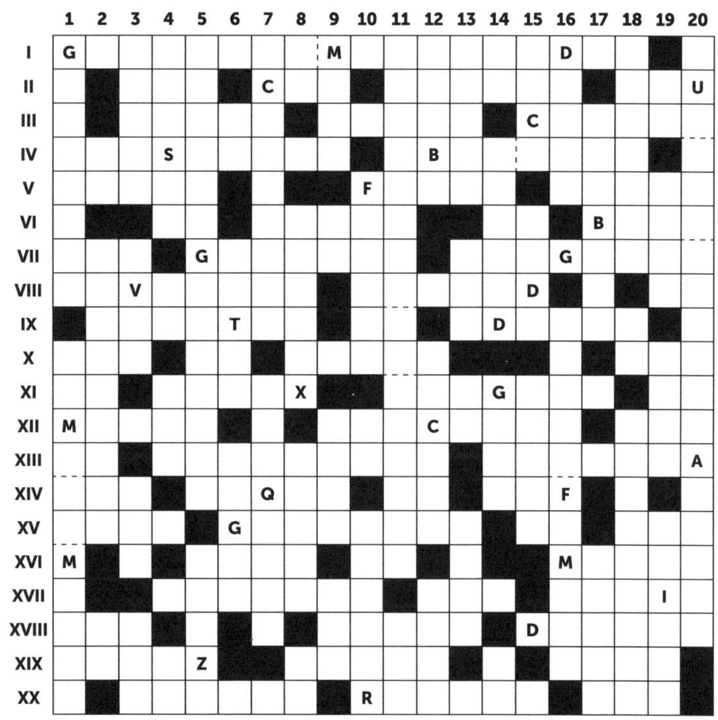

# AIDE GRILLE N° 43

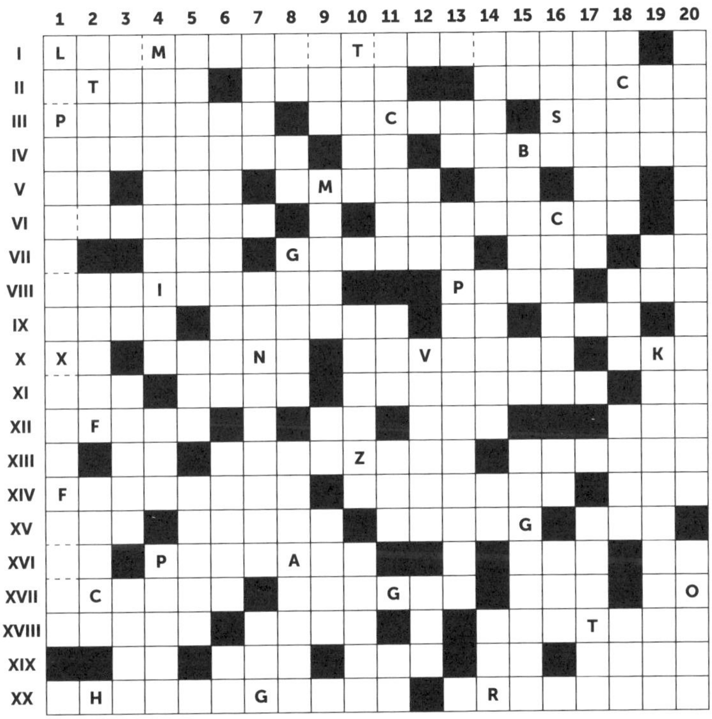


# AIDE GRILLE N° 44

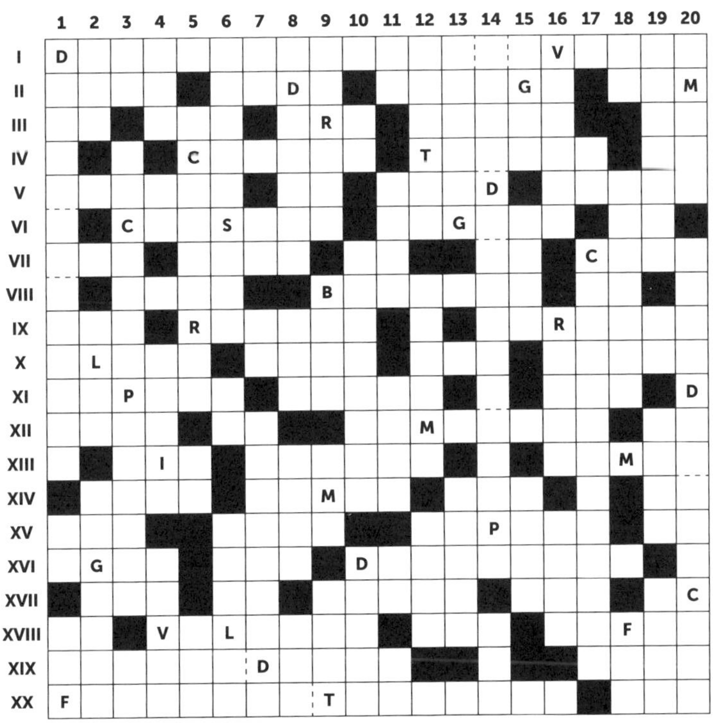

# AIDE GRILLE N° 45

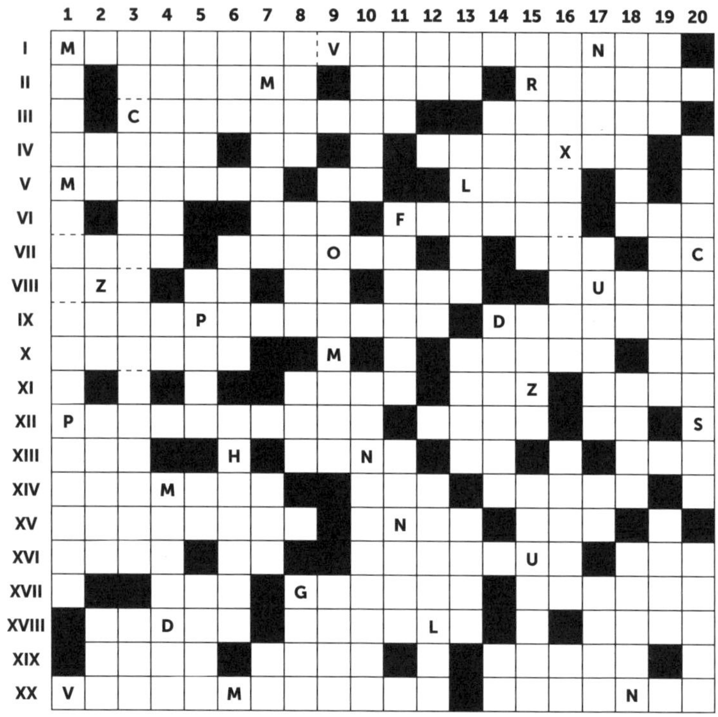

# AIDE GRILLE N° 46

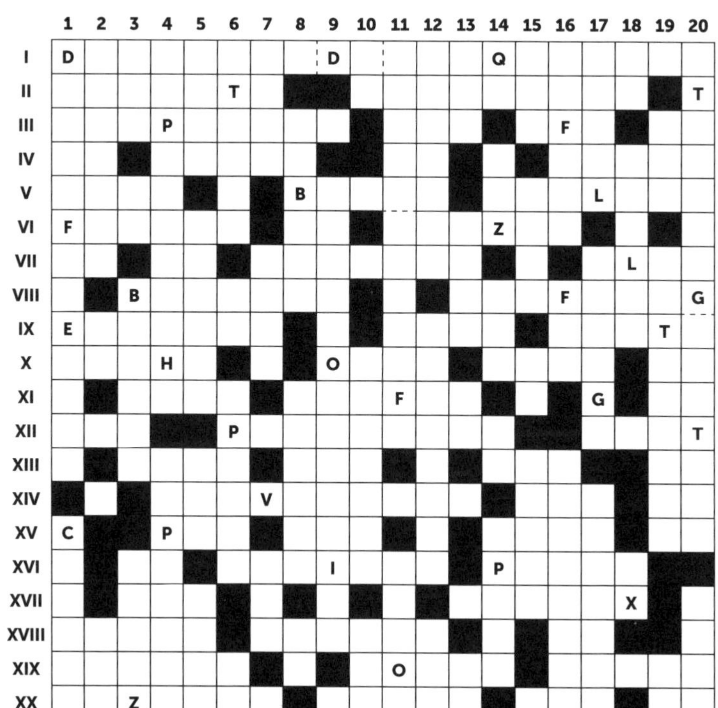

## AIDE GRILLE N° 47

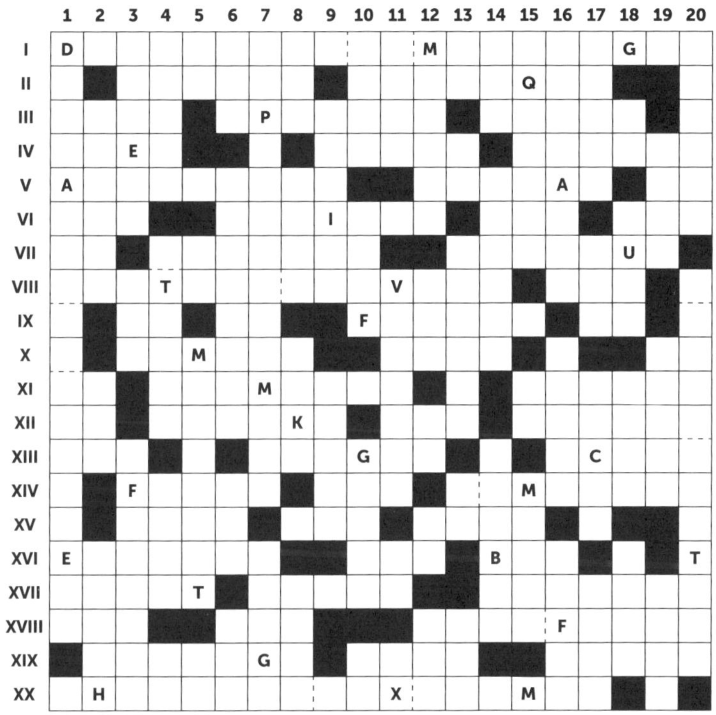

## AIDE GRILLE N° 48

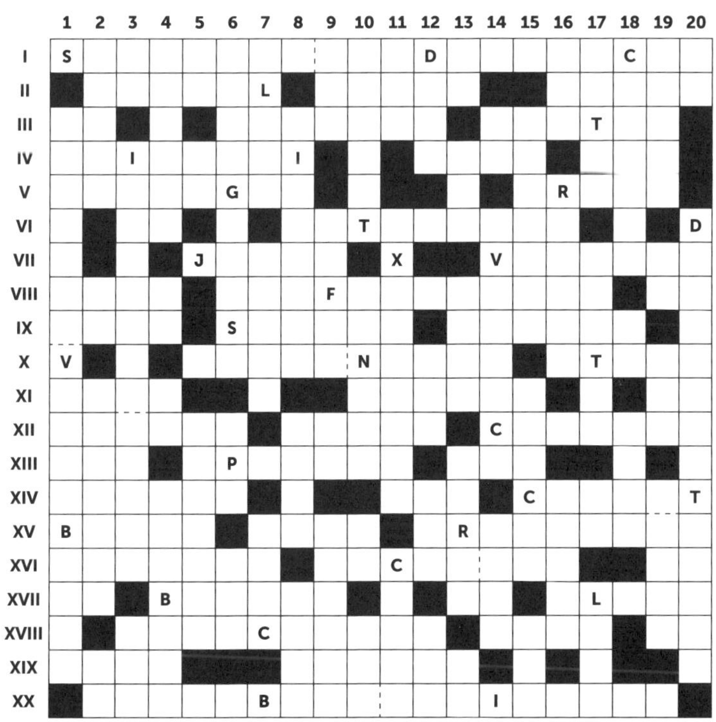

# AIDE GRILLE N° 49

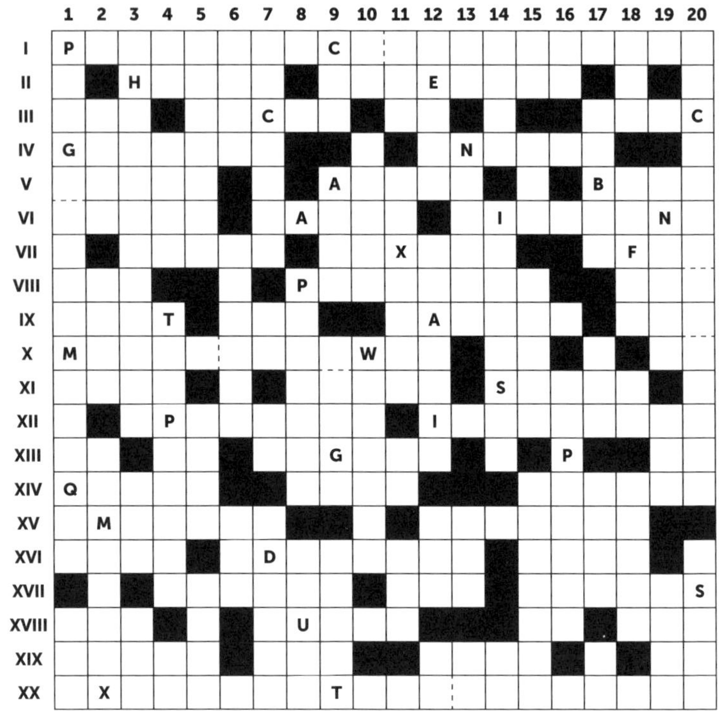


# AIDE GRILLE N° 50

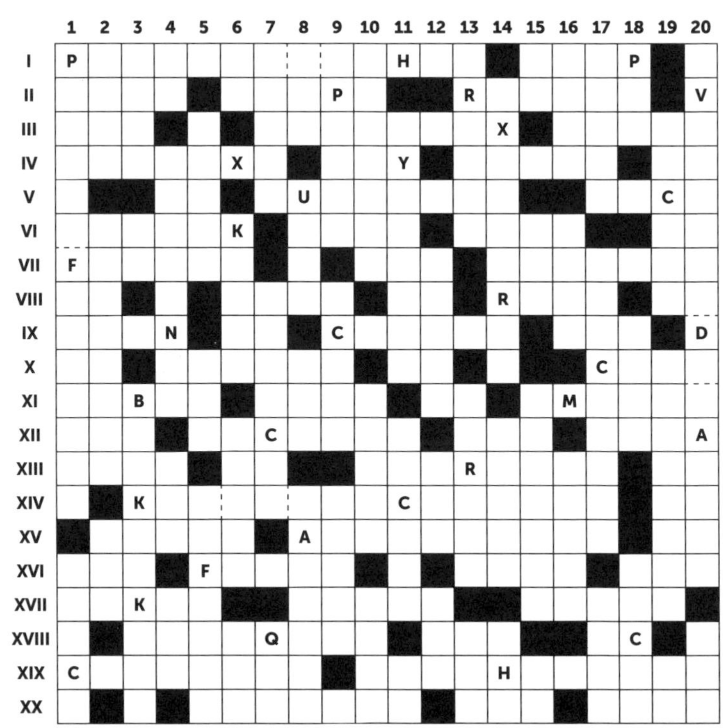

# LES SOLUTIONS

# SOLUTION GRILLE N° 1

| | 1 | 2 | 3 | 4 | 5 | 6 | 7 | 8 | 9 | 10 | 11 | 12 | 13 | 14 | 15 | 16 | 17 | 18 | 19 | 20 |
|---|---|---|---|---|---|---|---|---|---|---|---|---|---|---|---|---|---|---|---|---|
| I | C | H | A | P | L | I | N | ■ | M | O | U | L | I | N | S | A | C | A | F | E |
| II | L | A | U | R | E | M | A | N | A | U | D | O | U | ■ | P | ■ | ■ | M | O | N |
| III | E | R | R | E | ■ | I | N | E | R | T | I | E | ■ | P | O | D | C | A | S | T |
| IV | O | D | E | S | ■ | T | A | S | ■ | I | N | S | T | I | T | ■ | H | N | ■ | R |
| V | P | ■ | S | ■ | N | E | ■ | C | A | L | E | S | ■ | S | P | E | E | D | E | E |
| VI | A | B | ■ | P | I | S | ■ | A | R | S | ■ | ■ | ■ | S | U | C | R | A | ■ | E |
| VII | T | B | ■ | R | V | ■ | A | F | P | ■ | C | E | L | E | B | R | E | ■ | ■ | ■ |
| VIII | R | ■ | V | U | E | ■ | N | E | E | S | ■ | ■ | E | N | L | I | S | E | ■ | O |
| IX | E | P | I | N | A | L | ■ | ■ | G | ■ | M | O | U | L | I | N | ■ | R | P | R |
| X | ■ | A | R | E | ■ | E | C | H | E | C | ■ | C | R | I | C | ■ | F | R | A | I |
| XI | C | R | I | ■ | E | M | O | I | ■ | A | V | E | R | T | I | ■ | L | E | S | E |
| XII | A | T | L | A | S | ■ | S | C | ■ | R | O | L | E | ■ | T | O | U | R | ■ | N |
| XIII | L | O | I | R | ■ | ■ | T | ■ | T | R | I | O | ■ | P | A | R | T | ■ | ■ | T |
| XIV | C | U | T | ■ | S | C | U | D | ■ | E | S | T | ■ | S | I | L | E | N | C | E |
| XV | U | T | E | ■ | ■ | A | M | U | S | A | I | ■ | L | I | R | E | ■ | ■ | A | X |
| XVI | L | ■ | S | O | B | R | E | ■ | ■ | U | N | A | U | ■ | E | A | U | ■ | C | P |
| XVII | E | D | ■ | M | ■ | P | E | S | O | ■ | ■ | A | N | ■ | ■ | N | A | D | A | R |
| XVIII | T | E | T | E | D | E | S | E | R | I | E | ■ | E | C | O | S | S | E | ■ | E |
| XIX | T | U | ■ | G | O | ■ | ■ | A | ■ | O | D | E | ■ | O | N | ■ | ■ | N | ■ | S |
| XX | E | X | C | A | L | I | B | U | R | ■ | F | L | I | Q | U | E | T | T | E | S |

# SOLUTION GRILLE N° 2

| | 1 | 2 | 3 | 4 | 5 | 6 | 7 | 8 | 9 | 10 | 11 | 12 | 13 | 14 | 15 | 16 | 17 | 18 | 19 | 20 |
|---|---|---|---|---|---|---|---|---|---|---|---|---|---|---|---|---|---|---|---|---|
| I | C | O | U | R | T | E | P | A | I | L | L | E | ■ | M | A | I | G | R | E | T |
| II | A | U | T | O | ■ | R | ■ | I | N | A | U | D | I | B | L | E | ■ | I | M | A |
| III | D | I | R | I | G | E | ■ | M | C | ■ | ■ | G | A | L | A | ■ | F | O | U | R |
| IV | E | L | I | S | A | ■ | M | A | I | ■ | C | A | ■ | ■ | R | M | I | ■ | ■ | I |
| V | A | L | L | ■ | G | R | A | N | D | C | O | R | P | S | M | A | L | A | D | E |
| VI | U | E | L | E | ■ | A | T | T | E | I | N | D | R | A | I | T | ■ | V | E | R |
| VII | D | ■ | O | L | E | ■ | I | ■ | N | E | E | ■ | I | N | S | E | M | I | N | E |
| VIII | A | M | ■ | V | ■ | R | N | ■ | T | R | ■ | C | E | ■ | T | ■ | A | V | I | S |
| IX | N | A | V | I | R | E | ■ | E | S | G | O | U | R | D | E | S | ■ | A | A | ■ |
| X | N | E | L | S | O | N | ■ | T | ■ | E | R | S | ■ | E | S | T | A | ■ | I | C |
| XI | I | V | ■ | ■ | S | I | ■ | ■ | P | ■ | A | T | O | N | ■ | ■ | N | A | S | A |
| XII | V | A | L | I | S | E | S | D | I | P | L | O | M | A | T | I | Q | U | E | S |
| XIII | E | ■ | A | B | Y | M | E | S | ■ | R | E | M | O | R | A | ■ | U | ■ | M | A |
| XIV | R | A | P | I | D | E | ■ | K | ■ | O | M | ■ | ■ | D | ■ | S | A | C | E | D |
| XV | S | U | S | S | E | N | T | ■ | ■ | S | E | V | E | ■ | O | ■ | R | E | N | E |
| XVI | A | L | U | ■ | P | T | O | S | E | ■ | N | E | G | O | C | I | A | ■ | T | P |
| XVII | I | N | S | T | A | ■ | R | O | E | N | T | G | E | N | ■ | O | N | T | ■ | A |
| XVIII | R | E | ■ | I | L | ■ | I | R | A | N | ■ | A | R | D | E | N | T | ■ | B | P |
| XIX | E | S | T | A | M | I | N | E | T | ■ | U | N | I | E | S | ■ | E | L | B | E |
| XX | ■ | ■ | A | N | A | C | O | N | D | A | S | ■ | E | S | T | ■ | ■ | U | ■ | L |

| | 1 | 2 | 3 | 4 | 5 | 6 | 7 | 8 | 9 | 10 | 11 | 12 | 13 | 14 | 15 | 16 | 17 | 18 | 19 | 20 |
|---|---|---|---|---|---|---|---|---|---|---|---|---|---|---|---|---|---|---|---|---|
| I | C | O | N | Q | U | I | S | T | A | D | O | R | S | ■ | K | A | B | O | U | L |
| II | A | T | O | U | S | V | E | N | T | S | ■ | O | E | I | L | ■ | A | C | R | E |
| III | S | E | ■ | E | ■ | E | N | T | E | ■ | M | I | T | T | E | R | R | A | N | D |
| IV | T | ■ | C | L | E | ■ | A | ■ | L | U | I | ■ | E | M | P | E | T | R | E | E |
| V | E | T | I | Q | U | E | T | T | E | S | ■ | N | ■ | ■ | T | A | ■ | I | ■ | R |
| VI | L | ■ | T | U | S | ■ | ■ | U | S | E | R | A | ■ | C | O | L | I | N | ■ | N |
| VII | R | I | E | U | S | E | ■ | E | ■ | S | ■ | R | O | U | M | I | ■ | A | L | I |
| VIII | O | P | I | N | E | ■ | E | M | I | ■ | ■ | C | R | I | A | S | ■ | ■ | R | E |
| IX | U | ■ | N | ■ | ■ | ■ | B | O | N | O | B | O | ■ | S | N | A | C | K | ■ | R |
| X | S | A | T | A | N | ■ | R | U | S | A | I | T | ■ | S | E | T | ■ | ■ | E | D |
| XI | S | U | E | ■ | ■ | D | E | C | O | ■ | ■ | R | E | E | ■ | I | ■ | G | R | E |
| XII | I | R | R | I | T | E | ■ | H | U | S | S | A | R | D | ■ | O | R | ■ | E | S |
| XIII | N | I | D | S | ■ | A | T | E | M | I | ■ | F | R | E | I | N | E | S | ■ | M |
| XIV | ■ | C | I | ■ | U | ■ | ■ | S | I | N | A | I | ■ | J | O | ■ | L | I | D | O |
| XV | A | U | T | A | N | T | ■ | ■ | S | E | U | Q | S | U | L | L | O | M | ■ | H |
| XVI | P | L | E | U | R | E | U | S | E | ■ | B | U | ■ | P | E | A | U | ■ | M | I |
| XVII | E | A | ■ | C | ■ | N | I | ■ | ■ | R | E | A | L | I | ■ | T | ■ | R | O | C |
| XVIII | R | I | Q | U | E | T | ■ | ■ | B | E | R | N | ■ | T | R | I | P | O | T | A |
| XIX | O | R | A | N | ■ | E | ■ | V | I | N | G | T | ■ | E | O | N | ■ | D | O | N |
| XX | S | E | T | E | ■ | S | O | R | T | I | E | S | ■ | R | ■ | O | L | E | ■ | S |

# SOLUTION GRILLE N° 3

| | 1 | 2 | 3 | 4 | 5 | 6 | 7 | 8 | 9 | 10 | 11 | 12 | 13 | 14 | 15 | 16 | 17 | 18 | 19 | 20 |
|---|---|---|---|---|---|---|---|---|---|---|---|---|---|---|---|---|---|---|---|---|
| I | I | M | M | A | T | R | I | C | U | L | A | T | I | O | N | ■ | O | D | E | S |
| II | M | E | A | T | ■ | I | S | A | B | E | L | L | E | H | U | P | P | E | R | T |
| III | B | A | R | ■ | C | N | ■ | R | U | ■ | C | I | N | E | C | L | U | B | ■ | R |
| IV | E | N | O | L | A | G | A | Y | ■ | R | A | ■ | A | ■ | ■ | I | S | O | L | A |
| V | C | D | I | ■ | R | ■ | M | ■ | U | A | T | ■ | ■ | E | O | N | ■ | N | I | U |
| VI | I | R | L | A | N | D | A | I | S | D | E | V | I | N | C | E | N | N | E | S |
| VII | L | E | L | I | O | N | D | E | B | E | L | F | O | R | T | ■ | H | A | U | S |
| VIII | I | ■ | E | ■ | T | A | E | L | ■ | S | ■ | ■ | N | A | U | ■ | K | I | R | K |
| IX | T | ■ | S | E | Z | ■ | U | M | A | ■ | F | R | I | G | O | S | ■ | R | ■ | A |
| X | E | E | ■ | M | E | S | S | ■ | B | ■ | R | ■ | S | E | R | O | ■ | E | ■ | H |
| XI | S | S | ■ | A | T | C | ■ | ■ | R | O | U | L | E | E | ■ | D | A | ■ | I | N |
| XII | ■ | T | O | N | ■ | H | I | D | A | L | G | O | ■ | ■ | K | A | Z | A | N | ■ |
| XIII | B | O | U | C | S | E | M | I | S | S | A | I | R | E | S | ■ | U | T | A | H |
| XIV | A | N | ■ | I | ■ | I | P | S | O | ■ | L | ■ | O | S | I | E | R | ■ | ■ | O |
| XV | L | I | M | P | I | D | E | ■ | U | T | E | R | U | S | ■ | P | ■ | A | V | T |
| XVI | L | E | ■ | A | ■ | A | R | A | V | I | S | ■ | G | A | V | A | R | N | I | E |
| XVII | T | ■ | ■ | T | O | N | ■ | ■ | E | B | ■ | P | I | R | A | T | A | G | E | S |
| XVIII | R | E | P | I | R | T | ■ | F | R | E | R | E | S | S | I | A | M | O | I | S |
| XIX | A | V | I | O | N | ■ | P | E | T | R | I | ■ | S | ■ | N | I | E | L | L | E |
| XX | P | A | N | N | E | D | E | S | S | E | N | C | E | ■ | ■ | S | E | A | ■ | S |

# SOLUTION GRILLE N° 4

# SOLUTION GRILLE N° 5

| | 1 | 2 | 3 | 4 | 5 | 6 | 7 | 8 | 9 | 10 | 11 | 12 | 13 | 14 | 15 | 16 | 17 | 18 | 19 | 20 |
|---|---|---|---|---|---|---|---|---|---|---|---|---|---|---|---|---|---|---|---|---|
| I | C | A | R | A | V | A | N | E | P | U | B | L | I | C | I | T | A | I | R | E |
| II | I | R | O | N | | P | A | R | I | S | | I | | A | L | | B | L | E | S |
| III | M | A | U | V | A | I | S | E | H | A | L | E | I | N | E | | R | | | T |
| IV | E | | T | E | N | T | A | S | | G | H | B | | A | | M | I | D | | U |
| V | T | O | I | R | | O | L | I | V | E | | I | V | R | E | S | | E | C | A |
| VI | I | | E | S | P | I | | P | A | R | | G | O | I | | T | | C | O | I |
| VII | E | | R | | Y | E | Y | E | S | | U | | L | | | | J | O | U | R |
| VIII | R | R | | I | | S | A | L | O | | B | E | S | T | | S | E | R | R | E |
| IX | E | A | G | L | E | | L | E | | H | U | N | | | B | O | A | | T | |
| X | A | C | E | | M | I | L | | S | I | | J | A | R | D | I | N | I | E | R |
| XI | M | C | | G | I | T | A | N | E | S | | O | N | U | | E | N | | | I |
| XII | E | R | G | | S | O | H | O | | T | A | U | | E | B | R | E | C | H | E |
| XIII | R | O | L | E | | N | | | P | O | L | E | | D | | I | D | E | A | L |
| XIV | I | C | O | N | E | | I | N | A | R | I | | H | E | V | E | A | | V | |
| XV | C | H | I | E | N | S | P | O | L | I | C | I | E | R | S | | R | | R | C |
| XVI | A | E | R | E | | T | E | K | | E | E | | M | I | | | C | R | E | A |
| XVII | I | R | E | | P | A | | I | | N | | L | I | O | N | S | | U | | S |
| XVIII | N | E | | A | I | R | B | A | G | | D | E | | | I | A | R | E | U | T |
| XIX | | N | | I | N | C | A | | M | A | R | S | E | I | L | L | A | I | S | E |
| XX | S | T | A | R | S | K | Y | E | T | H | U | T | C | H | | S | I | L | E | X |

# SOLUTION GRILLE N° 6

| | 1 | 2 | 3 | 4 | 5 | 6 | 7 | 8 | 9 | 10 | 11 | 12 | 13 | 14 | 15 | 16 | 17 | 18 | 19 | 20 |
|---|---|---|---|---|---|---|---|---|---|---|---|---|---|---|---|---|---|---|---|---|
| I | U | N | I | V | E | R | S | I | T | E | | C | H | A | L | U | T | I | E | R |
| II | N | O | L | A | N | | T | I | E | | J | O | U | G | | | O | R | N | A |
| III | S | N | O | B | | M | A | I | | M | A | N | G | A | S | | R | I | F | T |
| IV | I | | T | R | A | I | N | | C | O | R | | U | T | I | L | I | S | E | E |
| V | N | | | E | S | | | T | O | N | D | | E | H | | I | L | | R | A |
| VI | G | A | Z | | K | A | K | O | U | | I | N | S | A | N | E | | P | M | U |
| VII | E | R | O | S | | D | I | C | T | O | N | | A | | I | D | | | E | |
| VIII | E | C | O | | T | I | R | | A | S | I | N | U | S | | E | T | A | M | E |
| IX | N | Y | M | P | H | E | S | | | T | E | | F | A | U | V | E | | E | E |
| X | H | | | R | A | U | | C | H | E | R | I | R | | | I | R | O | N | E |
| XI | I | D | E | A | L | | | R | I | O | | L | A | R | Y | N | G | I | T | E |
| XII | V | E | N | D | E | T | T | A | | P | O | L | Y | | A | | A | E | | E |
| XIII | E | R | I | A | S | E | C | | S | A | C | | | | N | I | L | | M | E |
| XIV | R | A | G | | | C | H | A | T | T | E | R | T | O | N | | | P | I | |
| XV | | I | M | L | | H | | M | O | H | A | I | R | | I | R | R | E | E | L |
| XVI | F | L | E | U | R | I | | I | R | E | N | E | E | | C | U | I | S | S | E |
| XVII | A | L | | C | E | N | T | R | E | | I | | M | I | K | A | D | O | | V |
| XVIII | L | E | P | I | R | E | E | | S | | E | L | B | E | | D | E | | P | R |
| XIX | O | U | I | E | | | S | G | | A | | E | L | | D | E | E | S | S | E |
| XX | T | R | E | N | T | E | S | I | X | I | E | M | E | D | E | S | S | O | U | S |

# SOLUTION GRILLE N° 7

| | 1 | 2 | 3 | 4 | 5 | 6 | 7 | 8 | 9 | 10 | 11 | 12 | 13 | 14 | 15 | 16 | 17 | 18 | 19 | 20 |
|---|---|---|---|---|---|---|---|---|---|---|---|---|---|---|---|---|---|---|---|---|
| I | R | O | U | E | D | E | S | E | C | O | U | R | S | ■ | B | A | S | S | I | N |
| II | A | U | ■ | ■ | O | N | O | ■ | R | ■ | N | O | E | L | ■ | ■ | E | T | U | I |
| III | B | R | A | V | I | T | U | D | E | ■ | ■ | U | N | I | S | E | X | E | ■ | F |
| IV | I | ■ | R | A | G | E | D | E | D | E | N | T | S | ■ | A | P | T | ■ | C | L |
| V | N | E | N | E | T | T | E | ■ | I | ■ | N | E | U | R | O | L | O | G | U | E |
| VI | D | E | O | ■ | D | E | R | A | T | E | ■ | S | E | I | ■ | O | ■ | ■ | C | U |
| VII | R | ■ | ■ | C | H | ■ | ■ | L | A | ■ | C | O | L | P | O | R | T | E | U | R |
| VIII | A | ■ | F | L | O | U | T | A | G | E | ■ | I | L | O | T | E | ■ | I | L | S |
| IX | N | I | N | O | N | ■ | A | I | R | ■ | A | X | E | L | ■ | E | R | ■ | ■ | N |
| X | A | N | ■ | U | N | O | ■ | N | I | E | R | A | ■ | I | ■ | S | I | S | S | I |
| XI | T | T | C | ■ | E | U | T | ■ | C | ■ | F | N | ■ | N | E | ■ | B | O | U | C |
| XII | H | E | R | A | U | T | ■ | T | O | M | A | T | E | ■ | X | ■ | A | F | R | O |
| XIII | D | R | O | ■ | R | A | D | ■ | L | A | ■ | E | T | A | U | ■ | M | A | N | U |
| XIV | U | N | I | E | ■ | N | U | M | E | R | O | S | ■ | C | L | U | B | ■ | A | R |
| XV | V | E | S | T | E | ■ | ■ | I | ■ | Q | U | I | D | ■ | T | R | E | N | T | O |
| XVI | A | S | S | U | R | O | N | S | ■ | U | ■ | X | ■ | F | E | E | L | ■ | U | N |
| XVII | L | ■ | A | D | ■ | R | E | E | L | I | T | ■ | M | O | R | E | L | ■ | R | N |
| XVIII | ■ | U | N | I | J | A | M | B | I | S | T | E | ■ | ■ | A | ■ | E | G | E | E |
| XIX | H | O | T | E | ■ | N | ■ | A | S | A | ■ | ■ | C | A | S | A | ■ | I | L | S |
| XX | P | A | S | S | A | G | E | S | A | T | A | B | A | C | ■ | B | O | N | S | ■ |

# SOLUTION GRILLE N° 8

| | 1 | 2 | 3 | 4 | 5 | 6 | 7 | 8 | 9 | 10 | 11 | 12 | 13 | 14 | 15 | 16 | 17 | 18 | 19 | 20 |
|---|---|---|---|---|---|---|---|---|---|---|---|---|---|---|---|---|---|---|---|---|
| I | L | E | R | A | D | E | A | U | D | E | L | A | M | E | D | U | S | E | ■ | P |
| II | E | L | E | V | E | ■ | V | I | A | G | E | R | ■ | T | U | ■ | U | P | ■ | A |
| III | L | A | ■ | I | U | L | E | ■ | R | L | ■ | ■ | I | C | E | C | R | E | A | M |
| IV | I | N | T | O | X | I | C | A | T | I | O | N | S | ■ | ■ | A | Y | E | ■ | E |
| V | O | ■ | U | N | I | T | ■ | L | Y | S | I | S | T | R | A | T | A | ■ | E | L |
| VI | N | A | S | S | E | R | ■ | A | ■ | E | S | ■ | R | ■ | ■ | A | B | U | S | A |
| VII | E | ■ | S | ■ | M | E | U | R | S | ■ | E | U | E | ■ | A | M | O | R | C | A |
| VIII | S | K | A | ■ | E | ■ | ■ | M | I | T | A | N | S | ■ | C | A | N | C | A | N |
| IX | T | O | U | T | D | R | O | I | T | ■ | U | T | ■ | F | E | R | A | ■ | R | D |
| X | M | A | D | ■ | B | O | S | S | E | S | ■ | E | ■ | E | T | A | L | A | G | E |
| XI | O | L | ■ | C | ■ | U | ■ | T | ■ | T | A | L | ■ | T | O | N | Y | ■ | O | R |
| XII | R | A | I | D | ■ | T | U | E | U | R | ■ | ■ | Z | E | N | ■ | ■ | B | T | S |
| XIII | T | ■ | ■ | ■ | D | E | ■ | ■ | T | I | M | ■ | A | D | E | R | ■ | R | I | O |
| XIV | C | E | ■ | L | E | S | ■ | H | ■ | N | U | A | G | E | ■ | ■ | M | I | E | N |
| XV | E | O | L | E | ■ | ■ | B | O | ■ | G | E | T | ■ | S | ■ | D | ■ | O | R | ■ |
| XVI | S | N | O | W | B | O | O | T | S | ■ | T | R | A | M | W | A | Y | ■ | E | M |
| XVII | O | ■ | G | I | B | O | Y | E | U | X | ■ | ■ | S | E | H | R | O | ■ | ■ | U |
| XVIII | I | P | E | S | ■ | ■ | A | L | B | E | R | T | ■ | R | I | D | U | L | E | S |
| XIX | R | O | N | ■ | B | A | R | ■ | I | ■ | ■ | A | M | E | S | ■ | P | I | R | E |
| XX | ■ | E | T | A | N | G | D | E | T | H | A | U | ■ | S | T | R | I | E | E | ■ |

# SOLUTION GRILLE N° 9

| | 1 | 2 | 3 | 4 | 5 | 6 | 7 | 8 | 9 | 10 | 11 | 12 | 13 | 14 | 15 | 16 | 17 | 18 | 19 | 20 |
|---|---|---|---|---|---|---|---|---|---|---|---|---|---|---|---|---|---|---|---|---|
| I | S | E | P | T | Z | E | R | O | Z | E | R | O | ■ | C | A | L | E | P | I | N |
| II | T | O | U | R | I | S | T | E | ■ | P | O | U | R | ■ | D | O | M | I | N | O |
| III | E | L | ■ | A | D | O | ■ | I | ■ | I | N | T | I | M | I | D | A | N | T | E |
| IV | P | I | ■ | V | A | N | I | L | L | E | F | R | A | I | S | E | ■ | S | E | L |
| V | H | E | R | O | N | ■ | C | ■ | A | R | L | E | S | ■ | T | V | A | ■ | R | ■ |
| VI | E | ■ | A | L | E | S | I | A | ■ | ■ | E | T | ■ | P | A | E | L | L | A | S |
| VII | N | U | I | T | ■ | T | ■ | R | ■ | C | R | O | N | I | N | ■ | L | O | C | O |
| VIII | K | A | M | A | S | O | U | T | R | A | ■ | M | A | ■ | C | I | O | ■ | T | U |
| IX | I | ■ | U | ■ | U | ■ | N | ■ | A | R | A | B | I | S | E | S | ■ | F | I | L |
| X | N | O | ■ | D | I | T | ■ | N | O | T | R | E | S | ■ | ■ | R | ■ | R | O | I |
| XI | G | O | D | ■ | V | E | R | R | U | E | S | ■ | S | ■ | R | A | D | I | N | E |
| XII | ■ | N | I | V | A | L | E | ■ | L | R | ■ | V | A | L | U | E | ■ | S | ■ | R |
| XIII | C | A | ■ | A | N | E | ■ | I | T | O | N | ■ | N | I | E | L | ■ | S | U | D |
| XIV | A | ■ | B | I | T | T | E | ■ | ■ | U | ■ | I | C | E | ■ | ■ | C | O | N | E |
| XV | C | O | N | S | E | R | V | A | N | T | ■ | V | E | N | T | E | ■ | N | ■ | S |
| XVI | T | O | P | O | ■ | A | E | ■ | O | I | L | ■ | ■ | ■ | O | N | E | S | T | A |
| XVII | U | ■ | ■ | N | A | V | I | G | U | E | ■ | H | O | R | N | ■ | U | ■ | A | T |
| XVIII | S | O | L | ■ | S | A | L | I | E | R | I | ■ | B | O | T | O | X | ■ | I | I |
| XIX | ■ | S | U | S | H | I | ■ | T | ■ | E | ■ | B | E | M | O | L | ■ | A | R | N |
| XX | B | A | C | H | E | L | I | E | R | ■ | A | M | I | E | N | O | I | S | E | ■ |

# SOLUTION GRILLE N° 10

| | 1 | 2 | 3 | 4 | 5 | 6 | 7 | 8 | 9 | 10 | 11 | 12 | 13 | 14 | 15 | 16 | 17 | 18 | 19 | 20 |
|---|---|---|---|---|---|---|---|---|---|---|---|---|---|---|---|---|---|---|---|---|
| I | A | N | E | S | T | H | E | S | I | E | S | G | E | N | E | R | A | L | E | S |
| II | P | E | S | T | O | ■ | P | A | N | T | I | N | ■ | E | L | U | ■ | E | C | U |
| III | P | O | K | E | R | ■ | I | ■ | H | A | L | O | ■ | C | ■ | B | U | T | O | R |
| IV | L | ■ | ■ | P | R | O | ■ | C | U | L | E | N | T | ■ | C | I | ■ | R | ■ | S |
| V | A | N | C | H | E | ■ | H | Y | M | E | N | ■ | ■ | D | A | K | T | A | R | I |
| VI | U | ■ | R | A | Y | ■ | A | R | E | ■ | C | A | N | E | S | ■ | ■ | V | I | S |
| VII | D | R | A | N | C | Y | ■ | ■ | S | P | E | C | I | M | E | N | ■ | A | S | ■ |
| VIII | I | ■ | C | I | A | O | ■ | B | ■ | I | O | ■ | D | O | S | ■ | M | I | T | E |
| IX | S | M | ■ | E | N | U | M | E | R | E | N | T | ■ | N | ■ | G | A | L | O | P |
| X | S | A | N | D | Y | ■ | ■ | T | ■ | ■ | T | R | A | D | E | R | ■ | C | U | I |
| XI | E | T | ■ | E | O | R | ■ | A | N | T | O | I | N | E | ■ | E | ■ | E | R | E |
| XII | M | ■ | A | M | N | E | S | I | E | ■ | U | ■ | E | M | ■ | C | O | S | N | E |
| XIII | E | C | H | O | ■ | B | E | L | I | T | R | E | ■ | I | ■ | ■ | U | T | E | ■ |
| XIV | N | E | U | N | E | U | S | ■ | G | E | N | S | ■ | D | E | U | I | L | ■ | T |
| XV | T | A | R | A | ■ | T | ■ | F | E | T | E | ■ | D | I | M | ■ | D | A | M | E |
| XVI | ■ | N | I | C | H | E | ■ | I | ■ | E | ■ | ■ | U | ■ | P | R | I | S | O | N |
| XVII | ■ | S | ■ | O | ■ | ■ | V | G | E | ■ | C | R | E | V | A | ■ | R | A | I | N |
| XVIII | O | ■ | K | ■ | C | R | E | E | S | ■ | ■ | U | ■ | I | L | I | E | N | ■ | I |
| XIX | U | N | I | ■ | R | O | U | A | ■ | P | L | E | I | N | E | S | ■ | T | A | S |
| XX | M | A | R | E | A | U | X | C | A | N | A | R | D | S | ■ | O | P | E | N | ■ |

## SOLUTION GRILLE N° 11

| | 1 | 2 | 3 | 4 | 5 | 6 | 7 | 8 | 9 | 10 | 11 | 12 | 13 | 14 | 15 | 16 | 17 | 18 | 19 | 20 |
|---|---|---|---|---|---|---|---|---|---|---|---|---|---|---|---|---|---|---|---|---|
| I | A | N | T | I | I | N | F | L | A | M | M | A | T | O | I | R | E | S | | C |
| II | N | | A | | | B | R | I | N | | A | X | I | S | | A | L | L | A | H |
| III | A | C | I | E | R | | A | N | I | O | N | | R | A | T | | L | A | M | A |
| IV | G | A | R | D | I | E | N | D | E | B | U | T | S | | A | N | I | M | E | R |
| V | R | U | E | E | S | | C | E | R | T | E | S | | C | R | U | S | | | L |
| VI | A | S | | R | E | V | E | R | | E | L | U | C | I | D | A | | C | L | E |
| VII | M | E | | N | E | | C | | | N | | N | A | V | I | G | U | A | | S |
| VIII | M | | S | | | Y | U | C | C | A | | A | L | I | V | E | | N | I | D |
| IX | E | S | T | E | R | E | L | | A | N | E | M | I | E | E | S | | A | R | E |
| X | | A | I | L | | U | T | | E | T | R | I | E | R | S | | G | R | O | G |
| XI | | | G | O | S | S | U | I | N | | R | | N | E | | R | A | D | I | A |
| XII | | I | M | I | T | E | R | A | | S | A | U | T | | T | | I | S | S | U |
| XIII | E | V | A | S | E | | E | N | Z | O | | N | E | N | E | | T | | E | L |
| XIV | M | O | T | E | L | S | | | O | | B | E | | | S | H | E | | | L |
| XV | M | I | E | | E | | E | C | O | L | O | S | | E | T | E | | P | I | E |
| XVI | U | R | S | S | | | N | I | M | E | S | | E | T | A | L | | O | N | |
| XVII | R | E | | T | R | O | T | T | E | U | S | E | | A | M | A | T | E | U | R |
| XVIII | E | | C | Y | A | N | U | R | E | | | G | A | G | E | S | | L | I | A |
| XIX | N | | A | L | I | | B | O | S | S | U | E | | E | N | | S | E | T | S |
| XX | T | Y | R | O | L | I | E | N | | | P | R | O | S | T | A | T | E | S | |

## SOLUTION GRILLE N° 12

| | 1 | 2 | 3 | 4 | 5 | 6 | 7 | 8 | 9 | 10 | 11 | 12 | 13 | 14 | 15 | 16 | 17 | 18 | 19 | 20 |
|---|---|---|---|---|---|---|---|---|---|---|---|---|---|---|---|---|---|---|---|---|
| I | T | R | O | I | S | I | E | M | E | M | I | T | E | M | P | S | | P | R | E |
| II | E | | P | R | E | S | S | E | | E | G | A | L | I | S | E | R | A | I | S |
| III | S | P | E | R | M | E | | P | A | R | U | S | | T | Y | S | O | N | | S |
| IV | T | A | R | I | | R | E | R | | | A | | E | T | | | I | N | S | U |
| V | D | | A | T | H | E | N | I | E | N | N | E | | E | L | I | S | E | | I |
| VI | E | C | | E | | | A | S | T | I | E | R | | N | | O | S | | G | E |
| VII | G | L | A | S | E | R | | A | C | E | | | T | A | | | Y | | A | G |
| VIII | R | A | B | | T | O | U | T | | | H | A | R | E | M | S | | | I | L |
| IX | O | R | E | E | | T | A | | S | H | A | | I | R | A | | | A | | A |
| X | S | E | T | | R | I | P | | P | E | C | H | E | E | S | | T | R | A | C |
| XI | S | N | I | F | E | R | | H | A | C | H | E | S | | | T | | I | R | E |
| XII | E | C | R | A | N | | P | I | G | | O | C | | B | A | S | K | E | T | |
| XIII | S | E | | | S | A | R | A | H | | I | T | A | L | I | E | N | N | E | |
| XIV | S | | | R | E | G | A | T | E | | R | O | V | E | R | | O | | | V |
| XV | E | | O | U | I | | T | U | T | | | R | E | U | | L | U | I | G | I |
| XVI | | N | T | E | G | R | I | S | T | E | | | R | | L | E | T | T | R | E |
| XVII | S | U | E | | N | | Q | | I | | C | A | S | I | N | O | | A | S | I |
| XVIII | T | E | R | | E | M | U | | | A | L | | I | | | N | U | L | | L |
| XIX | | | A | T | R | E | E | | | R | E | P | O | S | | | N | I | E | L |
| XX | L | E | S | L | A | C | S | D | U | C | O | N | N | E | M | A | R | A | | E |

# SOLUTION GRILLE N° 13

| | 1 | 2 | 3 | 4 | 5 | 6 | 7 | 8 | 9 | 10 | 11 | 12 | 13 | 14 | 15 | 16 | 17 | 18 | 19 | 20 |
|---|---|---|---|---|---|---|---|---|---|---|---|---|---|---|---|---|---|---|---|---|
| I | P | R | O | P | R | E | T | E | ■ | E | G | O | U | T | I | E | R | ■ | V | ■ |
| II | A | U | R | E | O | L | E | ■ | C | L | E | B | S | ■ | ■ | R | E | P | I | T |
| III | I | N | I | T | I | A | L | E | ■ | L | I | S | T | E | N | O | I | R | E | ■ |
| IV | R | ■ | G | ■ | ■ | S | E | N | S | E | S | ■ | E | ■ | A | S | T | E | R | S |
| V | E | M | I | R | A | T | ■ | C | A | S | H | ■ | N | ■ | T | I | R | A | G | E |
| VI | D | A | N | ■ | N | I | C | H | E | ■ | A | N | S | ■ | ■ | V | E | V | E | Y |
| VII | E | R | A | D | I | Q | U | A | N | T | ■ | A | I | G | L | E | ■ | I | ■ | N |
| VIII | C | A | L | ■ | S | U | I | S | S | E | ■ | I | L | L | E | ■ | ■ | S | ■ | E |
| IX | H | I | E | R | ■ | E | R | S | ■ | L | I | N | E | A | I | R | E | ■ | B | ■ |
| X | A | S | S | E | Z | ■ | A | E | D | E | ■ | ■ | D | I | A | ■ | ■ | C | O | T |
| XI | U | ■ | ■ | V | E | R | S | ■ | A | C | T | E | E | S | ■ | B | ■ | O | L | E |
| XII | S | E | V | E | R | ■ | S | ■ | F | R | A | N | C | E | G | A | L | L | ■ | T |
| XIII | S | ■ | A | I | O | L | I | ■ | ■ | O | S | S | U | ■ | A | B | A | T | T | U |
| XIV | U | ■ | P | L | ■ | Y | E | N | ■ | C | ■ | O | I | G | N | O | N | ■ | E | ■ |
| XV | R | U | E | ■ | L | O | R | I | ■ | H | O | R | S | E | G | U | A | R | D | S |
| XVI | E | ■ | U | ■ | ■ | N | ■ | P | R | E | ■ | ■ | I | N | R | I | ■ | A | ■ | O |
| XVII | S | P | R | A | Y | ■ | ■ | P | E | T | ■ | E | N | T | E | N | D | ■ | O | S |
| XVIII | ■ | O | ■ | B | O | U | L | E | T | ■ | I | L | E | ■ | N | ■ | A | C | R | I |
| XIX | ■ | G | R | A | Y | ■ | A | ■ | R | E | N | O | ■ | ■ | E | N | F | L | E | E |
| XX | C | O | N | T | O | R | S | I | O | N | N | I | S | T | E | ■ | T | E | E | S |

# SOLUTION GRILLE N° 14

| | 1 | 2 | 3 | 4 | 5 | 6 | 7 | 8 | 9 | 10 | 11 | 12 | 13 | 14 | 15 | 16 | 17 | 18 | 19 | 20 |
|---|---|---|---|---|---|---|---|---|---|---|---|---|---|---|---|---|---|---|---|---|
| I | P | O | I | N | T | S | C | A | R | D | I | N | A | U | X | ■ | F | R | I | C |
| II | O | R | D | U | R | E | ■ | P | A | R | T | ■ | ■ | ■ | ■ | C | R | A | S | H |
| III | N | ■ | E | ■ | A | U | T | O | B | U | S | ■ | T | ■ | ■ | H | A | N | T | E |
| IV | G | ■ | S | E | N | L | I | S | ■ | S | I | R | E | ■ | B | E | P | C | ■ | M |
| V | I | S | ■ | U | S | E | N | T | ■ | ■ | B | A | R | B | A | ■ | P | I | L | I |
| VI | S | O | I | R | S | ■ | A | R | E | ■ | I | V | R | E | S | S | E | ■ | E | N |
| VII | T | A | R | E | E | S | ■ | O | V | A | T | I | O | N | ■ | I | ■ | G | O | D |
| VIII | E | R | A | ■ | X | ■ | S | P | O | N | S | O | R | I | N | G | ■ | A | N | E |
| IX | S | E | N | ■ | U | ■ | T | H | E | ■ | I | L | I | ■ | I | N | E | S | ■ | C |
| X | ■ | S | I | N | E | Q | U | A | ■ | ■ | P | I | S | ■ | C | E | N | T | ■ | R |
| XI | C | ■ | E | ■ | L | U | P | I | N | ■ | E | ■ | E | ■ | O | ■ | T | R | I | O |
| XII | O | R | N | E | ■ | A | ■ | S | E | C | T | E | ■ | V | I | ■ | R | O | S | I |
| XIII | L | ■ | ■ | L | A | I | D | ■ | C | L | I | M | ■ | E | S | S | E | N | ■ | X |
| XIV | O | B | U | S | ■ | S | E | C | R | E | T | A | I | R | E | ■ | ■ | O | ■ | ■ |
| XV | S | A | L | A | U | D | ■ | O | O | ■ | B | I | ■ | T | ■ | S | O | M | M | E |
| XVI | C | L | M | ■ | B | E | U | R | S | ■ | I | L | L | U | S | T | R | E | E | ■ |
| XVII | O | L | ■ | P | E | G | R | E | ■ | ■ | K | ■ | U | ■ | A | E | G | ■ | D | A |
| XVIII | P | A | T | U | R | A | G | E | ■ | L | I | E | S | ■ | F | R | E | T | I | N |
| XIX | I | S | ■ | R | ■ | R | O | N | D | I | N | ■ | ■ | P | I | E | ■ | E | T | E |
| XX | E | T | R | E | ■ | E | ■ | S | A | P | I | N | D | E | N | O | E | L | ■ | S |

# SOLUTION GRILLE N° 15

| | 1 | 2 | 3 | 4 | 5 | 6 | 7 | 8 | 9 | 10 | 11 | 12 | 13 | 14 | 15 | 16 | 17 | 18 | 19 | 20 |
|---|---|---|---|---|---|---|---|---|---|---|---|---|---|---|---|---|---|---|---|---|
| I | T | A | B | L | E | T | T | E | D | E | C | H | O | C | O | L | A | T | | G |
| II | R | U | E | | | A | E | R | O | P | H | A | G | I | E | | L | U | N | A |
| III | E | P | R | | D | U | R | I | S | | A | | R | E | N | A | C | L | E | R |
| IV | I | R | I | S | E | | | C | E | L | L | I | E | R | S | | H | I | | G |
| V | Z | E | B | U | L | O | N | | R | I | E | N | | G | | Z | I | P | P | O |
| VI | E | S | E | R | I | | | S | | B | U | G | L | E | S | | M | E | N | U |
| VII | A | D | R | E | T | | P | | V | E | R | R | E | | A | L | I | | B | I |
| VIII | L | E | I | N | S | T | E | R | | R | | A | V | A | L | I | S | E | | L |
| IX | A | M | | C | | A | T | A | S | A | N | T | E | | L | S | T | O | | L |
| X | D | A | | H | A | R | A | S | | L | | | | P | U | T | E | S | | I |
| XI | O | B | T | E | N | T | I | O | N | | V | A | M | P | S | | | | A | S |
| XII | U | L | | R | A | I | N | I | E | R | I | I | I | | T | H | O | N | S | |
| XIII | Z | O | B | I | | N | | R | O | U | E | | A | | E | A | U | | T | A |
| XIV | A | N | U | S | | E | | | N | | N | O | M | S | | C | | L | O | U |
| XV | I | D | E | | D | | P | A | S | | T | R | I | A | T | H | L | O | N | S |
| XVI | N | E | | C | E | C | I | L | | S | | G | | M | | E | I | N | | S |
| XVII | E | | A | R | C | H | E | O | L | O | G | U | E | | K | E | N | D | J | I |
| XVIII | | | D | E | L | A | | E | | U | N | E | S | C | O | | A | R | A | |
| XIX | | R | A | D | I | O | S | | | R | O | I | S | | C | | | E | R | E |
| XX | L | E | M | O | N | S | T | R | E | D | U | L | O | C | H | N | E | S | S | |

# SOLUTION GRILLE N° 16

| | 1 | 2 | 3 | 4 | 5 | 6 | 7 | 8 | 9 | 10 | 11 | 12 | 13 | 14 | 15 | 16 | 17 | 18 | 19 | 20 |
|---|---|---|---|---|---|---|---|---|---|---|---|---|---|---|---|---|---|---|---|---|
| I | S | O | U | T | E | A | B | A | G | A | G | E | S | | C | O | R | O | N | A |
| II | A | R | T | I | S | T | E | | | V | I | D | E | O | | R | I | P | O | U |
| III | R | | I | N | T | R | U | S | | O | N | E | | Z | I | N | | A | I | R |
| IV | D | | L | | | E | R | I | C | C | A | N | T | O | N | A | | | S | O |
| V | O | B | E | S | E | | R | A | S | A | | T | O | N | | | M | U | E | R |
| VI | U | R | S | S | | D | E | M | A | T | E | E | S | | | M | O | T | T | E |
| VII | | O | | | N | O | E | | | E | T | E | S | | S | I | T | | T | |
| VIII | C | U | T | I | | U | S | E | | | R | | | F | O | T | | H | E | U |
| IX | R | E | | G | T | I | | | G | R | I | M | P | E | U | R | | E | | B |
| X | E | T | | U | H | L | A | N | | | P | E | A | U | | E | | R | D | A |
| XI | P | | R | E | E | L | | A | B | B | E | | R | | R | | S | M | I | C |
| XII | E | P | I | | V | E | T | O | | A | | T | A | C | A | U | T | A | C | |
| XIII | S | O | S | | O | | O | M | B | R | E | | C | | C | H | O | P | E | |
| XIV | | L | | V | I | T | R | I | E | R | | C | H | I | O | T | | H | | A |
| XV | S | I | D | E | C | A | R | | C | E | | O | U | E | N | | | R | P | R |
| XVI | | T | I | R | E | F | E | S | S | E | S | | T | | T | A | B | O | U | S |
| XVII | K | I | L | T | | I | N | E | | | | V | I | S | A | | I | D | E | E |
| XVIII | E | Q | U | I | T | A | T | I | O | N | | I | S | A | R | D | | I | | N |
| XIX | N | U | A | G | E | | | T | U | | S | A | M | U | | E | N | T | R | A |
| XX | T | E | T | E | E | N | L | A | I | R | | N | E | F | S | | O | E | I | L |

# SOLUTION GRILLE N° 17

| | 1 | 2 | 3 | 4 | 5 | 6 | 7 | 8 | 9 | 10 | 11 | 12 | 13 | 14 | 15 | 16 | 17 | 18 | 19 | 20 |
|---|---|---|---|---|---|---|---|---|---|---|---|---|---|---|---|---|---|---|---|---|
| I | C | H | I | R | U | R | G | I | E | P | L | A | S | T | I | Q | U | E | | P |
| II | O | U | | U | S | A | | C | R | O | I | X | | | M | U | | A | D | O |
| III | C | A | P | | A | L | T | E | S | S | E | | T | I | B | I | A | S | | R |
| IV | A | N | I | S | | L | O | B | | T | | V | I | B | R | E | N | T | | T |
| V | I | T | O | U | | Y | P | E | R | I | T | E | | M | O | T | S | | F | I |
| VI | N | | C | R | U | E | | R | E | T | A | R | D | | G | U | E | R | R | E |
| VII | E | C | H | O | | | U | G | C | | R | | G | O | L | D | | | O | R |
| VIII | | H | E | I | L | | | S | E | P | T | | S | U | I | E | | P | I | E |
| IX | H | O | | T | A | F | | | P | L | A | C | E | B | O | | L | A | D | S |
| X | O | P | E | | P | E | L | O | T | A | R | I | | L | | B | O | N | | |
| XI | T | I | F | | A | M | A | N | I | T | E | S | | I | M | I | T | E | S | |
| XII | E | N | F | I | L | E | R | | V | I | S | E | E | | E | S | | | O | C |
| XIII | L | E | E | | I | N | D | I | E | N | | A | P | E | R | O | | D | U | R |
| XIV | D | | T | U | S | | O | S | | E | T | U | I | | | N | O | I | S | E |
| XV | E | V | | | S | E | N | O | R | | E | | C | O | L | | | N | T | M |
| XVI | V | E | R | G | E | | | L | A | O | N | | E | | Y | | P | A | I | E |
| XVII | I | G | O | R | | | C | A | B | R | I | S | | S | C | R | I | P | T | |
| XVIII | L | A | M | A | I | S | O | N | B | L | A | N | C | H | E | | T | O | R | T |
| XIX | L | N | | A | V | E | R | T | I | | | C | | I | E | | C | L | E | |
| XX | E | | B | L | E | S | S | | | A | F | F | R | A | N | C | H | I | E | S |

# SOLUTION GRILLE N° 18

| | 1 | 2 | 3 | 4 | 5 | 6 | 7 | 8 | 9 | 10 | 11 | 12 | 13 | 14 | 15 | 16 | 17 | 18 | 19 | 20 |
|---|---|---|---|---|---|---|---|---|---|---|---|---|---|---|---|---|---|---|---|---|
| I | V | I | E | I | L | L | E | S | S | E | | S | P | I | E | L | B | E | R | G |
| II | O | T | A | R | I | E | | C | O | U | C | O | U | | T | A | E | N | I | A |
| III | L | A | U | R | A | | P | E | T | | | I | R | L | A | N | D | E | | T |
| IV | O | L | | E | | | E | N | | P | C | F | | | | D | O | R | E | E |
| V | N | I | A | M | | P | U | E | | H | A | | H | A | R | A | S | | | A |
| VI | T | E | M | P | L | A | R | | V | A | S | E | | R | O | I | | A | | U |
| VII | E | | O | L | A | N | | M | A | R | S | | | L | I | S | | V | O | X |
| VIII | | N | U | A | G | E | D | E | L | A | I | T | | E | D | | | E | N | D |
| IX | C | I | R | C | U | L | A | T | I | O | N | | S | Q | U | A | T | | D | A |
| X | O | | S | A | N | | N | | S | N | O | B | | U | M | | E | D | E | N |
| XI | R | | | B | E | E | G | E | E | S | | A | R | I | A | | T | I | E | N |
| XII | R | A | I | L | | L | E | N | S | | | | E | N | R | O | U | E | | I |
| XIII | E | T | C | E | T | E | R | A | | B | O | F | | | O | | E | | P | V |
| XIV | Z | O | A | | I | V | | M | | O | | R | A | N | C | H | | C | L | E |
| XV | I | R | R | E | M | E | D | I | A | B | L | E | S | | | U | | A | I | R |
| XVI | E | T | E | | E | S | | | P | O | I | N | T | F | I | N | A | L | | S |
| XVII | N | | | B | | | C | E | P | | D | E | R | | | I | C | E | | A |
| XVIII | N | A | B | U | C | H | O | D | O | N | O | S | O | R | | E | R | R | A | I |
| XIX | E | R | A | T | O | | R | I | S | | | I | | I | V | R | E | | | R |
| XX | | C | H | A | R | E | N | T | A | I | S | E | | P | A | S | S | A | G | E |

# SOLUTION GRILLE N° 19

| | 1 | 2 | 3 | 4 | 5 | 6 | 7 | 8 | 9 | 10 | 11 | 12 | 13 | 14 | 15 | 16 | 17 | 18 | 19 | 20 |
|---|---|---|---|---|---|---|---|---|---|---|---|---|---|---|---|---|---|---|---|---|
| I | G | U | I | D | E | S | G | A | S | T | R | O | N | O | M | I | Q | U | E | S |
| II | A | | N | A | V | I | R | E | | O | | D | E | V | E | N | U | | | O |
| III | R | | F | R | I | S | E | R | | P | I | A | N | I | S | T | E | | O | N |
| IV | C | V | | D | E | T | T | E | S | | C | L | A | N | D | E | S | T | I | N |
| V | O | | S | | R | E | A | | | C | O | I | | | A | R | T | | S | E |
| VI | N | A | | O | | R | | | D | A | N | S | E | | M | | I | L | E | T |
| VII | N | O | M | M | E | | | T | C | H | E | Q | U | I | E | | O | Y | A | T |
| VIII | I | R | A | N | | M | A | R | D | I | | U | | | S | | N | O | U | E |
| IX | E | T | R | I | Q | U | E | E | | E | L | E | V | E | | C | | N | | D |
| X | R | E | C | | | P | | F | | R | | | E | P | E | R | O | N | N | A |
| XI | E | | H | | | P | U | L | L | | G | O | U | S | S | E | | A | | L |
| XII | | R | E | | G | E | L | E | E | S | | | F | | M | O | N | I | C | A |
| XIII | P | A | U | L | | T | | | V | | S | T | | R | E | L | I | S | | R |
| XIV | A | B | R | I | S | | C | O | U | R | T | | | U | R | E | E | | | M |
| XV | R | I | | S | E | L | L | E | R | I | E | | A | M | A | S | | P | R | E |
| XVI | E | N | | A | X | A | I | | E | X | | C | I | E | L | | C | I | E | |
| XVII | | | L | | T | I | E | N | | E | | E | L | U | D | E | R | | C | C |
| XVIII | B | R | A | V | A | | N | O | N | | O | P | E | R | A | T | O | I | R | E |
| XIX | H | A | N | A | P | | T | R | O | I | S | | | | | A | C | O | U | P |
| XX | L | I | G | N | E | D | E | D | E | M | A | R | C | A | T | I | O | N | | E |

# SOLUTION GRILLE N° 20

| | 1 | 2 | 3 | 4 | 5 | 6 | 7 | 8 | 9 | 10 | 11 | 12 | 13 | 14 | 15 | 16 | 17 | 18 | 19 | 20 |
|---|---|---|---|---|---|---|---|---|---|---|---|---|---|---|---|---|---|---|---|---|
| I | C | L | O | D | E | T | T | E | S | | | | R | E | P | O | U | S | S | E |
| II | O | | P | A | R | O | I | | E | T | E | | O | N | A | N | | O | A | S |
| III | P | | E | M | I | R | | T | A | U | P | E | S | | S | U | R | S | I | S |
| IV | A | I | R | | C | O | T | E | | D | I | V | A | N | S | | A | I | N | E |
| V | I | S | A | R | D | | R | | L | I | T | I | E | R | E | | S | E | T | |
| VI | N | | S | O | U | R | I | C | I | E | R | E | | F | U | E | L | | S | |
| VII | S | | | T | P | | | L | O | U | E | R | | | R | U | E | S | | R |
| VIII | | R | | | O | M | N | I | | | | | F | | | S | B | I | R | E |
| IX | D | E | M | O | N | I | A | Q | U | E | | H | E | M | A | T | O | M | E | S |
| X | | B | O | R | D | | T | U | E | | M | E | R | | S | A | L | A | M | I |
| XI | S | U | R | | M | O | T | E | L | | E | U | R | | | C | | G | I | N |
| XII | | T | U | T | O | I | E | | E | | C | R | A | Z | Y | H | O | R | S | E |
| XIII | M | A | T | E | R | N | E | L | | C | H | E | R | | | E | P | E | E | |
| XIV | U | | I | | E | T | | A | R | I | E | | I | L | E | | P | E | S | T |
| XV | S | T | E | N | T | | T | S | | V | | P | | O | | C | R | S | | R |
| XVI | C | | R | O | T | I | S | S | O | I | R | E | | A | L | O | I | | V | A |
| XVII | A | O | | R | I | P | A | I | L | L | E | S | | N | O | U | M | E | E | N |
| XVIII | T | R | A | M | | P | R | E | T | | | T | R | A | C | T | E | U | R | S |
| XIX | | G | R | E | C | O | | | | A | V | E | U | | A | | E | R | I | E |
| XX | | E | S | S | E | N | T | I | E | L | | R | E | | L | | S | E | N | S |

# SOLUTION GRILLE N° 21

| | 1 | 2 | 3 | 4 | 5 | 6 | 7 | 8 | 9 | 10 | 11 | 12 | 13 | 14 | 15 | 16 | 17 | 18 | 19 | 20 |
|---|---|---|---|---|---|---|---|---|---|---|---|---|---|---|---|---|---|---|---|---|
| I | N | A | N | G | I | R | A | M | ■ | S | A | B | R | A | ■ | I | D | E | E | S |
| II | E | M | I | L | I | E | ■ | A | L | U | ■ | A | I | L | ■ | S | O | N | ■ | P |
| III | S | O | C | A | ■ | ■ | ■ | R | ■ | S | A | R | D | I | N | E | ■ | A | P | I |
| IV | P | R | O | P | R | E | ■ | T | ■ | S | ■ | R | I | V | E | E | S | ■ | ■ | R |
| V | R | A | T | I | O | ■ | N | E | ■ | E | X | ■ | C | E | T | ■ | O | ■ | S | I |
| VI | E | ■ | ■ | S | I | G | N | A | U | X | ■ | ■ | U | ■ | ■ | P | N | ■ | E | T |
| VII | S | E | N | S | ■ | A | N | U | S | ■ | M | A | L | E | ■ | I | N | T | R | O |
| VIII | S | ■ | B | E | N | I | N | ■ | ■ | V | E | X | E | ■ | U | N | E | ■ | I | F |
| IX | O | M | ■ | M | I | E | N | ■ | T | A | S | ■ | ■ | C | ■ | G | R | U | E | S |
| X | ■ | O | P | E | N | ■ | ■ | O | R | L | ■ | O | ■ | H | A | R | I | S | S | A |
| XI | A | L | I | N | E | ■ | C | R | I | E | ■ | B | R | A | D | E | E | ■ | ■ | I |
| XII | P | ■ | E | T | ■ | P | A | L | O | T | ■ | E | ■ | S | O | S | ■ | W | ■ | N |
| XIII | H | E | C | ■ | ■ | ■ | S | Y | ■ | S | A | L | E | S | ■ | ■ | T | A | N | T |
| XIV | R | U | E | S | ■ | L | I | O | ■ | ■ | M | I | T | E | E | S | ■ | T | E | L |
| XV | O | R | ■ | ■ | C | I | E | U | X | ■ | E | X | A | C | T | E | ■ | E | P | O |
| XVI | D | O | ■ | S | O | B | R | E | ■ | P | ■ | ■ | T | R | E | S | O | R | ■ | U |
| XVII | I | P | ■ | C | U | I | S | S | O | N | S | ■ | ■ | O | R | ■ | U | L | ■ | I |
| XVIII | T | E | T | A | ■ | D | ■ | T | U | B | A | ■ | M | I | N | U | T | O | N | S |
| XIX | E | ■ | A | L | D | O | ■ | ■ | E | ■ | G | A | ■ | S | E | N | I | O | R | ■ |
| XX | ■ | J | U | P | E | ■ | R | E | N | E | A | N | G | E | L | I | L | ■ | V | U |

# SOLUTION GRILLE N° 22

| | 1 | 2 | 3 | 4 | 5 | 6 | 7 | 8 | 9 | 10 | 11 | 12 | 13 | 14 | 15 | 16 | 17 | 18 | 19 | 20 |
|---|---|---|---|---|---|---|---|---|---|---|---|---|---|---|---|---|---|---|---|---|
| I | P | A | U | L | R | I | N | G | O | J | O | H | N | G | E | O | R | G | E | ■ |
| II | ■ | B | L | O | U | S | E | ■ | R | E | R | ■ | ■ | E | L | U | A | R | D | ■ |
| III | L | O | T | E | R | I | E | ■ | D | U | B | A | R | R | Y | ■ | N | E | E | S |
| IV | A | I | R | B | A | G | ■ | F | I | N | I | R | ■ | M | S | ■ | G | E | N | S |
| V | R | S | A | ■ | U | N | O | ■ | N | E | T | T | O | I | E | M | E | N | T | S |
| VI | E | ■ | S | E | X | Y | S | ■ | A | T | E | ■ | U | N | E | ■ | U | ■ | E | S |
| VII | I | L | ■ | T | ■ | ■ | W | A | T | T | S | ■ | V | A | S | E | S | ■ | ■ | S |
| VIII | N | O | C | ■ | B | R | A | D | E | E | ■ | O | R | L | ■ | M | E | A | T | S |
| IX | E | T | O | L | E | ■ | L | O | U | ■ | D | D | E | ■ | M | I | ■ | B | A | ■ |
| X | ■ | ■ | F | E | U | ■ | D | ■ | R | U | E | E | ■ | ■ | ■ | G | H | O | S | N |
| XI | E | N | F | E | R | S | ■ | L | ■ | ■ | L | S | D | ■ | F | R | A | I | S | E |
| XII | P | A | R | ■ | R | A | T | I | B | O | I | S | E | S | ■ | E | L | E | E | ■ |
| XIII | E | G | A | Y | E | R | ■ | P | ■ | ■ | C | A | L | ■ | B | R | A | N | D | O |
| XIV | L | E | ■ | ■ | ■ | I | M | P | A | C | T | ■ | A | ■ | C | A | L | T | E | ■ |
| XV | E | ■ | E | ■ | I | N | A | ■ | N | O | U | ■ | N | ■ | B | I | ■ | ■ | T | ■ |
| XVI | E | ■ | S | D | F | ■ | R | I | N | C | E | D | O | I | G | T | ■ | C | H | A |
| XVII | S | A | P | E | ■ | E | C | R | O | U | L | E | E | ■ | ■ | ■ | ■ | O | E | N |
| XVIII | ■ | B | I | G | ■ | L | E | E | B | ■ | ■ | M | ■ | A | V | I | D | E | ■ | E |
| XIX | ■ | B | O | U | C | L | A | ■ | L | E | N | A | ■ | R | E | T | O | U | R | ■ |
| XX | P | A | N | N | E | A | U | X | I | N | D | I | C | A | T | E | U | R | S | ■ |

# SOLUTION GRILLE N° 23

| | 1 | 2 | 3 | 4 | 5 | 6 | 7 | 8 | 9 | 10 | 11 | 12 | 13 | 14 | 15 | 16 | 17 | 18 | 19 | 20 |
|---|---|---|---|---|---|---|---|---|---|---|---|---|---|---|---|---|---|---|---|---|
| I | G | E | N | E | R | A | L | Q | U | A | T | R | E | E | T | O | I | L | E | S |
| II | R | O | U | V | E | | C | A | N | | H | A | L | T | E | | N | A | N | A |
| III | I | | M | E | | M | I | T | I | G | E | | L | A | R | G | E | S | | L |
| IV | E | M | I | N | C | E | | A | Q | U | A | R | I | U | M | | G | | P | O |
| V | Z | E | S | T | E | | T | R | U | I | T | E | S | | E | T | A | L | O | N |
| VI | M | A | M | A | N | | S | I | E | R | R | A | | | S | A | L | A | U | D |
| VII | A | | A | I | S | E | E | | | L | E | S | T | E | | S | E | C | T | E |
| VIII | N | O | T | R | E | | T | A | B | A | S | S | E | R | A | | | | I | L |
| IX | N | U | E | E | | A | S | | | N | | O | | O | | | P | I | N | A |
| X | | T | | | V | I | E | | O | D | O | R | A | T | | G | R | I | E | G |
| XI | E | S | P | O | I | R | | E | V | E | | T | R | I | C | | O | | | R |
| XII | V | I | A | | A | | | R | A | S | O | I | R | S | | | | A | M | I |
| XIII | E | D | F | | G | D | F | | I | | | M | E | M | P | H | I | S | | C |
| XIV | N | E | | | R | E | A | | R | | R | E | S | E | A | U | | S | | U |
| XV | T | R | A | V | A | I | L | | E | V | E | N | T | | R | I | T | U | E | L |
| XVI | A | S | I | E | | | K | G | | F | U | T | A | L | | T | A | R | O | T |
| XVII | I | | G | R | E | S | | E | T | | N | | T | E | R | | M | A | N | U |
| XVIII | L | | U | L | C | E | R | E | | B | I | A | I | S | | A | I | N | | R |
| XIX | S | I | | A | O | C | | K | I | R | S | | O | | F | I | S | C | | E |
| XX | | P | E | N | T | U | E | S | | U | | I | N | S | E | R | E | E | S | |

# SOLUTION GRILLE N° 24

| | 1 | 2 | 3 | 4 | 5 | 6 | 7 | 8 | 9 | 10 | 11 | 12 | 13 | 14 | 15 | 16 | 17 | 18 | 19 | 20 |
|---|---|---|---|---|---|---|---|---|---|---|---|---|---|---|---|---|---|---|---|---|
| I | D | E | P | R | E | S | S | I | O | N | S | N | E | R | V | E | U | S | E | S |
| II | O | P | I | U | M | | O | L | A | | O | | C | O | A | S | S | E | | |
| III | U | S | | T | E | N | U | | S | A | N | G | U | I | N | | A | C | U | L |
| IV | D | O | | I | R | I | S | | | N | | E | | S | E | N | | O | N | O |
| V | O | M | | L | I | T | | A | C | T | O | R | S | | S | A | | N | | N |
| VI | U | | P | E | T | R | I | N | | E | M | B | R | A | S | S | A | D | E | S |
| VII | N | | I | | E | O | L | I | E | N | N | E | | M | A | I | | A | | L |
| VIII | E | T | A | T | | G | E | M | I | N | I | | S | I | | Q | U | I | N | E |
| IX | | A | N | | A | L | S | A | C | E | | R | | C | O | U | | R | E | S |
| X | F | R | I | C | | Y | | L | | | M | I | | A | L | E | S | E | | A |
| XI | I | N | S | P | E | C | T | E | U | R | | O | R | L | Y | | A | | C | U |
| XII | L | | T | | D | E | R | | N | I | L | | | E | M | O | T | I | O | N |
| XIII | D | I | E | S | I | R | A | E | | Z | A | Z | A | | P | I | E | | N | I |
| XIV | E | N | | | T | I | C | | D | | Z | O | R | E | I | L | L | E | | E |
| XV | P | I | G | N | O | N | | D | O | U | A | N | E | | A | | L | I | E | R |
| XVI | E | T | U | I | | E | C | U | | G | R | A | S | | | R | I | N | G | |
| XVII | C | I | R | E | | | A | | A | C | E | | | K | O | | T | | A | I |
| XVIII | H | E | U | R | T | | S | M | S | | | L | O | I | | S | E | U | L | S |
| XIX | E | | | | O | S | S | A | T | U | R | E | | E | A | U | | N | E | T |
| XX | | L | I | M | I | T | A | T | I | O | N | D | E | V | I | T | E | S | S | E |

# SOLUTION GRILLE N° 25

| | 1 | 2 | 3 | 4 | 5 | 6 | 7 | 8 | 9 | 10 | 11 | 12 | 13 | 14 | 15 | 16 | 17 | 18 | 19 | 20 |
|---|---|---|---|---|---|---|---|---|---|---|---|---|---|---|---|---|---|---|---|---|
| I | F | E | T | E | F | O | R | A | I | N | E | | C | E | L | I | N | E | | M |
| II | I | | A | N | A | N | A | S | | A | D | I | O | S | | L | | | C | A |
| III | D | E | R | N | I | E | R | | P | R | E | | E | | P | | B | R | A | S |
| IV | E | | M | U | S | | E | X | T | R | A | L | U | C | I | D | E | | P | O |
| V | L | | A | Y | A | | T | | T | A | | U | R | A | N | U | S | | U | R |
| VI | E | N | C | E | N | S | E | R | | I | F | S | | R | E | | T | A | L | C |
| VII | | O | | U | E | | | A | C | T | E | | V | A | D | E | | P | E | I |
| VIII | P | R | I | X | | | S | S | O | | D | R | I | V | E | | P | O | T | E |
| IX | O | M | S | | M | A | C | A | Q | U | E | | T | A | | A | R | T | | R |
| X | L | A | I | T | I | E | R | | U | | R | I | A | N | T | | A | R | M | E |
| XI | I | L | S | | C | R | I | M | I | N | E | L | L | E | | V | I | E | | B |
| XII | C | E | | | R | E | B | E | L | L | E | | E | | C | O | R | S | A | I |
| XIII | H | | P | R | O | | E | G | L | I | S | E | | P | O | L | I | | V | E |
| XIV | I | | H | A | S | E | | H | E | | | | B | A | N | | E | D | E | N |
| XV | N | E | R | V | I | S | | A | | A | C | C | O | R | D | S | | I | R | A |
| XVI | E | M | A | I | L | | O | N | G | L | E | | U | | O | U | R | A | S | I |
| XVII | L | A | S | | L | A | S | | N | I | D | | F | | M | E | | N | E | M |
| XVIII | L | U | E | | O | R | T | H | O | G | R | A | F | E | | U | N | E | | E |
| XIX | E | X | | A | N | C | I | E | N | N | E | T | E | | P | R | E | | | E |
| XX | | | C | A | S | S | E | | S | E | | H | E | R | I | S | S | O | N | |

# SOLUTION GRILLE N° 26

| | 1 | 2 | 3 | 4 | 5 | 6 | 7 | 8 | 9 | 10 | 11 | 12 | 13 | 14 | 15 | 16 | 17 | 18 | 19 | 20 |
|---|---|---|---|---|---|---|---|---|---|---|---|---|---|---|---|---|---|---|---|---|
| I | B | R | I | G | A | D | E | D | E | S | S | T | U | P | S | | L | O | C | H |
| II | R | E | B | U | S | | P | R | O | U | | U | T | O | P | I | E | S | | O |
| III | I | | I | N | I | T | I | A | L | E | | | R | U | O | L | Z | | | R |
| IV | G | A | Z | | L | U | C | | E | | P | | I | C | I | | A | B | R | I |
| V | A | G | A | C | E | | E | | | M | O | R | C | E | L | E | R | | O | Z |
| VI | D | E | | R | | P | E | P | I | E | S | | U | | E | | D | E | M | O |
| VII | E | N | C | O | R | E | | E | T | | T | A | L | O | N | S | | C | A | N |
| VIII | S | T | A | Y | I | N | A | L | I | V | E | | E | S | T | | S | H | I | T |
| IX | C | | P | A | N | A | M | E | | I | | A | | C | | L | O | A | N | A |
| X | Y | | I | N | C | L | U | S | | L | A | N | D | A | U | | I | N | | L |
| XI | N | A | T | T | E | | S | | A | L | U | N | I | R | | O | R | G | I | E |
| XII | O | | O | E | S | | E | N | R | A | G | E | E | | O | B | E | I | | M |
| XIII | P | A | L | S | | | G | O | R | G | E | E | S | | S | I | E | S | T | E |
| XIV | H | U | E | | S | A | U | T | E | E | | S | E | | M | | | T | O | N |
| XV | I | L | | P | I | V | E | R | T | | R | | | C | O | U | V | E | R | T |
| XVI | L | A | | H | | R | U | E | | M | A | C | | A | S | | E | | R | |
| XVII | E | S | T | O | R | I | L | | | | C | O | N | S | E | I | L | | E | T |
| XVIII | S | | U | N | | L | E | V | R | I | E | R | | T | | S | O | N | N | E |
| XIX | | T | E | E | S | | | T | A | N | | D | E | R | M | E | | | T | A |
| XX | B | A | R | R | E | | O | C | T | O | G | E | N | A | I | R | E | S | | M |

# SOLUTION GRILLE N° 27

| | 1 | 2 | 3 | 4 | 5 | 6 | 7 | 8 | 9 | 10 | 11 | 12 | 13 | 14 | 15 | 16 | 17 | 18 | 19 | 20 |
|---|---|---|---|---|---|---|---|---|---|---|---|---|---|---|---|---|---|---|---|---|
| I | C | A | M | I | O | N | F | R | I | G | O | R | I | F | I | Q | U | E | | T |
| II | H | A | U | S | S | E | | U | N | | L | E | V | E | R | | L | | P | O |
| III | E | | T | E | | O | T | A | S | | I | V | E | | O | B | T | E | N | U |
| IV | Q | U | A | R | T | Z | | D | I | N | G | O | | E | N | L | I | S | E | R |
| V | U | | | A | R | E | T | E | S | | O | I | E | | S | E | M | O | U | N |
| VI | E | | A | N | A | L | | | T | A | | R | | A | | U | A | P | | O |
| VII | E | S | T | | C | A | C | H | E | N | T | | O | R | L | | T | E | | I |
| VIII | N | U | T | | E | N | H | A | R | D | I | E | | R | E | V | U | | | D |
| IX | B | R | E | F | | D | A | B | | E | N | F | L | A | S | | M | | P | E |
| X | O | | N | A | V | A | R | I | N | S | | F | E | N | D | S | | O | R | S |
| XI | I | | T | I | T | I | L | L | E | | C | O | | G | E | O | R | G | E | S |
| XII | S | T | A | R | | S | E | E | N | | I | N | F | E | S | T | E | R | A | I |
| XIII | | E | T | E | S | | M | | U | N | | D | A | R | C | | D | E | U | X |
| XIV | M | I | | | C | H | A | U | F | F | A | R | D | | H | | O | S | | N |
| XV | E | N | V | O | L | | G | | A | | B | E | O | T | I | E | N | S | | A |
| XVI | U | T | | P | E | I | N | A | R | D | | M | | R | E | G | N | E | | T |
| XVII | N | | K | E | R | M | E | S | S | E | | E | P | O | N | G | E | | A | I |
| XVIII | I | | A | L | O | I | | T | | M | I | N | O | T | S | | | E | G | O |
| XIX | E | N | K | | S | T | E | R | E | O | | T | N | T | | R | O | U | E | N |
| XX | R | | I | D | E | A | L | E | | N | | | D | E | R | O | U | T | E | S |

# SOLUTION GRILLE N° 28

| | 1 | 2 | 3 | 4 | 5 | 6 | 7 | 8 | 9 | 10 | 11 | 12 | 13 | 14 | 15 | 16 | 17 | 18 | 19 | 20 |
|---|---|---|---|---|---|---|---|---|---|---|---|---|---|---|---|---|---|---|---|---|
| I | P | A | R | A | P | L | U | I | E | | A | R | T | H | R | O | S | E | S | |
| II | E | C | O | L | I | E | R | S | | P | R | E | T | O | I | R | E | | T | |
| III | R | I | M | E | S | | A | L | E | N | E | | C | R | E | A | T | I | O | N |
| IV | I | D | E | N | T | I | T | E | | E | N | A | | O | | L | | | C | A |
| V | P | E | | C | O | D | E | | D | U | E | L | | S | T | E | | S | K | I |
| VI | A | | P | O | L | | | P | I | S | S | E | | C | U | | D | E | C | A |
| VII | T | E | R | N | E | S | | E | S | | | S | A | O | | B | | B | A | D |
| VIII | E | | E | | T | O | A | S | T | | S | I | M | P | L | E | S | | R | E |
| IX | T | | V | A | | D | | T | A | S | | A | I | E | | L | A | | | S |
| X | I | C | I | | C | A | B | A | N | E | S | | T | | A | | T | S | R | |
| XI | C | R | E | P | I | | E | C | C | L | E | S | I | A | S | T | I | Q | U | E |
| XII | I | O | N | | B | U | L | L | E | | | D | E | | M | I | N | U | I | T |
| XIII | E | C | T | | O | | | E | | T | S | F | | H | | S | | A | N | E |
| XIV | N | | | C | U | I | R | | P | O | T | | C | O | N | S | O | L | E | S |
| XV | N | O | U | I | L | L | E | O | R | Q | U | E | | T | | U | S | E | E | |
| XVI | E | L | | D | O | | C | R | O | U | P | I | | E | | S | S | | S | |
| XVII | S | I | S | | T | A | R | I | F | E | | N | U | L | S | | | O | | G |
| XVIII | | V | U | S | | G | U | E | | S | | | S | I | T | A | R | S | | A |
| XIX | S | E | M | E | | E | T | N | A | | B | U | E | E | | D | O | L | L | Y |
| XX | P | R | O | X | E | N | E | T | I | S | M | E | | R | E | N | I | O | N | S |

# SOLUTION GRILLE N° 29

| | 1 | 2 | 3 | 4 | 5 | 6 | 7 | 8 | 9 | 10 | 11 | 12 | 13 | 14 | 15 | 16 | 17 | 18 | 19 | 20 |
|---|---|---|---|---|---|---|---|---|---|---|---|---|---|---|---|---|---|---|---|---|
| I | T | H | I | E | R | R | Y | L | E | L | U | R | O | N | ■ | T | A | P | I | S |
| II | R | I | S | Q | U | E | ■ | O | C | ■ | N | E | M | ■ | V | E | R | A | N | ■ |
| III | E | P | O | U | S | A | I | L | L | E | S | ■ | ■ | L | U | N | E | T | T | E |
| IV | M | ■ | C | I | E | L | ■ | I | A | N | ■ | I | N | A | ■ | N | ■ | R | I | P |
| V | B | R | E | L | ■ | I | N | T | I | T | U | L | E | ■ | B | I | N | O | M | E |
| VI | L | I | L | I | ■ | S | O | A | R | E | S | ■ | U | L | ■ | S | A | N | I | E |
| VII | E | ■ | E | B | A | T | S | ■ | ■ | R | ■ | E | V | A | ■ | ■ | V | ■ | T | ■ |
| VIII | M | ■ | ■ | R | U | E | ■ | C | H | R | Y | S | A | N | T | H | E | M | E | S |
| IX | E | P | R | I | S | ■ | R | O | D | E | O | ■ | S | C | O | U | T | ■ | S | ■ |
| X | N | ■ | E | S | T | I | E | R | ■ | M | U | A | ■ | E | R | A | T | O | ■ | M |
| XI | T | A | N | T | E | ■ | ■ | N | I | E | N | T | E | ■ | E | ■ | E | M | E | U |
| XII | D | I | V | E | R | S | ■ | E | O | N | ■ | C | U | I | R | ■ | S | ■ | ■ | R |
| XIII | E | G | O | ■ | L | U | N | E | ■ | T | ■ | H | E | R | O | S | ■ | N | ■ | D |
| XIV | T | R | I | ■ | I | N | ■ | ■ | L | ■ | R | O | S | A | ■ | T | A | U | L | E |
| XV | E | I | ■ | ■ | T | ■ | G | L | A | S | ■ | U | ■ | ■ | S | O | I | ■ | A | B |
| XVI | R | ■ | L | A | Z | E | ■ | E | S | T | I | M | E | ■ | A | R | R | I | V | E |
| XVII | R | ■ | E | V | ■ | V | E | S | T | E | S | ■ | M | E | M | E | ■ | ■ | O | R |
| XVIII | E | N | C | A | V | A | L | E | ■ | P | I | B | A | L | E | ■ | G | R | I | L |
| XIX | ■ | E | O | L | E | ■ | I | ■ | B | P | ■ | ■ | I | N | D | E | F | I | N | I |
| XX | L | U | N | E | T | T | E | S | D | E | S | O | L | E | I | L | ■ | Z | E | N |

# SOLUTION GRILLE N° 30

| | 1 | 2 | 3 | 4 | 5 | 6 | 7 | 8 | 9 | 10 | 11 | 12 | 13 | 14 | 15 | 16 | 17 | 18 | 19 | 20 |
|---|---|---|---|---|---|---|---|---|---|---|---|---|---|---|---|---|---|---|---|---|
| I | T | R | E | N | T | E | M | I | L | L | I | O | N | S | D | A | M | I | S | ■ |
| II | R | E | C | U | ■ | L | A | L | I | E | ■ | R | O | T | ■ | G | A | L | O | P |
| III | E | ■ | R | ■ | D | I | R | L | O | ■ | F | I | N | A | L | E | ■ | ■ | L | A |
| IV | I | P | A | N | E | M | A | ■ | N | ■ | R | E | P | R | I | S | ■ | C | E | P |
| V | Z | ■ | S | U | B | I | T | E | ■ | R | E | N | A | T | O | ■ | T | A | X | I |
| VI | I | L | E | ■ | ■ | N | ■ | ■ | P | O | U | T | R | E | ■ | A | I | R | ■ | L |
| VII | E | U | S | ■ | G | A | ■ | F | O | N | D | A | T | R | I | C | E | ■ | I | L |
| VIII | M | E | ■ | C | E | T | ■ | O | N | G | ■ | L | A | ■ | A | R | N | O | ■ | O |
| IX | E | T | ■ | A | M | O | U | R | ■ | E | V | E | N | E | M | E | N | T | ■ | N |
| X | ■ | T | E | R | M | I | N | A | L | E | ■ | ■ | T | G | ■ | T | E | A | M | S |
| XI | F | E | R | M | E | R | ■ | G | I | ■ | V | I | S | A | G | E | ■ | G | U | D |
| XII | E | ■ | M | E | ■ | E | V | E | R | E | S | T | ■ | R | E | ■ | L | E | S | E |
| XIII | S | M | I | L | E | ■ | I | ■ | E | R | D | O | G | A | N | ■ | E | ■ | E | N |
| XIV | T | A | T | I | ■ | L | O | S | ■ | E | ■ | N | E | ■ | A | P | P | A | R | U |
| XV | I | ■ | E | T | O | I | L | E | S | ■ | E | ■ | O | B | ■ | S | E | R | A | I |
| XVI | N | E | ■ | E | N | V | E | L | O | P | P | E | ■ | E | T | ■ | R | E | ■ | T |
| XVII | ■ | L | E | S | ■ | I | ■ | ■ | I | R | O | N | ■ | G | R | A | S | ■ | S | ■ |
| XVIII | N | E | T | ■ | R | A | T | A | T | O | U | I | L | L | E | ■ | ■ | D | E | S |
| XIX | ■ | N | U | I | T | ■ | ■ | K | I | D | S | ■ | ■ | E | V | R | E | U | X | ■ |
| XX | M | A | I | L | L | E | E | L | L | I | A | M | ■ | S | E | X | T | O | Y | ■ |

# SOLUTION GRILLE N° 31

| | 1 | 2 | 3 | 4 | 5 | 6 | 7 | 8 | 9 | 10 | 11 | 12 | 13 | 14 | 15 | 16 | 17 | 18 | 19 | 20 |
|---|---|---|---|---|---|---|---|---|---|---|---|---|---|---|---|---|---|---|---|---|
| I | T | R | O | I | S | T | R | O | I | S | T | R | O | I | S | T | R | O | I | S |
| II | A | ■ | C | L | O | U | ■ | R | ■ | C | H | A | R | L | I | E | ■ | P | L | U |
| III | R | E | C | E | L | ■ | E | N | T | E | E | ■ | G | A | N | T | ■ | A | ■ | R |
| IV | T | ■ | A | D | D | I | T | I | O | N | ■ | C | A | ■ | G | A | T | L | I | F |
| V | E | ■ | S | E | A | N | C | E | T | E | N | A | N | T | E | ■ | R | E | V | E |
| VI | ■ | P | E | R | T | E | ■ | R | A | D | I | N | E | ■ | R | ■ | O | ■ | A | R |
| VII | B | U | S | E | ■ | S | T | E | L | E | ■ | A | ■ | F | I | S | T | O | N | ■ |
| VIII | O | S | ■ | ■ | E | P | I | S | ■ | M | A | L | ■ | R | E | Y | ■ | ■ | H | P |
| IX | I | ■ | D | ■ | T | E | R | ■ | M | E | D | ■ | T | E | ■ | ■ | B | R | O | U |
| X | S | T | O | P | ■ | R | E | M | ■ | N | U | S | ■ | L | E | D | O | Y | E | N |
| XI | D | A | M | E | ■ | E | ■ | E | C | A | L | E | ■ | E | ■ | O | U | T | ■ | C |
| XII | E | R | I | C | ■ | ■ | I | M | A | G | E | ■ | T | ■ | M | ■ | C | H | ■ | H |
| XIII | B | O | N | H | O | M | M | E | D | E | N | E | I | G | E | ■ | ■ | M | A | I |
| XIV | O | T | E | E | ■ | A | B | R | I | ■ | T | ■ | M | A | T | I | G | N | O | N |
| XV | U | S | ■ | ■ | B | R | U | E | L | ■ | ■ | C | O | L | I | N | ■ | B | U | G |
| XVI | L | ■ | P | I | O | N | ■ | ■ | L | A | D | U | R | E | E | ■ | G | L | T | B |
| XVII | O | B | I | ■ | F | A | T | W | A | ■ | E | I | E | ■ | R | ■ | A | U | ■ | A |
| XVIII | G | U | E | T | ■ | ■ | R | E | C | E | N | S | E | S | ■ | C | R | E | I | L |
| XIX | N | ■ | G | O | U | P | I | L | ■ | V | I | S | ■ | ■ | B | R | E | S | I | L |
| XX | E | V | E | N | T | U | E | L | L | E | M | E | N | T | ■ | U | ■ | ■ | I | S |

# SOLUTION GRILLE N° 32

| | 1 | 2 | 3 | 4 | 5 | 6 | 7 | 8 | 9 | 10 | 11 | 12 | 13 | 14 | 15 | 16 | 17 | 18 | 19 | 20 |
|---|---|---|---|---|---|---|---|---|---|---|---|---|---|---|---|---|---|---|---|---|
| I | T | O | U | T | N | U | E | T | T | O | U | T | B | R | O | N | Z | E | ■ | S |
| II | R | U | T | ■ | A | S | S | I | E | T | T | E | ■ | A | V | A | L | E | N | T |
| III | O | I | E | ■ | ■ | A | ■ | R | I | A | ■ | S | ■ | R | E | M | A | N | I | A |
| IV | P | E | S | T | E | N | T | ■ | G | G | ■ | T | E | E | ■ | E | T | ■ | ■ | D |
| V | I | ■ | ■ | I | N | T | E | R | N | E | ■ | I | N | S | U | ■ | A | ■ | C | E |
| VI | Q | U | A | N | D | ■ | R | ■ | E | ■ | A | C | T | ■ | ■ | ■ | N | O | R | D |
| VII | U | ■ | G | O | I | T | R | E | U | X | ■ | U | R | I | N | E | ■ | P | I | E |
| VIII | E | O | R | ■ | V | I | E | U | X | ■ | P | L | A | G | E | ■ | C | H | E | F |
| IX | ■ | R | I | P | E | R | ■ | R | ■ | ■ | P | E | I | N | T | U | R | E | ■ | R |
| X | I | N | C | A | ■ | ■ | O | E | U | F | ■ | ■ | N | E | T | ■ | E | L | S | A |
| XI | N | E | O | P | H | Y | T | E | ■ | ■ | H | E | ■ | ■ | E | S | P | I | O | N |
| XII | F | E | L | E | ■ | ■ | A | T | T | R | I | S | T | E | ■ | O | I | E | ■ | C |
| XIII | I | S | E | R | E | ■ | I | L | ■ | E | S | T | I | V | A | N | T | ■ | R | E |
| XIV | R | ■ | ■ | B | P | ■ | T | O | N | U | S | ■ | T | E | ■ | D | E | N | T | ■ |
| XV | M | A | ■ | O | I | L | ■ | I | ■ | S | E | R | A | ■ | U | E | ■ | E | T | ■ |
| XVI | I | N | S | A | L | U | B | R | E | S | ■ | ■ | N | O | G | E | N | T | ■ | R |
| XVII | E | T | I | R | E | R | A | ■ | M | I | ■ | K | I | L | O | ■ | ■ | F | R | A |
| XVIII | R | E | N | D | U | S | ■ | C | E | R | V | I | C | A | L | E | ■ | L | A | D |
| XIX | E | ■ | G | ■ | S | ■ | C | O | R | A | I | L | ■ | ■ | I | N | F | I | N | I |
| XX | ■ | D | E | P | E | N | A | L | I | S | A | T | I | O | N | ■ | A | X | I | S |

# SOLUTION GRILLE N° 33

| | 1 | 2 | 3 | 4 | 5 | 6 | 7 | 8 | 9 | 10 | 11 | 12 | 13 | 14 | 15 | 16 | 17 | 18 | 19 | 20 |
|---|---|---|---|---|---|---|---|---|---|---|---|---|---|---|---|---|---|---|---|---|
| I | P | I | L | O | T | E | A | U | T | O | M | A | T | I | Q | U | E | | | T |
| II | A | N | A | | M | C | M | | O | P | E | R | A | | U | L | C | E | R | A |
| III | P | I | | B | | R | A | M | P | E | | D | | R | A | T | U | R | E | R |
| IV | I | | D | O | N | A | T | I | E | N | | U | V | A | L | E | | E | G | O |
| V | E | N | U | R | E | S | I | E | | S | O | | | S | I | R | E | | | T |
| VI | R | U | R | A | L | E | | T | | P | R | I | V | A | T | I | S | E | E | S |
| VII | H | I | E | | S | | | T | R | A | C | | I | D | E | E | | S | U | D |
| VIII | Y | | S | A | O | U | L | E | | C | H | E | N | E | | U | N | | R | E |
| IX | G | O | | E | N | T | A | S | S | E | E | | | | P | R | E | N | O | M |
| X | I | | A | R | M | E | S | | O | | S | O | F | A | | E | C | O | P | A |
| XI | E | | R | E | A | | V | I | T | | T | R | A | I | T | | R | U | E | R |
| XII | N | U | E | | N | O | E | L | | D | R | O | L | E | | P | O | S | E | S |
| XIII | I | S | T | | D | E | G | E | L | E | E | | A | | N | U | L | | N | E |
| XIV | Q | U | E | U | E | | A | D | | S | | M | I | R | E | | O | V | N | I |
| XV | U | S | | B | L | A | S | O | N | S | | A | S | | F | O | G | I | E | L |
| XVI | E | | T | E | A | | | L | A | E | N | N | E | C | | R | I | A | | L |
| XVII | | F | O | R | | S | | E | R | R | A | I | | I | N | T | E | G | R | E |
| XVIII | R | O | N | | M | A | G | R | I | T | T | E | | L | E | E | | R | A | |
| XIX | A | N | G | E | | D | I | O | N | | T | | E | | V | I | S | A | G | E |
| XX | S | T | A | T | I | O | N | N | E | M | E | N | T | | E | L | U | | E | |

# SOLUTION GRILLE N° 34

| | 1 | 2 | 3 | 4 | 5 | 6 | 7 | 8 | 9 | 10 | 11 | 12 | 13 | 14 | 15 | 16 | 17 | 18 | 19 | 20 |
|---|---|---|---|---|---|---|---|---|---|---|---|---|---|---|---|---|---|---|---|---|
| I | L | I | T | C | O | N | J | U | G | A | L | | F | R | I | N | G | A | L | E |
| II | E | | R | A | D | I | O | | A | V | A | N | I | E | S | | A | M | E | S |
| III | S | M | I | L | E | | N | O | C | E | | O | N | U | | T | R | O | N | C |
| IV | O | | P | E | U | | G | | H | Y | E | N | E | S | | E | D | I | T | A |
| V | L | | E | | R | O | L | L | E | R | S | | | S | I | L | O | | | L |
| VI | D | A | S | | S | U | E | | | O | P | P | R | I | M | E | N | T | | I |
| VII | A | M | | R | | T | U | R | I | N | O | I | S | | A | S | S | E | N | E |
| VIII | T | I | G | E | S | | R | E | R | | I | N | A | | G | | | T | E | R |
| IX | I | T | O | | C | M | | B | A | R | R | A | | P | I | N | C | E | R | |
| X | N | Y | M | P | H | O | M | A | N | E | | R | H | I | N | | R | E | V | E |
| XI | C | | M | E | N | U | E | T | | M | A | D | O | N | A | | E | | E | T |
| XII | O | | E | T | A | | Z | | G | I | T | | L | | T | U | T | E | U | R |
| XIII | N | O | S | | P | I | Z | Z | A | S | | C | A | N | I | N | E | | S | I |
| XIV | N | U | | | S | T | A | E | L | | | R | | O | O | | | B | E | L |
| XV | U | | G | M | | E | N | R | O | U | G | E | E | T | N | O | I | R | | L |
| XVI | | P | O | U | F | | I | O | N | | I | P | | R | | S | N | O | B | E |
| XVII | M | A | D | E | L | O | N | | S | U | T | U | R | E | | S | | C | R | |
| XVIII | U | S | | R | U | S | E | R | | N | E | | A | | C | U | L | S | E | C |
| XIX | S | T | A | T | S | | | I | D | E | N | T | I | T | E | | I | | V | A |
| XX | C | A | C | A | H | U | E | T | E | | T | E | L | E | S | I | E | G | E | S |

# SOLUTION GRILLE N° 35

| | 1 | 2 | 3 | 4 | 5 | 6 | 7 | 8 | 9 | 10 | 11 | 12 | 13 | 14 | 15 | 16 | 17 | 18 | 19 | 20 |
|---|---|---|---|---|---|---|---|---|---|---|---|---|---|---|---|---|---|---|---|---|
| I | A | I | N | S | I | F | O | N | T | F | O | N | T | F | O | N | T | ■ | ■ | L |
| II | C | ■ | A | U | D | E | L | A | ■ | I | ■ | ■ | A | R | R | I | V | E | R | A |
| III | C | ■ | ■ | C | E | R | E | B | R | A | L | E | ■ | A | G | A | ■ | T | A | S |
| IV | O | C | ■ | C | E | ■ | ■ | O | A | S | I | S | ■ | N | U | S | ■ | I | M | O |
| V | U | R | N | E | ■ | U | ■ | T | U | C | K | ■ | A | C | E | ■ | C | A | B | U |
| VI | C | O | U | S | I | N | S | ■ | L | O | E | B | ■ | A | ■ | D | E | G | A | T |
| VII | H | U | I | S | S | I | E | R | ■ | ■ | R | U | T | I | L | E | ■ | E | R | E |
| VIII | E | T | ■ | I | A | ■ | P | R | O | D | ■ | V | I | S | I | T | E | ■ | D | R |
| IX | M | E | G | O | T | ■ | T | ■ | M | E | N | A | G | E | R | E | ■ | ■ | E | R |
| X | E | ■ | ■ | N | I | D | ■ | G | E | S | I | R | ■ | D | E | C | A | N | ■ | A |
| XI | N | ■ | H | ■ | S | ■ | P | A | R | A | ■ | D | R | E | ■ | T | R | E | V | I |
| XII | T | V | A | ■ | ■ | S | A | R | T | R | E | ■ | E | S | T | I | M | E | ■ | N |
| XIII | ■ | A | M | S | T | E | R | D | A | M | E | R | ■ | J | A | V | A | ■ | M | E |
| XIV | C | ■ | A | O | ■ | L | O | I | ■ | E | ■ | E | B | E | N | E | ■ | H | A | ■ |
| XV | A | C | C | U | S | E | L | E | V | E | Z | V | O | U | S | ■ | M | A | I | D |
| XVI | S | A | ■ | R | ■ | C | I | N | E | S | ■ | E | U | X | ■ | C | A | U | S | E |
| XVII | I | N | ■ | D | A | T | E | N | T | ■ | L | U | C | ■ | L | I | T | S | ■ | P |
| XVIII | N | A | G | E | O | I | R | E | ■ | M | ■ | S | A | C | A | D | O | S | ■ | I |
| XIX | O | D | E | ■ | ■ | O | ■ | S | T | E | V | E | N | S | ■ | ■ | S | E | N | T |
| XX | S | A | T | U | R | N | E | ■ | B | R | E | S | S | A | U | D | ■ | S | U | E |

# SOLUTION GRILLE N° 36

| | 1 | 2 | 3 | 4 | 5 | 6 | 7 | 8 | 9 | 10 | 11 | 12 | 13 | 14 | 15 | 16 | 17 | 18 | 19 | 20 |
|---|---|---|---|---|---|---|---|---|---|---|---|---|---|---|---|---|---|---|---|---|
| I | C | I | G | A | R | E | T | T | E | D | U | C | O | N | D | A | M | N | E | ■ |
| II | A | ■ | A | M | A | T | E | U | R | ■ | S | U | C | O | I | R | ■ | ■ | P | C |
| III | V | E | R | I | T | E | S | ■ | ■ | C | H | I | E | N | N | E | ■ | V | A | R |
| IV | E | T | C | ■ | A | ■ | ■ | S | A | L | E | R | A | ■ | E | ■ | T | I | R | E |
| V | A | C | O | N | T | R | E | C | O | U | R | A | N | T | ■ | ■ | R | A | G | E |
| VI | U | ■ | N | O | I | E | ■ | R | ■ | S | ■ | S | ■ | I | V | R | O | G | N | E |
| VII | D | ■ | S | E | N | T | ■ | A | L | T | E | S | S | E | ■ | A | N | E | E | ■ |
| VIII | E | R | ■ | M | E | R | I | T | E | E | ■ | E | N | N | U | Y | E | R | ■ | S |
| IX | F | E | T | E | ■ | O | ■ | C | O | R | P | S | ■ | N | ■ | E | ■ | ■ | V | O |
| X | A | G | E | S | ■ | V | I | H | ■ | ■ | O | ■ | G | E | O | ■ | V | ■ | I | F |
| XI | M | I | S | ■ | M | I | M | E | T | I | S | M | E | ■ | C | R | E | V | A | I |
| XII | I | N | T | R | O | S | P | E | C | T | I | O | N | S | ■ | U | N | I | ■ | T |
| XIII | L | A | I | S | S | E | R | ■ | H | E | T | R | E | ■ | ■ | S | U | C | R | E |
| XIV | L | ■ | C | ■ | Q | U | O | T | A | ■ | I | S | S | U | E | S | ■ | T | E | L |
| XV | E | L | U | ■ | U | R | ■ | E | ■ | O | F | ■ | E | ■ | P | E | R | O | N | ■ |
| XVI | ■ | A | L | P | E | ■ | P | N | E | U | ■ | N | ■ | D | E | S | E | R | T | A |
| XVII | S | C | E | L | E | R | A | T | ■ | S | C | O | P | I | E | ■ | C | H | E | R |
| XVIII | N | E | ■ | I | ■ | ■ | V | E | R | T | U | E | U | X | ■ | P | ■ | U | ■ | M |
| XIX | C | R | U | E | ■ | P | O | R | E | ■ | T | U | E | ■ | T | A | N | G | U | E |
| XX | F | E | R | R | O | U | T | A | G | E | ■ | D | R | O | G | U | I | O | N | S |

# SOLUTION GRILLE N° 37

| | 1 | 2 | 3 | 4 | 5 | 6 | 7 | 8 | 9 | 10 | 11 | 12 | 13 | 14 | 15 | 16 | 17 | 18 | 19 | 20 |
|---|---|---|---|---|---|---|---|---|---|---|---|---|---|---|---|---|---|---|---|---|
| I | E | L | E | C | T | I | O | N | D | E | M | I | S | S | F | R | A | N | C | E |
| II | M | A | N | O | ■ | ■ | R | O | U | N | D | ■ | A | I | E | U | L | E | ■ | S |
| III | E | P | A | U | L | A | ■ | S | ■ | N | R | F | ■ | T | R | I | M | E | ■ | P |
| IV | R | I | ■ | R | A | P | E | T | O | U | ■ | ■ | R | E | I | N | A | ■ | O | R |
| V | A | N | ■ | S | C | E | N | A | R | I | O | ■ | E | ■ | E | E | ■ | C | R | I |
| VI | U | S | S | E | ■ | S | ■ | L | E | S | ■ | P | A | N | S | E | M | E | N | T |
| VII | D | ■ | A | ■ | L | A | N | G | E | ■ | R | E | G | I | ■ | ■ | E | P | E | E |
| VIII | E | T | ■ | D | I | N | A | I | ■ | J | E | T | A | B | L | E | S | ■ | S | S |
| IX | S | A | B | B | A | T | I | Q | U | E | ■ | E | N | ■ | O | ■ | S | A | ■ | T |
| X | ■ | C | A | ■ | N | E | N | U | P | H | A | R | ■ | M | ■ | P | E | R | C | U |
| XI | ■ | H | I | D | E | U | S | E | ■ | O | D | ■ | C | U | B | A | ■ | R | ■ | L |
| XII | P | E | N | E | ■ | R | ■ | ■ | E | V | A | C | U | A | N | T | ■ | O | T | A |
| XIII | I | S | ■ | M | ■ | ■ | C | A | L | A | M | A | R | ■ | B | A | I | S | A | ■ |
| XIV | B | ■ | F | A | C | E | ■ | L | ■ | H | O | T | E | L | ■ | T | R | O | N | C |
| XV | ■ | M | A | S | O | ■ | F | L | A | ■ | ■ | A | S | ■ | F | E | M | I | N | A |
| XVI | B | A | N | Q | U | E | R | O | U | T | E | ■ | ■ | C | E | S | ■ | R | I | S |
| XVII | L | U | ■ | U | R | N | E | ■ | R | E | T | A | R | D | S | ■ | S | ■ | S | T |
| XVIII | A | X | E | E | S | ■ | M | A | I | N | A | T | E | ■ | ■ | B | O | X | E | R |
| XIX | N | ■ | P | E | E | L | I | N | G | ■ | ■ | R | I | D | E | A | U | X | ■ | E |
| XX | C | U | I | S | S | E | S | D | E | G | R | E | N | O | U | I | L | L | E | S |

# SOLUTION GRILLE N° 38

| | 1 | 2 | 3 | 4 | 5 | 6 | 7 | 8 | 9 | 10 | 11 | 12 | 13 | 14 | 15 | 16 | 17 | 18 | 19 | 20 |
|---|---|---|---|---|---|---|---|---|---|---|---|---|---|---|---|---|---|---|---|---|
| I | P | I | S | C | I | N | E | O | L | Y | M | P | I | Q | U | E | ■ | C | O | Q |
| II | E | ■ | C | ■ | N | A | V | R | E | ■ | O | I | L | ■ | N | ■ | C | O | C | U |
| III | R | H | O | ■ | A | B | A | T | J | O | U | R | ■ | T | A | B | A | S | C | O |
| IV | M | O | U | R | R | A | ■ | F | O | R | T | E | S | ■ | N | I | ■ | T | U | T |
| V | I | M | B | E | R | B | E | ■ | U | N | O | ■ | I | B | I | S | ■ | A | L | I |
| VI | S | M | I | L | E | ■ | F | A | R | I | N | E | S | ■ | M | ■ | A | R | T | E |
| VII | S | E | D | A | T | I | F | ■ | N | ■ | ■ | A | M | ■ | I | ■ | E | D | E | N |
| VIII | I | ■ | O | P | A | L | E | ■ | A | C | Q | U | I | T | T | E | R | ■ | ■ | T |
| IX | O | ■ | U | S | B | ■ | T | E | L | ■ | U | ■ | Q | U | E | T | E | R | A | I |
| X | N | O | S | ■ | L | A | ■ | N | D | ■ | E | P | U | I | S | E | R | A | ■ | N |
| XI | S | U | ■ | R | E | S | E | A | U | ■ | T | A | E | L | ■ | R | A | B | A | T |
| XII | D | R | U | ■ | ■ | P | O | C | H | E | E | S | ■ | E | I | N | ■ | A | V | E |
| XIII | E | S | ■ | L | ■ | E | N | C | A | S | ■ | S | S | ■ | ■ | U | N | T | E | L |
| XIV | S | I | R | O | P | ■ | ■ | O | R | C | H | E | S | T | R | E | ■ | J | U | L |
| XV | O | N | ■ | R | E | T | A | R | D | A | ■ | E | ■ | R | A | M | B | O | ■ | E |
| XVI | R | ■ | P | E | T | A | R | D | ■ | B | A | S | T | I | D | E | ■ | I | ■ | C |
| XVII | T | I | A | N | ■ | B | R | E | V | E | T | ■ | ■ | P | I | N | T | E | N | T |
| XVIII | I | ■ | P | ■ | D | A | H | O | ■ | A | ■ | A | Z | ■ | O | T | A | ■ | ■ | U |
| XIX | E | P | E | E | ■ | C | E | N | T | U | P | L | E | E | ■ | ■ | I | O | D | E |
| XX | ■ | S | T | R | E | S | S | ■ | E | X | C | E | P | T | I | O | N | N | E | L |

# SOLUTION GRILLE N° 39

| | 1 | 2 | 3 | 4 | 5 | 6 | 7 | 8 | 9 | 10 | 11 | 12 | 13 | 14 | 15 | 16 | 17 | 18 | 19 | 20 |
|---|---|---|---|---|---|---|---|---|---|---|---|---|---|---|---|---|---|---|---|---|
| I | J | O | U | R | N | A | L | D | E | V | I | N | G | T | H | E | U | R | E | S |
| II | E | N | T | A | I | T | ■ | I | S | ■ | N | E | A | R | ■ | L | E | ■ | Z | O |
| III | S | T | O | C | K | A | ■ | A | M | P | O | U | L | E | ■ | L | ■ | L | E | D |
| IV | U | ■ | P | O | E | L | E | ■ | E | L | ■ | V | E | U | V | A | G | E | ■ | A |
| V | S | A | I | N | ■ | A | ■ | B | R | A | D | E | R | I | E | ■ | U | S | B | ■ |
| VI | D | I | E | T | E | ■ | R | Y | A | N | ■ | S | I | L | ■ | K | E | B | A | B |
| VII | E | N | ■ | A | L | F | A | ■ | L | E | X | ■ | E | ■ | M | I | N | O | R | A |
| VIII | N | ■ | E | ■ | E | A | T | ■ | D | S | ■ | P | S | E | U | D | O | S | ■ | T |
| IX | A | C | C | E | P | T | E | R | A | ■ | A | U | L | X | ■ | ■ | N | ■ | A | A |
| X | Z | O | O | P | H | I | L | E | ■ | ■ | L | E | A | ■ | ■ | T | ■ | S | K | I |
| XI | A | L | L | I | A | G | E | S | ■ | P | E | R | F | U | S | I | O | N | ■ | L |
| XII | R | E | E | ■ | N | U | S | ■ | M | E | N | T | A | L | ■ | T | R | O | L | L |
| XIII | E | R | ■ | O | T | E | ■ | C | O | N | V | O | Y | E | U | R | ■ | B | E | E |
| XIV | T | E | ■ | ■ | S | ■ | E | L | I | T | E | ■ | E | M | B | E | T | E | ■ | N |
| XV | H | ■ | P | C | ■ | ■ | N | O | T | E | R | ■ | T | A | U | ■ | I | R | M | A |
| XVI | ■ | P | E | R | S | I | Q | U | E | ■ | S | A | T | ■ | ■ | D | C | ■ | E | V |
| XVII | T | ■ | R | I | P | O | U | ■ | ■ | M | ■ | D | E | A | L | E | ■ | A | R | A |
| XVIII | R | O | S | S | E | ■ | E | C | H | O | ■ | I | ■ | B | O | U | R | V | I | L |
| XIX | A | L | I | T | E | ■ | T | R | A | I | N | E | A | U | ■ | I | ■ | E | T | E |
| XX | M | E | L | O | D | I | E | E | N | S | O | U | S | S | O | L | ■ | C | E | ■ |

# SOLUTION GRILLE N° 40

| | 1 | 2 | 3 | 4 | 5 | 6 | 7 | 8 | 9 | 10 | 11 | 12 | 13 | 14 | 15 | 16 | 17 | 18 | 19 | 20 |
|---|---|---|---|---|---|---|---|---|---|---|---|---|---|---|---|---|---|---|---|---|
| I | B | R | A | C | E | L | E | T | E | L | E | C | T | R | O | N | I | Q | U | E |
| II | A | I | N | E | ■ | A | N | ■ | T | A | T | O | U | ■ | Z | O | O | ■ | ■ | L |
| III | N | O | N | N | E | ■ | ■ | D | O | R | E | ■ | B | ■ | O | E | D | I | P | E |
| IV | Q | U | A | D | R | A | G | E | N | A | I | R | E | ■ | N | U | E | S | ■ | C |
| V | U | ■ | K | R | E | M | L | I | N | ■ | N | O | ■ | T | E | D | ■ | S | O | T |
| VI | E | T | A | I | ■ | A | A | ■ | E | C | T | U | ■ | S | ■ | ■ | P | U | N | I |
| VII | D | A | R | L | I | N | G | ■ | M | I | S | E | R | A | B | L | E | ■ | D | O |
| VIII | U | ■ | E | L | ■ | I | L | L | E | ■ | ■ | ■ | E | R | I | N | ■ | ■ | I | N |
| IX | S | O | N | O | ■ | T | A | I | N | ■ | O | S | A | I | S | ■ | N | E | T | S |
| X | P | ■ | I | N | D | E | ■ | ■ | T | A | ■ | A | G | N | E | A | U | X | ■ | M |
| XI | E | O | N | ■ | E | ■ | S | A | ■ | M | A | G | I | E | ■ | ■ | I | T | O | U |
| XII | R | U | E | S | P | I | E | T | O | N | N | E | S | ■ | O | I | S | E | ■ | N |
| XIII | M | ■ | ■ | T | E | R | ■ | T | R | E | S | ■ | ■ | A | S | S | O | R | T | I |
| XIV | E | S | T | O | U | R | B | I | E | S | ■ | I | L | ■ | M | A | N | I | A | C |
| XV | ■ | T | A | R | P | E | ■ | T | E | I | G | N | E | ■ | O | ■ | S | E | M | I |
| XVI | K | A | B | Y | L | E | ■ | R | ■ | E | A | U | ■ | U | S | A | ■ | U | ■ | P |
| XVII | I | R | A | ■ | E | L | L | E | S | ■ | T | I | F | ■ | E | X | E | R | C | A |
| XVIII | L | I | C | E | ■ | S | I | E | N | ■ | S | T | O | P | ■ | E | ■ | S | O | L |
| XIX | O | S | ■ | ■ | W | ■ | O | ■ | ■ | O | B | S | C | E | N | E | ■ | ■ | N | E |
| XX | S | E | A | N | C | O | N | N | E | R | Y | ■ | S | T | A | S | E | ■ | E | S |

# SOLUTION GRILLE N° 41

| | 1 | 2 | 3 | 4 | 5 | 6 | 7 | 8 | 9 | 10 | 11 | 12 | 13 | 14 | 15 | 16 | 17 | 18 | 19 | 20 |
|---|---|---|---|---|---|---|---|---|---|---|---|---|---|---|---|---|---|---|---|---|
| I | O | S | T | R | E | I | C | U | L | T | E | U | R | S | ■ | D | E | L | T | A |
| II | ■ | A | R | ■ | U | ■ | I | ■ | A | R | U | S | P | I | C | E | ■ | A | R | T |
| III | B | U | I | S | S | O | N | N | I | E | R | E | ■ | G | A | B | A | R | I | T |
| IV | O | R | M | E | S | ■ | Q | U | E | T | E | R | O | N | S | ■ | T | O | M | E |
| V | N | I | E | M | E | N | ■ | I | ■ | S | K | A | ■ | A | S | ■ | T | U | E | R |
| VI | N | E | S | ■ | ■ | I | ■ | T | B | ■ | A | I | L | L | E | U | R | S | ■ | R |
| VII | E | N | T | R | E | R | A | ■ | A | L | ■ | T | O | I | ■ | R | A | S | A | I |
| VIII | T | ■ | R | E | T | O | U | R | N | E | R | ■ | ■ | S | N | I | P | E | R | S |
| IX | S | P | I | C | E | ■ | ■ | E | G | O | ■ | T | R | A | I | N | E | ■ | B | S |
| X | P | I | E | U | T | A | N | T | ■ | F | O | U | E | T | ■ | E | N | V | I | A |
| XI | H | A | L | L | E | B | A | R | D | E | S | ■ | A | I | G | R | I | E | ■ | G |
| XII | R | ■ | L | E | ■ | B | I | A | F | R | A | ■ | N | O | E | ■ | G | R | U | E |
| XIII | Y | V | E | S | R | E | N | I | E | R | ■ | V | I | N | ■ | P | A | O | N | S |
| XIV | G | A | ■ | ■ | E | ■ | ■ | T | ■ | E | R | A | M | ■ | B | R | U | N | I | ■ |
| XV | I | M | B | E | C | I | L | E | ■ | ■ | O | N | E | ■ | A | I | D | E | S | ■ |
| XVI | E | P | I | N | E | ■ | A | ■ | S | A | U | T | E | R | N | E | S | ■ | S | E |
| XVII | N | ■ | P | ■ | N | A | R | V | A | L | ■ | E | ■ | A | A | R | ■ | S | O | N |
| XVIII | S | A | B | O | T | S | D | E | B | O | I | S | ■ | N | L | ■ | P | O | N | T |
| XIX | ■ | ■ | I | ■ | ■ | T | E | R | R | I | L | ■ | A | G | ■ | O | U | I | ■ | R |
| XX | A | L | P | I | N | I | S | T | E | S | ■ | A | S | S | U | R | A | N | C | E |

# SOLUTION GRILLE N° 42

| | 1 | 2 | 3 | 4 | 5 | 6 | 7 | 8 | 9 | 10 | 11 | 12 | 13 | 14 | 15 | 16 | 17 | 18 | 19 | 20 |
|---|---|---|---|---|---|---|---|---|---|---|---|---|---|---|---|---|---|---|---|---|
| I | G | A | L | E | R | I | E | S | M | A | R | C | H | A | N | D | E | S | ■ | M |
| II | A | ■ | E | V | E | ■ | C | U | I | ■ | A | L | U | N | I | R | ■ | E | L | U |
| III | M | ■ | R | A | N | C | H | ■ | T | I | Q | U | E | ■ | C | E | S | S | E | R |
| IV | E | C | O | S | S | A | I | S | E | ■ | U | B | E | R | E | A | T | S | ■ | D |
| V | L | U | T | E | E | ■ | Q | ■ | ■ | F | E | S | S | E | ■ | M | A | I | R | E |
| VI | L | ■ | ■ | S | I | ■ | U | S | A | I | T | ■ | ■ | G | O | ■ | B | O | I | S |
| VII | E | C | U | ■ | G | U | I | C | H | E | T | ■ | M | A | R | G | I | N | A | L |
| VIII | S | A | V | O | N | N | E | E | ■ | R | E | N | A | R | D | ■ | L | ■ | D | A |
| IX | ■ | P | E | N | E | T | R | A | ■ | E | D | ■ | E | D | I | S | O | N | ■ | M |
| X | D | I | E | ■ | M | E | ■ | U | S | S | E | L | ■ | ■ | ■ | A | ■ | A | M | E |
| XI | E | T | ■ | V | E | L | U | X | ■ | ■ | T | A | N | G | A | G | E | ■ | O | N |
| XII | M | A | L | I | N | ■ | B | ■ | A | N | E | C | D | O | T | E | ■ | A | R | T |
| XIII | I | L | ■ | E | T | E | I | G | N | E | N | T | ■ | R | E | S | I | S | T | A |
| XIV | D | E | S | ■ | S | A | Q | U | A | ■ | N | E | ■ | E | L | F | ■ | Y | ■ | T |
| XV | E | S | O | N | ■ | G | U | E | R | R | I | E | R | ■ | E | E | ■ | M | A | I |
| XVI | M | ■ | L | ■ | C | L | I | P | ■ | A | S | ■ | O | ■ | ■ | M | N | E | M | O |
| XVII | E | ■ | ■ | P | R | E | T | E | E | S | ■ | P | L | I | ■ | M | A | T | I | N |
| XVIII | L | U | X | ■ | A | ■ | E | ■ | S | O | S | I | E | ■ | D | E | G | R | E | S |
| XIX | E | T | I | E | Z | ■ | ■ | O | T | I | T | E | ■ | E | ■ | S | E | I | N | ■ |
| XX | E | ■ | V | O | Y | E | U | R | ■ | R | E | D | I | T | E | ■ | S | E | S | ■ |

## SOLUTION GRILLE N° 43

| | 1 | 2 | 3 | 4 | 5 | 6 | 7 | 8 | 9 | 10 | 11 | 12 | 13 | 14 | 15 | 16 | 17 | 18 | 19 | 20 |
|---|---|---|---|---|---|---|---|---|---|---|---|---|---|---|---|---|---|---|---|---|
| I | L | E | S | M | I | L | L | E | E | T | U | N | E | N | U | I | T | S | | G |
| II | A | T | O | U | T | | O | U | T | I | L | | | A | S | S | O | C | I | A |
| III | P | O | R | T | A | I | L | | C | A | C | A | O | S | | S | U | O | N | S |
| IV | O | I | S | I | L | L | O | N | | R | E | | B | A | B | Y | F | O | O | T |
| V | U | L | | N | I | L | | E | M | E | R | I | | L | E | | F | P | | R |
| VI | L | E | V | E | Q | U | E | | O | | E | S | S | E | N | C | E | S | | O |
| VII | E | | | R | U | S | | G | R | I | S | O | U | | E | A | S | | S | E |
| VIII | A | S | S | I | E | T | T | E | S | | | | P | A | F | S | | A | I | N |
| IX | U | N | I | E | | R | A | L | E | U | R | | P | F | | S | E | L | | T |
| X | X | I | | S | C | E | N | E | | D | I | V | O | R | C | E | | I | K | E |
| XI | O | F | F | | O | S | N | E | | E | P | I | S | O | D | E | S | | O | R |
| XII | E | F | I | R | A | | E | | O | R | | A | I | S | | | | O | U | I |
| XIII | U | | D | E | | B | R | O | N | Z | A | N | T | | A | C | A | B | I | T |
| XIV | F | R | E | D | E | R | I | C | | O | R | D | O | N | N | E | | A | G | E |
| XV | S | O | L | | P | I | E | C | E | | S | E | I | N | G | | S | O | N | |
| XVI | D | N | | P | A | S | S | A | G | E | | | R | | E | T | C | | A | M |
| XVII | O | C | T | A | V | E | | S | A | N | G | L | E | | L | E | O | | M | O |
| XVIII | R | E | A | L | E | | T | I | L | T | | E | | M | I | S | T | R | A | L |
| XIX | | | R | E | | M | A | O | | R | E | X | | U | N | | C | A | N | E |
| XX | C | H | A | T | A | I | G | N | I | E | R | | C | R | A | C | H | I | N | S |

## SOLUTION GRILLE N° 44

| | 1 | 2 | 3 | 4 | 5 | 6 | 7 | 8 | 9 | 10 | 11 | 12 | 13 | 14 | 15 | 16 | 17 | 18 | 19 | 20 |
|---|---|---|---|---|---|---|---|---|---|---|---|---|---|---|---|---|---|---|---|---|
| I | D | E | T | O | U | R | N | E | M | E | N | T | S | D | A | V | I | O | N | S |
| II | E | T | A | U | | A | I | D | A | | P | O | T | A | G | E | | H | A | M |
| III | L | E | | F | E | R | | R | R | R | | U | R | N | E | S | | | V | A |
| IV | I | | I | | C | I | N | E | M | A | | T | I | S | S | U | S | | I | R |
| V | T | E | N | O | R | S | | D | O | | B | O | N | D | | V | I | N | G | T |
| VI | D | | C | U | I | S | S | O | T | | E | U | G | E | N | E | | E | U | |
| VII | E | G | O | | T | I | E | N | | C | A | | | B | I | | C | L | A | P |
| VIII | F | | R | H | U | M | | | B | O | U | R | R | E | E | | L | U | | A |
| IX | A | A | R | | R | E | G | I | O | N | | A | | A | R | R | I | M | E | R |
| X | C | L | U | S | E | | R | O | N | D | | N | A | U | | O | M | B | R | A |
| XI | I | M | P | O | S | E | | N | O | U | A | I | | X | | M | A | O | | D |
| XII | E | A | T | S | | S | A | | | I | M | M | E | D | I | A | T | | S | I |
| XIII | S | | I | I | I | | P | R | O | T | E | E | | R | | N | I | M | E | S |
| XIV | | A | B | E | L | | R | A | M | E | R | | F | A | N | | S | | I | F |
| XV | F | I | L | | | S | E | N | S | | | A | L | P | A | G | E | | N | I |
| XVI | A | G | E | S | | P | S | G | | D | E | P | A | S | S | E | R | A | | S |
| XVII | | R | S | A | | E | M | | S | E | N | T | I | | A | R | E | | A | C |
| XVIII | T | E | | V | A | L | I | S | E | S | | E | R | E | | E | N | F | L | A |
| XIX | A | U | R | O | R | E | D | U | P | I | N | | | T | | | T | E | T | U |
| XX | F | R | A | N | C | O | I | S | T | R | U | F | F | A | U | T | | B | O | X |

# SOLUTION GRILLE N° 45

| | 1 | 2 | 3 | 4 | 5 | 6 | 7 | 8 | 9 | 10 | 11 | 12 | 13 | 14 | 15 | 16 | 17 | 18 | 19 | 20 |
|---|---|---|---|---|---|---|---|---|---|---|---|---|---|---|---|---|---|---|---|---|
| I | M | A | L | A | D | I | E | S | V | E | N | E | R | I | E | N | N | E | S | ■ |
| II | A | ■ | A | L | A | R | M | E | ■ | L | I | N | E | ■ | R | O | U | G | E | S |
| III | D | ■ | C | A | T | A | P | U | L | T | E | ■ | ■ | C | R | I | E | E | S | ■ |
| IV | A | B | O | I | E | ■ | E | L | ■ | O | ■ | R | E | L | A | X | E | R | ■ | S |
| V | M | O | U | S | S | E | S | ■ | E | N | ■ | ■ | L | A | N | D | ■ | I | ■ | P |
| VI | E | ■ | P | E | ■ | ■ | T | A | C | ■ | F | I | A | N | C | E | ■ | E | T | E |
| VII | D | U | E | S | ■ | R | E | N | O | I | R | ■ | N | ■ | E | C | T | ■ | A | C |
| VIII | E | Z | E | ■ | O | U | ■ | E | N | ■ | A | N | S | ■ | ■ | O | U | B | L | I |
| IX | P | E | S | E | P | E | R | S | O | N | N | E | ■ | D | E | C | L | A | M | A |
| X | O | S | T | I | E | S | ■ | ■ | M | ■ | C | ■ | M | O | N | O | I | ■ | U | L |
| XI | M | ■ | P | ■ | R | ■ | ■ | M | I | M | E | ■ | A | R | Z | ■ | P | E | D | I |
| XII | P | E | L | L | E | T | E | U | S | E | ■ | C | I | A | O | ■ | E | T | ■ | S |
| XIII | A | P | E | ■ | ■ | H | ■ | G | E | N | A | ■ | N | D | ■ | L | ■ | R | A | T |
| XIV | D | A | I | M | L | E | R | ■ | ■ | U | N | E | ■ | O | B | E | S | E | ■ | E |
| XV | O | R | N | I | E | R | E | S | ■ | I | N | N | E | ■ | O | N | E | ■ | M | ■ |
| XVI | U | S | E | R | ■ | M | A | ■ | ■ | S | U | R | S | A | U | T | ■ | G | A | Z |
| XVII | R | ■ | ■ | A | D | O | ■ | G | R | E | L | O | T | ■ | M | E | C | A | N | O |
| XVIII | ■ | I | O | D | E | S | ■ | A | U | R | E | L | E | ■ | E | ■ | A | Z | U | R |
| XIX | ■ | C | R | O | C | ■ | T | I | T | I | ■ | E | ■ | A | R | A | G | O | ■ | R |
| XX | V | I | B | R | O | M | A | S | S | E | U | R | ■ | M | A | R | E | N | G | O |

# SOLUTION GRILLE N° 46

| | 1 | 2 | 3 | 4 | 5 | 6 | 7 | 8 | 9 | 10 | 11 | 12 | 13 | 14 | 15 | 16 | 17 | 18 | 19 | 20 |
|---|---|---|---|---|---|---|---|---|---|---|---|---|---|---|---|---|---|---|---|---|
| I | D | A | N | S | E | U | R | S | D | E | C | L | A | Q | U | E | T | T | E | S |
| II | E | C | O | U | R | T | E | ■ | ■ | C | R | U | C | I | F | I | E | E | ■ | T |
| III | C | A | S | P | I | E | N | N | E | ■ | I | C | E | ■ | O | F | F | ■ | T | A |
| IV | O | R | ■ | E | C | R | O | U | ■ | ■ | S | I | ■ | A | ■ | F | A | C | O | N |
| V | N | I | E | R | ■ | U | ■ | B | E | S | E | F | ■ | G | O | E | L | A | N | D |
| VI | F | E | R | M | E | S | ■ | I | X | ■ | D | E | N | Z | E | L | ■ | L | ■ | I |
| VII | I | N | ■ | A | D | ■ | A | L | T | I | E | R | E | ■ | I | ■ | E | L | A | N |
| VIII | N | ■ | B | R | I | L | L | E | R | ■ | N | ■ | W | O | L | F | G | A | N | G |
| IX | E | L | E | C | T | I | F | ■ | A | ■ | E | L | S | A | ■ | H | O | S | T | O |
| X | M | E | C | H | E | ■ | A | ■ | O | C | R | E | ■ | S | A | U | R | ■ | I | V |
| XI | E | ■ | H | E | R | A | ■ | T | R | U | F | F | E | ■ | T | ■ | G | ■ | P | A |
| XII | N | U | E | ■ | ■ | P | R | E | D | I | S | E | N | T | ■ | ■ | E | T | A | T |
| XIII | T | ■ | R | A | T | P | ■ | R | I | S | ■ | B | ■ | E | A | T | ■ | ■ | S | I |
| XIV | ■ | S | ■ | P | R | E | V | E | N | T | I | V | E | ■ | L | E | M | ■ | T | O |
| XV | C | ■ | ■ | P | A | R | ■ | S | A | O | ■ | R | ■ | A | L | T | O | ■ | I | N |
| XVI | O | ■ | O | R | ■ | T | R | A | I | T | R | E | ■ | P | E | A | U | X | ■ | ■ |
| XVII | U | ■ | R | E | R | ■ | O | ■ | R | ■ | A | ■ | P | H | E | N | I | X | ■ | C |
| XVIII | S | E | N | N | A | ■ | M | U | E | T | T | E | ■ | T | ■ | I | L | ■ | ■ | A |
| XIX | I | V | E | T | T | E | ■ | N | ■ | H | O | M | M | E | ■ | S | L | O | W | S |
| XX | N | A | Z | I | S | M | E | ■ | T | E | N | U | E | ■ | T | E | E | ■ | C | E |

# SOLUTION GRILLE N° 47

| | 1 | 2 | 3 | 4 | 5 | 6 | 7 | 8 | 9 | 10 | 11 | 12 | 13 | 14 | 15 | 16 | 17 | 18 | 19 | 20 |
|---|---|---|---|---|---|---|---|---|---|---|---|---|---|---|---|---|---|---|---|---|
| I | D | E | T | E | C | T | E | U | R | D | E | M | E | N | S | O | N | G | E | S |
| II | O | ■ | I | L | E | U | M | S | ■ | A | T | O | M | I | Q | U | E | ■ | ■ | H |
| III | M | A | R | I | ■ | S | P | E | C | I | A | L | ■ | A | U | T | R | E | ■ | A |
| IV | M | U | E | S | ■ | ■ | R | ■ | A | S | I | L | E | ■ | A | R | I | S | E | R |
| V | A | T | T | E | N | T | I | O | N | ■ | ■ | E | X | T | R | A | S | ■ | T | O |
| VI | G | A | S | ■ | ■ | A | S | T | I | C | O | T | ■ | R | E | G | ■ | B | E | N |
| VII | E | N | ■ | A | N | T | O | I | N | E | ■ | ■ | O | I | S | E | A | U | X | ■ |
| VIII | S | T | A | T | I | O | N | S | E | R | V | I | C | E | ■ | S | V | T | ■ | A |
| IX | E | ■ | R | E | ■ | U | N | ■ | ■ | F | I | L | E | E | S | ■ | E | S | ■ | B |
| X | T | ■ | A | R | M | E | E | S | ■ | ■ | P | E | A | S | ■ | C | ■ | ■ | P | O |
| XI | I | L | ■ | R | O | U | M | A | N | I | E | ■ | N | ■ | M | O | S | C | O | U |
| XII | N | I | ■ | E | U | R | E | K | A | ■ | R | A | S | ■ | T | R | A | H | I | T |
| XIII | T | E | E | ■ | L | ■ | N | E | I | G | E | S | ■ | R | ■ | S | C | A | L | P |
| XIV | E | ■ | F | L | I | R | T | ■ | V | U | S | ■ | L | A | M | O | R | O | S | O |
| XV | R | ■ | F | I | N | I | ■ | L | E | E | ■ | P | E | Y | O | ■ | E | ■ | ■ | R |
| XVI | E | M | A | N | E | N | T | ■ | ■ | S | O | S | ■ | B | U | T | ■ | P | ■ | T |
| XVII | T | A | C | O | T | ■ | A | O | R | T | E | ■ | ■ | A | L | A | B | A | M | A |
| XVIII | S | T | E | ■ | ■ | B | N | P | ■ | ■ | ■ | M | O | N | T | F | A | R | O | N |
| XIX | ■ | C | R | E | P | A | G | E | ■ | R | E | I | N | ■ | ■ | F | L | I | R | T |
| XX | C | H | A | U | S | S | O | N | A | U | X | P | O | M | M | E | S | ■ | T | ■ |

# SOLUTION GRILLE N° 48

| | 1 | 2 | 3 | 4 | 5 | 6 | 7 | 8 | 9 | 10 | 11 | 12 | 13 | 14 | 15 | 16 | 17 | 18 | 19 | 20 |
|---|---|---|---|---|---|---|---|---|---|---|---|---|---|---|---|---|---|---|---|---|
| I | S | I | N | C | E | R | E | S | C | O | N | D | O | L | E | A | N | C | E | S |
| II | ■ | N | O | U | V | E | L | ■ | L | U | E | U | R | ■ | ■ | B | A | H | U | T |
| III | C | O | ■ | I | ■ | L | I | B | E | R | T | E | ■ | V | I | C | T | I | S | ■ |
| IV | O | U | I | S | T | I | T | I | ■ | L | ■ | L | E | O | N | ■ | T | A | S | ■ |
| V | L | I | S | S | A | G | E | S | ■ | E | ■ | ■ | S | ■ | I | R | E | N | E | ■ |
| VI | O | ■ | A | E | ■ | I | ■ | T | E | T | E | A | T | E | T | E | ■ | T | ■ | D |
| VII | N | ■ | B | ■ | J | E | T | O | N | ■ | X | ■ | ■ | V | I | C | T | I | M | E |
| VIII | N | I | E | T | ■ | U | S | U | F | R | U | I | T | I | E | R | E | ■ | E | S |
| IX | E | L | L | E | ■ | S | A | R | L | A | T | ■ | O | D | E | U | R | S | ■ | E |
| X | V | ■ | L | ■ | S | E | R | I | E | N | O | I | R | E | ■ | E | T | A | I | N |
| XI | E | R | E | S | ■ | ■ | S | ■ | ■ | G | I | T | A | N | S | ■ | R | ■ | C | V |
| XII | R | E | N | T | R | E | ■ | C | H | E | R | E | ■ | C | A | S | E | R | I | O |
| XIII | T | U | A | ■ | A | P | E | U | R | E | E | ■ | T | E | N | ■ | ■ | O | ■ | U |
| XIV | E | N | N | E | M | I | ■ | B | ■ | ■ | S | P | A | ■ | C | L | I | M | A | T |
| XV | B | I | T | T | E | ■ | R | A | C | E | ■ | A | R | C | H | E | T | Y | P | E |
| XVI | R | O | Y | A | U | M | E | ■ | O | N | C | L | E | T | O | M | ■ | ■ | U | M |
| XVII | A | N | ■ | B | R | U | A | N | T | ■ | O | ■ | S | E | ■ | A | L | I | C | E |
| XVIII | L | ■ | A | L | S | A | C | I | E | N | N | E | ■ | A | R | N | O | ■ | E | N |
| XIX | E | L | N | E | ■ | ■ | ■ | E | L | I | A | N | E | ■ | I | ■ | L | ■ | ■ | T |
| XX | ■ | A | S | S | E | M | B | L | E | E | N | A | T | I | O | N | A | L | E | ■ |

# SOLUTION GRILLE N° 49

| | 1 | 2 | 3 | 4 | 5 | 6 | 7 | 8 | 9 | 10 | 11 | 12 | 13 | 14 | 15 | 16 | 17 | 18 | 19 | 20 |
|---|---|---|---|---|---|---|---|---|---|---|---|---|---|---|---|---|---|---|---|---|
| I | P | E | R | M | A | N | E | N | C | E | E | L | E | C | T | O | R | A | L | E |
| II | E | | H | A | V | A | S | | L | U | N | E | T | I | E | R | | M | | N |
| III | A | L | I | | O | N | C | L | E | | S | G | | T | | | Z | I | N | C |
| IV | G | E | N | E | R | A | L | | | M | | A | N | E | S | S | E | | | H |
| V | E | G | O | U | T | | A | | A | O | S | T | E | | I | | B | R | A | I |
| VI | A | S | P | R | O | | V | A | B | R | E | | C | I | T | A | D | I | N | E |
| VII | U | | L | O | N | G | E | | D | E | X | T | R | E | | | A | F | I | N |
| VIII | T | V | A | | | O | | P | O | L | T | R | O | N | S | | | L | E | D |
| IX | O | U | S | T | | O | R | O | | | O | A | S | I | E | N | | E | R | E |
| X | M | E | T | R | O | G | O | L | D | W | Y | N | | S | U | | O | | S | F |
| XI | A | S | I | E | | L | | L | O | E | S | S | | S | L | A | V | E | | U |
| XII | T | | E | P | H | E | M | E | R | E | | I | N | E | S | P | E | R | E | S |
| XIII | I | L | | A | I | | A | N | G | K | O | R | | I | | P | | | C | I |
| XIV | Q | U | I | N | E | | | S | E | E | S | | | | C | A | L | C | U | L |
| XV | U | M | B | E | R | T | O | | | N | | A | M | E | R | R | I | R | | |
| XVI | E | I | N | E | | E | D | R | E | D | O | N | S | | O | E | T | A | | U |
| XVII | | N | | S | A | L | O | O | N | | M | E | T | | O | I | S | I | F | S |
| XVIII | T | E | R | | U | | R | U | B | I | S | | | | N | L | | E | I | N |
| XIX | S | U | A | I | T | | A | L | U | | | O | N | D | E | | D | | E | E |
| XX | E | X | P | L | O | I | T | A | T | I | O | N | A | G | R | I | C | O | L | E |

# SOLUTION GRILLE N° 50

| | 1 | 2 | 3 | 4 | 5 | 6 | 7 | 8 | 9 | 10 | 11 | 12 | 13 | 14 | 15 | 16 | 17 | 18 | 19 | 20 |
|---|---|---|---|---|---|---|---|---|---|---|---|---|---|---|---|---|---|---|---|---|
| I | P | O | U | V | O | I | R | D | A | C | H | A | T | | C | L | I | P | | A |
| II | O | U | S | T | | L | O | U | P | A | | | R | E | P | A | R | A | | V |
| III | M | I | S | | P | | D | R | A | P | E | A | U | X | | B | O | N | D | A |
| IV | P | R | E | F | I | X | E | | R | O | Y | | I | P | P | O | N | | I | L |
| V | E | | | L | E | | O | U | T | R | E | M | E | R | | | S | U | C | E |
| VI | S | T | E | A | C | K | | R | E | A | L | | S | O | A | P | | | T | U |
| VII | F | A | R | M | E | R | | E | | L | I | T | | P | L | U | M | I | E | R |
| VIII | U | M | | E | | A | N | E | E | | N | A | | R | I | R | A | | E | S |
| IX | N | A | I | N | | C | O | | C | R | E | P | A | I | | E | R | G | | D |
| X | E | N | | C | A | H | I | E | R | | R | I | | E | | | C | A | F | E |
| XI | B | O | B | O | S | | R | U | A | S | | E | C | | S | M | A | L | A | S |
| XII | R | I | O | | A | C | C | E | N | T | S | | A | N | A | | S | A | N | A |
| XIII | E | R | O | S | | A | I | | | O | U | T | R | A | G | E | S | | T | B |
| XIV | S | | K | I | D | D | E | C | I | N | C | I | N | N | A | T | I | | O | R |
| XV | | I | M | P | E | R | | A | B | E | R | R | A | T | I | O | N | | M | E |
| XVI | S | P | A | | F | E | U | L | E | | E | | C | I | E | L | | L | A | S |
| XVII | T | A | K | S | I | | | C | R | O | S | S | | | S | E | M | I | S | |
| XVIII | O | | E | U | N | U | Q | U | E | S | | T | O | C | | | A | C | | Z |
| XIX | C | A | R | D | I | N | A | L | | S | T | E | T | H | O | S | C | O | P | E |
| XX | K | | S | | R | E | T | E | N | U | E | | E | U | S | | S | L | I | P |

Retrouvez toute l'actualité de Patrick Sébastien
**www.patricksebastien.fr**

**@patricksebastienofficiel**

**Patrick Sébastien**

Retrouvez toute l'actualité des éditions Hugo Publishing
**www.hugoetcie.fr**
et sur les réseaux sociaux

MARC DOLISI FRANÇOIS DARMIGNY
SANS CHAÎNES
ENTRETIENS AVEC PATRICK SÉBASTIEN
Hugo Poche
DOCUMENT